国家出版基金项目
NATIONAL PUBLICATION FOUNDATION

第一卷
论鲁迅（上）

王富仁学术文集

王富仁 ◎ 著
李怡 宫立 ◎ 编

山西出版传媒集团
北岳文艺出版社
·太原

图书在版编目（CIP）数据

王富仁学术文集.1，论鲁迅：上下/王富仁著；李怡，宫立编.—太原：北岳文艺出版社，2021.5
ISBN 978-7-5378-6354-4

Ⅰ.①王… Ⅱ.①王…②李…③宫… Ⅲ.①王富仁—文集②鲁迅研究—文集 Ⅳ.①C52②I210-53

中国版本图书馆CIP数据核字（2021）第005517号

王富仁学术文集.1·论鲁迅（上下）
王富仁 著
李怡 宫立 编

//

策划	出版发行：山西出版传媒集团·北岳文艺出版社
续小强	地址：山西省太原市并州南路57号　邮编：030012
王朝军	电话：0351-5628696（发行部）　0351-5628688（总编室）
	传真：0351-5628680
项目负责人	经销商：新华书店
王朝军	印刷装订：山西人民印刷有限责任公司
高海霞	
	开本：787mm×1092mm　1/16
责任编辑	总字数：3557千字
高海霞	总印张：238.75
	版次：2021年5月第1版
书籍设计	印次：2021年5月山西第1次印刷
张永文	书号：ISBN 978-7-5378-6354-4
	总定价486.00元（全12册）
印装监制	
郭　勇	本书版权为本社独家所有，未经本社同意不得转载、摘编或复制

编委会

（按姓氏音序排列）

宫 立　罗 钢　李继凯　李 怡　刘 勇
钱理群　钱振纲　沈庆利　谭桂林　王得后
王培元　王卫平　王 信　王肇磊　赵 园

编者说明

一、《王富仁学术文集》共9卷12册，其中第1卷《论鲁迅》和第3卷《中国现代文学论集》因字数较多，分别分为上、中、下册。

二、第1—8卷均由李怡、宫立编。

三、第9卷《附录及索引卷》，索引部分收录范围为第1—8卷正文部分。

四、文集所收部分文章发表时间较早，作者当时所作注释未注明出版社、出版时间等信息，版本考查困难。为尊重原作，故不作变动，仍按原注标出。

王富仁与中国20世纪晚期的启蒙文化思潮
——《王富仁学术文集》小引

李 怡

  富仁老师去世已经四年了，北岳文艺出版社着手编订的《王富仁学术文集》也已经四年了，今天，终于等到了这套著作的面世，我和老师的读者一样，心情特别激动。也想起了当年，1985年的秋天，自己作为一位大学本科生第一次捧读《〈呐喊〉〈彷徨〉综论》的种种情景。

  后来，每一个关心中国现当代文学研究的人可能都还记得《文学评论》上的这篇论文。重要的是，从那以后，王富仁这个名字就越来越多地活跃在一系列的学术领域当中：鲁迅小说研究、茅盾小说研究、郁达夫小说研究、郭沫若诗歌研究、闻一多诗歌研究、比较文学研究、比较文化研究，甚至古典诗歌研究，当然也包括他晚年的"新国学"研究。虽然算不上有多么的频繁与火爆，但却是那样的厚实和富有穿透力，在他那似乎是越来越宽大的学术视野里，我们分明感到了一种全面反思和重建中国文化的宏大气魄。他仿佛总是在不断拔除和拭去我们习焉不察的种种蒙昧、阴霾和偏见，不断将一片片崭新的艺术空间铺展开来。所有这一切的努力，和他那篇曾经开启人心的《〈呐喊〉〈彷徨〉综论》一样，都让我们频繁地联想到一个词语：启蒙。的确，富仁老师已经与新时期以来的中国启蒙文化思潮深深地熔铸在了一起，他的整个学术活动已经成了影响中国20世纪最后二十年这一磅礴思潮的最动人的图画之一。

我将20世纪这最后的二十来年称之为"中国20世纪晚期",这既是为了概括比"新时期"更长远也更复杂的历史时段(一般认为"新时期"至20世纪90年代前后便基本结束),同时也是为了突出当下正愈来愈鲜明的世纪性主题。我们今天所面临的已不仅仅是一个结束"文化大革命"过去的问题,以怎样的方式走向新世纪,开拓中国文化的新前景,召唤着更多的学人做出自己的审慎的选择,而事实上这也是包括"新时期"在内的整个20世纪最后二十来年所不得不面对的一个更重大的话题。

回首富仁老师的学术活动与这一独特的时代意义深远的思潮的相互关系,即他是怎样走向这一文化选择,又是如何理解和投入其中,并且赋予其独特意义的,将不仅能够更深入地总结富仁老师本人的学术成果,而且对整个中国学术活动的发展和文化精神的演进有着不容忽视的启示意义。

启蒙之路

就如同五四新文化运动是在反抗文化专制、倡导思想自由这一点上与西方18世纪的启蒙运动产生了跨越时空的契合,并最终以扫除蒙昧的"启蒙"先驱姿态揭开了历史崭新的一页那样,结束"文化大革命"、再创中国思想自由的新时期也是首先以"启蒙"的大旗为自己开辟道路的;并且理所当然地,这一时期的启蒙文化思潮首先就体现为对五四新文化运动初期启蒙思想及启蒙思想家的"重识",渗透于这些"重识"当中的,又是对五四启蒙思想家取法西方文化,特别是文艺复兴启蒙运动文化的充分肯定。一时间,经过"文化大革命"磨难若有所悟的一些老一代学者和在"文化大革命"后成长起来的中青年学者都纷纷重温"五四"之梦,"五四"一代新文化创造者的业绩不断获得"重评",而其中作为五四启蒙主义最重要的代表鲁迅,则显然吸引了最多的目光。事实表明,在新时期的思想文化活动中做出自己独立贡献的学者,许多都是从认识鲁迅、解说鲁迅起步的,或者至少也是对鲁迅有所涉猎。可以这样说,正是在对鲁迅及其他五四启蒙先驱的体察当中,中国新时期的启蒙文化得以形成和发展。

在前辈学者薛绥之先生的引导下，富仁老师走上了鲁迅研究的道路。他从写作作品赏析开始对这位伟大先驱的思想有了越来越深入的体察，而完成于西北大学的硕士学位论文《鲁迅前期小说与俄罗斯文学》[1]则以打通鲁迅与西方文化内在联系的方式展示了一位启蒙主义学者最基本的"世界眼光"和开放姿态。不过，直到这个时候，富仁老师还没有完全形成一位新时期启蒙学者的最独立的品格，尽管他此刻的比较文学研究已经与我们屡见不鲜的那些外在的空泛的"比较"大为不同了。

当富仁老师以"回到鲁迅"的口号在他那篇著名的博士论文里展开"思想革命"的大旗之时，[2]或许当时不少激动不已的读者还没有意识到这里所包含的学术意义和文化意义都大大超过了鲁迅研究本身。而在继新时期"启蒙之后"出现的新一代的学者看来，作为历史现象的鲁迅又是不可能真正"还原"的，承载着"思想革命"这一明确意图的鲁迅也似乎仍然是一个单纯化、简略化甚至主观化的鲁迅。其实，恰恰是在这两个经典性的理论口号当中，富仁老师充分展示了中国新时期启蒙思想巨大的历史性力量，而他作为一位自觉的启蒙学者也找到了真正的"自我"。任何新思想的提出从根本上讲都不是一种自足的运动的结果，而是与所有的"先在"碰撞和对话的产物。思想"新"主要是指它对固有的思想基础所做出的超越性"提升"，新思想之所以是有力量的，也主要体现为它能够在固有的思想"先在"的罗网里为人们撕开一道通向未来的"缺口"。也就是说，这样的"对话""提升"以及"缺口"的撕开，都主要不是在新的思想内部自我完成的，它必然意味着，甚至可以说是主要也意味着对固有"先在"做出适当的调整和改造。启蒙，作为除旧布新这一伟大社会历史的最积极的实践，显然比其他任何思想文化运动都更注重这样的"对话"事实。例如法国启蒙思想家爱尔维修就认为，新判断的做出有赖于当下的印象与旧有记忆的"比较"，"一切判断只不过是对于实际经历到的或者保

---

[1] 收入《先驱者的形象》，浙江文艺出版社，1987。
[2] 后收入《中国反封建思想革命的一面镜子》，北京师范大学出版社，1986。

存在我的记忆中的两种感觉的叙述"①。显然，较之于将鲁迅附着于外在的理论框架加以评述，"回到鲁迅"所强调的是从鲁迅作品及鲁迅思想体系自身出发来研究问题；较之于"政治革命"这一相对偏离知识分子创造活动的理论标尺，"思想革命"重新提醒人们关注知识分子精神活动的独立特质。无论是"回到鲁迅"还是"思想革命"，都大大拓宽了鲁迅研究的发展道路，甚至可以说是从本质上显示了新时期文学研究如何在自我否定中回到文学自身的轨道。在那以后，我们的确又听到了更多的"回到"之声（回到郭沫若，回到中国现代新诗……），以单纯政治革命的要求来理解中国文学的传统也不断受到来自方方面面的挑战，这不能不说是得益于富仁老师这两大经典性的概括。不管"启蒙之后"的鲁迅研究以及整个中国文学研究怎样窥破"思想革命"框架的缺失，又怎样以自身的努力揭示着一个更加丰满的鲁迅和一段更加丰富的中国文学，我认为都已经无法改变这个事实，即冲破数十年间所形成的那道研究的樊篱，为新的自由的研究打扫"言说空间"的，正是富仁老师这样"启蒙的一代"。

我感到，在这之后的富仁老师似乎对自己的启蒙角色有了越来越自觉的体认，他的文学研究越来越趋向于一个中心目标，即中国的现代化建设。他关于鲁迅小说与茅盾小说、郁达夫小说的比较研究，甄别了现代小说发展中的多种"现代化"理想；关于鲁迅与梁启超的文学文化选择的比较研究，又阐释了中国近现代历史发展中立于不同层面的历史人物之于文学与文化的不同理解以及他们的内在联系。②此外，在关于郭沫若诗歌的两篇专论里，富仁老师还仔细剖析了郭沫若诗歌对中国新诗现代化建设的独特贡献以及从复杂到驳杂的文本特征。③在以上的这些作家研究以及在此之前的《呐喊》《彷徨》研究中，富仁老师都充分显示了他异常敏锐的艺术感受力和审美鉴赏力（比如他对郭沫若诗歌的细密解读几乎到了让人

---

①爱尔维修：《论人的理智能力和教育》，载《十八世纪法国哲学》，商务印书馆，1963，第495页。

②后均收入《灵魂的挣扎》，时代文艺出版社，1993。

③分别参见《他开辟了一个新的审美境界》（《郭沫若研究》第7辑），《审美追求的瞀乱与失措》（《北京社会科学》1988年第3期）。

叹为观止的程度）。不过，值得注意的是，富仁老师似乎无意在纯艺术的王国里流连忘返，更能引起他兴趣的是作家的精神结构及文化内涵。他对中国文学现代化建设的思考总是与他对中国现代文化建设的总体思考紧密地联系在一起，而且越到后来，他对从文化角度探讨问题的兴趣似乎越见浓厚了。如果说在《〈呐喊〉〈彷徨〉综论》里，富仁老师还是在对鲁迅小说的把握和阐述中渗透着强烈的文化意识，那么在《鲁迅在中国文化史上的地位和作用》一文里，鲁迅则被当作历史现象完整地与全部中国文化（儒、法、道、墨、佛及中国近代文化）互相融合，互相比照，互相说明；[1]如果说富仁老师以"思想革命"代替"政治革命"来重建鲁迅小说的研究系统，其初衷还主要是为了更准确地阐发鲁迅作品，那么在他的《中国鲁迅研究的历史与现状》长文里，20世纪中国学者对鲁迅的研究则被纳入整个中国学术文化乃至中国现代文化的总体发展的恢宏图景当中。[2]鲁迅研究是富仁老师事业的起点，也是他始终心怀眷眷的所在，由它所显现出来的富仁老师的学术走向，似乎本身就具有某种典型意义。在《两种平衡、三类心态，构成了中国近现代文化不断运演的动态过程》中，富仁老师运用文化分层理论（物质、制度、精神），深刻地阐述了中国近现代文化的这几大层面是怎样运演发展的，并进一步总结了这种运演发展的制约力量——追求民族自身的内部平衡和追求世界范围的外部平衡，剖析了出现在这一运演过程中的三类基本心态——拒绝现代化要求、慕外崇新与中西融合；在《中国近现代文化发展的逆向性特征与中国现当代文学发展的逆向性特征》中，他比较了人的思想意识变革在中西近现代文化与文学发展中的不同作用及其后果；在《创造社与中国现代社会的青年文化》中，他阐述了关于中国现代社会年龄文化构成的重要观点；[3]在《中国文化的亚文化圈及其在中国文化发展中的地位和作用》里，他剖析了处于异域文化包围中的由侨居他乡的中国人所组成的"中国文化亚文化

---

[1] 载《中国文化研究》1995年春之卷。
[2]《鲁迅研究月刊》1994年全年连载。
[3] 以上文章均收入《灵魂的挣扎》，时代文艺出版社，1993。

圈";①在《文化危机与精神生产过剩》里,他将从经济发展周期理论中得到的启示运用于对文化发展的观照上,首创文化发展周期理论。②

　　文化是人类全部物质文明与精神文明的总和,对文化问题的关注,往往更便于我们从一个更宽阔更富有整体意义的高度来进行历史的反省、价值的重估。思考文化、解读文化,这正是那些在"新世纪前夜"为社会进步而矻矻耕耘的启蒙主义者的豪情和胸怀。"每条新的真理,都像我所说过的那样,只是改善公民状况的一种新的方法。"③富仁老师致力于文化研究的热忱,显然贮满了他作为启蒙思想家对"改善当代公民状况"的执着。

　　在进入20世纪90年代以来的学术研究中,富仁老师对中国现代文化独特境遇及其发展状况的再思考取得了特别重要的成果。与我们在80年代所常见的那些大而无当、漫无边际的"文化论"不同,富仁老师更加注意将恢宏的文化视野与中国自身所面临的现实问题、学术研究本身所面临的现实问题以及学术研究本身所面临的某种困难紧密地联系起来,更加注意对包括研究者自己在内的固有思维方式、语言方式的再思考和再探索。这一努力不仅使他能够在"浮躁"的90年代继续当风而立,卓尔不群,而且较之于自己过去的研究,也的确充满了某种自我超越的勇气。他关于比较文学和文学研究特质的系列论文,显示了一种重建中国比较文学学派、重估文学研究的价值和意义的雄大气魄。④而最值得注意的则是《中国现代文学研究中的"正名"问题》和《对一种研究模式的置疑》两文。前者提出:"迄今为止,中国现代文化研究,其中也包括中国现代文学研究,存在的最严重的问题就是基本概念的混乱","它的概念系统只是中国古代文

---

①文载《张家口师专学报》1995年第4期。
②文载《文学世界》1993年第6期,1994年第1期。
③爱尔维修:《论人的理智能力和教育》,载《十八世纪法国哲学》,商务印书馆,1963。
④这些文章包括:《民族文学・比较文学・总体文学・世界文学》(《文学评论家》1991年第3期),《文学研究的特性》(《文学评论家》1991年第6期),《文学史・文学批评・文学理论・比较文学》(《青岛大学学报》1992年第1期),《论比较文学的中国学派问题》(《学术月刊》1991年第4期)。

化和西方文化各种不同文化概念的杂乱堆积"。这里实质上是阐发了一种绝不同于当下许多文化研究工作者的崭新思路,即无论是外来文化还是传统文化,都不可能也的确没有成为现代人的基本生存原则,只有深入到现代人的生存实际中去,才能找到真正属于现代人的文化选择。这就需要我们今天的"正名","名的问题实质是一个自我的独立意识的问题,是承认不承认中国现代文化和文学独立存在的权利问题,是承认不承认中国现代知识分子有独立创造的权利的问题"。[①]在后一篇论文里,富仁老师又从文化与文学的关系上进一步论证了重视中国现代知识分子主体性的意义。富仁老师提出,在中国现代文化与中国现代文学发展中起关键作用的,并不是学习外国和继承传统的问题,而是中国现代知识分子自身创造力的发挥问题,中西文化与知识分子个人的关系,可以被描述为"对应点重合"。[②]这些观点不仅犀利地戳中了我们文学文化研究的偏差,而且本身也是首次清晰而透辟地揭示了文化与人"互动"关系的基本内涵。回头观察富仁老师《中国鲁迅研究的历史与现状》《创造社与中国现代社会的青年文化》等论文,我们便会知道,其实这种"正名",这种从文化主体的立场重识文化发展的思路,正是他近年来的一种相当自觉的学术实践。

在我看来,这种学术实践的意义绝不亚于他当年的《〈呐喊〉〈彷徨〉综论》。

理论家品格与体系精神

如果我们对富仁老师正在进行的"正名"做一点意义上的扩展,即"正名"不仅仅是对多年来中国现代文化研究与文学研究概念系统的"拨乱反正",它同样是指研究者应当具有一种独立不迁的主体意识,那么,"正名"实际上就是富仁老师自走上学术道路以来就已经形成的一种意愿了,尽管这在最初未必是自觉的。樊骏先生在总结新时期以来的现代文学

[①] 见《北京师范大学学报》1995年第1期。
[②] 见《佛山大学学报》1996年第1期。

研究时说，富仁老师"是这门学科最有理论家品格的一位"。"他的分析富有概括力与穿透力，讲究递进感和逻辑性，由此形成颇有气势的理论力量"。但与此同时，樊骏先生又指出："一般学术论著中常有的大段引用与详细注释，在他那里却不多见，而且正在日益减少。"①我想人们不难发现这样的描述对于富仁老师是既准确又耐人寻味的。因为按照我们的"常识"，理论家的理论性常常就体现为他对大量理论成果的引用以及众多中外理论术语的娴熟操纵。富仁老师不仅引文较少（材料引证和理论引证都较少），而且也很少使用那些颇具理论背景的名词术语，对于当下流行的一些当代文艺批评术语更是敬而远之，能够进入富仁老师论著的理论词汇主要还是那些已为中国批评家们使用了三四十年以上的近于"基本语汇"的东西，而就是这些语汇（如现实主义、浪漫主义），他也还在进行着自己的"价值重估"和"正名"。那么，富仁老师的"理论家品格"又是通过怎样的方式来实现的呢？显然，是通过他自己高度的思辨能力和概括分析能力实现的，而这样的思辨和分析又常常出之以平易通俗的语汇。这就不能不促使人们重新思考这样一个问题，即理论家最基本的素质究竟应当是什么？是他对古今中外理论体系、理论术语的娴熟吗？似乎不是。因为任何一个理论家，他所面对的和需要他解决的问题归根结底都是世界本身的问题。对于丰富复杂的世界本身而言，所有的业已存在的理论体系和理论术语都不过是业已存在的人们对于世界各种不同感受的一种描述和概括。对于我们今天要解决的新问题而言，这些描述和概括固然会带来不少智慧的启迪，但毕竟不是问题的真正所在，更不能代替我们对问题的感受和理解。因此，任何一个理论家最基本的素质并不是有"学习""收容"固有术语的能力，而是他应当具有与前人大不相同的感觉能力。恰恰是因为他对世界的感觉和理解之不同，才最终导致了他从理性的高度所进行的概括和分析绝不同于任何一个前辈学者。他的所有的理论创新，他的新的理论高度都是首先根源于他有了这样的超敏锐的感觉能力。当一个忠于自

---

①樊骏：《我们的学科：已经不再年轻，正在走向成熟》，《中国现代文学研究丛刊》1995年第2期。

己新鲜感觉的理论家认为当代与前代的许多理论术语都不足以表达自己的时候，他当然有必要尽可能少地染指这样的术语体系，但他这样做却丝毫也不会减少他自己固有的理性思辨才能，降低他的理性高度。所以说，对一个哪怕是最最喜欢建构自己的理论大厦和最富有严密逻辑的推理才华的理论家来说，最基本的能力其实还是感觉，是他对世界能够拥有最新异的最与众不同的感觉。

或许富仁老师也在私下里有过"不熟悉当代批评术语"的感慨，但纵观他踏上文学研究道路以来的全部学术成果，你将发现，与其说是这种"不熟悉"造成了他理论的欠缺，还不如说是这种"不熟悉"形成了他善于独立感受和独立思考的个性；与其说是这种感慨表明了他强烈的"补课"愿望，还不如说逐渐开阔的知识视野反而强化了他的"正名"意识。特别是进入20世纪90年代以后，你会发现富仁老师也并不曾刻意突出他现在的"熟悉"，倒是将他对学术活动的独立见解，将他对"感觉"的格外推重显示在了人们面前。显然，这个时候的富仁老师已不是什么熟悉不熟悉的问题，而是面对学术究竟应当如何自我选择的问题。在《文学研究的特性》一文中，富仁老师提出了这样的深刻见解，似乎就是对自己一贯的"理论家品格"的最好说明："文学研究者的任何研究都要建立在一个一个的文学作品的具体感受的基础上，如果自我对文学作品没有亲身感受，或有而不尊重它，不愿或不敢重视它，而是隔着一层屏障直接面对作为客观实体的文体，或者把自己的活生生的感受和印象搁置起来，把别人现成的结论作为研究的前提，他的研究工作是根本无法进行的。""文学研究中的各种名词概念，都是在对具体的、一个个的文学作品的实际感受和印象的基础上建立起来的，没有这种真切的感受和印象，这些名词也便成了毫无意义的空壳子，整个文学研究工作也就难以进行了。"[①]

富仁老师曾经以他的"研究体系"而闻名，但事实上支撑着他这一"体系"的正是他与众不同的个人感受能力。没有他在阅读过程中对"偏离角"的发现，就根本没有后来的什么"体系"，而"偏离角"的发现则

[①]《文学评论家》1991年第6期。

充分显示了他作为批评家的特出的感知能力。这正如富仁老师在评述新时期的启蒙派鲁迅研究时所指出的那样："这时期鲁迅研究中的启蒙派的根本特征是：努力摆脱凌驾于自我以及凌驾于鲁迅之上的另一种权威性语言的干扰，用自我的现实人生体验直接与鲁迅及其作品实现思想和感情的沟通。"①的确，《〈呐喊〉〈彷徨〉综论》气魄非凡，体系博大，但人们同样会为书中那到处闪光的精细的艺术感觉而叹服，在关于《药》中坟上花环的论述中，在关于《一件小事》的主题辨析中，在关于鲁迅小说文言夹杂的语言特征的剖析中……我们不断获得艺术领悟的快感！早在富仁老师考上西北大学攻读现代文学硕士之前，他就在薛绥之先生的引导之下开始了鲁迅研究，而这些研究就是从对鲁迅小说的"鉴赏"开始的。"鉴赏"，与一般的学术性论著的显著差别就在于它保留了更多的研究者自身的直觉感受。富仁老师从"鉴赏"开始走向文学研究事业，这与他后来形成的特殊的理论家"品格"不无关系。我注意到，就是在他以后进行宏阔的文化文学研究的同时，他也从未中断过对自己感受力、"鉴赏"力的训练，从《补天》《风波》到《狂人日记》，他不时推出自己细读文学作品、磨砺艺术感受的佳作；从《中外现代抒情名诗鉴赏辞典》《鲁迅作品鉴赏书系》到《闻一多名作欣赏》《中国现代美文鉴赏》，他似乎对各种各样的鉴赏工作满怀着兴趣。最近两年，他又连续不断地在《名作欣赏》杂志上推出关于中国古典诗歌名篇的解读，这批被称之为富仁老师式的"新批评"文字，更自由更无所顾忌地传达着他的种种新鲜感觉。据富仁老师说，这其实不过是他试图转入中国诗歌研究的一种"前奏曲"。在这里，充分尊重个体感受，从自己感受出发走向理性提炼的"理论家品格"又昭然若揭了。

我以为，在这一"理论家品格"中，启蒙文化的魅力也再一次地体现出来。启蒙敞亮的是专制主义的蒙昧，而蒙昧便意味着个人感知力的遏制和萎弱。在中国的"文化大革命"时代，遭受到最大摧毁的首先是个人的感受能力和感受的权利；在西方17世纪的新古典主义时代，个人的情感和

---

① 《中国鲁迅研究的历史与现状》（十），《鲁迅研究月刊》1994年第11期。

感觉也被牢牢地禁锢在"理性"的压制之下。新时期中国启蒙时代的来临得追溯到一批抒写个人情绪的"朦胧诗人",接着又因为这一批诗人独特的感觉而引发了整个思想界的争议和思考,这似乎已经暗示了启蒙文化自身的重要基础。同样,高举理性大旗的西方18世纪启蒙文化也将感性和个人感觉作为自己的理论依托。18世纪的这种理性也就与17世纪的僵硬有了质的不同,法国启蒙思想家拉美特利说得好:"我们愈加深入地考察一切理智能力本身,就愈加坚定地相信这些能力都一齐包括在感觉能力之中,以感觉能力为命脉,如果没有感觉能力,心灵就不可能发挥它的任何功能。"[1]

复活的感觉是理性思维的生命源泉,"一切都归结到从感觉到思考,又从思考到感觉"[2]。在启蒙思想家的学术活动中,新鲜的感觉与新锐的思想构成一对"互动"力量。宋益乔先生曾将富仁老师学术论著的特征概括为"思想"与"激情"的并存,我在这里也不妨稍稍作点补充,那似乎亦可称之为是感觉、激情与思想的并存。重要的是这种"互动"中的并存最终建构起的是一个生机勃勃的具有再生功能的思想"体系"。人们都注意到了富仁老师学术研究的"体系"特征,但或许还没有完全意识到这一"体系"自身的灵动性和再生能力。虽然他曾经以"思想革命"的系统主动代替了"政治革命"的系统,但显而易见,他并不曾为维护自己这一系统的严密性而煞费苦心,他那严密的逻辑思辨力也没有被用来作为自我系统的永恒的证明,他更不曾因为自己系统的限制而失却了发现和肯定其他新思想的能力。相反,在其他年轻一代的新的研究成果出现之后,他立即予以重点介绍和肯定,并从理性的高度自我解剖自己研究的局限性。这种自我超越的勇气充分证明,"体系"虽是富仁老师学术研究的一个特点,但却肯定不是他最重要的最深层的本质。单纯从"体系"性上来认识富仁老师的学术个性,就如同1987年围绕他的一场争论中有的论者断言他的思维属于先验的机械性思维一样,其实多半是忽略了他最富有生命活力的底

---

[1]《十八世纪法国哲学》,商务印书馆,1963,第236页。

[2]《狄德罗哲学选集》,三联书店,1957,第61页。

蕴。面对富仁老师学术论著中那似乎充满了体系追求却又往往灵性四溢、生命喷射的文字，我几乎找不到一种更好的语言来描述这样的思维个性。最后，我还是想起了恩斯特·卡西勒这位著名的德国思想史家，在他描述启蒙哲学的经典性著作中，有过这么一些重要的判断："启蒙哲学不仅没有放弃体系精神（esprit systema tigue），反而以另一种更为有效的方式发挥了这种精神。"只是，"启蒙运动不仅没有把哲学限制在一个系统的理论结构的范围里，没有把它束缚于一成不变的定理以及从这些定理演绎出来的东西，反而想让哲学自由运动。"①是的，就如同西方18世纪的启蒙文化既需要用理性的体系精神来建构足以代替旧传统的新文化大厦，同时又力图"屡屡冲破体系的僵硬藩篱"，不断让新的自由的思想得以孕育和发展一样，像富仁老师这样中国新时期的启蒙学者也的确同时面临"建构"和"自由"的双向选择，在历史转换的这个特殊时期，或许体系的诱惑与自由的冲动都是不可避讳的事实吧。

总之，富仁老师充满了体系精神，但却不曾有过僵死不变的体系，如果说他的全部学术研究也构成了什么"体系"的话，那么也只是18世纪启蒙文化式的体系，而不是17世纪新古典主义的体系；是康德式的体系，而不是黑格尔式的体系。构成这种重要区别的正是富仁老师特有的富有创造能力的感觉和生命，不能明白这一层，似乎也无法理解启蒙文化追求的独特价值。

宽容与坚守

对僵硬的理论体系的突破实际上也带来了启蒙思想的宽容性。所谓思想的"宽容"，指的是对新异观念的容忍和理解，它不会因为其他思想的异己特征就予以排斥和打击，相反，倒更能从一个学术发展与文化发展的高度做出及时中肯的评价。在这里，启蒙主义的鲜活理性的确显示了"它

---

① E.卡西勒：《启蒙哲学》，山东人民出版社，1988，《序》第3页。

的广大的应用和洞彻的理解力"①。当富仁老师以"思想革命"的研究系统完成了对"政治革命"研究系统的反拨之时,这其实并不像某些同志所想象的那样是富仁老师企图排斥和否定传统研究的学术地位。富仁老师多次讲过:"我与陈涌同志的不同,绝非在绝对意义上的对立,而是在我充分吸收了陈涌同志的创造性研究成果之后,从另一个不同的角度研究鲁迅小说的结果。"②这种学术意义的宽容在他的长文《中国鲁迅研究的历史与现状》里更是得到了充分的体现。王得后先生认为这篇长文首先打动了他的便是"作者的宽厚":"富仁不以鲁迅的是非为是非,不以自己的利害为利害,他力求客观而公平地写出历史状况及各派的得失。不宽厚是做不到这一点的。"③其实,与其说这种"宽厚"是一种待人接物的态度,还不如说是一种启蒙思想家特有的学术眼光和胸怀。早在当年的《〈呐喊〉〈彷徨〉综论》里,他就表述过这样的鲜明的启蒙意识:"文学研究是一个无限发展的链条,鲁迅小说的研究也将有长远的发展前途,任何一个研究系统都不可能是这个研究的终点,而只能是这个研究的一个小的链条和环节。"④

基于对历史发展的这种"链条"性质的清醒认识,富仁老师的学术"宽容"事实上就不是那种毫无原则、毫无主见的迁就和懦弱,而是站在历史发展的制高点上,努力为各种不同的文化现象寻找到它们居于历史"链条"中的应有之位,就像当年的法国启蒙思想家们那样,清理各种文化产品看来要比简单的否定和抛弃更有意义。这里也清楚地呈现出富仁老师式的学术思维方式:他总是从一个具体的文学现象出发,庖丁解牛般地层层剥抉,步步推进,最后开掘出这一现象背后的文化精神、历史意蕴,从而在一个十分宏大的文化背景上予以"定位"。在这种学术思维的观照之下,不仅孤立的文学现象在广阔的时空中凸显了独特的意义,就是在常

---

① 拉美特利:《人是机器》,载《十八世纪法国哲学》见商务印书馆,1963,第241页。
② 《先驱者的形象·代自序》,浙江文艺出版社,1987。
③ 《中国鲁迅研究的历史与现状·序》,《鲁迅研究月刊》1995年第9期。
④ 《中国反封建思想革命的一面镜子》,北京师范大学出版社,1986。

人眼中普通平凡的现象也内涵丰厚、意味深长起来，比如他对电影《人生》《野山》及农村题材影片的评论。甚至某些人们一时还难以接受的东西，他也能够独具慧眼，发现其不可替代的文化意义，比如他对《废都》的评论。经过他的深入开掘、四方拓展之后，一种文学现象的内涵往往获得了远远超乎于旁人的"打捞"，以至一时间真有点让人再不敢轻易涉足的味道！

宋益乔先生是富仁老师最早的评论者，他当时曾提出过这样一个看法："王富仁的研究，从'面'上看，涉及的范围不算广，但他却牢牢地抓住了几个'点'，而且是极富思想意义的'点'。"[①]从那时（1986年）到今天又过了十年，富仁老师研究的"面"显然拓宽了许多，从鲁迅到茅盾到郁达夫，从小说到诗歌到电影电视，从中国到外国到古典，从文学到文化。不过细读他所有的这些研究成果，我又感到，他好像还是无意过多地展示自己在这些广泛的"面"上的知识。他涉足了众多的课题，但吸引着他的不是有关这些课题的丰富的知识性背景，而是它们各自所包含的文化内蕴。正如前文所说，在透过具体文学现象揭示深层的历史文化意义这一点上，他的思维方式仍然是一以贯之的。与其说富仁老师是要在"面"的驰骋上做知识的积累，还不如说是他继续在"点"的开掘上读解着精神世界的奥秘。这种似"面"而非"面"、非"点"而是"点"的研究立场，在当代中国学术研究领域可谓别具一格。如此说来，富仁老师多年以来的学术研究，一方面的确是在不断地演进发展，但也依然存在一以贯之的态度和方式，构成他作为启蒙学者的最基本的学术个性——这种透过具象看文化，点面结合、由小及大的思维习惯似乎始终坚持着，而这种坚持本身在当代的启蒙文化思潮中也是格外的特别。

启蒙，就如同这个词语在西方语言中的含义（照亮、开启光明）所显示的那样，带有某种时间交替上的"过渡"意味，它除旧布新的历史转换地位注定了它的命运多少有点令人遗憾：虽然启蒙的光辉映照着新世纪的黎明，但启蒙运动中所产生的具体思想结论却不能像它所显示的思想姿态

[①] 宋益乔：《思想与激情——谈王富仁的中国现代文学研究》，《文学评论》1986年第6期。

与思维方式那样保持长久的生命力,曾经投身于启蒙文化运动的学人也未必都能保持长久而集中的热情。恩斯特·卡西勒在评述西方18世纪的启蒙文化思潮时就切中肯綮地指出:"启蒙思想家的学说有赖于前数世纪的思想积累,这一点是当时的人们没有充分认识到的。启蒙哲学只是继承了那几个世纪的遗产;对于这一遗产,它进行了整理,去粗取精;有所发挥和说明,但却没有提出什么新的独创观点加以传播。"①活跃在20世纪晚期的中国启蒙思想家们又几乎都是在中国文化的封闭时期接受教育的,就知识储备而言,他们似乎还不能与西方的启蒙学者相比肩,就是与"五四"一代的中国启蒙先驱相比,也有一定的差距。他们新时期的启蒙活动是在改革开放刚刚起步的时候展开的,这时候与其说是古今中外的文化发展的丰富事实让他们做出了"启蒙"的选择,还不如说"启蒙"是他们从个性生存的要求出发所举起的武器。以后,随着国门的进一步打开,西方几个世纪以来的各种文化思潮纷至沓来,当他们最不熟悉的其实又是最渴望了解的人生哲学、生命哲学、艺术哲学以更亲切的方式呈现在眼前的时候,特别是当更年轻的一辈已经无所顾忌地转向更诱人的对艺术对人生的思考的时候,中国20世纪晚期的这一文化思潮实际上便开始出现了动摇。是中国的启蒙思想家们完全放弃了或否定了启蒙的理想,还是他们先前的相对单纯的启蒙理想当中,已经不同程度地渗入了较多的其他文化追求呢?比如,有的学者逐渐淡化启蒙时代特有的文化建设(包括政治文化建设)的激进,转而在更细致也更平静的学院化学术活动中找到了自己的一方"净土";有的学者竭力从当代西方的艺术哲学中汲取营养,调整自己固有的知识结构,这调整使他们逐渐从启蒙主义的"文化之思"中摆脱出来,那丰富的属于艺术自身的问题好像吸引了他们更多的目光;有的学者从当代西方文化"超越启蒙"的努力中洞见一片新意,甚至也开始了对中国启蒙文化思潮本身的"再思索"……

但恰恰是在这样一个让人无所适从的"文化的动荡"之中,富仁老师又一次表现出了他特有的冷静。在《中国鲁迅研究的历史与现状》一文

---

① E.卡西勒:《启蒙哲学》,山东人民出版社,1998,《序》第2页。

中，我们可以读到他对新时期启蒙文化派相当清醒而深刻的反省。同样，在《文化危机与精神生产过剩》一文中，我们也读到了他坚定的选择："中国知识分子发挥自己主观能动性的主要方式是更加充分地调动自己主观意志的作用，把自己的思想追求贯彻下去。"的确，在其他的一些启蒙同道纷纷转向的时候，富仁老师似乎又成了一位相当"固执"的思想家。迄今为止，他依旧坚守着自己先前的立场，依旧将对文学现象背后文化精神的不断发现，将点面结合、由小及大的思维方式，将中国文化现代化建设的这一系列的"启蒙事业"坚持着，推进着。这当然也不是说富仁老师不曾为自己的学术活动增添新的内容、新的养分，而是说来自其他思潮的新内容仍然不可能冲淡富仁老师追思和建设中国新文化的主导目标，也更不可能改变他的基本思维方式和清醒的角色体认。

毋庸讳言，这样的坚守或许会继续保留富仁老师作为中国这一代启蒙思想家的某些"先天"遗憾。不过，在我看来，清醒的缺陷无疑要比盲目的完满好得多，何况在历史无限伸展的链条上，谁又不是包藏着缺陷的"中间物"呢，谁又留得下真正的完满呢？20世纪的晚期，中国还在为建设自己的新文化而苦苦探索，扫除蒙昧、迎接新生的启蒙事业远远没有完成，在这个时候，一位思想家的坚守本身就具有无限深远的意义。

传统与现代

如果说富仁老师的文学研究贯彻着他作为20世纪晚期一位执着的启蒙思想家在各个方面的努力，那么他人生最后几年所致力的"新国学"研究则是全方位确立现代文化历史地位和精神高度的探索，蕴含在这一现代文化中的根本精神就是现代知识分子"不畏威权""重估历史"的深远的理性，也就是富仁老师以现代启蒙精神重照传统文明，再构现当代文化系统的最后努力。

"新国学"的主张首先是在《社会科学战线》上连载，同时又刊发于汕头大学《新国学》学术丛刊创刊号上，2006年的中国现代文学研究会大连年会上，富仁老师又作"新国学"的即席发言，引发了与会学者的热烈讨论。此前此后，《现代中国文化与文学》《文艺研究》《社会科学战线》《中国现代文学研究丛刊》等期刊都推出过专题讨论。除了对鲁迅矢志不渝地解读外，富仁老师还从来没有如此热忱地推广过自己的某一学术观点，那么，他如此执着的目的何在？是不是真如一些学者所担忧的那样，属于保守主义的立场后退呢？当然不是。富仁老师对此的表述十分清晰：

"过去我们仅仅将对19世纪以前中国文化的研究视为'国学'，这就把'国学'的命脉变得越来越细弱、越来越狭窄了。试想，再过几个世纪，我们假若仍然仅仅将对19世纪以前中国文化的研究称为'国学'，那时的'国学'在整个中国学术中的地位将如何呢？"

"中国知识分子对于我们民族的学术应该建立起一个新的整体的观念，从事学术研究的中国知识分子应该建立起一种彼此一体的感觉，对我们都是有重要意义的。"

"高等教育的持续发展，研究生招生制度的建立，社会群众对学术问题关切程度的提高，标志着中国学术已经进入了一个新的发展阶段，而这个阶段的特征应该是在全球化背景上重新形成开放的民族学术的独立意识，而重建民族学术的整体观念则是关键的一环。"[1]

如何消除中国知识分子观念中的古今对立，在一个更具有整合力的文化大格局中重建民族的现代学术，从根本上维护和巩固现代新文化的"国学"地位，这才是富仁老师提倡"新国学"的初衷。倡导概念的内在逻辑依然根植于富仁老师的启蒙理念：既是对"五四"以来现代文化（现代文学）合法性的高度维护，让现代文化的启蒙价值获得国家民族层面的认可，又是对曾经离经叛道、挑战权威的启蒙文化本身的深化和开掘。富仁老师深刻地指出，现代文化的发展方向应该是"新国学"的基础，这样的学术是对古今中外各种"对立"关系的突破——"所有这些二元对立的文化框架和学术框架都几乎绝对地将我们分裂开来，彼此构成的不是互动的学术体系，而是彼此歧视、压倒、颠覆、消灭的关系。""实际上，我之所

---

[1] 王富仁：《"新国学"论纲》，《新国学研究》第一辑。

以认为'新国学'这个学术观念对于我们是至关重要的，就是因为，只有这样一个学术观念，可以成为我们中国知识分子文化的、学术的和精神的归宿。"①在过去，我们的启蒙叙述也总是聚焦在一些重大的社会目标上，而启蒙之所以能够推动历史发展的根本缘由——文化的创造性——却往往为人们所忽视，从1990年代中期开始，富仁老师就重新反思和梳理了中国知识分子的启蒙史，从中探寻现代文化与中外文化交流发展的根本动能所在。他认为，在中国现代文化与中国现代文学发展中起关键作用的，并不是学习外国和继承传统的问题，而是中国现代知识分子自身创造力的发挥问题，中西文化与知识分子个人的关系，可以被描述为"对应点重合"，也就是说，是各自创造精神的契合与激发。②在《"新国学"论纲》中，他又进一步指出："学术发展的历史事实告诉我们，后一代知识分子若不通过对前一代知识分子的批判、否定、批评、修正或补充，后一代知识分子就无法建构自己的学术，甚至也无法创造新的学术成果。而假若他们不能建构自己的学术、创造新的叙述成果，前人的经验和知识在他们这里也只能是一些散乱的常识，一些不可靠的知识。不论是西方的文艺复兴，还是中国的五四新文化运动，都是通过反思、反叛传统而建构起自己的文化传统和学术传统的。"③这也就是说，现代新文化对传统的反叛和价值重估既是必不可少的，却又不是以颠覆和消灭传统文化为目标的，在根本的意义上，它们最终和业已历史化的"传统"一起沟通形成了中国民族学术的有机组成部分，并各自发挥着不可替代的作用。

富仁老师对文化发展过程中"创造力"这一动力源泉的挖掘和提炼极具开拓性，这样一来，"启蒙"文化就不再是欧洲18世纪的教条，不再局限于国外的理论表述，甚至也不止于五四知识分子的具体主张，它在新世纪的中国被再度激活，再一次有力地介入到了中国当下的问题之中，其深层的内在构成——活力、张力及持续性的创造力——得以凸显，激励人

---

① 王富仁：《"新国学"论纲》，《新国学研究》第一辑。
② 王富仁：《对一种研究模式的置疑》，《佛山大学学报》1996年第2期。
③ 王富仁：《"新国学"论纲》，《新国学研究》第一辑。

心。

当然，1980年代的热烈已经退去，启蒙势弱的趋势已不可避免，富仁老师绝地坚守、持续启蒙的努力不得不是孤独的。这一份深远的坚守，极容易淹没在当代学术"各领风骚三五年"的喧嚣之中。现实是，我们如此轻松地"告别"了1980，如此匆忙地走过了1990，从富仁老师这样的思想坚守者身边滑过，在许多时候，我们都忽略了这位智者数十年如一日战士般追问启蒙的努力，也最终低估了他所揭示出的中国文化挣脱他者干扰、自我创造的巨大能力。

2002年，富仁老师出版了《中国文化的守夜人》一书，其中，关于鲁迅与中国文化的论述已经展示了后来重构中国文化传统、重述"新国学"的思想脉络。如果说鲁迅是富仁老师眼中的中国文化的"守夜人"，那么我们也可以说富仁老师甘当中国当代学术文化的"守夜人"。守夜人孤独掌灯，绝地呐喊，可有回应否？

所幸的是，今天我们终于迎来了这样一套庄重的《王富仁学术文集》，这或许可以告慰我们对富仁老师的怀念，表达我们这些在和平年代成长的后辈对一位历经艰难的思想者的由衷敬意。但，更重要的可能还在于，我们可以以这样的方式来铭记20世纪晚期中国思想文化波澜壮阔的历史画卷，让更多热爱和关心中国文化的人从中感受到一位赤诚的思想家、文学人的真挚、坦荡和忧愤。

写于2021年春节

目 录

鲁迅前期小说与俄罗斯文学 ………………………………………… 001

《呐喊》《彷徨》综论
　　——博士学位论文摘要 ………………………………………… 028

鲁迅研究中的比较研究琐谈 ………………………………………… 070

尼采与鲁迅的前期思想 ……………………………………………… 075

弗·伊·谢曼诺夫和他的鲁迅研究 ………………………………… 098

对古老文化传统的现代化调整
　　——鲁迅与中外文化论纲之一 ………………………………… 112

以西方文化为重建中国现代文化的主要参照系
　　——鲁迅与中外文化论纲之二 ………………………………… 136

从两个不同的角度进行的人生开掘
　　——鲁迅和郁达夫小说思想意义的比较研究 ………………… 155

从思想革命到政治革命
　　——鲁迅小说与茅盾小说的比较研究 ………………………… 182

两种现实主义小说的两种艺术趋向
　　——鲁迅小说和茅盾小说的比较研究之二 …………… 219
鲁迅与顾颉刚（一） …………………………………………… 243
鲁迅与顾颉刚（二） …………………………………………… 282
鲁迅与革命
　　——丸山昇《鲁迅·革命·历史》读后（上） ………… 328
鲁迅小说的叙事艺术 …………………………………………… 365
关于鲁迅研究中马克思主义方法论的几个问题 ……………… 423
从"兴业"到"立人"
　　——简论鲁迅早期文化思想的演变 ……………………… 452
我和鲁迅研究 …………………………………………………… 477
最是鲁迅应该读
　　——关于中学鲁迅作品教学的几点思考 ………………… 502
我看中国的鲁迅研究 …………………………………………… 512
中国鲁迅研究的历史与现状（七）
　　——新时期业务派的鲁迅研究 …………………………… 516
中国鲁迅研究的历史与现状（九）
　　——新时期业务派的鲁迅研究 …………………………… 534
中国鲁迅研究的历史与现状（十）
　　——新时期启蒙派的鲁迅研究 …………………………… 540
中国鲁迅研究的历史与现状（十一）
　　——新时期先锋派的鲁迅研究 …………………………… 559
厦门时期的鲁迅：穿越学院文化 ……………………………… 567
论《怀旧》 ……………………………………………………… 575
关于《狂人日记》的创作方法 ………………………………… 588
《狂人日记》细读 ……………………………………………… 600

目 录

关于《药》的主题 …………………………………………… 619

《鲁迅前期小说与俄罗斯文学》后记 ………………………… 620

《中国反封建思想革命的一面镜子：〈呐喊〉〈彷徨〉综论》初版后记
…………………………………………………………… 621

《中国反封建思想革命的一面镜子：〈呐喊〉〈彷徨〉综论》再版后记
…………………………………………………………… 623

《中国鲁迅研究的历史与现状》初版后记 …………………… 628

《中国鲁迅研究的历史与现状》再版后记 …………………… 632

《中国文化的守夜人——鲁迅》自序 ………………………… 634

附录：

鲁迅研究与我的使命
　　——王富仁教授访谈 ………………………………… 638

鲁迅前期小说与俄罗斯文学

鲁迅的前期小说,像所有卓越的文学作品一样,是独创的、民族的。但是,它的独创性,是在中外文学遗产的基地上开辟出来的,在前人优秀成果的滋养下萌生出来的;它的民族性,也不是封闭的、狭隘的民族固有传统的简单继续,而是被世界文学所浸染、所丰富了的。考察中外杰出作家及其作品对鲁迅文学创作的影响,总结鲁迅批判继承历史文化遗产的丰富经验,无疑应当被列为鲁迅研究的重要课题之一。

在鲁迅前期小说与中外文学遗产的多方面复杂的联系之中,它与俄罗斯现实主义文学的历史联系始终呈现着最清晰的脉络和最鲜明的色彩。在它的深沉思想内容的基本精神中,在它的现实主义艺术方法的总体性特色中,在它的沉郁、严峻而又热烈的主导格调中,我们都能异常分明地感受到俄罗斯现实主义文学的强烈影响。这种影响的强烈性,不但丝毫没有损伤鲁迅前期小说的独特个人风格和鲜明民族化特色,反而促成了它们的形成和加强。鲁迅在从事前期小说创作的时候,为什么格外注重俄罗斯现实主义文学的借鉴呢?他是怎样创造性地把它的艺术成就转运到中华民族的文学宝库中来的呢?这一过程向我们提供了哪些有益的经验呢?这是我们应当注意研究解决的问题。

鲁迅的文学道路表明:他不是在世界艺术之林里随步所之地顺手掠取了几个俄罗斯文学之果,而是经过了严格选择和精心思考的。

像多数的文学家一样,他首先受到的是本民族文学的熏染和陶冶。早在他幼年和少年时期,便阅读了大量中国古典小说。后来,他又以中国第一个卓有成效的中国小说史的研究学者著称于世。本民族文学培育了他的文学爱好，加强了他的文学素养，锻炼了他运用语言的能力，丰富了他的表现手法和表现技巧，奠定了他创作前期小说的基础。但是，作为中国古典小说的伟大革新者的鲁迅，不是它的固有形式和内容的陈陈相因的袭用者，而是一个借异域之石攻本国之玉的好手。他自己也反复说过，他创作的小说"大约所仰仗的全在先前看过的百来篇外国作品和一点医学上的知识"（鲁迅：《南腔北调集·我怎么做起小说来》），"我所取法的，大抵是外国的作家"（鲁迅：《致董永舒，一九三三年八月十三日》）。在谈到整个中国现代小说时又说：它的产生"一方面是由于社会的要求的，一方面则是受了西洋文学的影响"（鲁迅：《且介亭杂文·〈草鞋脚〉小引》）。

在外国文学中，鲁迅接触最早的恐怕还是英、美、法诸国文学作品的林纾译述本。据周作人日记中的记载，鲁迅在留日以前便接触到柯南道尔的《福尔摩斯侦探案》、哈葛德的《长生术》和小仲马的《巴黎茶花女遗事》等书[①]。许寿裳也说，林纾的翻译，"出版之后，鲁迅每本必读"[②]。关于这一点，鲁迅后来也有追述，他说："我们曾在梁启超所办的《时务报》上，看见了《福尔摩斯包探案》的变幻，又在《新小说》上，看见了焦士威奴所做的号称科学小说的《海底旅行》之类的新奇。后来林琴南大译英国哈葛德的小说了，我们又看见了伦敦小姐之缠绵和菲洲野蛮之古怪。至于俄国文学，却一点不知道……"（鲁迅：《南腔北调集·祝中俄文字之交》）通过林纾的译本，鲁迅开阔了眼界，培养了他对外国文学的兴趣，应当说还是有一定作用的。柯南道尔等人的作品自有它们一定的历史作用和价值，这也毋庸讳言。但是，鲁迅之不满意它们，也是完全必然的。就在同一篇文章中，鲁迅说："包探，冒险家，英国姑娘，菲洲野蛮的故事，是只能当醉饱之后，在发胀的身体上搔搔痒的，然而我们的一部分的青年却已经觉得压迫，只有痛楚，他要挣扎，用不着痒痒的抚摩，只在寻切实的指示了。"（鲁迅：《南腔北调集·祝中俄文字之交》）

鲁迅在日本留学多年，日文是它最熟悉的外国语种。他曾翻译过不少日本文学作品，它们对鲁迅前期小说创作也发生过一些影响。但是就

[①] 周遐寿：《鲁迅小说里的人物》，人民文学出版社，1959，第185—186页。
[②] 许寿裳：《亡友鲁迅印象记》，人民文学出版社，1955，第10页。

鲁迅前期小说与俄罗斯文学

整体而言，鲁迅前期小说与日本文学的亲缘关系并不是最密切的。对此，周作人有过比较详细的忆述。他说：鲁迅"对于日本文学当时殊不注意。森鸥外、上田敏、长谷川、二叶亭诸人，差不多只看重其批评或译文，唯夏目漱石作俳谐小说《我是猫》有名，豫才俟各印本出即陆续买读，又热心读其每日在《朝日新闻》上所载的小说《虞美人草》，至于岛崎藤村等的作品则始终未尝过问。自然主义盛行时，亦只取田山花袋的《棉被》一读，似不甚感兴味。豫才日后所作小说虽与漱石作风不似，但其嘲讽中轻妙的笔致实颇受漱石的影响，而其深刻沉重处乃自果戈理与显克维支来也。"[①]

鲁迅所精通的第二外国语是德文，德国大作家歌德、席勒等人的作品没有引起他太大的关注。霍普特曼、苏德曼等人，正像鲁迅自己所说"这些人虽然正负盛名，我们却不大注意。"（鲁迅：《坟·杂忆》）。他一生热爱海涅的诗歌，但作为诗人的海涅对鲁迅前期小说的影响甚微。尼采的《查拉图斯特拉如是说》为鲁迅所爱读，它的影响也只在《狂人日记》中闪现了一下，此后便在鲁迅前期小说中销声匿迹了。

1903年，鲁迅抱着使中国人民"于不知不觉间，获一斑之智识，破遗传之迷信，改良思想，补助文明"（鲁迅：《译文序跋集·〈月界旅行〉辨言》）之目的，先后翻译了法国科学幻想小说作家凡尔纳的《月界旅行》和《地底旅行》。此后还翻译过一部《北极探险记》（鲁迅：《致杨霁云，一九三四年五月十五日》）和美国路易斯·托仑著的《造人术》[②]，都属于这类科学幻想小说。这当然也是极有益于中国人民的工作，但这也反映着鲁迅当时"科学救国"思想的某些端绪。没有多久，他便改变了当时的"导中国人群以进行，必自科学小说始"（鲁迅：《译文序跋集·〈月界旅行〉辨言》）的看法。他的创作小说，也是与科学小说相绝缘的。

1907年，鲁迅写了早期最重要的文艺论文《摩罗诗力说》，开始表现

[①] 知堂（周作人）：《关于鲁迅之二》，载《鲁迅先生纪念集》第1辑，第31页。（由于原文发表时间较早，作者当时所作注释也未注明出版社、出版年等项，版本查考困难。为尊重原作，故仍按原注标出。后涉及类似问题，均作此处理。——编者）

[②] 熊融：《关于〈哀尘〉、〈造人术〉的说明》，《文学评论》1963年第3期。

出他对俄国文学的广泛接触。可是，这时他仍然不是从现实主义的角度，而是从积极浪漫主义的角度介绍普希金和莱蒙托夫的。他当时提及了果戈理的现实主义特色，还介绍了柯罗连科的《末光》，但尚未把他们当作介绍的重点。拜伦、雪莱、裴多菲、密茨凯维支等积极浪漫主义诗人对鲁迅的思想曾产生过很大影响，拜伦那"苟奴隶立其前，必衷悲而疾视，衷悲所以哀其不幸，疾视所以怒其不争"（鲁迅：《坟·摩罗诗力说》）的感情态度，也突出地反映在他的前期小说中，"摩罗诗人"的抗争精神融化在鲁迅前期小说的现实主义中，构成了它的战斗的现实主义的重要格调之一。可是，拜伦等人的作品多为诗歌作品，它们与鲁迅小说的联系主要表现为精神思想方面。并不如与俄国现实主义小说作品的联系更为广泛和直接。

鲁迅在早期还曾翻译过雨果等人的作品，高度评价过但丁、莎士比亚、弥尔顿、易卜生等世界名人，"也曾热心的搜求印度，埃及的作品，但是得不到。"（鲁迅：《南腔北调集·我怎么做起小说来》）

以上这个广为搜求和多方尝试的过程，就时间而言可以说是短暂的，可就其历程而言则是漫长的。正是在这漫长的摸索前进的过程中，他一步一步地趋近了俄罗斯现实主义文学。1909年，他和周作人共同编译了两册《域外小说集》，重点介绍了俄国和东欧、北欧等弱小民族国家的现实主义短篇小说作品。鲁迅亲笔翻译了三篇（安德烈耶夫的《谩》《默》和迦尔洵的《四日》）均为俄国作品。同年，鲁迅还翻译了安德烈耶夫的《红笑》的一部分，准备翻译而未及译的还有莱蒙托夫的《当代英雄》和契诃夫的《决斗》等。1913年，鲁迅发表了第一篇创作小说《怀旧》，已经分明地表现出了俄国现实主义文学的影响。从《域外小说集》经由《怀旧》到鲁迅前期的白话小说创作，这是一条鲁迅现实主义文艺思想由形成、确立到进一步发展的线索，也是鲁迅小说艺术由萌生、成长到成熟的线索，他们都是连在俄国文学这个始发点之上的。

鲁迅所走过的文学道路说明，他曾经广泛地吸取过中外文学的艺术营养。这对他的小说创作是十分必要的。应当说，所有这一切，都或直接或间接、或大或小地对他的小说有所影响。但是，他的主要艺术兴趣却是贯注在俄国、东欧、北欧现实主义文学特别是俄国文学之上的，对他的小说创作影响最大的也是它们。这向我们提出了一个值得沉思的问题：他为什么没有仅仅满足于从本民族文学中汲取自己的艺术营养呢？为什么没有沿着对他来说是最方便的路线从日本、德国文学中集中采取需用的全部艺术花粉呢？为什么没有停留于从当时在中国影响最大的英、美、法诸国的文学作品译著中撷拾自己效法的楷模和范本呢？为什么他偏偏要"绕道"从俄罗斯文学中去汲取自己的主要营养乳汁呢？只有首先有效地解决了这个问题，我们才能更清晰地发现鲁迅前期小说与俄罗斯现实主义文学联系的主要纽带，也才能发现鲁迅大量借鉴外国作品而却能创造、发展严格的民族化艺术形式及传统的秘密。

鲁迅曾反复说过，他介绍外国文艺"并不是从什么'艺术之宫'里伸出手来，拔了海外的奇花瑶草，来移植在华国的艺苑。"（鲁迅：《坟·杂忆》）而是为了"转移性情，改造社会的"（鲁迅：《译文序跋集·〈域外小说集〉序》）。正是这一点，决定着鲁迅探求的方向。在这种情况下，他所寻求的是这样一种文学，它不但在内容上是充实的、艺术上是完美的，而且更重要的是，它要较他种文学更适于表现中国社会的现实，更适于贯注自己对中国社会生活的理性认识和审美认识，因而也更适于启发中国人民的觉悟，激发中国人民的革命精神。事实证明，在当时的历史条件下，俄罗斯文学便是这样一种文学。

文学艺术不是空中云、幻中花，它是社会现实生活的反映，是时代精神的表征。它民族的文学所以能被本民族所利用，归根到底在于两个民族在社会生活和时代情绪上有某些相似之处，而这种相似之处愈多、程度愈大，两个民族在文学上所产生的共鸣作用也更为强烈。我们所以说俄罗斯现实主义文学在当时更适于为表现中国现实生活服务，首先是因为这两个国家现实生活本身有更多的相近或相似之处，由此也决定了两国在社会思想、时代精神和人民情绪上的一系列一致性特征。毛泽东在《论人民民主专政》中说："中国有许多事情和十月革命以前的俄国相同，或者近似。封建主义的压迫，这是相同的。经济和文化落后，这是近似的。两个国家都落后，中国则更落后。先进的人们，为了使国家复兴，不惜艰苦奋斗，寻找革命真理，这是相同的。"

俄国社会生活不但较之西欧资本主义国家当时的状况，而且较之它们的反封建压迫历史时期的状况，与中国当时的社会现实都更为相似。这是因为，两个国家都经历了大致相似的历史进程，它们都不是在本民族资本主义工商业得到充分发展、农业自然经济濒于崩溃的历史条件下产生了资产阶级民主革命的要求的。当这两个睡狮被西欧隆隆的机器声和炮声震醒的时候，西欧资产阶级已经掌握了国家政权并且取得了比较发达的资产阶级物质文明。这诱发了两个国家尚处于襁褓中的资产阶级的革命愿望，又由于强敌毗邻或外敌入侵，更极大地增强了本国先进人士救亡图存、推翻专制统治的紧迫感和强烈主观要求。这种独特的历史进程决定了两国社会生活和人民情绪上的诸多一致特征。两者所不同的是，俄国较之中国更早得多地进入了这一历史进程，当中国五四新文化运动开始之际，俄罗斯文学已经为反映这样的现实生活积累了丰富的创作经验，它的丰富瑰奇的现实主义艺术不但足以为当时中国年轻的新文学艺术所借鉴，而且在整个欧洲文学中也已经跃居领先地位。也就是说，俄罗斯现实主义文学不但在思想性和艺术性上达到了相当高的水平，而且它所反映的现实生活本身也没有任何一个国家的任何一个时期在与中国社会生活的相似或相同上能与之相比拟。这是鲁迅所以格外注重借鉴俄国现实主义文学的主要原因，也是我们研究鲁迅前期小说与俄罗斯现实主义文学历史联系的主要线索。

　　清醒的现实主义精神、广阔的社会内容、社会暴露的主题是鲁迅前期小说与俄国文学的共同特征之一，也是二者相互联系的主要表现之一。

　　社会生活及其意识形态的性质与状况，不仅决定着一个时代文学的主要内容，也曲折地决定着它占主导地位的艺术方法和表现形式。我们可以看到，在俄国文学的历史发展中，曾在西欧文学中各领风骚上百年的古典主义、浪漫主义诸流派，几乎像闪电般地飞掠而过，远远没有达到西欧文学的艺术成就，而现实主义文学则得到了长期的发展和空前的繁荣，并在欧洲文学中跃居于领先的地位。造成这一情况的原因当然是多方面的，但其中起决定性作用的则是它的历史发展特点和社会生活状况。社会矛盾的空前激化和充分暴露为现实主义文学提供了丰富的艺术素材，集中的、大规模的革命斗争的尚未到来，使文学的任务主要集中于认识现实、解剖现实并以此启发人民的觉悟。

鲁迅前期小说与俄罗斯文学

这样，在君主专制政体相对加强和暂时稳固时期产生的古典主义文学固然较少插足的余地，由对"理性王国"的强烈失望情绪而产生的重视主观情绪的表现、企图独立于现实之上或社会之外的浪漫主义文学也不会得到长足的发展。正确认识现实、了解现实社会的真实矛盾的强烈愿望，激动着整整一个世纪的知识分子尤其是先进人士的心，现实主义文学就在这种基础上迅速地成长起来，成为19世纪俄国文学的主要潮流。

现实主义文学是对当时现实做深刻的、真实的历史描绘的文学派别。19世纪批判现实主义文学的突出特点之一，在于它能够从社会历史的运动和发展中、在人与社会环境的多方面复杂联系中来表现人物性格，反映人的精神生活。因此，它首先肯定社会对人物的制约力量，肯定人的性格及其变化是社会环境的影响下的产物，只有在这样的基础上，人的活动才取得自己的独立性并发生对社会的反作用。现实主义文学的基本特征和19世纪现实主义文学的新发展，使它成为具有广阔社会内容的文学。因为只有正视现实、准确地描绘现实，才能保证有效地揭示社会生活的若干本质方面，只有不把人当作单个人的道德存在物，不当作一种道德品质的简单符号，才能在人物性格及其发展中最大限度地反映出社会的矛盾斗争和现实生活的真实状况来。现实主义的这些基本特征当然在代表着它的艺术高峰的俄国文学中得到了充分的体现，除此之外，由于俄国历史发展的特点，还使俄国现实主义文学具有更加深刻的社会思想内容和为其他各国文学所不可比拟的思想严肃性。

我们看到，当西欧资产阶级进行文艺复兴运动的时候，他们是多么怡然自得而又开诚布公地提出了本阶级的思想愿望啊！他们公开打出享乐主义、纵欲主义和个人主义的旗帜与封建宗教神学的禁欲主义和封建等级制度进行斗争。这反映了西欧资产阶级从那时起便在社会生活中扮演了一个重要的角色，他们用本阶级一个阶级的愿望便足以博得社会的同情，便足以对抗封建思想的即将土崩瓦解的思想统治。但在俄国，农业的自然经济还是本国的主要经济形态，开始时封建专制制度在某种程度上还是相当巩固的。资产阶级的弱小，广大农民群众的存在，资产阶级一个阶级的思想愿望难以博得广大社会阶层的同情。即使从资产阶级一个阶级的利益出发，不首先摧毁封建的农奴制度，不把尚被这种制度牢牢地固定在土地上的广大农民解放出来，他们便难以得到自身的发展。后来，西欧资本主义社会的弊病的暴露，社会矛盾的加剧以及社会道德的沦丧，使俄国先进人士及有良知的知识分子产生了避免资本主义、绕过资本主义阶段的思想愿望，这样，资产阶级的赤裸裸的独立要求也便不可能再博得广泛的社会同情。总之，在俄国，激动着广大社会阶层人们心灵的首先不是个人的声色欲望问题，而是广大的社会问题。这一社会状况决定了俄国文学与更广阔的社会生活相联系。高尔基在谈到俄国作家的苦闷时说："这种苦闷往往把他们赶到教堂，赶到酒窟，赶到疯人院，但是却绝少把他们赶到对生活漠不关心的冷淡态度。"①

假如说在西欧资本主义国家的现实主义作家之中，"纯艺术"的观点在像福楼拜这样杰出的作家之中还有一定影响的话，那么，俄国现实主义则几乎是与"为艺术而艺术"相绝缘的。在普希金的作品里，还曾出现过这种要求艺术独立于卑俗社会的号召，但即使他，与十二月党人的革命活动也是紧密联系在一起的。他之后的绝大多数优秀作家都毫不讳言自己创作的社会功利性目的，这种观点在列夫·托尔斯泰的《艺术论》中甚至发挥到了极致的程度。与此相联系，俄国现实主义文学是与享乐主义相离甚远的，奥地利作家斯蒂芬·茨威格曾对巴尔扎克、狄更斯、陀思妥耶夫斯基作品中的人物做过比较，他写道："在欧洲每年出版的五万本书中，请您打开任何一本来看。它们谈些什么呢？谈的是幸福。女人想有一个丈夫，或者某人想发财，想有权力和受人尊敬。对于狄更斯的人物，一切追求的目的只是大自然怀抱里的一座漂亮的小住宅和绕膝欢跃的一大群儿孙。巴尔扎克的人物所热衷的是高楼大厦，贵族头衔和百万金钱。陀思妥耶夫斯基的人物有谁追求这些呢？谁也没有。一个也没有。他们不愿停留在任何地方——甚至在幸福上。他们总是渴望走得更远些，他们都怀着一颗折磨他们的'火热的心'。"②我们不能把茨威格的话理解为对这三位作家的优劣比较，他们都是伟大的现实主义作家，

---

①高尔基：《俄国文学史》，上海译文出版社，1979，第107页。
②茨威格：《巴尔扎克，狄更斯，陀思妥耶夫斯基》，转引自《世界文学中的现实主义问题》，人民文学出版社，1958，第206页。

鲁迅前期小说与俄罗斯文学

他们的作品都是本民族社会生活的真实写照。巴尔扎克、狄更斯生活在发达的资本主义国家，金钱关系组成了他们的社会生活的主要纽带，他们真实地描写了这种关系，不但是应该的也是必要的。但在同时，我们也不能否认西欧作家生活在这样的社会生活中，他们的世界观也或多或少地受到这些思想的影响，因而在作品中也流露出一种享乐主义的思想倾向。鲁迅在《忽然想到（十）》中，就曾指出："法国作家所常有的享乐的气息。"（鲁迅：《华盖集·忽然想到（十）》）可以说，俄国现实主义文学是最少享乐主义倾向的文学。他们也表现关于"幸福"的主题，但这种主题却得到了与西欧文学迥然不同的表现。在冈察洛夫、陀思妥耶夫斯基、列夫·托尔斯泰、契诃夫等许多作家的作品里，把满足于个人幸福生活当作一种极端庸俗的东西被表现着，他们的正面主人公尽管常常掉到道德完善、灵魂赎罪等陷阱中去，可他们从不满足于个人的幸福生活，从不追求个人的安逸和享乐。

俄国现实主义作家这种高度的社会责任感，使他们始终如一地面向广大的社会人生。正像鲁迅所说："俄国的文学，从尼古拉二世时候以来，就是'为人生'的，无论它的主意是在探究，或在解决，或者堕入神秘，沦于颓唐，而其主流还是一个：为人生。"（鲁迅：《南腔北调集·〈竖琴〉前记》）

与"为人生"的明确目的性紧密联系，俄国现实主义作品的主题中社会暴露的性质特别显著。暴露、批判，是批判现实主义文学的中心历史任务，这在世界文学范围中都是如此。我们所以说俄国现实主义文学中特别显著，是因为其中的很多杰出作家都表现出一种顽强的倾向，即总是努力把社会现实作为一个整体一股脑儿把它暴露出来。这在西欧作家中也有，例如巴尔扎克的《人间喜剧》，它就是把资本主义社会作为一个整体来加以表现的，正像恩格斯在给哈克奈斯的信中所说：巴尔扎克"给我们提供了一部法国'社会'特别是巴黎'上流社会'的卓越的现实主义的历史"。在中心图画的四周，"他汇集了法国社会的全部历史"[①]。

[①] 恩格斯：《致玛·哈克奈斯》，载《马恩列斯论文艺》，人民文学出版社，1983，第136页。

但像巴尔扎克的《人间喜剧》这类的作品，总体来说在西欧批判现实主义作品中并不多见。我们可以把福楼拜的《包法利夫人》、莫泊桑的《俊友》、狄更斯的《大卫·科波菲尔》同果戈理的《死魂灵》《钦差大臣》、列夫·托尔斯泰的《复活》《安娜·卡列尼娜》乃至契诃夫的中篇小说《第六病室》《草原》等比较一下，尽管他们都是卓越的现实主义作品，都是尖锐的批判主题，但前者所着重批判的是社会的一个方面，而后者则是社会的整体。果戈理在谈到他的《死魂灵》的写作时说："我想在这部小说里至少从一个侧面表现全俄罗斯"，"全俄罗斯都将包括在那里面"[①]；关于《钦差大臣》，他又说："我决意在《钦差大臣》里把我那时看到的所有一切俄国的坏东西收集在一起……一下子把这一切嘲笑个够。"[②] 在果戈理的作品里，这个目的是通过用一个中心事件联络在一起的各种社会侧面的图画的广泛描绘达到的；在普希金、莱蒙托夫、屠格涅夫等人的作品里，他们是通过解剖、分析所谓"当代英雄"的形象而达到的；在列夫·托尔斯泰的作品里，它是通过描绘极为广阔的社会画面和众多的社会人物典型达到的；在契诃夫的作品里，它是在印象主义似的描绘中渲染出一种浓郁的气氛来，使读者呼吸到整个社会的空气而达到的……但不论通过什么具体途径，他们的愿望却总是力图把自己的艺术概括扩大到概括整个俄国社会的广度和高度。从《在俄罗斯谁最快乐而自由》《当代英雄》等题名也可以看出这种倾向来。这种努力的结果，是使他们暴露的典型概括范围空前地扩大了，对社会的批判力量也大大地加强了。

与俄国相似的中国社会的历史发展，也必然使中国文学的主潮趋向于现实主义，这是由于鸦片战争以来，中国社会的内忧外患引起了所有先进人士的不满，正确认识中国，解决实际的社会问题，改造中国的强烈愿望同样激动着中国人民的心。在五四新文化运动的当时或之后，西欧各流派曾经一时杂然并陈地出现于中国文坛，但其中起着主导作用的

---

① 段宝林：《西方古典作家谈文艺创作》，春风文艺出版社，1980，第407、410页。
② 同上书，第409—410页。

鲁迅前期小说与俄罗斯文学

实际上也只有两个：一个是以鲁迅为代表的、以《新青年》、"文学研究会"为主要力量的现实主义流派，一个是以郭沫若为代表、以"创造社"为核心力量的积极浪漫主义流派。"创造社"的文艺主张是针对文学载封建之道的封建主义文学主张提出来的，在当时曾起到一定的积极作用，其作品也取得了很高的成就。但是，"为艺术而艺术"的口号是无法在当时中国的先进人士中扎根的，此后不久，"创造社"多数同人虽然在创作上仍有自己的特色，但至少在文艺主张上，都转向了现实主义文艺理论。现实主义文学的代表鲁迅，早期也曾倡导过积极浪漫主义文学，只是早在五四新文化运动之前便走上了现实主义文学道路。他的这一文学历程最基本的根源在于中国社会现实的要求和他自己的"改造中国社会"的始终不渝的革命观，但起直接启发作用的则是俄罗斯现实主义文学的强烈影响。

鲁迅说："中国人向来因为不敢正视人生，只好瞒和骗，由此也生出瞒和骗的文艺来，由这文艺，更令中国人更深地陷入瞒和骗的大泽中，甚而至于已经自己不觉得。世界日日改变，我们的作家取下假面，真诚地，深入地，大胆地看取人生并且写出他的血和肉来的时候早到了；早就应该有一片崭新的文场，早就应该有几个凶猛的闯将！"（鲁迅：《坟·论睁了眼看》）。鲁迅便是开辟这"崭新的文场"的"凶猛的闯将"。他的前期小说把中国古典小说的现实主义传统提高到了清醒的、自觉的、革命的新高度，而这种现实主义特色，又是和俄国现实主义文学紧密联系的。

鲁迅前期小说远远超出了被动地、不自觉地反映社会生活的阶段，从而达到了有目的地解剖社会、反映社会的高度。他之真实反映生活的目的，也已经不是古典现实主义小说作家的或"寓惩劝"、或"抒愤懑"了，而是有意识地把现实生活真实地呈现出来以帮助人们正确认识它并对它进行革命性的改造。这在艺术上的具体表现则是他把典型环境的描写提到了小说创作中的重要地位上来。恩格斯说："据我看来，现实主义的意思是，除细节的真实外，还要真实地再现典型环境中的典型人物。"[1]在多数中国

---

[1] 恩格斯：《致玛·哈克奈斯》，载《马恩列斯论文艺》，人民文学出版社，1983，第135页。

古典小说中，还没有达到这种高度，它们提供了一系列鲜明的性格形象，但较少展示这种性格产生的社会环境和社会原因，我们知道李逵是鲁莽的，吴用是多智的，关云长是忠勇的，曹操是奸诈的，但这些性格是在怎样的外力作用下形成的，我们在作品之中是不能直接读到的。与此不同，鲁迅前期小说虽然是短篇，但它们的每一个主要人物的性格在作品之中都能找到它所以形成的原因。阿Q的"精神胜利法"是他受欺凌而无力反抗的结果，闰土的麻木迟钝是"多子，饥荒，苛税，兵，匪，官，绅"综合力量压榨下形成的，吕纬甫的软弱妥协是社会黑暗保守势力长期消磨下产生的……就在这人与环境的复杂联系中，鲁迅有效地通过人物性格的塑造揭示了当时现实社会的状况。我们还可以看到，鲁迅小说中绝少单纯气质性的或智能性的性格。诸葛亮是智慧的化身，这是一种智力的典型；《王安石三难苏学士》（见《警世通言》）中王安石是才学的典型；《宋四公大闹禁魂张》中赵正是一种技能的典型（见《古今小说》）；毛张飞、莽李逵，则是一些气质的典型。我们在鲁迅前期小说中，绝看不到这单纯气质和智能方面的典型形象，他们各有自己的气质和能力，但绝非它们的单纯组成。孔乙己知道回字有四种写法，可这不说明他的能力，主要显示了他的迂腐；七斤嫂的气质是善怒的，但这不是她性格的核心，其核心是善怒背后的心胸狭窄、愚昧和妒忌；卫老婆子是善谈的，但善谈是其外在的因素，世故圆滑，取媚豪绅才是其性格的内涵……所以，鲁迅笔下的人物典型是更严格意义上的社会典型，它们性格的每一个气质的、心理的因素都满浸着社会色彩。再者，鲁迅小说的典型形象，既具有长远历史性的概括意义，又具有严格的历史具体性。张飞、李逵、程咬金这些艺术形象之间相隔若干个历史时代，可就其性格本身而言并无严格的差别，他们的差别也不和历史时代有着紧密的必然联系。我们完全可以把三国时期的张飞写入北宋末年的梁山泊好汉中，他仍不失其为一个鲜明的形象，反之亦然。鲁迅笔下的主要人物典型绝没有这种历史随意性，至今我们仍可以碰到类似阿Q、孔乙己、祥林嫂的人物，但他们的相似只是某一点上的相似，绝不会是全人的简单再现。上述鲁迅小说塑造人物的具体方法，都与他重现再现环绕着人物的具体的、历史的、典型的社会环境密不可分。而这一点，是他吸取了外国批判现实主义、特别是俄国现实主义文学的最新艺术成果的结果，也是他独立创造的结果。

由于鲁迅严格遵循着的现实主义创作原则，所以他的前期小说呈现着清醒的现实主义的特色，这不仅仅表现在他冲破了古典小说"大团圆"结局的束缚，更重要的是，他具有高度的社会责任感，敢于正视和揭示社会的深刻矛盾，面向人生，面向广阔的社会现实，从而使他的前期小说像俄国现实主义文学一样，具有广阔丰富的社会思想内容。

广阔的社会主题贯注在鲁迅前期小说的每一篇中，不论他撷取什么题材，选取什么角度，采用什么形式，但它们的焦点都集中在社会问题上。《兔和猫》《鸭的喜剧》是近于童话、随笔类的作品，它们的创作分明受到了爱罗先珂童话的启发，然而，它们和爱罗先珂那童心般轻松的格调却大相径庭。这说明甚至连这样的小兔、小猫、小鸭的题材都没有把他的视线从广大社会问题的关注中引开去。在对待人性、人欲、个性解放的问题上，我们可以看到，他的态度和俄国现实主义作家的态度几乎是完全一致的，他是坚决主张人性、人欲和个性的解放的，但他从来没有把它们作为孤立的东西来表现，而是把他们纳入更广阔的社会问题中去。他从来没有描写过充满拥抱和接吻的爱情，没有笼统表现过物质享乐的合理性的主题，这决不说明他反对这些东西，而是由于他清楚地意识到，要争得阿Q的性道德的解放，只宣布自由恋爱的合法性是无济于事的，首先要给他一个讨老婆的社会政治经济地位；要实现闰土的人性归化，只读一通个性解放的理论条文也是于事无补的，首先要根除使他变得麻木迟钝了的社会条件。同样，他也决不会反对祥林嫂有物质享受的权利，但这也不是空洞的享乐合理性的宣传所能奏效的，首要的任务是要解除捆绑着她灵与肉的四条封建绳索。总之，在俄国和中国，人性、人欲和个性的解放无不首先表现为社会的解放。在《幸福的家庭》和《伤逝》等作品中，鲁迅的描写实质上在于他用社会的解放这个大天平衡量单纯个性解放的意义和效能，他衡量的结果是：没有社会的解放，单纯的个性解放是苍白无力和不能持久的，家庭的幸福也是根本不存在的。

反封建的历史任务也规定了鲁迅前期小说的主要内容在于批判封建

思想、暴露封建社会。他之暴露和批判，也像多数俄国现实主义作家一样，是把整个中国封建历史、封建社会和一整套封建伦理观念作为对象的。他通过"狂人"之口说道：

  我翻开历史一查，这历史没有年代，歪歪斜斜的每页上都写着"仁义道德"几个字。我横竖睡不着，仔细看了半夜，才从字缝里看出字来，满本都写着两个字是"吃人"！

  这一段文字可以认为是全部鲁迅前期小说的一个总纲，是它的基本主题。他所抨击的不是它的一个方面、一个部分，而是整体。鲁迅前期小说是高度精练的，可几乎在每一篇，他都着意地设置有环绕主人公的众多无名或有名的人物：《孔乙己》中有嘲笑主人公的众多顾客，《药》中有议论夏瑜的茶客，《祝福》中有嘲弄祥林嫂的人群，《孤独者》中有魏连殳的族人和大良的祖母……他们在小说中的作用是相当重要的，他们显示着封建思想在整个社会中的广泛影响，显示了社会生活的一般状况，在某种意义上，他们代表着封建社会的一般社会关系的性质与面貌。鲁迅正是通过对他们的描写，把小说中的个别事件上升到了普遍性的高度，从而取得了概括整个封建社会的典型性力量。

  综上所述，鲁迅前期小说的清醒的现实主义精神和严格现实主义方法的自觉运用，它的"为人生"的创作目的性和深刻的社会性内容，它的社会暴露的性质，都是由中国社会现实生活的性质和状况所决定的，都是革命民主主义思想指导下的产物，但在同时，由于俄国社会与中国社会的相似或相同，由于在这种社会基础之上鲁迅与俄国现实主义作家在思想感情上的相通之处，所以，它的这些特色又受到了俄国现实主义文学的启发、影响和浸染。

  强烈爱国主义激情的贯注、与社会解放运动的紧密联系、执着而痛苦的追求精神是鲁迅前期小说与俄罗斯现实主义文学的又一共同特征，也是他们相互联系的又一反映。

  高尔基指出："在俄国，每个作家都的确是独树一帜的，可是有一种倔强的志向把他们团结起来，——那就是认识、体会、猜测祖国的前途、

鲁迅前期小说与俄罗斯文学

人民的命运，以及祖国在世界上的使命。"[1]

在西欧资本主义国家的文学里，虽然也出现过一些爱国主义作家和爱国主义的作品，但从没有一个国家的文学能像俄国文学那样，在整整一个世纪中，在几乎所有优秀作家的作品中，始终激荡着强烈的爱国主义激情。当然，这并非说那些国家的优秀作家不热爱自己的祖国，而是在他们的社会生活中，"祖国"这个概念远不如在俄国显得那么强烈突出，爱国主义情绪并构不成长期激动社会人心的力量。爱国主义的问题是伴随着一个民族对自己国家的落后感、软弱感和危亡感而产生的，是伴随着它感受到外民族的威胁而产生的。莫泊桑、都德的爱国主义短篇小说创作，是普法战争后出现于法国文坛的。但它的影响一消失，爱国主义作品便也减少了，所以即使在他们的作品中，爱国主义主题也不是贯穿始终的东西，更难以构成法国文学的主要特征。可是在俄国，情况就大大不同了，国家长期的落后状态，使拿破仑入侵在俄国人民心中点燃起的爱国主义火焰持续而又长久地燃烧着，国家的命运、祖国的前途成为所有有良知的俄国人所共同关心的问题。这种思想情绪便不能不在社会的感应神经文学艺术中得到鲜明的反映。

在俄国现实主义文学中，"祖国"这支既壮丽又忧郁、既自豪又痛苦的曲子，构成了一个重要的主导旋律。作家们热情而又悒郁地描绘着祖国大自然的美，自豪而又痛苦地谈论着祖国的历史，激动而又迷惘地思考着祖国的前途和命运。在他们的作品中，存在着有别于其他民族文学的一种极其独特的表现方法，他们常常把祖国大自然的壮阔图画，社会生活中恢宏的活动场景，同生活的郁闷沉滞、人民的痛苦生活、知识分子的软弱无力、小市民的愚昧琐屑、统治者的卑劣渺小等等对照着加以描写，从而表现出社会的现实状况与伟大祖国的丰富创造力是何等的不相符。在这种对照描写里，我们深深感到他们对祖国的矛盾复杂然而执着坚韧的痛苦爱情。

你不是也在飞跑，俄国呵，好像大胆的，总是追不着的三驾马

---

[1] 高尔基：《个人的毁灭》，载《论文学（续集）》，人民文学出版社，1983，第103页。

车吗？地面在你底下扬尘；桥在发吼。一切都留在你后面了，远远的留在你后面。被上帝的奇迹所震悚似的，吃惊的旁观者站了下来。这是出自云间的闪电吗？这令人恐怖的动作，是什么意义？而且在这世所未见的马里，是蓄着怎样的不可思议的力量的呢？……俄国呵！你奔到哪里去，给一个回答吧！①

这是果戈理完成了他对农奴主辛辣讽刺的广阔画面、在《死魂灵》第一部结尾处写下的一个抒情段落。这种由各种复杂感情杂糅在一起的对祖国痛苦而炽热的爱情一直持续在俄国文学作品中，直到契诃夫的《在峡谷里》我们仍然能读到这样的句子：

我走遍了俄罗斯，什么都见识过，你相信我的话吧，好孩子。将来还会有好日子，也会有坏日子的。早先，我走着到西伯利亚去，到过黑龙江，到过阿尔泰山，在西伯利亚住过，在那儿垦过地，后来想念俄罗斯母亲，就回到家乡来了。我们走着回到俄罗斯来；……我们的俄罗斯母亲真大哟！②

这里还须特别指出，上述一切还只是俄罗斯现实主义作家爱国主义情愫的公开流露，它的主要表现还不在于此。热切地关注着祖国的命运，敏感地感受到祖国的苦难，坚持不懈地追求着与祖国一致的目标。这是俄国现实主义作家爱国主义激情的最主要表现。果戈理的爱国主义是融化在他对地主、官僚的辛辣讽刺之中的，萨尔蒂科夫·谢德林的爱国主义是与他对专制统治的猛烈鞭挞结合在一起的，屠格涅夫的爱国主义是与他对新人物的密切关注和对农奴制度的揭露不可分割的……可以说，爱国主义是推动着俄国所有杰出作家写作的一个原动力，他们所描写的一切都是与他们的爱国主义思想息息相通的。

作家的强烈爱国主义感情、他们对祖国命运的热切关注，使他们不

---

① 果戈理：《死魂灵》，人民文学出版社，1977，第277页。
② 《契诃夫小说选》（下），人民文学出版社，1978，第792页。

能对祖国的社会解放运动采取袖手旁观的漠然态度。因此俄国现实主义文学自始至终与俄国社会解放运动有着不可分割的紧密联系。

鲁迅在谈到俄国作家契诃夫的时候说:"他是艺术家,又是革命家;而他又是民众教导者,这几乎是俄国文人的通有性。"(鲁迅:《译文序跋集·〈连翘〉译者附记》)这确实是俄国作家的一个突出特点。在俄国,不仅革命家和思想家热情关怀着文学事业的发展,很多人同时是文艺理论家、批评家和作家,而且也有为数甚多的作家同时也是思想家和社会实际斗争的参与者。赫尔岑、别林斯基、车尔尼雪夫斯基、杜勃罗留波夫是前者的例子,普希金、涅克拉索夫、萨尔蒂科夫·谢德林、陀思妥耶夫斯基、列夫·托尔斯泰、柯罗连科、高尔基则是后者的例子。像普希金、莱蒙托夫、赫尔岑、萨尔蒂科夫·谢德林、陀思妥耶夫斯基、车尔尼雪夫斯基、柯罗连科、高尔基都因自己的社会活动遭受到沙皇政府的长期监视、监禁、流放,有的乃至被判处过死刑。屠格涅夫也被短期放逐,别林斯基的寓所受到过搜查,列夫·托尔斯泰被宗教机关开除教籍并指令各礼拜堂做礼拜时对他进行诅咒。在鲁迅作品中,曾经反复提到和赞扬过俄国作家的斗争精神,在《文艺与政治的歧途》中,他提到很多俄国作家被"充军到冰雪的西伯利亚去"(鲁迅:《集外集·文艺与政治的歧途》);在《摩罗诗力说》中赞扬了莱蒙托夫的"奋战力拒,不稍退转"(鲁迅:《坟·摩罗诗力说》);在《〈准风月谈〉后记》中举了列夫·托尔斯泰"欧战时候他骂皇帝的信"及"他生存时,希腊教徒就年年诅咒他落地狱"(鲁迅:《准风月谈·后记》);在《文艺和革命》中说到"流放极边的珂罗连珂"(鲁迅:《而已集·文艺和革命》);在1932年6月24日致曹靖华的信中,在痛斥反动文人的同时热情赞扬了柯罗连科的正直品格,他说:"文人(指当时的反动文人——笔者)多是狗,一批一批的匿了名向普罗文学进攻。像十月革命以前的Koro—lenko那样的人物,这里是半个也没有。"(鲁迅:《致曹靖华,一九三二年六月二十四日》)他更指出"高尔基是战斗的作家""他的一身,就是大众的一体,喜怒哀乐,无不相通"(鲁迅:《且介亭杂文末编·关于太炎先生二三事》)。

作家与实际的社会斗争的密切接触,使俄国文学与社会的解放运动发生着直接而又广泛的联系。车尔尼雪夫斯基就曾谈到,在西欧,文艺家的功绩主要是在艺术领域中来衡量的，而在俄国，文艺家的历史意义主要是以他对祖国的功勋来品评的。这在一定的意义上是符合事实的。俄国每一个时期的文学基本主题都和社会解放运动的主要任务取着几乎相同的步调。在农奴制废除之前，俄国社会解放运动的主要任务是反对封建专制统治和农奴制度，这同样也是俄国现实主义文学的核心内容；农奴制改革后，俄国文学与社会解放斗争一样，除了继续与专制统治和农奴制残余进行斗争之外，批判资产阶级的任务也提到了议事日程上来。虽然他们中的多数人没有达到支持无产阶级革命的自觉高度，但其反对的目标大体是相同的。像屠格涅夫、列夫·托尔斯泰这些离实际政治斗争相对较远的作家，他们的作品也无一不和社会解放斗争熔铸在一起，屠格涅夫可以认为是用笔与农奴制斗争的战士，列夫·托尔斯泰则被列宁誉为"俄国革命的镜子"。

　　爱国主义精神、对社会解放运动的关注推动着俄国现实主义作家去努力探索社会的道路、猜测祖国的前途、追求光明的未来，这使俄国现实主义文学充满了顽强执着的痛苦追求精神。苏联学者赫拉普钦科指出："在俄国，批判现实主义的发展有其自己的特点，这种发展反映了广大人民阶层对社会生活的历史变动的追求。"①

　　每一个真正的现实主义作家，都是社会进步和人类幸福的热烈追求者，但这种追求精神的强烈程度却并不完全相同。一个作家越是具有强烈的社会责任感，越是能深入地感知到社会需要解决而尚未解决的一系列复杂矛盾，他的作品也就显现出愈加强烈的追求精神。急遽尖锐起来的社会矛盾、迅速蒸发着的不满情绪、知识分子的无力感觉、社会矛盾解决途径的不明确，大大增加了俄国现实主义文学的坚韧追求精神，并使它不能不带着痛苦和忧郁的色彩。俄国文学作品中常常出现一种极具特色的忧郁抒情音调，它反映了俄国作家欲求明确出路而不得的情绪。这种音调在普希金、莱蒙托夫、果戈理的作品中便已响起，越到后来越显得鲜明突出，在陀思妥耶夫斯基那里，它发展为痛苦挣扎着的心灵的

---

①赫拉普钦科：《作家的创作个性和文学的发展》，上海人民出版社，1977，第101—102页。

剧烈震颤；在契诃夫那里，虽然乐观情绪逐渐加强，但这种盲目的乐观情绪却始终弥漫在浓重的忧郁气氛中，所以他基本上仍是一位"歌唱'寂寞的'人们的悲哀与苦难的忧郁的歌手"[①]。这种音调在19世纪末期的加强完全是合乎规律的，农奴制废除并没有带来社会状况的根本变化，资本主义在俄国的发展也没有把俄国导入理想境界，西欧资本主义制度弊病的进一步暴露、俄国社会矛盾的进一步激化，在那些没有找到社会出路的知识分子的原本沉重的心灵上又增加了一个更沉重的砝码。他们更顽强地追求着，但也更痛苦迷惘。我们不能简单地否定这种忧郁感，因为这正是他们痛苦追求精神的反映，尽管他们多数都摸进了死胡同，但却是追求者的迷路，而不是庸碌者的逃遁和旁观者的廉价眼泪。

鲁迅前期小说的爱国主义激情，它与中国革命的血肉联系以及对光明未来的执着追求，都植根于中国社会现实，产生于中华民族的传统精神，但是，在小说创作中体现以及如何体现这种精神，应当说与俄罗斯文学对他的影响是有很大关系的。

在鲁迅1903年译述的《斯巴达之魂》中，爱国主义的主题是通过浪漫主义艺术手法、通过塑造民族英雄的人物形象、通过描写对外民族的战争题材和直接的热情呼唤被表现出来的。但到了他正式进行小说创作的时候，这种方法被弃置不用了，实际上，它更接近了俄国现实主义文学的基本精神。

中外鲁迅研究者都曾注意到了这样一个历史事实，即鲁迅前期小说中没有直接反对帝国主义的题材。有的对这一点的解释甚至走到了荒谬的地步。其实这并不难理解。鲁迅的整个创作都表现出了这样一个倾向：对于外国帝国主义，他从不抱任何希望，他认为问题的关键在于中国人民本身的觉悟和中华民族的自强，所以他一般不把主要笔锋放在对帝国主义的直接斗争上，而总是专注于中国现实。在他的前期小说中，甚至也没有出现过直接抒发对祖国情怀的段落，但它的每一篇都是用爱国主义精神凝聚成的结晶体。爱国主义是推动鲁迅思想发展的原动力，也是

[①] 高尔基：《从契诃夫的新作短篇小说〈在峡谷里〉说起》，载《论文学（续集）》，人民文学出版社，1983，第48页。

推动他走上小说创作道路的原动力。因此，鲁迅前期小说中最基础的东西是强烈的爱国主义思想感情。

如前所言，俄罗斯现实主义文学的爱国主义精神反映了俄国人民对祖国落后状态的痛苦意识，鲁迅前期小说的爱国主义则更加强烈，它反映了中国人民受帝国主义长期侵略欺凌的屈辱感觉和愤懑感情。中华民族是从自诩为世界中心的梦幻中被帝国主义侵略的耳光一掌打醒的，这种热辣辣的痛楚感觉推动她的优秀儿女们去寻找救国救民的真理。可是，当时的反动统治者却为了维护自己的统治与尊严，极力用虚幻的谎言掩盖起她本来十分羸弱的躯体。在那时，先觉者的任务在于粉碎统治者的谎言，让她意识到病情的严重以求医治的良药和健身的补品。鲁迅前期小说就是在这样的历史条件下产生的，它的爱国主义不表现为对祖国的直接歌颂，而表现为对本民族弱点的痛苦暴露和对革命道路的不倦探索。在它那里，爱国主义的主题是与社会革命、思想革命的融而为一的。也正因为如此，他的爱国主义才显示出了空前的深刻性和无与伦比的真挚与强烈。

鲁迅小说与中国革命运动的紧密联系我们不须再做详细说明，这在20世纪50年代初陈涌同志的《论鲁迅小说的现实主义》一文就做过相当深刻的阐发。从他的论述中得到的结论是，除了中国革命的领导权问题之外，几乎所有我国民主革命的重大问题都在它的艺术画卷里得到了形象的表现。我觉得需要补充说明的只是，它不仅是中国资产阶级民主主义政治革命的一面镜子，更是中国思想革命的一面镜子，而在这一方面的意义，将随着中国思想革命的广泛、深入地开展而逐渐显示出它的深刻性来。所有这一切，又是和鲁迅的探索精神分不开的。鲁迅前期小说的每一篇，也和他的战斗杂文一样，都是鲁迅坚韧追求的艺术记录。冯雪峰同志写道：

> 他（鲁迅）的现实主义是从他对于历史力、社会力和人民力的一种探索的、追求的努力所凝成的。鲁迅终生都可以说是在探索和追求中，要探索出究竟是一种什么的历史的根本力量在促进或阻碍历史的前进。……他的文学事业，从这方面看，可以说都是他的这

鲁迅前期小说与俄罗斯文学

种探索的结果。[①]

鲁迅前期的小说不以数量丰富见称，而以生动性和深刻性闻名于世。他从不重复别人已经千百次地描写过的主题，不用自己的笔墨去证明尽人皆知的道理，只有像《幸福的家庭》《伤逝》那样，在相似的题材中能开掘出更深刻的主题意义时，他才会去描写别人已描写过的题材。这不简单是一个创作的严肃性问题，这反映出鲁迅用艺术手段表现的是他不断探索社会人生的结果。

中国和俄国社会的复杂性，规定了鲁迅的追求和俄国现实主义作家一样，是相当艰苦和曲折的。中国思想革命的艰巨性、复杂性和长期性以及鲁迅对这一点的敏锐感觉，在他没有掌握马克思主义思想武器之前不能不表现为痛苦的思虑和艰苦的摸索。在这种情况下，俄国现实主义作品中那常有的忧郁抒情音调必然会得到他心灵的感应。痛苦和愤怒的杂糅、希望与失望的交织、经常的坚韧追求与暂时的疲惫感觉同他对祖国、人民悲惨命运的关切混融在一起，使鲁迅前期小说也震响着近于俄国作品的抒情音调，不过它更加峻严峭拔并且夹着一股压抑着的悲愤的心音。这种音调在鲁迅前期小说中，也是逐渐加强的，《彷徨》中的作品较《呐喊》更为浓郁。鲁迅后来曾对这种忧郁感表示不满，但直到后期他还说过："多伤感情调，乃知识分子之常，我亦大有此病，或此生终不能改；杨邨人却无之，此公实是一无赖子，无真情，亦无真相也。"（鲁迅：《致曹聚仁，一九三四年四月三十日》）所以我们决不可用鲁迅前期思想的局限性对之一笔抹杀，它固然反映了鲁迅当时没有找到社会明确出路的苦闷，但更重要的是，它是一个热情痛苦的追求者的真实心音，是一个用整个心灵关心着祖国、人民命运的思想家、革命家的感情情愫。

鲁迅和多数俄国19世纪现实主义作家所不同的是，他很快找到了正确的继续前进的途径，光明的前景展现在了他的面前，鼓舞着他投入了

[①] 冯雪峰：《鲁迅和俄罗斯文学的关系及鲁迅创作的独立特色》，载《鲁迅的文学道路》，湖南人民出版社，1980，第49页。

新的更加热情的战斗。

博大的人道主义感情、深厚诚挚的人民爱、农民和其他"小人物"的艺术题材是鲁迅前期小说与俄罗斯现实主义文学的另一个共同特征，也是二者相联系的又一表现。

这三个问题实际都系在农民身上。

在西欧，描写的中心是哪些人呢？薄伽丘的《十日谈》里活动着的是新兴资产阶级的少男少女，乔叟的《坎特伯雷故事集》中登场的是骑士、侍从、牧师、僧侣、商人、学生，狄福的《鲁滨孙漂流记》歌颂的是新生资产阶级冒险家，菲尔丁的《约瑟·安特路传》写的是贵族妇人及其男仆的生活及见闻。至19世纪，"小人物"的题材也出现在他们的作品中，但与俄国文学依然不同。狄更斯笔下呻吟着的是城市贫民窟的人们，莫泊桑小说中怨诉着的是贫寒的城市小资产阶级，司汤达的《红与黑》中是于连的个人奋斗，巴尔扎克也写到了农村生活，但他重点解剖的是农村资产阶级、贵族和乡村教士……上述这些卓越的现实主义作家描写的中心都不是农民，因为在他们的国家里，农民问题始终没有上升到社会的主要问题。

在俄国文学中就不同了，农民问题从18世纪末就已经被郑重地提了出来，并且侵入到文学作品中。冯维辛《纨绔少年》中的农奴地主普罗斯塔科娃是个残酷虐待农奴的地主形象，拉季谢夫的《从彼得堡到莫斯科的旅行记》记叙了广大农奴的悲惨生活状况。在19世纪俄国作家对农民生活的关注愈来愈强烈。果戈理在《死魂灵》中揭示了农奴大量死亡的社会状况，涅克拉索夫把俄罗斯农村妇女的形象推到了一向认为高雅的诗坛，屠格涅夫的《猎人笔记》赞美了农奴们的纯朴心灵，列夫·托尔斯泰的笔下大量的农民形象在活动着……农民，在俄国文学中首次被当成了描写的重要对象。

农民在俄国文学中的地位不仅表现在它的人物形象的登场数量上，而且更表现在它的作用上。我们完全可以说，整个俄国文学所描写的辉煌恢阔的艺术画面都是从农民这个中心辐射出来的：地主形象是在对农民的压榨剥削中被塑造出来的，官僚统治者是在对农民的专制统治中被刻画出来的，知识分子是在寻求农民解放以及探索通向农民、接近农民的道路的过程中被表现出来的，小市民的琐碎庸俗生活是在于他们对社会解放即农民解放的销蚀作用方面受到了作家的鄙视……在俄国，有哪一部杰出作品能与农民没有任何关系呢？有哪一个优秀作家没有直接或间接地表现过农民呢？可以断言，根本没有。

俄国文学的这个特点不是由它的本身所决定的，而是由它描写的对象——俄国社会现实所规定的。农民在俄国人口中占着绝对大的比重，这制约着俄国社会生活的一切方面。没有农民，祖国就近于一个空壳；没有农民，人民就是一个空洞的概念；没有农民的解放，社会解放就没有多大价值，没有农民的参加，革命就难以成功……所以，在当时的俄国，农民就必然会撞入社会先进人士的胸怀，必然会涌进现实主义的艺术画廊。

当知识分子蹲下身子怀着正直善良的诚心去巡视农民的生活时，农民在他们那敏感的神经上引起了怎样的颤动呢？农村中世纪的落后生产和生活方式、农民牛马般的奴役劳动、低下得近于猪狗般的贫穷悲惨生活，在与现代资产阶级的豪华奢侈、纸醉金迷的生活对照下更其显得凄惨痛苦了，农奴地主对农民肉体上、精神上的严重摧残，农奴毫无人身自由的艰苦处境，在与现代资产阶级提倡的个性解放、自由平等等口号对照下也更其显得不合理了，农民在1812年反对拿破仑入侵的战斗中为祖国建立的不朽功勋，与他们在社会中所处的卑微地位相对照，更其显得极端的不相称了。这诸种复杂因素都在进步的、有良知的知识分子心中唤起了对农民的空前未有过的深切同情，这种同情心在文学作品中的贯注使俄国文学成为具有深厚人道主义精神的文学。对农民的爱，实际上也就是对人民的爱，所以它又是具有深厚人民的爱的文学。我们又说这种爱是广博的，是因为只有把广大农民包括在自己的同情心之内，它才会在俄国社会中取得最大的广泛性和普遍性，也因为只要对农民怀着人道主义感情，其他的"小人物"如小公务员、小市民、下层知识分子等也必然会在文学作品中得到同情的描写。由此，博大的人道主义、深厚的人民爱和"小人物"的题材都在对农民的态度上得到了统一的表现。

对农民的人道主义同情这在19世纪俄国文学中是贯串始终的，但对农民的描写和具体态度却是有变化的。由普希金的《驿站长》和果戈理的《外套》开始的俄国文学的"小人物"主题,在那时还主要以其他"小人物"为描写对象,农民的形象还没有取得自己的独立地位,他们对农民的同情主要反映在对专制制度和农奴地主的抨击中。在农奴制度废除之前和之后,农民在文学中的地位大大提高了,屠格涅夫的《猎人笔记》集中体现了这一变化。但是,他对农奴的描写,还主要停留在农民美好心灵的赞美上,同时流露着美化农民及其生活的倾向。有分析地对待农民,既看到他们的劳动人民的美好品德又看到他们落后愚昧的思想现状,既同情他们的不幸遭遇又批评他们的弱点,这一点在19世纪后期才得到较为充分的表现,契诃夫的作品表露出了这种倾向。但即使这时,美化农民的忍从、耐苦,把农民道德理想化的倾向仍在陀思妥耶夫斯基、列夫·托尔斯泰的作品中严重地存在着。

在中国,农民在社会生活中的地位和作用较之在俄国更为重要,这是由中国资本主义的发展较俄国更为微弱所决定的。作为现实主义作家,他在多大程度上触及农民问题,直接决定了他的现实主义艺术概括的广度和深度。鲁迅前期小说便是从这一点出发而攀上了它的现实主义的顶峰的。这反映了鲁迅对中国社会现实的深刻观察和透辟分析,反映了他作为一个伟大艺术家的艺术敏感力,但也集中反映了俄国文学对他的强烈影响和启示作用。鲁迅说:

> 后来我看到一些外国的小说,尤其是俄国,波兰和巴尔干诸小国的,才明白了世界上也有这许多和我们的劳苦大众同一运命的人,而有些作家正在为此而呼号,而战斗。而历来所见的农村之类的景况,也更加分明地再现于我的眼前。偶然得到一个可写文章的机会,我便将所谓上流社会的堕落和下层社会的不幸,陆续用短篇小说的形式发表出来了。
>
> (鲁迅:《集外集拾遗·英译本〈短篇小说选集〉自序》)

这一影响的重要性,鲁迅也曾有明确的说明:

鲁迅前期小说与俄罗斯文学

> 那时就知道了俄国文学是我们的导师和朋友。因为从那里面，看见了被压迫者的善良的灵魂，的酸辛，的挣扎；还和40年代的作品一同烧起希望，和60年代的作品一同感到悲哀。我们岂不知道那时的大俄罗斯帝国也正在侵略中国，然而从文学里明白了一件大事，是世界上有两种人：压迫者和被压迫者！
>
> 从现在看来，这是谁都明白、不足道的，但在那时，却是一个大发见，正不亚于古人的发见了火的可以照暗夜、煮东西。
>
> （鲁迅：《南腔北调集·祝中俄文字之交》）

在中国，第一个从政治革命的战略和策略的角度在理论和实践上解决了农民问题的是毛泽东同志，而从思想革命的角度提出农民问题并在小说中对农民进行了形象化的艺术表现的则是鲁迅。仅就这一点而言，鲁迅在中国文学史上也是有划时代意义的。

在中国小说史上，鲁迅并不是第一个描写农民的作家，甚至也不是第一个把农民当作小说主人公的作家。我们过去常常这样说，但这是不确切的，也不符合历史事实。古典优秀现实主义小说《水浒传》就是反映农民起义斗争的历史画卷，阮氏三兄弟、李逵都是农民出身的起义参加者并且是书中的主要人物。那么，鲁迅关于农民描写的杰出意义何在呢？我认为主要表现在以下几点：一、鲁迅是第一个真实具体地描写封建社会普通农民日常生活状况和思想状况的现实主义作家。他写的不是《水浒传》中已经离开农村生活、走上了反抗道路的少数起义者，不是农村生活中若干奇特性事件，而是在农村日常生活中普通农民的痛苦酸辛、挣扎反抗。这与其说更接近《水浒传》，不如说更接近俄国现实主义文学作品；二、在中国小说史上，鲁迅是第一个有分析地描写农民及农村生活的作家。他没有把农民当作单纯讴歌的对象，更没有把他们当作丑化的对象，而是站在革命民主主义思想的高度，对农民进行了分析性的描写。他反映了农民的淳朴、善良，但更指出了它的保守、落后和精神麻木；他敏锐地发现了他们走向革命道路的必然性，但也清醒地估计到他们在走向革命道路时还会背着旧社会加在他们肩上的精神重担……这清楚地表明了鲁迅对农民的描写不是个别性的、单面的，而是从对农民的整体性认识出发选取典型并有分析地予以表现的。在这一点上，他也比较地接近部分俄罗斯作家。三、在中国小说史上，鲁迅第一个把农村劳动妇女的酸辛和痛苦异常突出地表现了出来。在他的笔下，她们已经不是才子们倾慕勾引的对象或始乱终弃的牺牲品，不是相思病的患者和善于眉目传情的佳人，而是作为一个独立的"人"和劳动者出现在了小说的画布上。以上三点，我们可以归纳为一句话，在中国小说史上，鲁迅前期小说第一次把封建压迫下包括农村妇女在内的农民阶级的经常性痛苦生活和一般性思想状况正确地、有分析地、真实生动地反映了出来。

就在鲁迅对农民生活的真实描绘中，集中体现了他的博大的人道主义感情和深厚的人民爱。在这里，我们只需举出一点，便可衡量出他对农民诚挚爱情的全部深度，即：鲁迅没有对农民大唱空洞的赞美歌，他是那么深刻地剔挖着它身上的精神创伤和思想缺陷，而这些正是阻碍农民求得自身解放的内在因素。我认为，只有这种"自己人"的毫无虚情假意的爱才是真正深挚的爱，它较之那些旁观者的同情和空洞的廉价礼赞都不知高出若干百倍。他责备农民，正是因为爱农民；责备得那么痛切，正证明他爱得那么深切。我们在分析鲁迅前期小说时，必须注意正确对待这种强烈的感情态度，否则，我们就会错误地把那些空泛的同情与空洞的赞美同这等同起来甚或置于这之上。

从这一节里我们看到，对待农民的态度是连接鲁迅前期小说与俄罗斯现实主义文学的一个主要纽带，由这一点出发，使它们都成为充满博大的人道主义精神和深厚的人民爱的文学，使它们都注重农民及其他"小人物"的艺术题材的选取和描写。

艺术内容的一致性也必然导致表现方法与表现技巧的某些一致性特征。关于这些方面我曾在《果戈理对鲁迅前期小说创作的影响》（载《鲁迅研究年刊》1979年号）、《契诃夫与鲁迅前期小说》（载《文学评论丛刊》第八辑）、《鲁迅前期小说与安特莱夫》（载《鲁迅研究》第四辑）中做过一些比较论述，在此从略。

鲁迅前期小说与俄罗斯现实主义文学的联系是深刻而多方面的，我们上面只是从几个主要方面分析了这种联系的状况和根源。鲁迅的实践向我们表明，借鉴外国文化，作为发展民族文化之助，是完全必要的，但这种借鉴，必须建立在对本民族社会生活的深刻认识的基础上，必须以真实地反映本民族社会生活和体现对这种生活的正确认识为轴心。只有这样，我们才能在异珍纷呈、灿烂夺目的世界文化宝库中选取于我们更有实际助益的东西，才能更有效地为发展民族文化服务。

原载《鲁迅前期小说与俄罗斯文学》，王富仁著，陕西人民出版社1983年版

《呐喊》《彷徨》综论
——博士学位论文摘要

一

　　《呐喊》和《彷徨》的研究在整个鲁迅研究和整个中国现代文学研究中都是最有成绩的,从1919年11月1日《新青年》六卷六号发表吴虞的《吃人与礼教》一文以来,在迄今为止的半个多世纪中,中外鲁迅研究学者和其他各界人士发表了难以数计的文章,出版了大量论著,对《呐喊》和《彷徨》及其诸篇小说做了多侧面的细致而深入的研究,但如何在作者的主观创作意图与作品的客观社会效果、在思想和艺术、内容和形式的内在有机联系中对《呐喊》和《彷徨》的独立特征做一以贯之的有系统、有整体感的统一把握,至今仍然是一个没有得到完满解决的课题。从20世纪50年代开始,在我国逐渐形成了一个以毛泽东同志对中国社会各阶级政治态度的分析为纲、以对《呐喊》《彷徨》客观政治意义的阐释为主体的粗具脉络的研究系统,标志着《呐喊》《彷徨》的研究新时期,反映了新中国成立后《呐喊》《彷徨》研究的在整体理论研究中取得的最高成果。这个研究系统帮助我们开掘了此前所未曾开掘的思想意义。在三十年间实际上规定着我们对《呐喊》《彷徨》的主要研究方向。但当这个研究系统帮助我们从中国社会政治革命的角度观照和分析了《呐喊》

《呐喊》《彷徨》综论

和《彷徨》的有限的政治意义之后，也逐渐显露出了它的不足。近年来人们越来越多地发现它与鲁迅原作存在着一个偏离角，它所描摹出来的《呐喊》和《彷徨》的思想图式与我们在原作中实际看到的在结构上发生了变形，在比重上有了变化。例如，在原作中处于次要地位的阿Q要求参加革命的描写，在这类研究文章中被大大强化了，在原作中居于主要地位的对阿Q精神弱点的描绘被降到了一个相对次要的地位，而在阿Q革命的表现中，其积极意义得到了片面的夸大，其消极意义只剩下了轻描淡写的几笔附赘之词。由于这个研究系统所描摹出来的《呐喊》《彷徨》的思想内容的图式是一个变了形的思想图式，所以必然与鲁迅前期的实际思想产生不协合性，有些地方甚而至于彼此抵牾。例如，在鲁迅前期思想的研究中，我们谁也不否认其个性主义思想的内容，但在鲁迅小说的研究中，人们却得出了鲁迅对个性主义乃至对个性解放要求的批判和否定，鲁迅关于知识分子的描写的深刻性常常被人们铸定在这种批判和否定的意义上。我们还能看到，在三十年间的研究过程中，这个系统始终未曾在思想与艺术、内容和形式的辩证联系中把《呐喊》和《彷徨》的艺术研究纳入自己的研究系统中来，思想分析和艺术分析的彼此分离的二元观仍然是这个研究系统的主导倾向。艺术和内容是彼此不可分离地交织在一起的，特定的内容要求着特定的艺术，特定的艺术又加强着特定的内容，二者在一个完美的作品中只是一个事物的两个方面，原因是可以彼此过渡的。思想研究的系统理应能够带动并组织起艺术的研究，将其主要的特点都从内容的表现方面得到适当的说明。这个研究系统之所以不能做到这一点，其主要原因就在于变形了的思想图式再也难以与原作的艺术图式达到契合无间的吻合了。例如，当把对吕纬甫、涓生、子君、魏连殳的批判强调到了不适当的地步，以至将此放到与对他们的肯定同等重要或更为重要的地步的时候，思想内容的分析便再也难以与这些篇章的浓重的悲剧性的艺术分析统一在一起了。同样，假若我们把阿Q要求参加革命的描写作为对农民是中国革命的主力军的政治认识的肯定，这些章节的喜剧性质也便没有了内容上的依据。由于同样的原因，《呐喊》《彷徨》创作方法的研究在这个研究系统中也是孤立存在的，我们曾以大量的文章分析了它们的现实主义主导方向，也曾从各个侧面研究过其中的浪漫主义和象征主义的因素，但我们却很少说明为什么它们必然是以现实主义为主导的，为什么它们同时还会有浪漫主义和象征主义的因素，这些因素是与它们的何种思想需要联系在一起的？假若我们更严格地要求这个思想研究的系统，便会发现它对我们更深入地研究中国现代政治史、思想史和鲁迅小说都有可能发生一些障碍。例如，按照这个研究系统的结论，中国共产党人在此后十年间用大量的鲜血换来的对中国新民主主义政治革命规律的认识，似乎鲁迅在《呐喊》和《彷徨》中已经做了明确的艺术表现，这不能不相对降低中国共产党人革命实践活动的意义和毛泽东同志对中国新民主主义革命理论的伟大贡献。与此同时，它反转来又不利于鲁迅思想和鲁迅小说深刻社会意义的分析及其独立价值的评价，因为仅从这个角度衡量鲁迅思想和鲁迅小说的意义，其任何对中国政治革命规律的忽视都会降低它们的思想性的高度，而当毛泽东同志早已对这些规律做出了更明确、更完整、更精当的理论归纳之后，鲁迅思想和鲁迅小说也便不存在任何意义了，剩下的只能是"艺术""技巧"和"手法"，思想的探讨就此止步。这方面的弊病发生在这个研究系统的方法论上，因为它主要不是从《呐喊》和《彷徨》的独特个性出发，不是从研究这个个性与其他事物的多方面的本质联系中探讨它的思想意义，而是以另外一个具有普遍意义的独立思想体系去规范这个独立的个性，这样，这个个性体必然以另一个个性体为标准、为极限，前者的意义是以符合后者的现成结论的程度被标示出来的。这种研究方法只能导致两种结果：一是极大地提高这个个性体的意义而使它达到与后者相等的地步，这样势必便以前者代替了后者，降低了后者的价值和意义；或者把这个个性体永远置于后者的包容之中，这样这个个性体便势必失去了自身存在的价值和意义。总之，当《呐喊》《彷徨》的这个研究系统做出了自己应有的贡献、发掘了它可能发掘出的思想内涵之后，我们若继续自觉或不自觉地限制在这个系统中，将不再有利于我们对《呐喊》和《彷徨》做更深入的研究。在这里，是一个整体的研究系统的问题，而不是一个局部的枝节问题，任何单从局部枝节问题着眼而想纠正这个研究系统所带来的弊病的做法，都可能使我们以一个错误的结论去代替另一个错误的结论。例如，近年来有些同志企图以

《呐喊》《彷徨》综论

鲁迅否认阿Q革命的结论来与原来鲁迅赞扬阿Q革命的结论相对立，这在局部研究中似乎也只能如此，但这个结论同样陷入了片面性。因而我觉得有必要重新调整我们的《呐喊》和《彷徨》的研究系统，以一个更完备的系统来代替现有的研究系统。这个研究系统应当以鲁迅在当时实际的思想追求和艺术追求为纲；它应当在鲁迅主观创作意图和《呐喊》《彷徨》客观社会意义的统一把握中，以前者为出发点，以后者为前者的自然延伸和必然归宿，较正确地描摹出《呐喊》和《彷徨》自身所存在着的思想图式；这个思想图式应当接受鲁迅前期思想实际状况的检验，并有利于矫正鲁迅前期思想研究中可能出现的偏差；这个思想图式应当能够带动并组织起对《呐喊》和《彷徨》创作方法和艺术特征的研究，能够帮助我们说明如何由思想需要决定着它们的艺术需要，而艺术需要又如何满足着它们的思想需要。在方法论上，它不应以任何一个其他的个体去规范和要求这一个个体，不应让《呐喊》《彷徨》的艺术表现简单地去说明马列主义、毛泽东思想的某个或某些现成的结论，而应严格从这个特殊的个体出发，寻找它与普遍、一般和绝对的主要联系和联系方式，并用马列主义、毛泽东思想的基本原理去说明这种联系和联系方式的真理性。文学研究是一个无限发展的链条，鲁迅小说的研究也将有长远的发展前途，任何一个研究系统都不可能是这个研究的终点，所以我们不以寻求终极性的真理为自己的职责，而只是为鲁迅小说的研究寻求一个更可靠的基础。所以，它的主要口号是：首先回到鲁迅那里去！首先理解并说明鲁迅和他自己的创作意图，一些脱离开鲁迅当时明确意识到的内容的分析还需要直接建立在鲁迅意识到的内容的基础上，作为它的继续延伸和必然归宿而存在。它主要还停留在浅层次空间，但它却能为深层次的无限挖掘在浅层找到一个合适的地盘，因为这个地盘是鲁迅当时实际活动过的主要地盘；它主要还是单侧面的，但它却能为多侧面的研究找到一个主导性的侧面，因为这曾是鲁迅当时所实际致力着的一个主要侧面。本论文试图在这方面做一些初步的尝试。

二

　　《呐喊》和《彷徨》产生的历史时期是中国反封建思想革命的高潮期，鲁迅那时的思想追求和艺术追求都是与中国反封建思想革命的历史需要融合在一起的。那时他已经失望于辛亥革命那种脱离开中国社会意识变革的单纯政权变革，认为中国社会意识形态的基本性质不变，任何政权的更替都不足以带来中国的真正进步。所以他的《呐喊》和《彷徨》不是从中国社会政治革命的角度，而是从中国反封建思想革命的角度来反映现实和表现现实的，它们首先是中国反封建思想革命的一面镜子，中国社会政治革命的问题在其中不是被直接反映出来的，而是在中国反封建思想革命的镜子中被折射出来的。中国的社会政治革命与中国的反封建思想革命是相互联系而又彼此区别的两个概念，它们各有其独特的规律性，我们应当首先从中国反封建思想革命的特点和规律出发分析和研究《呐喊》和《彷徨》。辛亥革命发生于中国广泛的社会意识形态变革之前，它在革命中夺得的一切，又重新被封建地主阶级用思想上的优势重新夺了回去，结果只剩下了一个政权形式的空壳。《呐喊》和《彷徨》关于辛亥革命和旧民主主义革命者的艺术描写的实质，在于形象地表明这个革命及其发动者如何掉在了封建意识形态的汪洋大海中并被它销蚀掉了一切实质性的内容，其指归在于表现深入进行中国反封建思想革命的极端重要性。

　　中国民主主义政治革命的主要任务是反帝、反封建，而中国当时反封建思想革命的任务却只有一个：破除中国封建传统思想。《呐喊》《彷徨》中没有反帝题材的作品，恰恰体现了中国当时社会思想革命的这个特点，作为政治革命斗争的反封建任务，是发动广大群众推翻地主阶级在政治、经济领域的统治地位，其斗争对象主要是地主阶级统治者。《呐喊》《彷徨》描绘的重心不是地主阶级对农民阶级的政治压迫和经济剥削，而是封建思想、封建伦理道德观念对广大人民群众的思想束缚，它有力地讽刺和鞭挞了封建地主阶级统治者的残酷性、虚伪性和腐朽性，但这是作为封建思想、封建伦理道德的集中体现而被描写着的，一般说来，他们不是鲁迅描绘的重点。他所孜孜不倦地反复表现着的，是不觉悟的群众和下层知识分子，这表明鲁迅始终不渝地关心着广大人民群众的思想启蒙，同时也体现了中国反封建思想革命的主要对象；构成《呐喊》《彷徨》中不觉悟人民群众形象的根本特征是作为政治地位和经济地位的人与作为思想观念的人的不合理分离，思想意识的落后性不符合他们自身的根本利益和长远利益，其观念意识的本质是中国封建的传统观念，这导致了他们作为社会地位的人与作为思想力量的人的严重对立。当鲁迅把他们从具体的社会地位中抽象出来，仅仅作为思想力量的人加以表现时，他们便与其他阶层的人共同组成了一支庞大的封建社会的舆论力量。《呐喊》《彷徨》对社会舆论力量的少有的重视，从另一个侧面表现了鲁迅对中国反封建思想革命的高度重视，而改变社会舆论的封建性质则是鲁迅致力的主要目标之一。

各个不平等社会都存在着政治的压迫、经济的剥削和思想的统治三种统治手段，它们总是交互为用，共同维护着统治阶级的统治，但在不同的社会形态下，作为维护这个社会的正常社会秩序的手段，其侧重面有所不同：在奴隶社会里，奴隶主对奴隶的统治，必须诉诸有形的桎梏和实际的锁链，道德伦理的控制只能发挥极其有限的作用；在资本主义社会中，金钱统治占有绝对重要的位置，直接用经济手段控制社会是其显著的特征，在反对封建道德的斗争中发展起来的资产阶级，显然很少诉诸伦理道德的统治手段，只有在封建社会里，伦理道德的统治才具有关键性的意义。在西欧，作为伦理道德体系的宗教神学是中世纪封建统治的主要标志，封建教皇作为道德统治的代表人物高踞于世俗政权之上。在中国，儒家封建思想主要也是一个伦理道德的思想体系，孔子被历代封建王朝奉为"至圣先师"而具有最高的权威性，封建王朝可以更迭，而这套伦理道德的体系却贯穿封建社会的始终。封建伦理道德的总基础和总纽带是封建的等级观念，它是以承认社会人的不平等权利为前提的，是以上尊下卑、男尊女卑、长尊幼卑为特征的；封建伦理道德的主要内容是禁止、限制人欲以维持封建正常秩序下的人与人的社会等级关系，这种禁欲主义的实际后果是上对下、尊对卑、男对女、长对幼、强者对弱者的人的权利的无情剥夺，由此造成了它的极端残酷性；这种禁欲主义具体以一整套封建礼教制度体现着，家族制度是这套礼教制度的基础和缩影，在这种制度下，不但人的权利可以随时被上者、尊者所剥夺，人的情感表现也受到严重的压抑，这不但造成了人与人之间关系的冷漠和残酷，而且也形成了人与人之间的虚伪关系；作为封建统治者主要统治手段的封建伦理道德，被历代统治者奉为永恒不变的终极真理，造成了社会生产方式和生活方式变化的极端微弱，也造成了极端漫长的封建社会历史，这形成了保守守旧、缺乏变化观念的社会习惯心理，在伦理道德的范畴中表现得更为突出。当中国突然面向世界，走入现代社会的历史之后，封建伦理道德的陈腐性、落后性，与此相联系的社会习惯心理的保守性、狭隘性和守旧性，便表现得更加显豁了。我们看到，鲁迅在《呐喊》和《彷徨》里，反复表现着封建等级观念在社会上的广泛影响，着力抨击了封建伦理道德的极端残酷性、虚伪性和陈腐性，对社会群众的保守、守旧、狭隘、反对变革的传统习惯心理也有深入细致的表现。

从中国社会政治革命的角度观察当时的中国社会，存在着四个阶级和一个社会阶层：工人阶级、资本家阶级、农民阶级、地主阶级和知识分子阶层。但从中国社会意识形态变革的角度，当时的中国只存在着两种社会意识形态：封建传统的社会意识形态和现代的民主主义的社会意识形态。当时工人阶级刚从农民阶级和其他劳动群众中脱胎出来，还没有形成一支独立的社会思想力量和伦理道德观念的力量，它还保留着农民和其他小生产者的大部分思想特征，它的思想代表是具有初步共产主义世界观的先进知识分子；中国资本家阶级是从地主阶级中分化出来的，当时这个阶级本身还与地主阶级有着千丝万缕的联系，"中学为体、西学为用"的思想仍然是它的指导思想，它的真正的思想代表实际只是在外部资产阶级民主思想影响下觉醒起来的知识分子；具有初步共产主义世界观的知识分子和具有资产阶级民主思想的知识分子当时处于同一个营垒之中，组成了统一战线，其对象都是中国的封建传统思想。所以在中国反封建思想革命中具有关键意义的只有两个阶级和一个阶层：地主阶级、农民阶级和其他劳动群众、知识分子阶层。鲁迅的《呐喊》和《彷徨》具体表现的也便是这两个阶级和一个阶层。农民阶级的双重性在中

《呐喊》《彷徨》综论

国民主主义政治革命和思想革命中各以其一个侧面得到了加强和突出，在思想革命中，它的保守性、狭隘性和封建性的消极方面占着主导地位，鲁迅对它的描写反映着它在思想革命中的基本面貌；鲁迅真实地表现了首先觉醒的知识分子的软弱无力、孤独单薄，但仍然是把他们作为反封建思想革命的积极力量加以表现的，在《呐喊》《彷徨》中，只有他们的思想代表着现代社会思想意识的新质，这符合当时历史的真实状况。

任何艺术的表现都不可能是作者自己主要创作意图的提"纯"了的表现，它总是以作者主要着力的目标为中心，有立体感地复现出当时社会现实的尽量广阔的画面，从而通过根根神经与其他社会问题相贯通。鲁迅的《呐喊》和《彷徨》所涉及的绝不仅止于中国反封建思想革命的问题，但其他问题是以与这个中心画面的特定联系和联系方式在其中得到或显或隐的表现的。封建地主阶级对人民群众的精神奴役总是和对他们的政治压迫、经济剥削交织在一起，不觉悟群众的愚昧和落后同时也表现在他们力图改变自身命运的愿望里，表现在他们对革命的各种不同的具体态度中，知识分子的弱点在他们反封建斗争的实际斗争中也可能表现出来。我们认为《呐喊》和《彷徨》主要是反封建思想革命的一面镜子，但也绝不反对从中国社会政治革命的角度去分析它们的客观政治意义，不过这必须在与中国反封建思想革命的主体意义的联系中来进行。我认为，《呐喊》和《彷徨》除表现了中国反封建思想革命对中国社会政治革命的基础作用之外，还组成了两个具有历史意义的否定命题：否定了农民阶级和其他劳动群众有自发地走向真正的革命道路的可能性，否定了在广大社会群众广泛的思想启蒙和广泛的社会解放实现之前小资产阶级知识分子思想追求有单独得到实现的可能。这两个否定体现了中国社会政治革命由旧民主主义向新民主主义转换期的主要特征。我们不能把过多的肯定性的政治结论放在《呐喊》和《彷徨》的分析中，否则我们便无法说明鲁迅当时的苦闷、彷徨的心情。

结论：《呐喊》和《彷徨》首先是中国反封建思想革命的一面镜子，它深刻地表现了中国必须有一场深刻而广泛的思想革命，这个革命的主要任务是清除封建思想在以农民群众为中心的广大社会群众中的根深蒂固的影响，它的重点应放在以封建等级观念为基础的残酷、虚伪和陈腐的封建伦理道德观念上。在这个革命中，首先觉醒的知识分子是现代社会意识的代表者，但他们处于封建传统思想的汪洋大海之中，其斗争暂时不可能取得实质性的胜利。

"对宗教的批判是其他一切批判的前提"（马克思语），在中国，对封建社会意识形态的批判是其他一切批判的前提，首先以艺术的武器对它进行了最彻底、最坚决的批判的是鲁迅和他的《呐喊》和《彷徨》。《呐喊》和《彷徨》的思想意义是不朽的！

三

社会政治革命和社会意识形态的变革有着不同的规律性：前者以质变的形式完成，政治革命是其主要斗争形式；后者则带有渐进性的特征，直接依赖于社会生产力的发展以及由这种发展带来的生产方式和生活方式的逐渐变化。社会政治革命只发生在某种社会意识形态发生、发展过程的特定阶段，长期性是社会意识形态变革的发展规律。事实已经证明，企图通过一两次政治运动实现整个社会意识形态的根本变革是不可能的，它不能通过一次质变而完成，在复杂的思想斗争过程中逐渐进化发展是其主要的表现形式。鲁迅前期进化论思想反映了中国现代社会意识形态变革的根本规律，他在接受了外国进化论学说之后，便主要运用于观察分析中国反封建思想革命的实际状况，形成了他的社会思想和社会伦理道德的进化发展观，与社会意识形态的变革规律取得了适应性，发挥了积极的作用，并赋予了《呐喊》和《彷徨》以巨大的思想生命力和艺术生命力。

鲁迅前期社会思想和社会伦理道德的进化发展观，首先与封建伦理道德的僵硬性、凝固性和在封建社会中形成的保守、守旧的社会习惯心理形成了尖锐的对立。在中国漫长的封建社会里，人们一向把适应着封建社会关系的那套伦理道德的规范视作天经地义的绝对真理和万古不变的永恒信条，鲁迅在《狂人日记》中通过"狂人"的口，对它的永恒性提出了挑战，指出人也是不断发展变化的，从"野蛮的人"到"真的人"是一个不断发展变化的链条，人的思想和伦理道德面貌也要随着时代的

《呐喊》《彷徨》综论

前进而不断发展变化,在变中求发展,在变中求前进,在变中渐趋完美。在鲁迅笔下,封建思想和封建伦理道德是以"三位一体"的面目出现的。它们具有三种相互联系的主要特征:残酷性、虚伪性和陈腐性。残酷性是它的本质,虚伪性是它的表现形式,陈腐性是它的存在方式。借以透视它的陈腐性的内在思想之光,便是鲁迅的社会思想和社会伦理道德的进化发展观念。"从来如此,便对么?"(《狂人日记》)这是鲁迅以变的观点对不变的传统观念提出的尖锐的驳议。在他的笔下,曾被奉为神圣的古、旧、老的传统的东西被剥下了庄严的外观,变成了一些愚妄可笑、陈腐不堪的事物。"长明灯"已经不代表着传统的神圣,而表现了封建传统的陈旧;赵七爷、七大人、鲁四老爷、郭老娃这些地主阶级统治者,无一不是毫无现代知识的极端愚昧的家伙,他们不断嗅吸、奉为至宝的是古人大殓时塞在死人屁股眼里的"屁塞"(《离婚》)。鲁迅还反复表现出,封建思想、封建伦理道德不但以自己的内容杀人,还以自己的僵硬的存在方式杀人,以它造成的保守、守旧的社会习惯心理杀人。N先生剪了辫子,身上有了点"异"气、"新"味,便受到社会的惨重迫害。扑灭一切的"新"、扼杀一切的"变",是封建思想、封建伦理道德吃人的一种主要方式。

在社会思想、社会伦理道德进化发展观的作用下,鲁迅树立了崭新的人的价值观。这种价值观的一个鲜明特征是实现了由静止的道德判断向发展的社会判断的变化。鲁迅不承认有永恒的道德,也就不承认以抽象不变的道德对人实行的价值判断,道德是随社会发展的需要变化的,道德要在特定社会的需要中来判定其优劣,所以对人的价值判断和道德判断都要从属于社会的判断。在《肥皂》中,表现着两种价值观的尖锐对立:一种是四铭的价值观,他用因袭的道德信条判断着社会的新变化,故而说学生也没道德、社会也没道德,一切新事物都在旧道德观念的支配下遭到了否定;一种是鲁迅本人的价值观,他一方面揭露了四铭攻击新道德的心理根源,一面十分巧妙地埋伏了"肥皂"这个线索。它便是社会进步的活见证,是新事物(葵绿异香的洋肥皂)优于旧事物(四铭太太过去用的皂荚子)的无言的证人。鲁迅这种艺术表现的内在依据,便是以社会的进步判断旧的道德信条,社会在发展,人的道德观念也要变化，用旧的道德无法说明新的事物。四铭是用旧道德否定新事物，鲁迅则用新事物否定旧道德。我们常常离开社会的具体环境的条件而企图对鲁迅笔下的人物做出纯道德的静态判断，这十之九会与鲁迅的原意背道而驰。其原因在于我们不自觉地走向了形而上学的道德论，而与鲁迅的人的价值观发生了抵牾。

鲁迅对社会意识形态变革的渐进性特征的把握，给他的人物思想发展的描写带来了可信性和精确性。他从未塑造过"突变式的英雄"，在不断变换着的外在表现中把握人物性格的高度稳定性，在表面对立的行动中把握前后思想的质的同一性，是鲁迅人物塑造的一个鲜明特征。阿Q的表现时常变换着，甚至常常自相矛盾，但支配这些行动的内在的思想的质却是前后一贯的。鲁迅对劳动群众悲剧主人公的描写，其特点是在不变中见微变，夏大妈的朦胧的希望、华大妈的微漠的不满足感（《药》）、阿Q死前对生活的情绪性的可怕感受（《阿Q正传》）、祥林嫂对灵魂有无的怀疑（《祝福》）都呈现着微弱的"正转"状态，但这种"正转"不是"突变""急转"，而是在生活道路上对封建思想和封建伦理道德以及对在此支配下的社会关系的朦胧感受，它反映着整个社会思想发展变化的趋势，但也仅只是趋势。中国现代社会思想的变化首先体现在觉醒知识分子的思想中，但他们的思想观念不是主要从中国社会现实的自身变化中获得的，较多地是从外国先进思想学说中直接接受过来的，他们的理想与中国的现实发生了尖锐的矛盾，一旦他们从外国回到中国、从书本转向生活、从讲堂走向社会，他们的思想就要经受严峻的考验，在这种严峻的考验面前他们的思想追求就要多打几个折扣。所以《呐喊》《彷徨》中此类人物的思想绝大多数都处于"逆转"状态，而在明显的"逆转"中把握他们思想理想的前后一贯性，则是这类人物塑造的重要特征。《头发的故事》中的N先生、《在酒楼上》中的吕纬甫、《孤独者》中的魏连殳、《伤逝》中的涓生和子君，其思想都发生了明显的"逆转"，但这种"逆转"却绝非完全的复归，N先生的愤激、吕纬甫的感喟、魏连殳的痛苦、涓生的忏悔、子君的夭折，说明他们的同情、他们的内心愿望仍然是在新思想、新理想一边的，像四铭一类完全倒向封建传统一边的，到底只是极少数。总之，不论是对劳动群众的微弱"正转"的思

《呐喊》《彷徨》综论

想变化和对觉醒知识分子的明显"逆转"现象的描写，都体现着鲁迅前期社会思想、社会伦理道德进化发展的观念，也都表现了他对社会意识形态变革的渐进性特征的把握。

按照马克思主义的学说，社会思想的变化是新生阶级的思想逐渐取代腐朽阶级的思想的过程，但这种阶级思想的斗争同样也是通过世代的系列逐步实现的。在世代发展的系列中，新的生产力和生产关系的因素逐渐增长，旧的生产力和生产关系的因素逐渐消亡，新的生产方式和生活方式逐步取代旧的生产方式和生活方式，新的意识观念就在这逐渐的递变中产生和发展。在中国漫长的封建社会里，由于生产力发展的极端缓慢，社会意识形态变化的极其微弱，且一直是同质的积累，极少新质因素的急增，这种变化在同一个世代和相近的世代间不能更明显地体现出来。这决定了中国传统思想是以"老"为本位的，"老者"积累着更丰富的经验，"幼者"只有听凭于"老者"才会获得必要的知识。但在现代社会里，社会发展的速度骤然加快了，"老者"在旧的社会生活中积累起来的生活经验和形成的思维方式、意识观念已经难以完全包容"幼者"和青年一代所需要的、所能够获得的全部。相反，他们一开始便生活在与上一代人不同的社会生活环境中，更易于接受发展变化了的社会生活的新的信息，由此便会浸润并形成与上代人不完全相同的思维方式和意识观念，这种增长着的新因素恰恰是代表着社会思想发展的新变化。科学文化的更大普及，使这种过程表现得更加显著。在这时，以"幼者"为本位，以青年为本位，便构成了现代社会意识观念的一个重要内容，它是以承认社会思想、社会伦理道德发展变化的规律为前提的。鲁迅在进化论思想的作用下形成的以"幼者"为本位、以青年为本位、青年必胜于老年的思想，尽管还有一些不够精确的地方，但在总体上却是反映着现代社会思想特征的，是与封建传统的以"老者"为本位的思想尖锐对立的。他的"青年必胜于老年"，不论是后来还是在前期，都是作为世代发展的系列而言的，而并非个体对个体的绝对比较。在《呐喊》和《彷徨》中，鲁迅是把反封建斗争的意向中心放在"救救孩子"之上的（《狂人日记》），他热切地企望新生的一代能有一种新的生活（《故乡》）。在《肥皂》中他设置了秀儿和招儿，表现出新的一代对新事物的由衷热爱和向往。与此相联系的，则是鲁迅对孩子们身上表现出来的旧传统的浸染所感到的极大悲哀。在《狂人日记》中，"狂人"看到孩子们也睁着怪眼睛看它，从而感到特别的怕，特别的伤心；在《长明灯》中，孩子对"疯子"的冷漠宣告了"疯子"斗争的最终失败，造成了他的悲剧的最高峰；在《孤独者》中，大良、二良对魏连殳态度的变化是摧毁他斗争意志的巨大力量。在"孩子"身上看未来，在"孩子"身上看希望，是《呐喊》《彷徨》内蕴的一条重要思想脉络。鲁迅承认青年必胜于老年，但同时又不认为青年一代便会迥异于老年一代，从而把他对未来的希望和对中国社会思想变革的艰巨性、长期性的认识结合了起来。《呐喊》和《彷徨》不是悲观主义的、虚无主义的，但也不是盲目乐观主义的。它们的长期的思想生命力和巨大的历史概括力，就在于他恰切地反映了中国现代社会意识变革的必然性和长期性以及二者彼此交织的特征。

　　鲁迅不承认有永恒不变的道德信条，所以他也并不把自己的审美理想完全体现在一个人物身上，他只在当时反封建斗争的实践中寻求新思想的萌芽，并反复表现了，在一个畸形发展的社会里，在一个畸形道德占统治地位的社会环境里，理想的人性是不可能充分发展的。

　　中国传统的封建思想，与西欧中世纪神学的一个重要不同，在于后者是以神为本位的，以神的权威控制人间社会、扼杀人的现世欲望是其重要特征；中国传统的儒家学术道德，主要不借助于神的力量，而是以"社会"为本位的，是以维护封建制度下的"社会"需要而规定人的行为规范，扼杀、禁止每个个人的欲望和要求的。所以，在西欧中世纪宗教神学那里，直接组成的是"神""人"的对立，西欧文艺复兴时期先进思想家、文学家的反封建斗争是以"人"为旗帜向"神"宣战的；而在中国传统的儒家学术道德这里，构成的是封建正常秩序的"社会"需要与被统治者、被压迫者的"个人"的生存欲望和生活意志的对立，即"社会"与"个人"的对立，不承认人的基本权利、不承认个人有独立的意志，为了封建社会秩序可以无限制地剥夺人的权利和意志是它的主要特征。这决定了中国的反封建思想的战士在反对封建传统思想的斗争中首先揭起的是"个人""个性"的旗帜，在这种旗帜下向维护封建社会秩序的封建思想宣战是其主要的斗争方式之一。我们看到，《呐喊》和《彷

《呐喊》《彷徨》综论

徨》的所有悲剧作品，都呈现着"社会"与"个人"的对立，"个人"被整个"社会"吃掉是其基本结构方式。以个人的基本生存权利和思想个性向不承认这种生存权利和独立意志的社会进行控诉和抗争，是所有这些悲剧的根本内容。

假若说在以不觉悟的劳动者或下层知识分子为悲剧主人公的作品中，封建社会扼杀了这些个体的基本生存权利是主要的斗争形式，而在以觉醒知识分子为悲剧主人公的作品里，则直接出现了"个性"与"社会"的碰撞。在这里，我们还必须注意我国五四时期反封建思想革命的具体特点和觉醒知识分子的特殊命运。那时的觉醒的知识分子不是随同中国社会生产力的发展以同等速度成长起来的思想婴儿，当中国近代微弱的资本主义工商业的发展和救国救民的历史需要为他们提供了诞生的条件，他们便一股脑儿喝下了西方在几百年间逐渐蓄积起来的与封建思想观念截然对立的观念意识的乳汁。这样，他们的思想观念便与中国固有的社会思想观念发生了较之西方思想家与本国社会思想观念更为巨大的裂痕。他们不但遭受到中国封建统治者的排挤和迫害，而且也无法得到尚被封建习惯势力束缚着的广大社会群众的理解和同情。他们陷入了极端孤立的状态。这个本质上应是多数人向少数人进行的思想战争，在当时却不得不、不能不表现为少数人向多数人进行的思想战争。在这个战争中，封建传统思想是以整个"社会"的面目出现的，是以"多数""群众"的面目出现的，而代表进步思想的知识分子，却是"孤立的个人"。试问，在这样一个思想的战争中，鲁迅是应当站在以"多数""群众"的面目出现的封建传统思想一边呢，还是站在代表着先进思想的"孤立的个人"一边呢？我认为，能够正确回答这个问题，也就能够正确回答对鲁迅前期个性主义的评价问题，而这也正是《狂人日记》《头发的故事》《长明灯》《伤逝》《孤独者》和在某种程度上的《药》的基本艺术构图的实质。这些作品的基本价值尺度不是用"社会群众"的思想眼光批判其中的"孤立的个人"，而是站在"孤立的个人"的思想立场上抨击整个社会的思想，批判"群众""多数"的愚昧和落后。

物质力量的缺乏必须用精神力量的充实来支持，群众基础的不足必须由个人意志的坚毅来支持。少数觉醒的知识分子陷入了封建思想的汪洋大海之中，他们要能够始终不渝地坚持反封建立场，就必须有傲视世俗的无畏态度、有强毅不挠的精神力量、有坚定不移的个人意志。这是鲁迅笔下所有反封建思想的知识分子共具的思想特征，也是他前期个性主义思想所包含的主要内容。《狂人日记》中"狂人"的主要性格特点是"狂"，是无视俗见、威压不住的一股狂傲之气；《长明灯》中的"疯子"的主要性格特点是"疯"，是咬住一个目标死不松口、压不倒骗不了的"疯劲"；《孤独者》中的魏连殳、《伤逝》中的涓生和子君在没有被压垮之前也程度不同地具有这种傲视世俗封建思想势力的个性主义精神。《在酒楼上》则在另外一个侧面上表现了个性主义精神的必要，它表明脱离开个性主义战斗精神支持的人道主义在当时的社会环境中势必表现为温情的、软弱的人道主义，势必导致向封建主义思想势力的妥协。体恤别人的痛苦，牺牲个人的利益，是人道主义的基本要求，但在封建思想的葛藤缠绕在所有社会关系之中的当时，觉醒知识分子便有可能循由这条道路而丧失反封建的意志与热情。为小弟迁葬，在吕纬甫认为是迷信的传统习惯，但在这种习惯心理支配下的他的母亲却为此焦急万分，几夜睡不着觉，出于对母亲的同情，吕纬甫便去迁葬；千里迢迢送朵剪绒花，在吕纬甫觉得是没有实际意义的，但出于对母亲和对顺姑的人道主义同情，他也乐意去做；教"子曰诗云"，是不符合吕纬甫的意愿的，但家庭要抚养，雇主不要教"ABCD"，吕纬甫也便牺牲自己的意志，屈就了封建现实。一味地牺牲自己的思想意志走向了向封建思想势力的妥协，一味地为别人的小悲欢着想走向了斗争意志的薄弱，这就是吕纬甫悲剧的内在本质。《在酒楼上》实质上是对缺乏个性主义精神支持的单纯人道主义的艺术考察。在封建思想控制着社会最广大人众的意识观念的时候，首先觉醒的知识分子必须具有个性主义精神，便是鲁迅试图说明的核心问题所在。

鲁迅否定脱离开个性主义的人道主义，但也否定脱离开人道主义的个性主义。五四时期的首先觉醒的知识分子是一个重要的社会阶层，但却是一个人数极少的阶层，它的重要性不能仅仅表现为自身存在的价值，而表现为对广大人民、对整个中华民族的作用和意义。一个知识分子在当时那种情况下，若仅仅是一个个性主义者，仅仅从自身的利益出发，也势必走向向封建思想势力的妥协，甚或走向反人民的道路。鲁迅所肯定地表现着的人物，都是既具有个性主义精神，也具有人道主义思想的人物。《狂人日记》中的"狂人"以其狂傲的个性主义反对吃人的封建礼教，但他反对封建礼教的目的却不仅为了个人的利益，而且为了人类的进步，为了"救救孩子"的人道主义目的，《长明灯》中的"疯子"也是如此。鲁迅之所以对《孤独者》中的魏连殳表示了极其炽烈的同情心，其原因就在于在他的精神毁灭之前，他的个性主义和人道主义结合得是比较紧密的。在那时，他既不乏人道主义的博大思想基础，也不乏个性主义的强毅抗争精神。但在封建思想势力的重压下，他走上了与吕纬甫相反的思想道路；吕纬甫放弃了个性主义而取了单纯的人道主义，魏连殳放弃了人道主义而取了单纯的个性主义。但二者都放弃了反封建的目标，与封建现实达成了或一种形式的妥协则是相同的。

鲁迅前期的人道主义思想是以"下"为本位的思想，是从广大被压迫群众的根本利益和长远利益、以他们的生活命运和思想命运为基点控诉上层统治者对他们的摧残和戕害的思想，它与传统封建思想的以"上"为本位的等级观念构成了尖锐的对立。在这种思想指导下，鲁迅深刻地表现了劳动群众和下层知识分子的痛苦命运，猛烈抨击了统治者的专横冷酷。

由以上分析可以看出，鲁迅前期思想是与中国封建的社会意识形态在各主要部分、在其根本性质上尖锐对立的思想系统，是中国反封建思想革命的锐利武器，是中国现代社会意识形态的表征。他的社会思想、社会伦理道德发展进化观，与封建意识形态的保守、守旧的社会习惯心理、与封建思想的机械性质和形而上学的性质构成了尖锐的对立，并以此揭露了封建传统观念的陈腐性；他的以"幼者"为本位的思想与封建的以"老者"为本位的思想构成了尖锐的对立，并以此揭露了封建传统对新生代的思想摧残和精神戕害；他的以"个人"为本位的个性主义思想与封建传统思想以封建"社会"为本位的思想构成了尖锐的对立，并以此揭露了封建思想对个人生存权利的漠视和对思想个性的摧残，揭露了它的虚伪性和欺骗性，他的以"下"为本位的人道主义思想与以"上"为本位的封建等级观念构成了尖锐的对立，并站在下层人民群众的立场上对封建统治者的专横进行了控诉。

鲁迅前期思想反封建的深刻性不仅表现在它的各个主要组成部分，而且表现在这些组成部分之间的联系及联系方式上。他的社会思想、社会伦理道德的进化发展观念作用于他的个性主义、人道主义思想，使其与中外许多思想家的抽象、静止的人性论有所不同，使他严格地从当时反封建斗争的历史需要表现人的精神发展，并且仍然不把这种精神发展的特定历史需要作为"理想的人性"，杜绝了在畸形社会和畸形社会思想环境中寻找抽象的完美人性的愚蠢作法；他的个性主义作用于人道主义，使他的人道主义不但与托尔斯泰主义有着质的差别，同时也与西方现实主义时代以同情怜悯小人物为主要特征的人道主义思想有所不同，与中国当时的许地山、冰心、王统照、叶圣陶等现实主义作家以"爱"为中心的人道主义思想有所不同，较之他们，鲁迅更强调个性主义的抗争，更强调"憎"的必要，他反对为了"爱"而牺牲个人的意志和个性，对于陷于封建思想汪洋大海包围中的觉醒知识分子以"少数"临"多数"的斗争环境，鲁迅的思想较之上述所有作家的思想有着更大得多的适应性，因而呈现着更强烈的战斗性和反抗性；他的人道主义作用于个性主义，使他的个性主义不但根本不同于尼采主义，而且也与拜伦等西方浪漫主义诗人的个性主义思想不完全相同，与以郭沫若为代表的中国浪漫主义者的个性主义也有所不同，较之他们，鲁迅对广大下层劳动群众的命运有着更强烈的关注，对他们的悲惨命运有着更深挚的同情；在个性主义与人道主义的结合方式上，鲁迅与西方文艺复兴时期的人文主义和启蒙时期的人道主义思想有所不同，他不把个性主张和爱人的主张融为一种思想主张，从而削弱了二者彼此的尖锐性，他同时把握着这两个极端的、似乎难于并存并容的思想形式，同时介绍着外国的尼采主义和托尔斯泰主义这两种尖锐对立的思想学说，同时宣扬着大憎和大爱，在《狂人日记》等作品中他把自己的全部热情都倾注在反封建思想的"孤立的个人"一边，而在《祝福》等作品中又把最深厚的同情赋予了受苦受难的下层劳动群众，这实际上是把反封建思想斗争中的最坚定的思想立场（觉醒知识分子的"孤立的个人"的立场）同最广大的人民的社会立场结合了起来，并且保持着二者的最大鲜明性。这种同时把握两个极端的结合形式,与周作人的合理的人性的主张也有所不同,周作人企图在个性主义和人道主义二者之间找到一种合力,各去其极而调和之,从而在这种调和中重新回到了封建儒学的"中庸"思想上去。鲁迅不是将其调和,而是使其并存并立,择其能用者而用之,当爱者爱,当憎者憎,爱则爱得深,憎则憎得狠,从而与封建传统的"中庸"道德形成了尖锐的对立。

鲁迅前期思想是中国反对封建思想革命的最锐利的思想武器,是中国现代社会思想意识发展的最完整、最集中的体现,他以这种思想意识感受中国当时的社会思想意识以及由此制约着的人与人之间的社会关系,并为这种具体而强烈的感受找到了十分完美的艺术表现方式,从而使《呐喊》和《彷徨》有可能成为中国反封建思想革命的最深刻、最完整、最精细的一面镜子。这并非说鲁迅前期思想没有局限性,这个本质上属于反对中国封建传统思想和传统伦理道德观念的思想系统,像任何一个独立的思想系统一样,有它自己特定的适用范围,以此观察和分析中国近现代民主主义政治革命的具体战略和策略,必然有其难以完全适应的一面。鲁迅的思想需要发展,他此后也实现了这种发展,但对于表现中国反封建的思想革命,鲁迅前期思想却已经具有足够强大的热能。

四

创作方法,实际是作家面对不同的社会对象所采用的特定的对话方式。鲁迅当时所致力的是客观的、实际的中国社会思想意识的改造。在这时,他要与两种社会对象发生思想感情上的直接对话。一方面,他要与有志于中国社会和中国社会思想改造的觉醒知识分子发生对话,使他们意识到整个中国社会思想改造的必要性,使他们认识到中国具体的社会思想现实是他们起步的基础;另一方面,他要与沉沦在封建传统思想和传统伦理道德的孽海中而不自知的人们发生对话,使他们逐渐意识到这种思想和道德的残酷、虚伪和陈腐,并产生摆脱它们的强烈愿望。在前一种对话中,鲁迅代表着中国社会思想的实际现实,在后一种对话中,他代表着先进的社会思想意识。鲁迅要同时有成效地进行这两种以艺形式体现出来的对话，用现代社会意识和审美感情重现中国当时的实际社会生活是一种最有力的方式，也就是说，现实主义对于鲁迅必然成为第一需要。"现实"，对于少数首先觉醒的人们是一个必须顾及的对象，是一个无法逃脱的对象，对于不觉醒的人们是一个可以感受、可以理解的对象。质言之，鲁迅的现实主义，是在中国出现了两种尖锐对立的社会意识形态、两种根本不同的审美价值观念的情况下，能够在二者之间进行较为直接的艺术对话的有效方式。

《呐喊》和《彷徨》现实主义文学倾向的加强趋势，是与鲁迅早期浪漫主义文学倾向的削弱趋势相偕进行的。此消彼长，是一种倾向克服和压倒另一种倾向的过程，而不是把两种倾向等量结合在一起的过程。浪漫主义是这样一种艺术的对话方式：它要求在作家和作家所自觉面临的读者对象之间有更多的共同语言，有同质的理想、愿望、思想和感情，用郭沫若的话来说，就是二者要有共同的"振动数"、相等的"燃烧点"（《女神·序诗》），只有这样，读者才会对浪漫主义文学作品的激情抒发在作家本人基本相类的方向上发生感情的共鸣。浪漫主义文学作品较难在现代社会意识与中国封建传统社会意识这两种根本不同的观念形态的人之间进行较为有效的艺术对话。我们看到，当鲁迅认为诗人动吭一呼便会令有情者皆举其首从而达到振奋民族精神的目的的时候，他是更重视浪漫主义文学的（参看《坟·摩罗诗力说》），而当他认识到被封建思想、封建伦理道德观念严重禁锢着的国民对他犹如"生人"、根本不可能在同一方向上与他的感情呼唤发生共鸣的时候，当他认识到在中国当时的社会环境中他根本不可能成为一个振臂一呼应者云集的英雄的时候，当他认识到感情的激励在本质愚弱的国民身上有可能向负的方向上转化的时候，他便主要转向现实主义文学了（参看《〈呐喊〉自序》和《坟·杂忆》）。对于客观的、实际的中国社会思想意识改造的自觉追求，推动鲁迅更多地离开浪漫主义文学方向而转向现实主义的文学方向，这应当是对《呐喊》和《彷徨》创作方法的基本估计。

没有内在理想之光的文学作品是庸俗的文学作品，理想不仅仅属于浪漫主义者：现实主义和浪漫主义文学都必须能够体现出作者的主观理想，二者的根本区别仅仅在于，现实主义创作方法必须通过对现实社会

《呐喊》《彷徨》综论

生活的毫无粉饰的、具体的真实描绘,来体现作者的理想和愿望;浪漫主义则不必遵循细节的真实性原则和现实的可能性,它可以直接描绘自己所愿望、所理想的东西。我们常常在这方面寻找《呐喊》和《彷徨》的浪漫主义,实质上我们找到的不是浪漫主义,而是现实主义作家也不能没有的内在理想之光。而假若我们企图在它们的大量真实细节描绘中寻找鲁迅脱离开现实可能性、纯属自己杜撰的所愿望、所理想的人物、画面或艺术细节,那么,这便不再是对《呐喊》和《彷徨》的赞颂和肯定,而是对它们的损害和贬斥了。鲁迅说文艺作品的失败在于"以假为真""真中见假"(《三闲集·怎么写》),把"理想的"羼入"现实的"、把未然的当作已然的,无疑会使读者真假莫辨、以假为真、疑真为假,带来虚幻感。在《幸福的家庭》里,鲁迅讪笑了主人公为描写纯理想的幸福家庭在纷乱的现实中寻找细节真实的企图。鲁迅显然认为,他或者弃细节真实而虚构一个理想家庭的绿洲,或者遵循细节真实的原则而放弃理想家庭的描绘,二者必居其一。现实主义和浪漫主义在这里没有完美结合的可能。在理想描绘与现实描绘的关系上,鲁迅格外执着地坚持着现实主义文学原则,其内在的原动力在于:鲁迅认为,任何对现实社会思想状况的有意或无意的美化、任何对传统封建思想实际影响力量的自觉或不自觉的过低估计、任何以理想取代现实、以理想修改现实的浪漫主义倾向,对于他所追求的中国社会意识形态的实际变革运动而言,都有可能产生不良的影响,都将使人们找到的不是一条真实可行的社会意识改造的道路。

鲁迅对浪漫主义的主观抒情性的特征,也做了部分的否定,他认为单纯通过浪漫主义的激情呼吁无法达到唤醒愚弱国民的目的,但对浪漫主义的主观抒情性本身却做了更多的保留。按照严格的现实主义原则,作者必须把自己的主观感情不露形迹地融化在对客观现实的真实描绘中,强烈的主观色彩和大胆的自我表现是在浪漫主义文学作品中发展起来的。但是,浪漫主义的主观抒情和现实主义的客观描绘却不像未然的理想描绘同已然的现实描绘那样具有彼此不容混淆的抵拒力,主观抒情可以在客观描绘的基础上进行而不失其真挚性,客观描绘也可以在主观抒情的辐射中而不失其真确性。在客观描绘的基础上表现出来的主观抒情性应该是《呐喊》和《彷徨》浪漫主义因素的主要表现。西方浪漫主义是最终扫荡封建文学的一个文学潮流，对个性的强调带来了它对主观感情性的尊崇，并以此与封建思想的扼杀个性、抑止感情构成了尖锐的对立；西方现实主义是在资产阶级完全扫荡了封建文化之后发展起来的文学派别，它对个人主义思潮的泛滥进行了反拨，重人道主义抑个性主义、重客观抑主观感情的任意泛滥又成为它的主要特征。处于反封建思想斗争漩涡中的鲁迅以其对现实思想运动的客观追求走上了现实主义的文学道路，但面临封建的抑情主义却从未放下个性主义的思想武装，从未轻视主观抒情性对封建抑情主义的破坏作用。"是黄莺便黄莺般叫，是鸱鸮便鸱鸮般叫"（《热风·随感录四十》），鲁迅在提出这个本质上属于浪漫主义文学范畴、倡导作家勇于做自我表现的口号的时候，同时也伴随着对虚伪的封建礼教的控诉。总之，《呐喊》《彷徨》的直接反封建思想的性质，内在地决定了它们有可能较多地保留浪漫主义的主观抒情性色彩。

很显然，在当时社会思想意识的对立中，鲁迅的主观抒情在现实主义的客观描绘的过程中体现出来，只能外化在具有现代社会意识的首先觉醒的知识分子的人物形象身上。将作者的生活经历、思想感情、生活感受部分地而非全部地外化于一个首先觉醒的知识分子的人物形象，使之与社会其他一种类型的人物有机地融合在一起，组成与作者本人相近而非相同的独立典型性格，并通过这种独立典型人物部分地表现作者本人的生活感受、思想认识和感情情绪，是《呐喊》和《彷徨》在现实主义的基础上尽量多地加强浪漫主义的主观抒情性、加强作者对作品的直接介入的程度、加强作者自我表现的成分的主要艺术方式。与《风波》《阿Q正传》《离婚》等以劳动群众为主要描写对象的作品相较，与《孔乙己》《白光》等以下层封建知识分子为主人公的作品相较，与《肥皂》《高老夫子》等以封建卫道者为讽刺对象的作品相较，《狂人日记》《头发的故事》《在酒楼上》《孤独者》《伤逝》等作品显然呈现着不同的色彩。在人物归属上，它们都是以具有一定程度的现代思想性质的知识分子为主人公的作品，在思想基础上，它们都较多地表现着鲁迅前期的个性主义思想倾向；在表现方法上，它们都把严格的现实描绘同强烈的主观抒情性和人物自我的心理独白结合在一起，在取材上，它们都更多、更明

《呐喊》《彷徨》综论

显地揉进了鲁迅个人的亲身经历和亲身感受;在叙事角度上,它们大都运用了第一人称的写法……它们的主导倾向都是现实主义的,但分明具有更多一些的浪漫主义因素。

在把浪漫主义的主观抒情、自我表现、自我解剖转化为现实主义的客观描绘的过程中,第一人称的叙事方法起到了重要的作用。在这类作品中,有着两类三种第一人称的写法:第一类单层次的第一人称,作品中包含着一个作为主要人物的"我"。其中又有两种,一种是作为外化手段的第一人称,作品中的"我"把另外一个人物客观化了,作者通过"我"进行议论和抒情,如《孤独者》;第二种是作为外化对象的第一人称,作品中的"我"是一个独立的主人公,但作者又在"我"的自我剖白、主观抒情中加进了个人的主观抒情的成分,如《伤逝》;第二类双层次的第一人称实际上是上述两种第一人称写法的结合,作品中有两个"我",第一个"我"作为外化手段把第二个作为主要人物的"我"客观化了,而在两个"我"中都揉进了作者的经历或感情,如《头发的故事》和《在酒楼上》。这些"我"都程度不同地兼有作者和非作者、主观性和客观性的成分,是把浪漫主义艺术表现引入现实主义作品的形式管道。

《一件小事》《社戏》和部分的《故乡》在另一种意义上存在着与浪漫主义相近的倾向。《一件小事》和《社戏》都没有在直接的反封建思想斗争的意义上表现人物思想意识的面貌,其中被肯定的人物不是具有现代民主主义思想并自觉与封建传统观念进行斗争的人物。它们表现着鲁迅由于厌恶封建的社会关系、由于憎恶残酷虚伪的封建礼教而转而向往自然的人与人的素朴关系,而天真无邪的儿童之间的关系则成了这种关系的最高体现。这与西方浪漫主义者由于厌恶资本主义的都市生活而向往静穆和谐的农村生活、向往素朴性质的人与人的关系有更多的相通之处。

封建的社会意识形态不是某些封建信条的简单凑合,而是一个庞大的社会意识形态体系。它对人民群众的精神残害,较之封建地主阶级对人民群众具体的、有形的经济剥削和政治压迫,具有更多的曲折性、复杂性和抽象性,在这里施加精神摧残和肉体摧残的,不是某一两个具体的社会成员,而是可触摸而又难以具体触摸的抽象的社会思想力量。人们对它的感受，有理智的、感情的成分，但同时也带有更多的情绪性。正是由于以上种种原因，《呐喊》和《彷徨》的现实主义里，也容纳了许多象征主义的因素。在它们的具体描写里，哪些地方封建思想不是作为一种具体的社会力量，而是作为一个抽象的整体出现，哪些地方鲁迅需要把封建思想吃人的具体事实升华为封建意识形态的抽象本质，哪些地方人们对它的本质认识还仅仅停留在朦胧情绪性的感受阶段或者这种朦胧的情绪性感受还占着主要的成分，哪些地方也便同时出现了象征主义的艺术因素。

《狂人日记》是具有最明显的象征主义色彩的作品。它是鲁迅在五四新文化运动中发出的第一声"呐喊"，多年淤积在鲁迅心中的对封建传统思想的愤懑之情需要一次总的爆发，多年积累起来的对封建传统思想吃人本质的整体性认识需要一个概括性的表现。在这时，任何具有鲜明的特指性的事件都不足以完成这样一个创作任务。鲁迅需要一个具体的形象，但这个具体形象又必须是一个非常态的人物。他不能像常态的人物那样对于具体事件具有太大的粘着性，不能像常态的人物那样对于现实的生活环境和思想环境具有那么大的潜在适应性（这种适应性是在这种环境中成长起来的人所不能不具有的），也不能像常态的人物那样循着常规的思维逻辑由现象向本质做渐次的正常推理。鲁迅找到了"狂人"这个具有现实性的人物，实际上便是找到了一个由现实性向象征性过渡的艺术关节。他利用"狂人"的变形心理直接把现实的封建关系转化为一种象征，并由这种象征直接升华到对封建关系和封建社会意识形态的抽象本质的剥露。这里的社会思想环境是作为一个模糊的整体性画面出现的，"狂人"对它的感受首先是一种情绪性的感受。在情绪性感受的基础上直接进行理性的本质概括，是《狂人日记》运用象征主义手法的结果，仅仅依靠现实主义的真实描绘，在如此短小的篇幅中便不足以达到如此高度的艺术概括力。而强烈的情绪性与明确的理性概括相结合，现实可能性与现实关系的变形描写相结合，则是《狂人日记》现实主义和象征主义相结合的主要标志。

当时的广大劳动群众，由于种种历史条件的限制，还没有可能对封建思想和封建伦理道德有一个整体性的本质认识，但在实际生活中，他们却有可能直感到它的窒息力量。在这时，他们对它的把握还主要停留在朦胧的情绪性感受阶段，但作者却需要充分利用这种朦胧的情绪性感受向读者暗示出它的整体性本质。《呐喊》和《彷徨》的象征手法的运用往往就产生在这样的艺术关节处。《阿Q正传》中阿Q对于狼眼睛的联想、《药》结尾处两个老妈妈对乌鸦飞上坟头的期待，都被赋予了一定的象征意义。《呐喊》《彷徨》中的象征，像所有象征主义作品中的象征一样，都具有多义性，所以它们不是一般的比譬，但在这多重的含义中，作为第一义的基本含义则是具有现实性的具体含义，诸多的象征性的含义是这个现实性含义的进一步升华，这个现实性的含义是其余所有象征性意义的必要基础；现实性的含义可以脱离开所有的象征性含义而独立存在，这是与象征主义作家的作品相区别的根本特征。

梗概说来，鲁迅对中国反封建思想革命运动的客观追求，内在地决定着《呐喊》《彷徨》的现实主义主导方向；鲁迅以个性解放思想破坏封建禁欲主义、抑情主义的思想需要，使《呐喊》和《彷徨》有可能保留了较多的浪漫主义的主观抒情性的因素；封建社会意识形态窒息社会思想、扼杀人的精神和肉体的无形性、抽象性，给《呐喊》和《彷徨》象征主义手法的运用提供了必要性和可能性。鲁迅前期思想的基本构成与《呐喊》《彷徨》的创作方法的特征也是有内在联系的：他的人道主义思想与现实主义倾向有着更多的思想联系，他的个性主义则与浪漫主义的因素有着内在的关联，而鲁迅的进化论思想在文学观上派生的文学进化论，使他也不会绝对排斥西方在20世纪初已经蔚成风气的现代主义文学潮流，当他感到有现实的必要性时，他便会大胆拿来，为我所用，象征主义的艺术手法之能出现在《呐喊》和《彷徨》中，反映着鲁迅并无意把某种已有的创作方法凝固化、绝对化。与此同时，鲁迅以明确的理性对人客观存在着的本能、直觉、非理性、潜意识各种特征的承认，也是他能够在现实主义基础上广泛吸取象征主义因素的思想基础。

《呐喊》《彷徨》的现实主义特征也与中国反封建思想革命的具体特点有着不可分割的联系。

鲁迅现实主义的冷峻性主要来源于他对封建思想、封建伦理道德吃人本质的深刻揭露。封建主义的现实较之资本主义的现实是涂着更厚的道德油彩的现实，是在温情脉脉的面纱覆盖下的吃人现实。假若说西方批判现实主义文学更倾向于对现实的"再现"，鲁迅的现实主义则更趋向于"钻探"和"透视"，他必须透过封建人伦关系的温润的表象向它的吃人本质做近于"残忍"的冷峻挖掘。而在这种挖掘过程中，他不但会遇到那些被公认为"坏人"的地主阶级统治者和居心险恶的"小人"，而且更要严峻地对待那些在封建社会意识制约下的广大社会群众，那些被普遍认为是"好人"的人们。封建社会在政治、经济上的吃人主要表现在地主阶级统治者对劳动群众的剥削和压迫上，而封建思想、封建伦理道德吃人不通过极其广泛的社会群众所组成的社会舆论和社会关系便无以进行。鲁迅现实主义的冷峻色彩在很大程度上来源于他对社会群众的真实而严峻的处理上。封建的禁欲主义和虚伪礼教的长期约束，在中国给广大群众的精神发展带来了严重的后果。《呐喊》和《彷徨》实际描写了长期的情感压抑所造成的四种精神病态的表现。对内的情感压抑首先产生了苦闷麻木，这是当时善良劳动群众的基本性格，单四嫂子、闰土、祥林嫂都属于这种类型；向内情感压抑的恶性发展必将导致自我意识的丧失，这是变形了的忍耐，转化了的痛苦，其典型表现是阿Q的精神胜利法；情感压抑对外的发展是不承认他人的正常情感表现，在长期缺乏必要的感情交流的情况下已经不能具体感知别人的痛苦，这导致了对他人精神痛苦的极端冷漠，《药》中的华老栓，《祝福》中的短工等很多人物都表现着这种特征；冷漠的恶性发展表现为对弱者的无情精神摧残，在强者面前被抑止了的感情储积为怨毒之气转而在弱者身上进行毫无遮拦的宣泄。这四种精神病态的表现所组成的人与人关系带有极大的凉薄性、冷酷性。一边是痛苦麻木的自守、极端冷漠的旁观，一边是无情的精神摧残和怨毒之气的宣泄。这在一个弱者自觉不自觉地触犯了封建伦理道德信条的时候，当社会群众尚以这种信条衡人待物的时候，便表现得愈加突出。鲁迅对这种封建关系的透彻了解和深刻描写，使他对人物的处理较之任何一个中国作家都带有大得多的严峻性。与此同时，在这种冷冽的社会关系中，施行的不是有形的物质战斗和直接的肉体残害，而是精神的扼杀术、感情的冰寂法。这里没有摆开的堂堂之阵、正正之旗，多的是笑脸下的攻讦，闲谈中的格杀，语言便是流弹、颦笑便是飞矢；在这里进攻者据有封建思想、封建伦理道德的坚固防地，拥有"多数"的盾牌，而被害者却处在毫无掩蔽物的坦坦平场，落在极端"孤立"的地位。在这个"无主名的杀人团"面前，弱者无呼唤的余地、无反攻的对象，这是一种只能心感而无法申诉的悲剧，任何铺排的描写、酣畅淋漓的笔触、大哭大叫的控诉都不足以传达这种在平静中吃人的现实格调。面对这种悲剧，鲁迅只能用冷峻的笔法。由于以上种种的原因，《呐喊》《彷徨》的现实主义不能不带有极端冷峻的性质。在这里，冷峻是现实主义真实性的要求，真实性是冷峻风格的基础，封建思想吃人的特定方式和鲁迅对它的深刻表现决定了《呐喊》和《彷徨》的现实主义真实性必须与冷峻的艺术风格结合在一起。

《呐喊》和《彷徨》严峻性与热烈性的结合根源于鲁迅对社会思想表现的严峻性与追求中国社会思想变革的热切性的结合，这体现在人物处理上，则表现为对人物思想处理的极端严峻性与政治处理的高度宽容性的结合。在《呐喊》和《彷徨》里，在思想素质上被否定的人物是大量的，在政治上被否定的人物是极少的，即使对四铭、高老夫子这样的人物，鲁迅也没有作为政治上的敌人进行描写。鲁迅的这种处理反映着中国反封建思想革命始发期的现实关系：在思想意识形态上属于封建营垒的人物是绝大多数，代表着现代民主思想的觉醒知识分子是极少数；而在封建社会作威作福的反动统治者则是极少数，应该热烈同情的苦难群众是绝大多数。"哀其不幸、怒其不争"是他对没有脱却封建思想束缚的广大普通群众的主要感情态度，鲁迅的"冷"和"热"在这些人物的处理上得到了最高度的统一。

《呐喊》和《彷徨》现实主义典型化的特征也反映了鲁迅对中国反封建思想革命的深刻认识。

西方文艺复兴时期的人文主义者的反封建意识是逐渐觉醒的，一般说来，他们对封建思想的批判还没有上升到对整个封建历史的批判，他们的现实主义艺术概括主要着眼于现实的概括；西方19世纪的批判现实主义，面对的是与中世纪迥不相同的资本主义现实，它是以严格的历史主义原则为宗旨，以表现当代社会现实为主要目标的；鲁迅面对的是一个具有漫长的封建社会历史的中国现实，在这漫长的历史时代里，作为具体的生活样式也有着巨大的变化，但作为封建社会意识形态的本质，做为封建伦理道德观念的整体，却始终没有发生根本的变化，鲁迅对它的现实的批判，不能不同时是对它的历史的总清算。这反映在《呐喊》和《彷徨》的典型概括上，便形成了把严格的现实主义原则同大跨度的历史综合、把具体的现实描绘同长远的历史概括紧密结合在一起的典型化方法。通过对统治中国数千年的封建意识形态根本特征的理性认识发现并提炼现实人物和现实生活画面的典型特征，通过对现实人物和现实生活画面的观察和思考把握和认识中国封建意识形态的一贯本质，在二者的对流中把现实的、具体的、个性化的人物和生活画面同历史的、抽象的、概括性的封建意识形态的本质焊铸在一起，是鲁迅把现实的概括直接上升到长远的历史概括的主要艺术途径。调动一切可能调动的因素，有意识地加强读者由今到古、由古到今的丰富联想，以今印证古，用古说明今，古今贯通，古今渗透，古今迭印，让读者的思路带着现实生活的画面在上下几千年的整个封建历史上迅速飞动起来，用今的平面图在史的纵向飞动中划出一条鲜明的历史的线形轨迹，是鲁迅把现实的概括同时转化为历史的概括所常用的艺术手段。《狂人日记》中由今向古的反顾，《阿Q正传》中由古向今的缕述，《药》中华夏两家的象征，《长明灯》中对长明灯久远历史的说明，《祝福》中关于宋明理学的暗示，《离婚》中七大人把玩古人大殓时屁塞细节的插入，《头发的故事》中对于头发历史变迁的追溯，《风波》中赵七爷对古人的可笑崇拜等等，都起到了加强古今联想、古今贯通的作用。在大量白话文的叙述中插入少量与封建传统相关的文言词语也起到了这种作用。

　　在阶级对立的社会中，每个人都同时具有自己的政治地位、经济地位和思想意识的三种主要阶级特征，但前两种特征是有形的、特定的，它们几乎不具有任何穿透性和渗透性，一个毫无政治地位的无地农民绝不能同时是腰缠万贯、良田万亩的地主官僚，反之亦然。而在思想意识上，不同阶级之间的渗透性和穿透性却是极大的，它们彼此交融的程度如此之大，致使我们绝对不能仅仅依靠一个人的政治地位和经济地位而断然判定他的思想素质和精神面貌。假若说政治和经济关系的阶级界域像条河，明确地分隔了此岸和彼岸，思想上的界域却像同一大洋中的海，理性的界域是存在的，实际的界域是没有的，此海与彼海的水不断地发生着对流和浑淆。阶级思想之间的渗透性、浑融性，给特定人物的思想带来了穿透性和广泛的、超越阶级界限的代表性。在封建社会里，农民阶级是一个不可能有自己独立思想意识的阶级，它和地主阶级都同时与落后的生产力和生产关系相联系，这两个阶级在政治利益和经济利益上的对立大于统一，而在思想意识上的统一却大于对立。在这种情况下，一个作家是仅仅着眼于它们的经济地位和政治地位的外部特征，还是同时着眼于它们的思想意识状况，就直接影响到他笔下的人物典型概括范围的大小。《呐喊》《彷徨》对人物艺术表现的着眼点不放在他们的外部的经济地位和政治地位，而重点揭示他们的思想意识状况，这使他们的现实典型概括带有极大的广延性的特征，也就是说，《呐喊》和《彷徨》人物典型概括的范围被鲁迅对社会意识形态状况的集中关注大大扩大了，它不仅具有特定的阶级属性，而且往往穿过这个界限而把自己典型概括的范围继续向外伸展到无限广阔的领域。阿Q便是最突出的一例。他是有阶级性的，但他的思想意识却是中国封建意识形态在这样一个具有特定阶级属性的人身上的集中体现。在这个基础上，他的思想意识又通过种种关系与世界各国各阶级的人的思想相联系，从而使他具有了几乎是无限广阔的典型概括范围。这种无限性不是由他的经济地位和政治地位的有形特征，而是由他的思想意识的复杂性带来的。

五

《呐喊》《彷徨》的主要艺术特征同样是由鲁迅对中国反封建思想革命的深刻认识表现派生出来的。

（一）《呐喊》和《彷徨》的人物塑造

在对中国反封建思想革命现实状况的描绘中，自然地形成了《呐喊》《彷徨》的独立的人物谱系，其中包括五个主要的人物系列：一、自觉对封建思想和封建伦理道德进行反抗的首先觉醒的知识分子；二、封建社会及其思想界的真正"主人"——地主阶级统治者；三、知识分子中的封建思想和封建伦理道德的卫道士；四、封建社会的社会舆论界的各种人物；五、封建思想和封建伦理道德在精神和肉体上的全面受害者——劳动群众和下层封建知识分子中的悲剧主人公。

　　自我意识和社会意识的加强是首先觉醒的知识分子的主要思想特征。他们获得了与传统封建思想截然不同的价值观念，这磨锐了他们的神经，使他们对周围的社会生活和社会思想表现具有敏锐的感受力，对自我的思想意识、言语行动具有重新反思的判断力。他们是中国现代社会中第一批在内部世界的丰富性上大大超过了他们外部行动的直接意义的人物。他们是思索的一代，而不是行动的一代，他们的实际追求受到了封建传统思想势力的强有力的抑止。行动的艰难促进了痛苦的思索，行动的失败转化为痛苦的反思。在他们的内心世界里，理性的思考、感情的起伏和情绪的波动融成了一个浑浊的流，仅从他们外部的行动是极难测知其全部流量和流速的。描写他们的追求和追求的失败以及在失败之后的痛苦反思是《呐喊》《彷徨》塑造这类典型人物的主要途径。在他们身上，各种刻画人物的艺术手法都能得到运用，但由内而外的表现手段——人物自叙语言、心理活动的直接描绘和人物的心理独白——较之由外而内的透视手段——肖像描写、外貌描写、表情描写、行动描写等等——具有更加关键性的意义，并且是为其他系列的人物所不具备或极少具备的特征。

　　地主阶级统治者是封建社会的真正"主人"。长期的"主人"地位造成了他们极端的愚妄、专横和十分可笑的自信的性格特征。他们与封建传统的适应性最强，这种适应性表现为他们能够在维持自己表面的道德尊严的情况下实际实现自己最粗俗的实利物质追求的目的、满足自己最低级的生物本能欲望。把自己最粗俗的物质实利追求和生物本能欲望掩盖在最俨然的道德面孔之下是他们的最大特征。适应着这种情况，在表面堂皇的言语和行动的隙缝中窥探他们内心的粗糙物质欲望则是鲁迅塑造这类人物的主要艺术手段，在这里，语言和行动的描写具有举足轻重的地位。他们的语言一般较少，言少而重，没有感情的温度，透体的冷酷，多纯理性的判断，无内在感情的真实表达，多命令句、判断句，少祈使句、疑问句、感叹句，反映着他们作为"主人"的专断和自信；对他们的行动描写也较少，像他们的语言一样，往往出现在事件的关键环节和

《呐喊》《彷徨》综论

关键场合，不细碎不枝蔓，生动体现着他们一言而定天下法、一行足使万人惊的社会"主人"姿态。但在牵涉到他们的物质实利和政治实利时，他们行动的意志便会被发动起来，他们行为的律动便会加速（如辛亥革命发生后的赵太爷），反映了他们表面道德面孔背后所关心的实际只是自己的物质实利，他们的肖像描写也占有一席地位，并且往往在社会群众的眼睛中被折射出来，表明他们在外界群众眼中的地位和面貌。上述所有这些描写手段都是由外而内的透视法，因为他们是不会像首先觉醒的知识分子那样，主动地由内而外地表白自己的真实心迹的。鲁迅的描写手段极大地适应了他们虚伪、冷酷的特点，并且有力地传达了这种特点。

知识分子中的封建卫道者就其思想本质，等同于地主阶级统治者，但二者也有区别。地主阶级代表人物更多地考虑自己的实利要求，而这些知识分子则常常自居于社会伦理道德的宪兵的地位，以负责这个领域的"治安保卫工作"为己任。他们的"社会意识"似乎比地主阶级的代表人物还要强烈得多，这种"社会意识"常常驱使他们走到可见的物质实利追求和纯个人私欲更加遥远的地方去。这使他们、有时连自己也更加难以辨识他们维护封建道统与他们自身利益和自己的欲求的联系了。鲁迅的任务便是要揭示这二者之间的曲折联系，这当然不能依靠他们自我的心理表白和自我的内心剖析，由外而内的透视仍然是主要艺术手段。这种透视还绝不能是浅透视，而是深透视。循由封建卫道者的外部表现（主要是语言、行动）穿过他们的表层心理意识、直接向他们的潜意识心理的深层意识领域做艰难的挖掘，是鲁迅塑造这类人物所实际遵循着的艺术原则。潜意识心理描写是《肥皂》《高老夫子》《弟兄》这三篇小说所共同使用的艺术手法，而尤以《肥皂》为最成功。

封建地主阶级统治者和封建知识分子都同时是封建舆论的参与者，并且具有主导性的作用，但他们到底是极少数。思想统治不同于政治、经济统治，后者可以用政权控制、刀枪维护，以少数制多数不仅是可能的，而且是所有不平等社会的特征。思想统治则不然，政权可以制其言而不可改其思，刀枪可以御其行而不可御其心。它必须有更广泛的社会群众予以实际的支持，因而封建思想、封建伦理道德的盲目维护者的形象在《呐喊》《彷徨》中占有一席特别重要的地位。他们的力量不来源于思想的质，而来源于存在的量。作为个体，他们是毫无力量的弱者，无个性就是他们的个性，无思想就是他们的思想，无目的便是他们的目的，但作为一个群体，他们则是《呐喊》和《彷徨》中最有力量的人物。它的"个性"最强毅、"意志"最"坚定"。地主阶级的代表人物也不能不怕它三分，因而要极力维持自己尊严的外表；封建卫道者也不能不屈服于它的意志，因而要常常把自己的邪恶意念压到潜意识深层心理空间中去；觉醒的知识分子在它面前感到软弱无力，宏图大志不得展，一腔热血无处流；劳动群众和下层封建知识分子中的悲剧主人公在它面前犹如落入网罟中的鸟，哭诉无门，求告无路。这个形象系列的人物在合不在分，"群性"才是他们的"个性"，"个性"在"群性"中表现得最鲜明。犹如蝗虫，作为个体，其"个性"是模糊的，作为蝗群，才充分表现出他们的"个性"和"意志"。在《呐喊》和《彷徨》的部分篇章的部分片段中，他们只是混混沌沌、模模糊糊的一片。像暗夜在旷野中发出的鬼魂的叫号，闻声不见人；有时这个混沌的整体没有声音，只有一些不分明的形体，杂沓的动作，像昏夜游动着的鬼魅，但见鬼影绰绰，不闻足声语声；以上两种情况的混合体，构成了杂沓的形和无主名的人物发出的声的模糊画面，这里出现了人物的语言、动作、表情和外貌，但都是支离的描写，拼凑不成一个完整的人物；当鲁迅把这个模糊的画面略向前推进，画面的尺幅相对缩小了，人物的轮廓则相对清楚了，原来粘连在一起的人物开始分成单个的人体，但他们仍被作为一个群体被处理着，借代或近于借代的方式是区分单个人与单个人的主要艺术手段。这种区分不是为了表现单个人的个性，而是为了便于叙述；当把这个混沌的整体再向前推进一步，读者才看清了独立活动着的人。但在这时，他们的个性特征仍不具有实质性的意义，"群性"仍然是他们统一的"个性"，外貌描写主要是漫画式的，有的还仍然带着自己的一两个形体标志到处乱转。人物语言在这类人物身上开始具有个性色彩，但作为一个整体人物却不带有独特的典型意义；当鲁迅将之进一步具体化，人物的独立性愈加加强，各自的独立特征开始具有了独特的典型意义，人物形象也开始由扁平形向凸圆形发展，但个性意义仍不如他们的群体意义为大。这个人物形象系列的活动区间也就到此为止，假若再进一步具体化，他们

《呐喊》《彷徨》综论

便不再仅仅是可怕、可憎、可恶的群体形象了，而同时是可悲、可怜的悲剧人物了，因为作为每个单个的人，他们原本只是封建思想和封建伦理道德的盲目维护者，他们个人同样也是这种思想道德的受害者。当《阿Q正传》把原本属于这个群体的一员作为特写镜头映出时，阿Q便主要不属于这个形象系列了。很显然，在这个形象系列的描写中，直接的细致心理描绘没有施展的余地，外貌的描写即使有也是漫画化的。语言描写是这个形象系列的最大特征，因为语言是封建舆论的主要工具，表情描写几乎与语言描写具有同等的价值，一个鄙夷的表情同一句尖酸刻薄的话对于觉醒的知识分子和劳动群众、下层封建知识分子中的悲剧主人公的精神杀伤力是同等的，但它的定向性太强，没有语言的传递性能良好，因而不如语言描写运用得广泛。

劳动群众和下层封建知识分子中的悲剧主人公是封建思想和封建伦理道德的全面受害者，他们以两个共同具有的基本特征区别于其他几个系列的人物形象：他们与首先觉醒的知识分子都是受害者，但他们缺乏与封建传统思想对立的新的社会理想和思想理想；他们的思想意识本质与地主阶级统治者、封建卫道者的形象同属于封建社会意识形态的范畴，但他们缺乏维护自己的道德尊严所必备的虚伪，他们的政治地位和经济地位也使他们虚伪不下去（孔乙己也想维持自己的尊严，但要吃饭，便不能不去偷，他的地位使周围人不会对他"为贤者讳"，他无法虚伪下去）。这使他们必然落入封建思想和封建伦理道德的网里并为之吃掉。《呐喊》和《彷徨》对他们的艺术描写是适应了他们这种思想特征的。大致讲来，《呐喊》和《彷徨》中存在着两类六种揭示人物心理特征的艺术手法，它们各自有其特定的适用性。第一大类是由外而内的透视法，其中又有三种形态：一、通过人物的语言，行动等外部表现，蜿蜒曲折地向他的心灵深处开掘，经过反复的描写达到对人物心理动机和潜意识心理动机的真实揭示。这种揭示人物心理动机方式的困难性本身，便使读者感到人物的讳莫如深和习惯性的虚伪。这种形态主要用于对封建卫道者的心理刻画；二、通过人物的语言和行动等外部表现的描写，让人看到而又不能直接地、异常清晰地看到人物的真实心理动机。这种揭示人物心理方式的曲折性本身，也使人感到人物的虚伪性，感到他们极力维护自己道德尊严的企图。这种艺术方式主要用于对地主阶级代表人物的描写；三、通过人物语言和行动的描写，能使读者较轻易地看到人物的内心世界。这种描写方式的轻易性本身，给读者造成的印象是被描写人物属于胸无城府的人，他虽然并没有直白自己的内心世界，但也没有极力掩盖自己的企图。第二大类是由内而外的表现法，其中也可分为三种形态，接以上三种继续排列便是：四、由人物直接对自己的生活经历、思想感情和心理活动做真实可信的剖白，这是对自我有明确意识的首先觉醒的知识分子形象所独有的描写方式；五、由人物用语言的方式直接表述自己在想什么，他不一定能意识到自己心理活动的本质意义，但却是自己真实想法的真实表露；六、由作者直接对人物的心理活动和心理动机做真实的描绘，由于这种描绘的直接性和轻易性，它也不给读者造成人物的虚伪感觉。我们看到，鲁迅对劳动群众和下层封建知识分子中的悲剧主人公的描写，没有运用上述一、二种艺术方式，并以此将他们的思想品质与地主阶级代表人物、知识分子中的封建卫道者明确地区别开来；他也没有运用上述第三种艺术方式，并以此与觉醒知识分子的描写有所不同。对他们的描写，分别采用了上述三、五、六三种方式。在这类形象中，又有两种不同的类型，一类是自守的内向的，一类是非自守的、外向的，前一类属于长期的物质和精神的压抑所造成的苦闷麻木那种精神病态表现，他们对别人的精神痛苦可能是冷漠的，但并不以虐人为乐。孔乙己、华老栓、单四嫂子、闰土、祥林嫂都属于这种类型；后一类属于既麻木、冷漠，又失去了对苦闷的感觉且可以虐人的精神病态表现。其中最典型的是阿Q，爱姑作为外向性性格也可属于这一类。前者的偏于内向，并非由于内心世界特别丰富，而是缺乏外在表现性，内心也只是茫漠的悲哀，所以这类人物的心理活动反而并不如后一类活跃。在前一类人物形象塑造中，鲁迅只给他们设计了很少的人物语言，通过动作、表情和肖像揭示他们内心的极度痛苦是其主要艺术形式，有时也直接描绘他们的心理活动或由他们自己的口表述他们的内心活动，但这种心理活动本身也不是他们自身感情情绪的直接表现，而是他们对事物、事件的忆念（如单四嫂子对儿子的回忆和祥林嫂对儿子被吃过程的叙述）。上述第三种由外而内的透视手段在这类人物的描写中占有主导的地位，上述第六种心理的直接描绘也带上了一定的透视性。在后一类形象的塑造中，上述三、五、六种艺术手段都同时得到了运用。但在所有这几种手段中，都带有更大的轻易性和直接性，他们的心理活动变化迅速，跳跃性大，不带有任何深沉感、严肃感，他们的语言设计、动作设计、表情设计都较前一类为多，并且读者很容易从他们的外部表现中看到他们的心理活动。

（二）《呐喊》《彷徨》的环境描写、情节和结构

鲁迅对中国反封建思想革命的重视，体现在《呐喊》和《彷徨》的具体创作中，还具体表现为对环境描写的重视。他笔下的环境描写，重点不在政治环境和经济环境，而在社会思想环境。在整个《呐喊》和《彷徨》里，各篇的环境描写，呈现着高度的统一性，其性质都是由封建的社会意识形态组成的社会思想环境，组成人与人的思想关系。它在其中的重要地位可以从它与人物塑造的关系中得到说明：环境描写可以独立于典型人物塑造而独立自存（如《示众》），而人物塑造却必须依存于社会思想环境的精确展示；环境描写离开典型人物自身的意义仍有其独立的典型意义（如《长明灯》里的"疯子"之是否存在，吉光屯那个思想环境依然照常存在并且有其典型意义），而典型人物离开自身所处的典型环境便会失去原有典型意义（如《伤逝》里的涓生若不结合他的特定思想环境来理解便成为一个负心汉的典型）。严格说来，鲁迅所选取的人物典型在很大程度上只是周围社会思想环境的试剂，谁能在更充分的意义上试出封建思想环境的毒性，谁就可以进入鲁迅小说人物形象的画廊。从这个意义上，我们可以把《呐喊》《彷徨》中的环境描写归纳为四种方式：一、陈列式；二、单向测试式；三、双向测试式；四、倒转式。所谓陈列式，是说把封建思想、封建伦理道德控制下的社会思想环境通过典型的生活画面做直接的陈列展览。其中没有悲剧主人公，没有处于显著地位的主要人物，没有人的完整、细致的生活命运，基本上只让这个环境本身表演它的愚昧和落后、保守和守旧、狭隘和自私、狡猾和歹毒、冷漠和麻木。其中最典型的是《示众》和《药》，《长明灯》基本上也属于这一类，《故乡》兼跨一、三两类，属于过渡形态。在这些篇章里，充分发挥了鲁迅的描写技巧。由于鲁迅对中国社会思想的深刻了解，其作品的思想内涵都是极为深厚的；所谓单向测试式，是说仅从一个方向上对封建思想环境的破坏性进行测试，投入的试剂——悲剧主人公自身是与这环境对立的，是企图改变这种环境的，但结果是环境的胜利，人物的失败，封建思想环境吃掉了人物的理想和愿望。《狂人日记》《头发的故事》《在酒楼上》《幸福的家庭》《孤独者》《伤逝》是最典型的例子，而《明天》《祝福》《离婚》就其主要倾向而言也应属于这一类，因为鲁迅重点不是表现单四嫂子、祥林嫂、爱姑的愚昧落后，而更重视她们虽然茫漠、简单但却确实存在着的挣扎和期待。这类作品着重显示的是封建思想环境的高压力，它起于外部世界的描绘和叙述，完成于人物内心世界的开掘和展示，人物精神意志的摧折和思想愿望的毁灭集中表现了外部社会思想环境的险恶。所以这些篇章多以心灵挖掘深度见称；所谓双向测试式，是说在两个方向上对封建思想环境进行测试，鲁迅投入的试剂—悲剧主人公在内外两面上都显示着封建思想环境的破坏性力量。他一方面是属于这个环境中的人物，是封建思想环境的表现者，另一方面又是这个环境的压力的承受者，是被这个环境毁灭了的人物。属于这类情况的有《孔乙己》《白光》《阿Q正传》。《阿Q正传》为其杰出代表。假若我们考虑到鲁迅意向的中心在于深刻揭示中国社会思想革命的必要性，假若我们考虑到鲁迅的这种意向是通过对社会思想环境的深刻表现体现出来的，假若我们又考虑到这种双向测试式较之第一种陈列式有更为集中的优点，较之第二种单向测试式有更为丰富的含量，较之第四种倒转式则更具普遍性，可以最大限度地把社会思想环境的性质和特点表现出来，那么我们就不难理解，《呐喊》《彷徨》思想艺术的最高峰《阿Q正传》出现在这一类而不出现于另外一类，并非是偶然的；在整个《呐喊》和《彷徨》中，封建思想势力在根本的意义上和在大多数的篇章里是作为环境出现的，但在《肥皂》《高老夫子》《弟兄》中，这种情况发生了倒转，在多数情况下属于环境人物的、代表着封建思想势力的人物，现在转化成了小说中的主要人物。所以我们称之为"倒转式"。因为这里的主要人物是封建思想环境的直接代表，属于封建道统的维护者，所以讽刺手法在这类作品里得到了充分的利用，出现了《呐喊》和《彷徨》中最杰出的讽刺作品《肥皂》。具体到这一类作品中，环境描

《呐喊》《彷徨》综论

写是足以揭示小说主人公内心隐秘的社会环境条件，它自身的意义是从属于人物塑造的，这与前三类的更重背景的意义、人物的塑造归根结底是为了表现产生他的社会思想环境有所不同。

除由人物组成的社会思想环境外，《呐喊》和《彷徨》中当然还不能没有物质的空间环境和自然景物的描写，但二者的比重都不很大，并且常常浸透着社会思想的色彩。前者常常是物质化了的社会思想，后者常常是人物思想感情情绪的外射。例如《孔乙己》中酒店格局的描写，是封建等级观念的物质化，它区分了上等人和下等人、长衫顾客和短衫顾客；《祝福》中鲁四老爷书房的陈设，是凝固为物质环境的思想环境，是鲁四老爷陈腐理学道德观的外化形式。景物描写多直接出自作者的叙述和小说中觉醒知识分子人物的眼睛，体现着他们对社会和社会思想的感受，用冷色组成的清冷景象，用灰暗的色调、重浊的声音渲染的沉闷气氛，冷寂的静态以及用蓦然的动态点染出来的冷寂的静态是《呐喊》和《彷徨》景物描写的主要类别，这是与鲁迅对当时社会思想的沉闷、重浊、凄冷和悲凉气氛的感受有内在联系的。鲁迅性格偏于内向，较少忘情于自然山水，较多以我化景，因而他写景较少，且多带主观色彩，也正因为如此，他的景物描写虽少而精、虽短而粹，每有所作，必臻绝美。他长于为不同的情绪下的自然景物设色、设声，设置语言的旋律和节奏，景中见情，融情于景，且实景与象征相结合、自然景物与社会思想环境相贯通，蕴藉深挚，韵味极佳。

削弱故事情节、加强情绪表现的散文化倾向是《呐喊》《彷徨》在情节结构上的显著特点。这固然也因为鲁迅接受了外国文学的影响，但其基本原因却在于鲁迅有着这种艺术需要。在这里，思想需要和艺术需要的内在联系也是十分明显的：谁着眼于政治、经济的外部变动，谁着眼于人物的非常态的思想表现，谁着眼于特殊人物的特殊经历，谁便必须注意社会的公开矛盾冲突，谁也便必须重视由这种公开的、外部的矛盾冲突组成的故事情节；与此相反，谁着眼于大量的、一般的，群众性的思想意识状况，谁着眼于人物的具有惯性力的常态思想表现，谁着眼于那些没有特殊事迹、特殊经历的平凡人物，谁着眼于人的内心世界的细致表现，谁便不必重视由这种公开的、外部的矛盾冲突组成的故事情节。

由表现普遍的社会思想意识状况到日常平凡生活题材的选取，由日常平凡生活题材的选取到故事情节的削弱，情绪表现的加强的散文化趋势的出现，是鲁迅走过的一条从思想需要到艺术需要的路。

故事情节的削弱必须由其他小说要素的加强来弥补，结构布局的精心结撰是《呐喊》《彷徨》较之中国古典小说大大加强了的一个侧面。《呐喊》和《彷徨》中存在着两种情节式：对社会意识形态的定点、定面的静态解剖和对封建思想、封建伦理道德吃人过程的动态解剖。前者主要着眼于一个场景、一个事件、一个人物现实状况的描绘，时间的绵延过程是事物或人物内部本质的揭示过程，时间或无间隔、或间隔不大，情节纵向伸展的长度较小，横向扩展的幅度较大；后者着眼于人物的悲剧经历，是人物被封建思想、封建伦理道德吃掉的过程。选取人物悲剧经历中的几个关键环节、组成几个在纵向上缓慢发展着的横断面，横断面间的时间跨度较大，情节在纵向伸展的长度上和在横向扩展的幅度上都较大，但从二者的比例关系上看来，纵向伸展较横向扩展更大一些。在这两种基本的情节结构样式中，各篇小说的结构布局又各有不同（具体分析略）。

（三）《呐喊》《彷徨》的悲剧、喜剧和悲剧因素与喜剧因素的融合

"悲剧将人生有价值的东西毁灭给人看"（鲁迅）。《呐喊》《彷徨》悲剧的实质是封建思想、封建伦理道德对有价值的东西的毁灭。鲁迅经常写到"死"，他把人的生命的无端丧失作为最大的悲剧，其中包含着对人的生存权利的充分肯定，对封建思想、封建伦理道德漠视、剥夺人的生存权利的愤怒抗议；鲁迅把人的正常物质欲求和精神欲求的被扼杀作为悲剧进行处理，包含着对人的基本欲求的肯定，对封建禁欲主义的否定；鲁迅格外经常地表现悲剧主人公痛苦心情不得表达、不得理解的难言痛苦，表现封建思想势力把人的痛苦作为玩味取乐资料的冷酷行为，其中包含着鲁迅对人的自我表现、感情表现合理性的肯定，对封建抑情主义的抨击。《呐喊》和《彷徨》最纯正的悲剧作品多出现于以觉醒知识分子为悲剧主人公的作品中，反映着鲁迅对他们的存在价值的全面肯定，他不但肯定了他们作为一个人应当具有的生存、生活权利，而且也肯定了他们的理想和愿望、思想和感情的合理性。正是这二者在当时的社会条

《呐喊》《彷徨》综论

件下所必然构成的不可调和的矛盾，构成了他们悲剧的基本基础：他们或者坚持理想追求而丧失自己的基本生存和生活权利，或者保持自己的基本生存和生活权利而放弃自己的理想追求，二者对他们都表现为悲剧。这种基本矛盾同时转化为理想追求和具体行为之间的尖锐冲突，或者为具体行为的合理性而放弃理想的追求（吕纬甫），或者为理想的追求放弃具体行为的合理性（涓生），这两种结局也都表现为悲剧。在不合理的社会环境中两种合理性相互排斥、构成冲突，是这类知识分子悲剧必然性的根源，人物在具体行为的选择上失去了任何自主权利、不能通过主观的努力争取较之现在更合理一些的结局，是这种悲剧必然性的具体表现。由精神的痛苦导向物质生命的丧失（祥林嫂、魏连殳），或者由物质的痛苦导向的精神痛苦（N先生、吕纬甫、涓生和子君），是《呐喊》《彷徨》悲剧发展的两种形式，但它们都以精神的痛苦为主要表现对象，这是着眼于对封建思想、封建伦理道德的批判的结果。它们的主要职能是精神的扼杀，由精神的扼杀导向的物质生命的扼杀和以物质的、经济的手段维持着这种精神扼杀，造成了《呐喊》和《彷徨》的两种悲剧发展方式。

"喜剧将那无价值的撕破给人看"（鲁迅）。《呐喊》《彷徨》喜剧的实质是把无价值的封建社会意识形态撕破给人看。人们对它的普遍尊崇与它的愚昧落后性、狭隘自私性、荒诞无理性、极端虚伪性的尖锐对立，是《呐喊》《彷徨》喜剧构成的客观基础；假若说在平凡的生活中揭示具有巨大社会意义的东西是《呐喊》《彷徨》悲剧构成的基本形式，那么，在表面巨大的事物中揭示渺小则是它们的喜剧构成的基本形式。在以突然发现的渺小达到对表面巨大事物的否定的过程中，二者联系的暧昧性与发现的突然性、否定的轻易性，都会使读者产生喜剧感受。鲁迅对封建思想、封建伦理道德的高度轻蔑与对它们的愤怒控诉总是结合在一起的，这使《呐喊》和《彷徨》的喜剧不属于轻松笑剧而属于讽刺喜剧，对封建思想及其体现者内在本质把握的准确性和揭露的深刻性使鲁迅的讽刺带有高度尖锐性的特征。《呐喊》和《彷徨》中最纯正的讽刺喜剧作品出现在以揭露封建卫道者为题材的作品中。对知识分子在中国反封建思想革命中重要地位的重视，使鲁迅对知识分子中的封建卫道者愈加疾视，挂着知识招牌的无知，打着社会幌子的自私，以道德面孔出现的卑劣,造成了这类知识分子的极端虚伪性。无情揭露他们的虚伪性,是这类作品讽刺喜剧的构成基础。利用这类人物言与言、行与行、言与行之间的矛盾揭示他们内与外的尖锐矛盾是这些作品达到讽刺喜剧效果的主要艺术方式。

喜剧因素与悲剧因素融合的特征是在鲁迅对不觉悟群众的描写中发展起来的。喜剧因素包含着对他们自身思想意识特征的否定,悲剧因素包含着对他们生存权利和生活权利的肯定。从封建思想和封建伦理道德的束缚中挽救他们的灵魂和肉体是两种因素融合的内在思想本质。两种因素融合的基础是悲剧性,就质而言是用喜剧形式掩盖着的悲剧;就发展而言是由喜剧导向的悲剧;由量而言是缀在整体悲剧基础上的星罗棋布的散碎喜剧细节。这种融合的可能性是由这些群众的基本特征决定的,他们政治地位、经济地位与其思想观念的彼此分离为二者在艺术上的融合提供了条件。也只有在这种情况下,两种因素才不是相互排斥、相互抑制而是相互加强、相互促进的:劳动群众和下层封建知识分子自身的悲剧地位愈加加强了他们的封建观念意识的不合理性、荒诞可笑性,悲剧加强着喜剧;他们的封建观念意识的荒诞可笑性愈加加重了他们处境的悲惨性、悲剧命运的必然性,喜剧加强着悲剧。一个艺术细节同时呈现着极强烈的喜剧性和极强烈的悲剧性,表现了《呐喊》《彷徨》两种因素融合的有机性和完美性。

(四)《呐喊》《彷徨》沉郁、凝练、含蓄的艺术风格和语言风格

艺术风格体现着作者与特定描写对象之间的特定关系,体现着他对描写对象的感情态度。《呐喊》和《彷徨》的艺术风格与鲁迅对中国反封建思想革命的态度是分不开的。

沉郁,产生于鲁迅对中国封建社会意识形态认识的深刻性、对中国反封建思想革命长期性的明确估计。在这里,斗争的坚决性与斗争中的沉重感觉是交织在一起的,描写的深刻性与郁郁难抒的愤懑感受是融浑在一起的。沉郁,首先是鲁迅对中国社会意识状况和中国反封建思想革命的基本感情态度。这种态度向《呐喊》《彷徨》艺术描写中的自觉地或不自觉地浸入、渗透形成了它们的沉郁风格。它首先转化为《呐喊》《彷徨》这个艺术整体的一种独特素质,一种浸透在各种艺术因素中的统一的独特素质，这使它的艺术整体具有一种独特的表现性能，然后又依靠这种表现性能在读者心中唤起与作者相近的感情和情绪，使读者也产生这种沉郁感。除了内容上给人的沉郁感之外，小说的各种艺术表达也必须配合内容而对读者施加相同的影响。鲁迅小说在细节描绘上的深刻，情节推进的滞重，镜头变换的缓慢，少而长的循环节，感情起伏的波度较小，都造成了一种特殊的音乐旋律，这种旋律不是使人觉得轻松、欢快，而是让人感到沉重、郁闷。鲁迅的小说语言有种滞涩感，一般句式较长，读来会使人觉得气力难接，而在长句式中又夹入极短句式，在长句式过程中储足的气力在突然遇到短句式时又会发生回噎，两种句式之间的转换没有固定的规律，使语言的整体像在坎坷不平的路上流着的泥石流，重浊而不畅快，起伏突兀而不平顺，在情绪感染上造成了强烈的沉郁感受。

　　《呐喊》和《彷徨》的凝练、含蓄产生于鲁迅思想的博大精深和他所表现的封建社会意识形态之间的巨大悬隔差，也产生于鲁迅思想与一般读者认识水平的巨大悬隔差。鲁迅所处的时代为他提供了从世界的广阔视野中看待中国，从20世纪的思想高度认识中国中世纪式的封建社会意识形态的可能性。鲁迅不是匍匐在现实之下仰视社会现实，不是站在中国社会现实的地面上环视社会现实，不是在略高于现实地面的空中飞翔着巡视现实，而是在一个异常高峻的思想顶峰俯察现实。在这时，全部现实能够尽收眼底但却大大缩小了自己的尺幅，一切在人们看来好像巨大的东西在他的眼睛中都大大缩小了自己的形体，较次要的东西只变成了形体模糊的背景，最主要的东西都高度浓缩在了一个尺幅很小的全景图上。我们看到，《呐喊》《彷徨》的不少小说都是以中国社会思想的全景图的样式出现的，但尺幅却是短篇小说的极短、极小的尺幅，画面却是极平凡、极简单的生活画面。在这个图中几乎每一个不受人重视的小的细节都是在现实中具有极大典型意义的东西，而这未必是读者可以立即注意到和理解得了的东西。所以，鲁迅小说的凝练和含蓄主要来源于它们的内涵的极大丰富性，来源于鲁迅对中国社会意识形态认识的明确性和感受的强烈性。在艺术表现上，感情传达的明确性和理性传达的非直接性、整体传达的明确性和细节意义传达的内蕴性，也形成了《呐喊》

《彷徨》的高度凝练和含蓄。艺术传达主要是感情情绪的传达，理性传达应当通过感情情绪的传达而实现，过多的理性说明会破坏艺术作品的意境和韵味。鲁迅作为一个伟大思想家对于生活的丰富认识是通过对这些生活画面的发现和感受内在地蕴储在作品之中的，小说首先以明确的感情态度诉诸读者，而对它的理性把握有待于读者个人的思考和理解。如《风波》中的诸人物，各以其特定的感情色调出现在小说中，但如何从本质的意义上认识他们以及他们各自的关系，为什么他们在鲁迅的眼中会呈现着这种色调而非另一种色调？却需要读者自己的思考。与此同时，小说整体倾向的明确性，又常常同大量细节含义的内蕴性结合在一起，联而可见分则无，是不少鲁迅小说给我们的一种感觉。如《在酒楼上》，鲁迅对吕纬甫的深刻同情是显而易见的，但如何分析其中各个细节的含义，这篇小说的整体倾向性是如何从这些细节描写中蒸发出来的，它们各自有什么特定的典型意义？却需要读者自己的沉思。总之，鲁迅对中国社会意识形态以及各种社会表现在理性把握上的明确性，和艺术的理性传达的非直接性、有限性，使《呐喊》和《彷徨》把大量的理性内容容纳在了感情情绪传达的背后，给读者造成了进行思索的广阔空间。就形式的有限性而言，它表现为高度的凝练，就内涵的无限性而言，它表现为高度的含蓄。

　　《呐喊》和《彷徨》语言的凝练和含蓄，与它们整体的凝练和含蓄出于同一本源。语言是外部的思维，思维是内部的语言，语言的特征反映着思维的特征。思维空间的无限扩大，是伴随着我国闭锁国状态的打破、伴随着接受全人类思想精神的成果和20世纪最先进的社会生产力造成的思想精神成果的可能性而产生的中国现代社会意识的代表者的重要思维特征。思维空间的广阔性带来了艺术联想的丰富性，艺术联想的丰富性带来了从有限中发现无限、从一点中看到全面的可能性。鲁迅的语言特征最充分地体现了现代中国人所应有的这种思维特征。紧紧抓住具有极丰富内涵的细节和极具表现力的特点，以可以唤起丰富联想的精炼语言和传神性能极强的词汇，简洁地画出事物和人物的神态，为读者留下多方面联想的可能性和根据自己的生活经验补充大量次要特征的余地，是鲁迅小说语言之能够达到高度凝练和含蓄的主要原因。具有多义性象征

《呐喊》《彷徨》综论

意义的语言的运用,最突出地体现了《呐喊》和《彷徨》语言的这种特征。我们还不难发现,鲁迅小说语言的凝练和含蓄,与鲁迅着眼于中国社会意识形态状况的表现还有更直接的联系。它决定了鲁迅不注重政治、经济细节的精细描绘,而更注重人物精神面貌的再现。中国古典文学以形写神、重在传神的传统,在新的思想基础上得到了鲁迅的发展、运用。重在写形趋向于细,语言上的表现是以多胜少,往往一览无余,少余味;重在写神趋向于精,语言上的表现是以少胜多,含蓄蕴藉是其必然结果。

以上我们分析了《呐喊》和《彷徨》四个方面的艺术特征,意在说明,鲁迅的艺术才能和艺术修养,是在反映中国反封建思想革命的现实中得到体现、得到发展的。从这种思想需要入手把握《呐喊》和《彷徨》的艺术特征,不仅是可能的,也是必要的。

1985年元月整理
原载《文学评论》1985年第3期、第4期

鲁迅研究中的比较研究琐谈

比较研究已引起越来越多的鲁迅研究工作者的重视，笔者也曾做过一点不太成功的尝试，现就这一问题谈一谈自己的初步的零碎想法。

在当前世界上，比较文学研究是一个相当繁盛的研究部门，不但此类著作林林总总，而且比较文学研究也有颇多著作问世，其中条分缕析，分类颇繁。我认为，我们大可不必拘泥于一端，对这些方法灵活运用以适应于鲁迅研究的需要是我们的根本目的。首先，在鲁迅研究中，就并不限于比较文学的研究，而且还有一个思想比较研究的问题，因为鲁迅不但是一个伟大的文学家，同时还是一个伟大的思想家，鲁迅思想的研究在整个鲁迅研究中占有一个相当大的比重。所以，我统称之为比较研究。

鲁迅研究存在和发展的几十年中，成果是卓著的，但过去的研究主要集中于对鲁迅生平事业、思想精神和作品本身的研究上，虽然也常常涉及到与其他作家及其作品的关系，但多数仅从人事联系、文学姻缘、外部因素着眼，自觉地进行系统深入的比较研究较少。这样，当有些问题深入到一定程度，就难于进一步深入下去了。例如，关于鲁迅前期思想中的进化论问题，前几年争论颇多，但越到后来，文章的论点论据越觉是旧话重提，争论也一直停留在鲁迅前期思想中有无进化论思想的问题上。鲁迅接受达尔文进化论思想的影响，这是任何人都不否认的，争论的焦点实质在于鲁迅所相信的"进化论"到底有什么质的规定性，我们怎样概括它更为恰切。众所周知，从严复到胡适，从陈独秀到周作人，几乎整整一个时期的知识分子，只要多少受到外国新思潮的影响，便大有言必称达尔文，文必言进化论的趋势，假若我们不把眼光只盯在鲁迅关于进化论的几段语录上，而是具体细致地把鲁迅思想与严复、胡适、陈独秀、周作人等人的思想做比较研究，从而找出他们的内在联系和本质差别，把握住鲁迅在"进化论"的概念中所纳入的具体思想内容的特殊性本质，我想这一问题的研究是会有更深入的发展的。再如，在鲁迅小说艺术特色的研究中，我们还常常停留在一些基本的一般性的结论上，"卓越的讽刺艺术"一类的命题，还无法标明鲁迅讽刺艺术的真正特色，要想使这种一般性的结论转化为更精确的具体认识，我们有必要把他的讽刺作品同果戈理、契诃夫、夏目漱石、斯威夫特、吴敬梓、晚清谴责小说家的作品进行广泛而细致的比较研究。总之，比较文学的展开，不是鲁迅研究中单纯形式上的花样翻新，而是更深入研究鲁迅、突破原有鲁迅研究水平的重要途径。

打开比较研究的大门，鲁迅研究的领域就更加宽阔了，在这方面需要做的工作是很多的，大致可从三个方面来说。

一、与外国作家、思想家的比较研究。五四新文化运动的特点是以输入外国进步思潮和文学艺术来实现中国的思想革命和文化革命，鲁迅接受外国思想家、文学家的影响是相当广泛的，但作为一个民族的思想家和文学家，鲁迅与每一个外国思想家和作家又都有质的差别。就小说作品而言，果戈理、陀思妥耶夫斯基、契诃夫、安特莱夫、阿尔志跋绥夫、夏目漱石、莫泊桑等，都有逐一进行比较研究的必要。"鲁迅是中国的高尔基"，但他们的具体生活道路、创作道路、思想风格、艺术风格、感情情趣乃至文艺观点都显然有着很大差别，对他们进行比较研究，有助于认识作为民族文学家鲁迅的特点，也有助于认识中国新文化运动和无产阶级文学运动的特点。在这一意义上，对鲁迅与罗曼·罗兰、巴比塞、法朗士、萧伯纳、托马斯·曼、泰戈尔等作家进行比较研究也并非没有意义。鲁迅一生翻译过厨川白村、普列汉诺夫、卢那察尔斯基等人的文艺论著，但鲁迅对他们都没有全盘接受，将鲁迅与他们进行比较研究，对于进一步探讨鲁迅的文艺思想是会有很大助益的。就鲁迅思想研究而言，卢梭、列夫·托尔斯泰、易卜生、达尔文、赫胥黎、叔本华、尼采等人，对于鲁迅早期、前期思想都有程度不同的影响，对鲁迅与这些外国思想家、作家的比较研究，有助于对鲁迅前期思想中各个思想因素的细致分析和精确认识。"鲁迅是中国的伏尔泰"，但鲁迅似乎对伏尔泰并不很注重，研究这两个人的异同，可以看出中国的思想启蒙运动与法国资产阶级的启蒙运动虽有某些一致的方面，但在许多本质方面是大相径庭的。鲁迅后期接受了马克思主义，但他把马克思主义具体运用于中国的思想斗争领域，不但把它中国化了，而且，也在思想意识斗争领域把它丰富化、具体化了。我认为，在某些方面进行鲁迅与马克思经典作家的比较研究，也是有必要的。

二、与中国古代作家、思想家的比较研究。鲁迅是中国传统思想和传统文学的革新者，但同时又是这种传统优秀因素的真正继承者和发扬光大者。鲁迅与古典文学的继承性联系，一些学术老前辈如王瑶等先生已经做了一些披荆斩棘的工作，但仍有待于更深入地探讨。鲁迅小说与古典短篇小说、《儒林外史》《红楼梦》、晚清谴责小说等的比较研究，鲁迅杂文与魏晋散文的比较研究都是值得重视的课题。郭沫若同志写过《鲁迅与庄子》，二者在思想和艺术上都是有某些一脉相承的联系的，更深入地分析这种联系及其原因，仍然是有待于我们完成的研究任务。我主观上认为，鲁迅思想和孔子思想的比较研究，不仅是可以的，而且是具有重要现实意义的研究课题。这有利于我们真正地而不是表面化地划清封建意识形态与无产阶级意识形态的根本界限，有助于防止封建思想披上社会主义外衣死灰复燃，因为正如马克思恩格斯所指出，给基督教禁欲主义涂上一层社会主义色彩是很容易的。孔子及其在孔子名下所散布的封建思想在中国统治了几千年，有广大的社会影响，逐步清除这种影响是我国社会主义思想建设的重要任务之一。比较鲁迅思想和孔子思想的本质性对立关系，将会有利于这种思想建设。我还认为，在这一比较研究中，应当避免绝对化和片面性。任何对立面的斗争都有对立斗争同时又互相联系、互相制约，研究这种对立是有必要的，研究这种联系也是有必要的，这对于研究鲁迅思想的特点将会有启发性作用。

三、与同时代作家、思想家的比较研究。这种研究对研究鲁迅思想

鲁迅研究中的比较研究琐谈

和作品的个性特征特别重要。严复、梁启超、孙中山、章太炎、陈独秀、胡适、周作人、郭沫若、郁达夫、茅盾、叶圣陶等一大批作家、思想家所生活的时代相近或相同,所走的道路及思想艺术风格却彼此有别或相反,在比较中鉴别,在对照中研究,很有必要。鲁迅和郭沫若是我国文化界的两面旗帜,但两个人的创作和思想都呈现着迥不相同的风格,在生前有合作但也有彼此的抵牾,实事求是、公正客观地比较其异同、寻求其根源、总结其规律,不但对于更清晰地认识这两个作家有益,对全面总结"五四"以来新文学运动的经验也是不可或缺的。鲁迅和郁达夫,思想上有明显差异,艺术流派上分属两家,可在私人间一直保持着友好关系,在小说的艺术风格上也决非没有相通的东西,对现代这两大小说家的比较研究,也是应当受到重视的。"周氏弟兄"的比较研究已有一些同志着手进行,这样两个同生于一个家庭、年龄相差无几、前半生经历大致相同、五四时期都有相当大的贡献、此后又走上了两条相反的道路的弟兄作家,在世界文坛上也是极为少见的典型,这给比较研究提供了方便的条件。……

任何具体的研究方法,都会有利有弊,我们只能扬长避短,灵活运用。比较研究容易把鲁迅与某个特定作家、思想家的关系孤立化,其结论也带有某些不确定性。譬如,我们比较鲁迅与果戈理的作品,只能暂时把二者作品间的相近相似处作为鲁迅与果戈理的继承性联系,而这种联系也只能从鲁迅与所有其他作家的活生生的复杂联系中暂时的相对独立出来,这种暂时的孤立可能导致片面性,并且这些结论都带有某种程度的不确定性,因为我们无法像一个表面的联系和历史事实那样确凿明确地证实它,只能在具体的艺术感受中感受到它们的存在。对这一点,首先我们应当允许它,因为在任何细致深入的研究过程中,都需要将特定研究对象从活生生的复杂现实联系中相对独立出来,正如恩格斯所说:"为了认识这些细节,我不得不把它们从自然的或历史的联系中抽出来,从它们的特性、它们的特殊的原因和结果等等方面来逐个地加以研究。"[①]至于结论的不确定性,我们只能在这种不确定性中把握它的

[①] 恩格斯:《反杜林论》,载《马克思恩格斯选集》第3卷,人民出版社,1972,第60页。

确定性内容。还以鲁迅与果戈理为例，我们在比较中要列举两个作家在讽刺艺术上的继承性联系，就所列举的内容、就所归纳的各种具体结论，都将具有不确定性，但在这一系列不确定性中却有一个异常确定的结论，那就是鲁迅确曾借鉴果戈理的作品，并且没有简单地袭用他一个人的讽刺手法。为了弥补单纯比较研究的缺陷，我认为将比较研究与综合研究结合起来是有必要的。当我们分别研究了鲁迅小说与各个主要有联系的小说作家的关系后，在此基础上再进一步进行综合考察，就会弥补单纯比较研究的缺陷，其结论也就带有更大程度的确定性了。

原载《鲁迅研究》1983年第8期

尼采与鲁迅的前期思想

尼采与鲁迅留日时期的思想

鲁迅作为"精神界之战士",严格讲来,应该从《文化偏至论》的发表算起。此前的作品,重点在于介绍外国的自然科学,主要披露了他的自然观;《文化偏至论》则是他集中研究中国社会思想问题的第一篇重要论文,较系统地反映了他早期的社会思想和伦理观点。

《文化偏至论》还向我们表明,在鲁迅前期思想的形成过程中,尼采作品曾经对他发生过不容抹杀的重要影响。它诚然是为批判改良派、洋务派而作,但它赖以进行这种批判的理论根据,却分明是西欧近代个人主义思潮的思想原则,而尼采,则被鲁迅当作这一思潮的集大成者,称之为"个人主义之雄桀"。

下面,我们从两个方面入手,来较为细致地分析一下鲁迅运用尼采观点的原因和根据。

尼采的哲学观点,是在叔本华主观唯心主义的"唯意志论"的基础上发展而来的,但他又不同于叔本华。叔本华所说的"意志",是人的求生意志,他则把"权力意志"置于首位。他说:"各种有机功能都可以归结到一种根本意志,权力意志——都是从其中分出来的。"①在《文化偏

---

① 洪谦主编《西方现代资产阶级哲学论著选辑》,商务印书馆,1964,第17页。

至论》中，鲁迅并没有把尼采和叔本华的哲学观点做细致的区分，所强调的是他们的"唯意志论"的共同基础。他写道："故如勖宾霍尔所主张，则以内省诸己，豁然贯通，因曰意力为世界之本体也；尼佉之所希冀，则意力绝世，几近神明之超人也。"但鲁迅显然没有否认尼采哲学的唯心主义基础，而是接受了它并以之批判庸俗的物质主义思想倾向的。

众所周知，鲁迅在介绍外国自然科学学说的时候，唯物主义的观点是相当明确的。就在当时刚刚写成的《科学史教篇》中，他还说："盖科学者，以其知识，历探自然见象之深微……"他明确地把自然及其规律性当作不以人的意志为转移的客观实在，科学的任务则在于探索和发现它的"深微"，而绝不在于"内省诸己"，也绝非"真理准则，独在主观；唯主观性，即为真理"。为什么鲁迅现在又转而表同意于尼采等人的唯心主义哲学了呢？我认为，在这里指出下列两点是必要的：一、鲁迅早期接受的自然科学的唯物主义，从总体来说尚处于素朴实在论的阶段。我们完全可以把列宁评论海克尔的话移用到鲁迅的身上。列宁说：海克尔"没有去分析哲学问题，而且也不善于把唯物主义的认识论跟唯心主义的认识论对立起来。他用自然科学的观点来嘲笑一切唯心主义的诡计，更广泛些说，嘲笑一切专门的哲学诡计，他根本没有想到除了自然科学的唯物主义以外还可能有其他的认识论。他从唯物主义的观点来嘲笑哲学家们，但他不知道自己是站在唯物主义者的立场上的！"①鲁迅在介绍外国自然科学的时候，坚持的实际上也只是海克尔式的自然科学的唯物主义观点，他并没有把这种观点提到哲学的两条路线的高度来认识，更没有把它当作与哲学唯心主义相对立的观点自觉加以坚持。正是由于这种不自觉性，所以当他转向对庸俗唯物论和拜物教式的思想倾向做理论斗争的时候，便很容易自以为是在向一般的唯物主义做斗争，也便很容易到与唯物主义相对立的唯心主义学说中去寻找理论根据；二、马克思主义以前的唯物论，由于其机械的、形而上学的性质，没有在强调思维依赖于存在、精神依赖于物质的前提下，充分估价意识、精神、主观的巨大能动性作用，人类这方面的正确认识，当时是在唯心主义哲学范畴中

---

① 列宁：《唯物主义与经验批判主义》，载《列宁选集》第2卷，第359页。

被体现出来的。马克思说:"从前的一切唯物主义——包括费尔巴哈的唯物主义——的主要缺点是:对事物、现实、感性,只是从客体的或者直观的形式去理解,而不是把它们当作人的感性活动,当作实践去理解,不是从主观方面去理解。所以,结果竟是这样,和唯物主义相反,唯心主义却发展了能动的方面,但只是抽象地发展了,因为唯心主义当然是不知道真正现实的、感性的活动本身的。"①当时的鲁迅,通过对中国社会现实的实际观察,认识到在中国进行一场思想革命的历史必要性。鲁迅要具体贯彻这一实际的真知灼见,要在理论上阐述这一原本属于对中国问题的唯物主义正确认识,要有效地把思想的、精神的能动性作用提高到足够的理论高度进行强调,只能通过两条理论途径:一条是按照马克思主义哲学对物质与精神的关系做唯一科学的辩证唯物主义分析,一条是暂时把它放在唯心主义哲学的理论外壳中加以突出的强调,二者必居其一。当前一条理论途径在鲁迅尚不存在实际的可能性的时候,第二条途径也便成了他唯一可行的有效路线。总之,在当时的思想条件和历史条件下,鲁迅重视尼采的唯心主义理论有其偶然性也有其必然性。它的偶然性在于当时尼采哲学正是风靡世界的时候,它的必然性在于鲁迅要把精神的因素提到一定的高度以唤起人们对思想革命的重视,要培育一批意志坚强、刚毅不拔的精神界之战士,就势必不会在旧的唯物主义理论中找到充分的理论根据,就必然迫使他从哲学唯心主义的领域中攫取与自己的目的性较相吻合的理论命题。在这个意义上,我们笼统地用鲁迅对尼采哲学的误解是不能说明全部问题的。

随之而来的问题是,我们应当如何看待鲁迅哲学思想的这一变化?这是否意味着鲁迅由唯物论向唯心论的倒转呢?是否标志着他的哲学思想的倒退呢?显然不能这样认为。首先,鲁迅哲学思想的这一变化,不是在自然科学的唯物主义观点的自我否定的基础上产生的,而是他由重点介绍外国自然科学转向重点深入研究中国社会思想问题的结果,是伴随着他的整个思想的巨大进步过程而发生的。假若说自然科学的唯物主义已经无法满足他在新的领域里的新的探索,假若说唯心主义哲学中的

---

①马克思:《关于费尔巴哈的提纲》,载《马克思恩格斯选集》第1卷,第16页。

某些命题补充了他原有的自然科学唯物主义观点的某些不足,我们有什么理由认为不是一个进步呢?事实上,鲁迅当时的辩证法思想便是在唯心主义哲学的总范畴中得到了充分的发展的。鲁迅思想的此后发展,有待于把辩证法思想从唯心主义的外壳中解放出来而栽植在唯物主义的坚实基础上,也有待于把他的自然观的唯物主义从不自觉的阶段发展为自觉的哲学认识并消除其机械的性质而与辩证法相结合,但是,假若作为鲁迅思想辩证发展链条中的一个环节,鲁迅哲学思想在当时的变化却无疑是一个前进过程。列宁说:"聪明的唯心主义比愚蠢的唯物主义更接近于聪明的唯物主义。"[1]鲁迅对精神、意志、主观能动性作用的充分认识,使他较之仅仅停留在自然科学的唯物主义阶段更加趋向和接近了聪明的唯物主义——辩证唯物主义。鲁迅哲学思想的这一前进过程,固然主要取决于他对中国社会的深入研究,但同时也不能否认是尼采等西方唯心主义哲学家的著作影响的结果,至少应当这样认为,尼采等人的唯心主义学说,起到了巩固、加强和固定鲁迅对精神、思想、主观能动性的重要性的实践认识的作用,并使之在一定的理论形式中被表达了出来。总之,根据我的看法,尼采哲学在当时对鲁迅思想的影响,从总体而言暂时表现为一种推动的、促进的、积极的因素。

对于反动的尼采哲学会起到促进鲁迅思想发展的作用,有些同志可能会感到难以理解。但是,假若以上的分析是正确的话,我们就应当承认这一事实,并在承认它的基础上寻求其原因和根据。我认为,由下列几点完全可以解释这一似乎奇怪的历史现象:一、尼采学说本身是可以分割的。列宁说:"从粗陋的、简单的、形而上学的唯物主义的观点看来,哲学唯心主义不过是胡说。相反地,从辩证唯物主义的观点看来,哲学唯心主义是把认识的某一个特征、方面、部分片面地、夸大地……发展(膨胀、扩大)为脱离了物质脱离了自然的、神化了的绝对。"[2]尼采哲学无疑比一般的唯心主义学说更具有狂妄的反动性质,但它也毫无例外地是靠片面夸大事物的某些特征而构成它的整个理论体系的。这样,

---

[1] 列宁:《哲学笔记》,第305页。
[2] 同上书,第411页。

尼采与鲁迅的前期思想

它就向人们提供了把它的某些部分、某些环节抽出来加以改造利用的可能性。这些因素一经脱离开它的整体，就完全有可能转化为正确的或接近于正确的东西而被利用于进步的或革命的目的；二、哲学学说的进步和反动，一方面固然是由它自身的性质所决定的，但同时又必须放在具体的历史过程中来考察。一般说来，唯心主义学说是一种错误的乃至反动的世界观，它经常的是被反动阶级利用于反革命的目的。但是，这只是相对于唯物主义学说而言，并且绝不是绝对的和一成不变的。它并不能否定，在特定的历史时期和特定的社会环境中，当旧唯物主义的庸俗、机械的性质阻碍着人类认识的继续深化时，唯心主义思潮代替唯物主义思潮而兴起会表现为人类认识的暂时的、相对的进步现象。所以，当把一个理论命题从它的具体历史环境中抽出来运用于与其截然不同的场合中的时候，它的作用和性质有可能发生巨大的变化甚或某些本质性的变化。总之，我们绝对不能简单地认为，尼采哲学是反动的，对鲁迅思想的具体影响作用也一定是反动的和消极的。果若如此，我们便难以理解，鲁迅当时是那么喜爱和重视尼采的著作，为什么又能那么迅速而坚定地成长为一个革命民主主义的思想家。当然，这决不能归功于尼采哲学本身，而应当认为，鲁迅坚定地站在探索救国救民的真理的立场上，使他能够在毒汁四布的尼采哲学中汲取有限的有益果汁，以发展和推动自己对现实问题的理论认识。也正因为如此，他才能在吸取它的同时，又改造了它。

鲁迅是这样概括说明尼采等人的唯心主义理论的：

> 主观主义者，其趣凡二：一谓惟以主观为准则，用律诸物；一谓视主观之心灵界，当较客观之物质界为尤尊。前者为主观倾向之极端，力特著于19世纪末叶，然其趋势，颇与主我及我执殊途，仅于客观之习惯，无所盲从，或不置重，而以自有之主观世界为至高之标准而已。以是之故，则思虑动作，咸离外物，独往来于自心之天地，确信在是，满足亦在是，谓之渐自省其内曜之成果可也。

首先，鲁迅从其中抽去了尼采哲学唯心主义的特殊内容——"权力意志论"。这就等于抽去了尼采哲学通向各种反动政治结论的一个主要桥梁，从而把它局限在了一般唯心主义学说的范围之中了；其次，鲁迅没有把唯心主义当作绝对性的真理认识来宣扬，只是认为它可以做"旧弊之药石，造新生之津梁"。与此同时，他也没有笼统地否认唯物主义的正确性，而是肯定了它产生的历史必然性及其历史作用，承认它"以现实为权舆，浸润人心，久而不止。故在19世纪，爰为大潮。据地极坚"，只是认为人们对它"崇奉逾度，倾向偏趋""重其外，放其内"、忽视了"主观之内面精神"。实际上，他所不满意于旧唯物主义的只是它的机械性质，所强调的也主要是唯心主义学说"发展了能动的方面"的合理因素；再次，鲁迅突出的不是思维与存在、精神与物质、主观与客观的依存关系，而是二者"孰为尊"的问题，而这个问题，并不是两条哲学路线的最根本分歧所在，因为战斗的唯物主义学说也并不否定主观、精神等因素的重要性。换言之，鲁迅理解中的唯心主义学说，并不是与实际的唯物主义相对立的理论，虽然他并未最终冲出唯心主义学说的总范畴，但他的主张却绝没有尼采哲学本身所具有的反对唯物主义学说的反动性质，相反，他却由此引出了"自省其内曜之成果"的基本上是正确的结论。

综上所述，我认为，尼采哲学唯心主义对鲁迅当时的思想影响，在当时有相对的、暂时的积极作用，并不主要表现为阻碍他思想前进的消极因素。其主要原因在于鲁迅不自觉地对它进行了一些具有相当重要意义的改造，同时也有其他一些历史的、社会的原因。其局限性仅仅在于，鲁迅并没有对它进行更彻底的改造，没有从根本上消除它的唯心主义基本性质，因而也便不可能帮助他从理论上彻底战胜庸俗的物质主义理论，也不可能把他对思想革命重要性的正确认识建立在坚实的哲学基础上。但又不能否定，相对于鲁迅此前的思想，鲁迅是在前进着、提高着、逐步完善着。

在《文化偏至论》中，鲁迅还援引了尼采的超人学说以论证"重个人"的必要。

超人学说是尼采学说中最重要的组成部分，也是其中最具诱惑力的一部分。他的代表作《查拉图斯特拉如是说》的中心便是对超人的描述。

尼采与鲁迅的前期思想

他大言不惭地说："在我的著作中，苏鲁支是独立的。这是对于人类从来未曾有过的一大贡献。这书，发着凌越千古的大声，不但是所有的书中最高的一部，一部高原气候的书——也是最精深的书，从真理的最深的蕴蓄中所产生，犹之不竭的渊泉，没有一提瓶不满汲出黄金与珍贵。"①按照他自己的说法，现代的人类越来越退化，它已经失去了创造的能力，必须由新的人种来代替它。这全新的人种便是超人。现代人类所以有存在的价值，只在于"人是一条索子，结在禽兽和超人的中间"②，而最终人是要被超越的东西，人类应当为超人的出现准备条件。尼采宣称，超人是具有创造世界意志的人，他超于现实的善恶之上，他要重新建立新的价值原则，重新创造自己的真理、自己的善恶标准。他是将来"大地的主人""统治者"和"主宰"。……由于尼采对超人描写的神秘性质，致使人们对其产生了各种各样的不同理解。各种社会反动势力的代表人物固然有的极力称颂它，但也有的对之施以不遗余力地攻击；社会进步人士固然有的认识到它的反动本质而批判它，但也有不少的人与之发生了强烈的共鸣。尤其是在对现实不满的进步知识分子之中，它曾一度有过广泛的影响。高尔基、卢那察尔斯基、萧伯纳、茨威格、勃兰兑斯、托马斯·曼、安特莱夫以及中国的鲁迅、郭沫若、茅盾都曾不同程度地受到过尼采超人学说的影响，茨威格甚至称尼采为"伟大真理的爱好者""精神的革命者"和"真理的崇拜者"，郭沫若也曾向他三呼万岁。基于这种情况，我认为最重要的不在于鲁迅当时是否真正理解了尼采"超人学说"的阶级实质，而在于他赋予了"超人"以什么样的具体含义。在我们当前论述尼采与鲁迅关系的文章中，以过多的精力追寻鲁迅对尼采的评价，我认为是大可不必的。鲁迅并非一个西欧思想史的研究学者，他完全不必对他所接触到的学说和人物都做出一个恰如其分的正确评价。最根本的问题在于，鲁迅当时在何种意义上运用了尼采的超人学说，鲁迅思想的革命性表现在这里面，他当时的思想局限性也表现在这里面。

在《文化偏至论》中，鲁迅是怎样运用尼采的超人学说和以他为代

---

① 尼采：《绪言》，载《尼采自传》，梵澄译，良友图书印刷公司，1935，第5页。
② 尼采：《查拉图斯特拉如是说·序言》，载《鲁迅译文集》第10卷，第445页。

表的个人主义学说的呢？我们不难看出，他主要是在思想领域中个人与群众的关系、先觉者与尚被旧思想束缚着的多数人的关系中来运用超人学说的一系列概念的，并且主要强调了个人思想的独立性、先觉者的作用及其发扬革命毅力、敢于坚持独立见解的必要性。也就是说，在鲁迅的笔下，"超人"是作为先觉者的代名词而出现的。他反对把人们的思想毫不加区别的视为一律，反对扼杀个人的独立见解的看法。他批评资产阶级社会中"风俗习惯道德宗教趣味好尚言语暨其他为作，俱欲去上下贤不肖之闲，以大归乎无差别。同是者是，独是者非，以多数临天下而暴独特者"，他认为"凡个人者，即社会之一分子，……社会之内，荡无高卑。此其为理想诚美矣，顾于个人特殊之性，视之蔑如，既不加之别分，且欲致之灭绝。……况人群之内，明哲非多，伧俗横行，浩不可御，风潮剥蚀，全体以沦于凡庸。非超越尘埃，解脱人事，或愚屯罔识，惟众是从者，其能缄口而无言乎？"当介绍易卜生的剧本《国民之敌》时，他指出该剧歌颂了"宝守真理，不阿世媚俗"的人。他希望"勇猛无畏之人，独立自强，去离尘垢，排舆言而弗沦于俗囿"……综合鲁迅的主要意思，便是要重视有独立见解、独立思想的个人，并且要求先觉者不应"阿世媚俗"、人云亦云，要有敢于冲破俗囿的勇毅精神和坚强意志。

　　长期以来，我们对马克思主义的群众学说有一种庸俗社会学的理解，我们常常自觉不自觉地把组织上的民主集中制同思想领域的个人与群众的关系等同起来，把组织上的少数服从多数机械地搬到思想斗争的范围中来，把群众是真正的英雄和多数人的思想便是正确的思想这两个不同的命题混淆在一起。其实，马克思主义决不否认这样的历史事实：在社会思想的历史发展中，尤其是在新的社会意识形态刚刚产生的时候，首先冲破旧的传统观念、能够洞烛深微、远见卓识、预见到较长远的历史发展进程或代表着萌芽中的新生思想潮流的，总是较少数有广博知识、睿智头脑和对社会现象具有特殊敏感、善于总结群众大量实践经验的少数人，在他们刚刚在社会地平线上出现的时候，暂时不被为旧的习惯势力束缚着的多数群众所理解也并非异常罕见的事情。在鲁迅研究中，我们也常常把鲁迅早期和前期对先觉者和群众关系的论述当作他没有树立马克思主义世界观的标志，似乎鲁迅不承认群众是决定历史发展的主要力量，我认为这是一种似是而非的说法。这些同志没有顾及：假若鲁迅不了解群众对社会历史发展的决定性作用，他何以要提倡普遍的思想革命？假若他不认为群众决定着革命的胜负，他何以痛心于民众的不觉悟？而当时又有谁比鲁迅在这两方面表现得更为突出呢？鲁迅当时确实不是一个马克思主义者，他的社会观确实还停留在历史唯心主义的总范畴中，但问题的关键却决不在此。

实际上，鲁迅在"任个人而排众数"这一不恰切的命题后面，却包含着极其深刻的思想，他把握住了中国社会现实中一个非常重要的问题并且突出了一个应该突出的侧面。我们知道，在当时的中国，封建思想的统治还是相当强固的，它不但得到封建统治政权力量的支持和有目的的传播，而且由于中国社会生产力的落后，而使它在社会广大阶层中有广泛而根深蒂固的影响。广大的农民群众不可能具有自己的独立世界观，工人阶级尚处于不自觉的历史阶段，中国民族资产阶级与封建阶级在经济、政治和思想上都有着千丝万缕的联系，这一切都决定了中国思想革命的长期性、艰巨性和复杂性。那些在外国先进思潮影响下成长起来的少数革命知识分子和思想先驱者，常常不得不处于封建思想的汪洋大海的包围之中，而又常常被封建传统观念及社会封建势力所剥蚀和吞噬。在这种特定的历史条件下，鲁迅在思想领域中提出了先觉者应当坚持己见，不随波逐流，不被多数人的思想所同化的问题，不能不说是十分必要的。鲁迅当时对中国思想革命的敏锐感触，当然尚不是建立在对中国社会经济的发展及阶级关系分析的马克思主义理论基础之上的，这就不能不使他在其他的理论形式中寻找与自己的现实主义观察结果相适应的理论根据。在这种情况下，尼采超人学说的某些论述为之提供了一些依据，并使这些观点巩固和强化起来。

为什么尼采反动的超人学说会在客观上起到强化和巩固鲁迅对中国思想革命的现实主义锐敏认识的作用呢？要知道，尼采超人学说恰恰是依靠人们对社会现象中先觉者与群众思想关系的一个特定侧面的正确认识而玩弄诡辩术的。他把思想领域中有时会具有典型意义的这一原本正确的侧面无限夸大起来、膨胀起来，并漫无边际地引申到政治、经济、社会等各个领域中来，从而成为他论证超人对群众的绝对优势，超人蔑视、憎恶、仇恨、统治群众的反动理论的主要现实依据。恩格斯指出："真理和谬误，正如一切在两极对立中运动的逻辑范畴一样，只是在非常有限的领域内才具有绝对的意义；……如果我们企图在这一领域之外把这种对立当作绝对有效的东西来应用，那我们就会完全遭到失败；对立的两极都向自己的对立面转化，真理变成谬误，谬误变成真理。"[①]尼采便是把在一个狭窄领域里曾经是真理的东西，无限制地在这个领域之外把它扩大起来，并在此形成了他的主要结论，使之成了一个政治上极为反动的理论。而鲁迅，却是主要在其有效的范围中使用它的某些论题的，这样，也便根本上改变了它们的反动性质，而使其具有特定的真理性的价值了。

但是，由于鲁迅对尼采超人学说到底缺乏一个本质性的正确认识，在《文化偏至论》中也把其中一些错误的东西裹挟了进来。我认为，凡是鲁迅溢出了思想领域而运用尼采超人学说的一些命题的地方，都表现为一种错误的思想倾向。例如，他在批评资本主义社会把"风俗习惯道德宗教趣味好尚言语""归乎无差别"的时候，还把"社会政治经济上一切权利"混入其中，这显然导致了主张社会政治经济权利不平等的错误结论上去了；再如，他说："故是非不可公于众，公之则果不诚；政事不可公于众，公之则治不郅。惟超人出，世乃太平。苟不能然，则在英哲。"这便把超人学说运用到政治制度中去了。这些都说明鲁迅在尼采作品中也确实曾吞下过一些思想毒素。但《文化偏至论》论述的主要是思想革命问题，这些观点并构不成主导的因素。

综上所述，尼采的超人学说在当时对鲁迅的实际影响，主要加强了他对思想先觉者应当坚持思想独立性、坚持真理、不阿世媚俗的必要性的认识，其具体作用在主导方面是有利的，但同时也给予鲁迅一些不良的思想影响。

以强调精神、主观的能动作用的辩证法思想因素为哲学基础，以论证发挥个性、坚持思想独立为主要内容，构成了鲁迅早期的个性主义思想。瞿秋白同志在《〈鲁迅杂感选集〉序言》中，首先用个性主义概括

[①]恩格斯：《反杜林论》，人民出版社，1970，第88页。

尼采与鲁迅的前期思想

了鲁迅早期思想的一个基本方面,很多同志也都指出,鲁迅的个性主义思想"是承受尼采的部分的哲学思想的"(巴人:《鲁迅是怎样描写人物的》)。我认为这都是符合历史事实的结论。

与本文有直接关系的问题是,我们应当如何评价鲁迅早期的个性主义思想,因为这直接关系到如何看待尼采作品对鲁迅思想的影响作用的问题。

我认为,迄今为止,我们对鲁迅早期的个性主义思想的历史主义估价都还是相当不充分的。同志们喜欢把鲁迅前后期思想做平面的比较,这固然是十分必要的,但假若忽略了鲁迅每个阶段的思想与当时中国历史发展特定阶段的对应意义,忽略了它们在鲁迅整个思想发展的链条中作为不可或缺的一个环节的价值和意义,我们便无法正确地研究鲁迅思想的历史发展,也无法真正理解鲁迅后期思想的全部高度。中国近现代的思想发展史,是从反对封建思想起步的。在中国这种特殊的历史条件下,当时每一个真正的马克思主义者几乎都要经过思想上的两次彻底决裂:首先,他们要实现与中国封建传统思想的彻底决裂,然后他们还必须实现同资产阶级思想的彻底决裂。没有第一个决裂,便不可能真正实现第二个决裂;第一个决裂的彻底性同时也制约着第二个决裂的彻底性。鲁迅个性主义思想的形成,正式标志着鲁迅第一个决裂的完成,这在鲁迅思想的发展中是具有相当重要的意义的,我们应当充分估价它的历史价值。

究其实质而言,尼采学说是扼杀个性、摧残人性的,他在"永远还原"的幌子下,主张复辟历史上最残酷、最灭绝人性的奴隶制度。他说:"我们将自己列入征服者,我们思索新组织之必需,甚且是新奴隶制之必需——因为'人'这典型的每种强化每种高升,也附属了一种新的奴隶制。"[①]那么,鲁迅以个性解放为中心内容的个性主义为什么会在尼采作品的影响下脱颖而出呢?我们应当看到,尼采学说产生于资本主义已经发展了的欧洲社会,资产阶级革命时期所奠定了的以人为本位的个性解放思想已经深入人心,各种学说要想获取人心都不得不以此为前提

[①] 尼采:《快乐的知识》,梵澄译,商务印书馆,1939,第254页。

而构成自己的思想体系。尼采也像很多处于没落期的资产阶级思想家一样，往往是从强调个性出发而走到扼杀个性、从承认人性出发而走到泯灭人性的地步的。他们越来越把个性解放的思想与资产阶级狭隘的阶级利益结合起来，成为以扼杀广大人民群众的个性发展、论证少数统治者为所欲为合理性的一种虚伪理论。鲁迅在不了解尼采学说的反动阶级实质的情况下，提取了其中承认人的个性发展的有益部分，并把尼采的意志论具体转化为先觉者发扬个性、张大人格的个性解放的内容，形成了自己的个性主义思想。我认为，这也是不难理解的。

　　鲁迅的个性主义思想是在尼采等人的思想影响下形成的，但并不等于等同于尼采的个性主义。二者的根本对立在于：尼采所宣扬的超人的个性发展是以牺牲多数人的利益为代价的，鲁迅所主张的先觉者的个性解放则是代表广大群众根本利益的。尼采说："这是有道德么，一个细胞化为另一个较强的细胞之功用，它必定这样。这是恶么，较强的细胞同化这一个，它也必定这样，这么于它为必需，因为它求丰裕的补充，且自求新生。"①这样，他便为超人统治末人、强者吞噬弱者、上等人压迫下等人、奴隶主奴役奴隶、侵略者征服被侵略者提供了理论的根据。对此，鲁迅是绝对不能接受的。他锐敏地感到"尼佉欲自强，而并颂强者"（鲁迅：《坟·摩罗诗力说》）的个性主义思想于自己的目的性是不相吻合的，于是，他在提倡个性解放的同时，又用人道主义思想制约和补充着自己的个性主义思想。在《摩罗诗力说》和《破恶声论》中，他都把个性主义与人道主义紧密结合起来，使二者相互制约、彼此补充。这样，他的个性主义便与广大群众的解放和人民的利益结合起来，他所提倡的先觉者个人也只能是能为群众的根本利益而奋斗的人，是敢于与统治者斗争的战士。可以认为，鲁迅的个性主义思想实际上是头脚倒置了的尼采的个性主义。

　　关于尼采作品对鲁迅早期思想的影响，我认为应当这样认识：这种影响作用在当时是显著的，鲁迅曾在其中接受了一些不良的思想因素，但在总体上，它客观上起到了促进鲁迅思想发展的作用，基本上不表现

---

　　①尼采：《快乐的知识》，梵澄译，商务印书馆，1939，第100页。

为阻碍鲁迅前进的力量。

尼采与鲁迅"五四"前后的思想

有的同志认为，五四时期的鲁迅对尼采的批判增多了、加强了。我不同意这种看法。我认为，鲁迅这时对尼采的评价与早期是一致的，反而对他的赞扬更加热情了。就在这时，他亲自翻译了尼采的《查拉图斯特拉如是说》的序言，称尼采是"大呼猛进，将碍脚的旧轨道不论整条或碎片，一扫而空"的"轨道破坏者"（鲁迅：《坟·再论雷峰塔的倒掉》），赞扬他是"近来偶像破坏的大人物"（鲁迅：《热风·随感录四十六》），并说"中国很少这一类人"（鲁迅：《坟·再论雷峰塔的倒掉》）。

为什么思想发展了的鲁迅反而对尼采的赞扬更热情了呢？这一方面由于对一个学说的总体性认识未必会同他思想的每一个前进步调相协调，另一方面则因为这时鲁迅运用尼采著作的范围不但没有缩小，反而更加扩大了。

五四新文化运动是一个彻底反封建主义的运动，它的彻底性的一个最主要表现便是它的批判锋芒已经深入到了中国封建意识形态的最基础部分——伦理道德观念的领域中去了。陈独秀在当时提出："自西洋文明输入吾国，最初促吾人之觉悟者为学术，相形见绌，举国所知矣；其次为政治，年来政象所证明，已有不克守缺抱残之势。继今以往，国人所怀疑莫决者，当为伦理问题。此而不能觉悟，则前之所谓觉悟者，非彻底之觉悟，盖犹在惝恍迷离之境。吾敢断言曰，伦理的觉悟，为吾人最后觉悟之最后觉悟。"[①]鲁迅五四时期最主要的战斗功绩，也便是他对封建儒学道德的坚决彻底的、深刻透辟的揭露和批判。而尼采，便是以传统伦理道德观念的猛烈抨击者的面目出现的，他的这一有别于其他西欧思想家的显著特点，不会不引起进行反封建传统道德观念斗争的鲁迅的重视。

对于尼采攻击传统道德，我们必须有分析地予以对待。要了解它的

[①] 陈独秀：《吾人最后之觉悟》，载《五四运动文选》，三联出版社，1979，第17页。

实质，我们不能从尼采本人的主观愿望出发，而应当主要从德国资产阶级在德国社会中的具体处境出发。德国是一个后起的资本主义国家，封建势力在相当长的一个历史时期中保持着相当大的权力和影响。德国资产阶级处于左有无产阶级、右有封建势力的尴尬处境和进退维谷的局面中，在政治上是软弱的，在行动上是动摇的，在思想上也表现出平庸无为的犬儒主义倾向。德国资产阶级的这种困境，以特有的形式在尼采学说中被曲折地反映了出来。假若说叔本华的悲观主义哲学反映了德国自由资产阶级的沮丧心情，那么，尼采学说则主要反映了当时少数垄断资产阶级力图摆脱这种处境的强烈愿望和疯狂热情。尼采从资产阶级的长远利益和根本利益出发，近乎疯狂地诅咒封建道德对资产阶级的束缚，但在同时，他又把工人阶级和广大群众要求平等、渴望自由的进步要求与封建传统观念放在一起加以攻击。他提出"重新估价一切"的口号，他声称要"将价值重新估定：这便是我以为人类最高的自我意志的表现方式。我的期望，成为第一个正大的人，知道着千百年来的谎骗……"[①]，他要把"一切旧社会的威权，皆轰炸到空中去"[②]，"要推翻一切旧的界碑和老的虔敬"[③]。基督教所宣扬的一切：平等、情爱、道德、善良、中庸、和平、同情、怜悯、克制、服从、禁欲、阴柔主义、犬儒主义等等，等等，他一概予以不遗余力地攻击，他把教会称为"最虚伪的一类"[④]，大声疾呼"要战胜上帝的影象"。但在这一切中，他又把无产阶级和广大群众要求自由、平等的进步要求杂糅进去，一并投以恶毒的谩骂和诅咒。可以说，他之攻击基督教伦理道德，是真诚的，这是德国资产阶级力求自身发展的需要；同时，他之攻击社会主义和共产主义学说，也是真诚的，这反映了德国资产阶级对工人阶级的极端恐惧心理和刻骨的阶级仇恨。他对封建道德确实说出了不少正确乃至深刻的话，对无产阶级和广大人民群众也发出了很多诽谤中伤的毒箭。

---

①②分别见《尼采自传》，第185、186页。
③尼采：《快乐的知识》，梵澄译，商务印书馆，1939，第7页。
④尼采：《查拉图斯特拉如是说》，高寒译，文通书局，1949，第152页。

尼采与鲁迅的前期思想

尼采反传统道德的双重性，没有也不可能在鲁迅身上反映出来。鲁迅举起反传统道德的旗帜时，在中国占统治地位的是封建儒学道德，他的破坏旧轨道，就是破坏一切封建的旧思想、旧道德、旧文化。在这里，鲁迅和尼采的关系也表现在两个方面：一、鲁迅在尼采作品的影响下加强了自己对封建儒学道德的攻击并深化了对它的理论认识，这是尼采作品对鲁迅影响的一面；二、鲁迅在运用尼采反传统道德的形式和部分内容时，全部用于对反动封建传统的揭露，并不像尼采一样否定一切传统观念，其中也包括革命的、进步的学说。这是鲁迅的反传统与尼采的反传统在本质上截然不同的一面。

此外还应当说明，五四时期鲁迅反封建传统之受尼采的影响与早期的个性主义思想之受尼采的影响，在程度和内容上都有很大不同。鲁迅早期的个性主义，在很大程度上主要是在尼采及其相类的西欧思想家的作品影响下形成的，鲁迅五四时期的反传统道德的斗争却决不能这样说。他这时的反封建传统，一方面是早期历史发展观、个性主义和人道主义思想发展的必然结果，是鲁迅对中国社会现实认识进一步深化的结果，同时也受到五四新文化运动倡导者陈独秀等人的影响。尼采的影响仅仅在于，他对传统道德的攻击对鲁迅认识中国儒学道德有一定的启发作用，他的否定社会伦理的虚假彻底性也一度成为鲁迅借以号召这种斗争所标示的范例。至于抨击的主要内容，二者也有很多相契合的地方，但鲁迅主要是从分析儒学道德的实际内容所确定的。

尼采与鲁迅前期思想的关系还表现在这个时期鲁迅的个性主义思想的性质、作用和变化上。为了说明这个问题，我们必须首先弄清这时鲁迅有没有个性主义思想，若有，它在鲁迅这时的思想中占有一个什么位置、起到什么作用、发生了什么变化。

在鲁迅前期思想的研究中，同志们曾经总结了他的各个方面的观点，但其中哪些是它的基础部分呢？首先，在他的世界观没有发生根本的转变之前，马克思主义及其阶级论不能看作他的主导思想；其次，鲁迅不是一个哲学家，我们可以从哲学观点的角度考察他的世界观，但不能以此概括他的思想主体，只用自然观的唯物主义难以全面研究社会思想家的鲁迅，只用历史唯心主义无法充分估价鲁迅前期思想的独特贡献和伟大功绩；我认为，要确定鲁迅前期思想的基础内容，必须结合他的主要历史使命和主要战斗业绩。他当时的主要战斗任务是彻底地、不妥协地反对封建思想，代表中国封建传统思想的是儒家学说，这个学说的核心内容是关于人与人关系的一整套礼教制度和伦理观念。鲁迅用以和它相对立的思想观点，便应当看作他前期思想的基本要素。根据这种认识，我认为鲁迅前期思想的基础由三个主要部分组成：一、社会发展观；二、人道主义；三、个性主义。他用第一点批判旧伦理观念的落后性、保守性和反动性，论证了摆脱旧思想、摧毁旧制度、建立新思想新道德新制度的合理性；他用第二点抨击封建等级制度，揭露封建道德的残酷性和"吃人"本质；他用第三点集中揭露旧道德的虚伪性，号召人们解放个性、独立思考、做到"敢说，敢笑，敢哭，敢怒，敢骂，敢打"（鲁迅：《华盖集·忽然想到（五）》），"乐则大笑，悲则大叫，愤则大骂"（鲁迅：《华盖集·题记》）。第一点是他号召思想革命、摧毁封建传统观念的理论根据，第二、三点则是他用以与旧道德对立的新道德。当然，这三点并不反映鲁迅前期思想的最高度，却是其主要的组成部分和最基本的东西。鲁迅在五四时期之后还说："其实，我的意见原也一时不容易了然，因为其中本含有许多矛盾，教我自己说，或者是人道主义与个人主义这两种思想的消长起伏罢。"（鲁迅：《两地书（24）》。）在给许广平的另一封信中，又曾谈到他对将来教育和社会的希望，说："要适如其分，发展各各的个性，这时候还未到来，也料不定将来究竟可有这样的时候。"（鲁迅：《两地书（4）》）总之，我认为个性主义是贯穿鲁迅前期思想始终的东西，是他赖以反对封建思想的一个重要武器和与之相对立的新的伦理观念，把它从鲁迅前期思想中驱除出去的说法是不适当的，低估它的进步作用也是不应该的。

　　鲁迅前期的个性主义思想，在总体性特征上仍然基本承袭着早期个性主义思想的特色。也就是说，它仍然带有尼采作品影响的色彩。鲁迅的个性解放思想，始终不主要表现为"情"的自由抒发和"欲"的热烈追求，他并不否定这些东西，也肯定它们的积极意义，但他自己却始终把"意力"的充分发挥放在首位。他强调坚韧的斗争精神，歌颂敢于独战多数的精神战士。这是他的个性解放思想有别于周作人、郁达夫、冯

尼采与鲁迅的前期思想

沅君、汪静之乃至郭沫若等人的一个主要特征。这当然主要取决于他的坚毅革命精神，但同时也不能否认，这与尼采作品的某些格调也是有着一定联系的。尼采在其唯权力意志论的基础上，着重宣扬斗争性和好战性。他自称"我的脾气是好斗的。本性喜欢攻击，成仇，能够成仇，——必以一强毅之天性为前提，无论怎样，必是在任何强毅人格中具备着的"①。"我的思索法要求战斗的灵魂，使人痛楚的意念，高兴说'否'的脾气，而且要求坚韧的皮肤。"②尽管鲁迅和尼采的所谓"意力发挥""斗争性"的本质内容不同，但二者在特征上分明留有明显的联系痕迹。

在"五四"前后，鲁迅的个性主义思想同时又受到多种思想因素的掣动和同化，使其沿着与尼采的个人主义理论相反的方向迅速地发展着。这时，除了像留日时期一样，继续接受着人道主义思想的限制与改造外，还被各种新的思想因素制约着。我们可以归纳为下列几点：

一、全部剔除了尼采反民主思想毒素的影响。在早期，鲁迅还曾指责政治经济上的"荡无高卑"、反对议会民主制度。这时，他在小说《药》里，让夏瑜喊出了"这大清的天下是我们大家的"；在《灯下漫笔》等文章中，深刻批判了"有贵贱，有大小，有上下"的封建等级制度。对民主共和的国家政治制度，他的看法也有了改变。他在致宋崇义的信中说："中国学共和不像，谈者多以为共和于中国不宜；其实以前之专制，何尝相宜？专制之时，亦无忠臣，亦非强国也。"③

二、历史唯物主义思想因素的增加，逐步克服着尼采唯心主义哲学的思想影响。在《娜拉走后怎样》中，他强调了经济权的重要，这与他早期笼统反对物质主义显然很不相同。

三、鲁迅个性主义思想的阶级性质逐步明确化。对于广大群众，它具体表现为要求他们消除奴性、摆脱无知，明确意识到自身的根本利益；对于先觉者，仍然表现为要求他们坚持"独异"，敢于斗争；对于反动统

---

① 《尼采自传》，第19页。
② 尼采：《快乐的知识》，梵澄译，商务印书馆，1939，第32页。
③ 鲁迅：《致宋崇义，一九二〇年五月四日》，载《鲁迅书信集》（上），人民文学出版社，1976，第29页。

治者，则表现为对他们虚伪面目的揭露。这反映了鲁迅前期素朴阶级观点对个性主义的改造运用，逐渐消除着它的抽象性和笼统性。

四、初步意识到先觉者个人的产生有赖于群众的哺育。《未有天才之前》集中表达了这种思想，虽然它的着眼点仍在"先觉者"和"天才"，但较之单纯强调个人独异于群众，毕竟更趋进了对个人与群众辩证关系的全面理解。

以上这些改造，使得鲁迅这时的个性主义思想与尼采的个性主义在阶级本质上的对立更尖锐了，但是，这些改造仍然还是零碎的、片段的，仍然未足以导致它的解体和思想新质的产生。

综合以上两节的意思，我认为：在"五四"前后，尼采对鲁迅思想影响在面上扩大了，因为鲁迅进一步利用了尼采反对传统伦理道德的内容。与此同时，二者联系的紧密性程度却较前松弛了，鲁迅没有再像早期那样较为直接地把尼采作品的某些论述转化为自己的思想因素，他的个性主义思想也继续沿着与尼采学说不同的方向向前移动。在具体的影响作用上，它依然没有成为足以阻碍鲁迅思想发展的消极因素，并暂时表现为一种促进的力量。

五四新文化运动退潮之后，鲁迅进入了彷徨期。在这一时期，正像他的作品呈现着极为复杂的情况一样，尼采对他的思想影响也出现了似乎矛盾的状况。

从表面看来，这时尼采对鲁迅思想的影响仿佛突然显豁起来，鲁迅的个性主义思想也仿佛大大膨胀起来，尤其是在散文诗集《野草》的一些篇章里，从内容到形式都明显地留有尼采作品的印记。

> 我的朋友，逃到你的孤寂里去罢：我见你头脚被毒蝇毒螫遍了。逃到飙风猛吹着的地方去罢！
> 逃到你的孤寂里去！你曾经和小人和可鄙者住得太接近了。逃离了他们的冷刀和暗箭！对于你他们除了复仇之外没有别的。
> ……
> 他们无顾忌地要得到你的血液；他们的无血的灵魂渴求着血液，——因此他们无顾忌地刺吸。

尼采与鲁迅的前期思想

> 但你太过于深沉的人,即使从轻微的创伤也感到了深的痛楚;并且你的创痛还未复原,同样毒虫又爬到你的手上。

这是尼采《查拉图斯特拉如是说》中的话。①

假若不计其中的具体阶级内容,我们用这些话解释鲁迅《野草》中的某些感情情绪是多么贴切呀!鲁迅感到深沉的孤寂,他像《颓败线的颤动》中那个被侮辱了的老妇一样,坚强而又苦痛地屹立于无边的荒野,尼采所说的"毒蝇"等"虫豸们",在《死后》一文中也在舐吮着他死后的灵魂,在《复仇》其一和其二中,他表达了自己对愚昧群众的愤懑情绪。尼采说:"但乞丐们应当完全拒绝!真的,人给他们也是苦恼,不给他们也是苦恼。"(尼采:《查拉图斯特拉如是说》)鲁迅在《求乞者》中也说:"我不布施,我无布施心,我但居布施者之上,给予烦腻,疑心,憎恶。"

但我认为,以上这一切都只是表面现象,实际上,在这个时期尼采对鲁迅思想的影响极大地缩小了。它的根本标志是:鲁迅此时再也没有在尼采著作中吸取任何新的思想因素,原有的个性主义思想也开始经历着根本的危机。

鲁迅自己曾说,他在写作《彷徨》的时候,"还有一点读过尼采的《Zarathustra》的余波"(鲁迅:《三闲集·我和〈语丝〉的始终》)。我们可以从两方面进行理解:一、他那时已不太喜欢尼采了;二、还残留着尼采的一些思想影响。

在这个时期,五四新文化运动退潮了,中国历史发生了深刻的变化:它已由主要进行思想革命的阶段发展到了政治大革命的阶段,鲁迅也从"五四"前后的一般的文明批评和社会批评逐渐转入与北洋军阀及其附庸文人的实际斗争,并与学生运动相结合,侧身于具体政治斗争的行列。在中国历史和他的实际斗争要求他在更加广阔的幅度里观察问题和解决问题时,个性主义不但于他变得不足,而且逐步转化成了阻碍他继续前

---

① 尼采:《查拉图斯特拉如是说》,高寒译,文通书局,1949,第40、41、88页。

进的消极思想因素。

在这时，我们有必要分析一下鲁迅在个性主义思想指导下产生的对中国革命问题的总看法。

在致宋崇义的信中，鲁迅说：

> 要之，中国一切旧物，无论如何，定必崩溃；倘能采用新说，助其变迁，则改革较有秩序，其祸必不如天然崩溃之烈。
>
> ……将来之乱，亦仍是中国式之乱，非俄国式之乱也。而中国式之乱，能否较善于他式，则非浅见之所能测矣。[①]

在致许广平的信中说：

> 所以此后最要紧的是改革国民性，否则，无论是专制，是共和，是什么什么，招牌虽换，货色照旧，全不行的。
>
> （鲁迅：《两地书（8）》）

在致徐旭生的信中说：

> 我想，现在的办法，首先还得用那几年以前《新青年》上已经说过的"思想革命"。还是这一句话，虽然未免可悲，但我认为除此没有别的办法。而且还是准备"思想革命"的战士，和目下的社会无关。待到战士养成了，于是再决胜负。
>
> （鲁迅：《华盖集·通讯》）

这种思想革命的战士从哪里产生呢？

> 我想，现在没奈何，也只好从智识阶级……一面先行设法，民

[①] 鲁迅：《致宋崇义，一九二〇年五月四日》，《鲁迅书信集》（上），第29页。

尼采与鲁迅的前期思想

众俟将来再谈。

（鲁迅：《华盖集·通讯》）

在知识分子中，则首先要有个性解放，不同流俗的先觉者个人：

"个人的自大"，就是独异，是对庸众宣战。除精神病学上的夸大狂外，这种自大的人，大抵有几分天才，——照 Nordau 等说，也可说就是几分狂气。他们必定自己觉得思想见识高出庸众之上，又为庸众所不懂，所以愤世嫉俗，渐渐变成厌世家，或"国民之敌"。但一切新思想，多从他们出来，政治上宗教上道德上的改革，也从他们发端。

（鲁迅：《热风·随感录三十八》）

综合鲁迅的这些意思，可以看出他当时对中国革命的一个总体性认识。他认为中国必然会发生政治革命，但必须首先改革国民性，其方法是思想革命。在思想革命中，发其端者为思想见识高出庸众的先觉者个人，然后是智识阶级，最后才是群众的普遍觉悟。

假若我们不从中国革命的整体发展，而仅仅从鲁迅此前所重视的反封建的思想革命的角度来看待鲁迅当时的思想的话，我主观认为，他的由个人到知识分子再到全民性思想改造的认识并没有根本性的错误。在思想启蒙中，首先与传统观念实行决裂的当然是少数先觉者个人，而在中国社会生产力发展尚处于相当落后的状况时，较先认识到封建思想的弊害而觉悟起来的，又是在外国先进思潮影响下的左翼小资产阶级知识阶层，这些也已经被中国思想革命的具体实践所证明。占全国人口最大多数的农民，只有在社会生产力的充分发展、封建经济关系彻底瓦解、小生产经济的基本结束之后，才有可能摆脱封建思想的最终束缚。但是，马克思主义的一个基本原理就是："物质生活的生产方式制约着整个社会生活、政治生活和精神生活的过程。不是人们的意识决定人们的存在，相反，是人们的社会存在决定人们的意识。"①鲁迅当时世界观的根本缺陷在于，他没能从社会生产力的发展、没有从物质生产的发展过程来考察中国的思想革命，当中国社会的发展客观上处于中心进行思想革命的历史阶段时，他的世界观的缺陷还没有充分暴露出来，他的个性主义思想不但没有成为阻碍他战斗的消极力量，反而支持着他进行着坚强的反封建思想斗争。但在中国的具体历史条件下，根本不可能像鲁迅所设想的那样，首先有一个彻底的全民性的思想革命，而后再进行政治革命。不用政治革命的手段摧毁生产力发展的桎梏，中国的彻底的社会思想革命便不可能得到实现。所以，当五四思想革命为中国的政治革命准备了初步的思想和干部的条件后，全国便迅速进入了以政治革命为中心的历史时期。在这时，历史要求鲁迅必须调整他对思想革命和政治革命关系的认识，面对这一任务，他的个性主义思想不但是无能为力的，而且已经转化为消极的思想因素。因为一当脱离开单纯的思想启蒙的有限领域，他的以个人为本位的个性主义便整个地转化为本末倒置的谬误的东西了。总之，在尼采作品影响下最初形成的个性主义思想基础，在这时终于成了束缚鲁迅思想继续前进的桎梏。与尼采学说实现坚决的、彻底的根本决裂，已经历史地摆在了鲁迅的面前。

鲁迅的伟大之处在于，任何一种思想因素一旦变成了阻碍他前进的力量，他便会以极大的毅力去克服它。鲁迅实现思想的根本转变的过程，一个很重要的内容便是抛弃个性主义、树立历史唯物主义世界观的过程。其外在表现是：一、他逐渐深刻地感受到单纯思想革命的无力并逐渐把对旧社会的武器的批判放在了思想批判的前面；二、他逐渐把自己关注的重心从知识分子移向了工农群众，并终于认识到唯有无产阶级才有将来。

以上我们较详细地分析了鲁迅前期思想和尼采作品的关系。从中我们可以看到，尽管鲁迅在较长的一段时期对尼采的反动本质没有清醒的整体性认识，错误地喜爱、赞扬和评价过他的作品，但他始终为解决中国的实际革命问题而决定自己的取舍，因而尼采学说不但没有绊住他前

---

① 马克思：《〈政治经济学批判〉序言》，载《马克思恩格斯选集》第2卷，第82页。

尼采与鲁迅的前期思想

进的脚步，反而从中汲取了有利自己思想发展的某些因素，经过改造成了有利于自己战斗的思想武器。在汲取过程中，他也曾咽下过一些有毒的东西，但他随时根据斗争的需要剔除着它们。而当从尼采作品中汲取的东西在总体上已不符合革命斗争的要求了的时候，他则坚决抛弃了它，更勇毅地向新的思想高峰挺进了。

鲁迅说：吃用牛羊，"决不会因此就会'类乎'牛羊的"（鲁迅：《且介亭杂文·论"旧形式的采用"》），鲁迅和尼采的关系进一步表明：吃用虎狼，也决不会因此而'类乎'虎狼的。

原载《文学评论丛刊》1983年第17辑

弗·伊·谢曼诺夫和他的鲁迅研究

对于我国鲁迅研究界，乃至整个文学研究界，弗·伊·谢曼诺夫已经不是一个十分陌生的名字了。《文学评论》《中国现代文学研究丛刊》《鲁迅研究》《鲁迅研究动态》《鲁迅研究年刊》《芙蓉》《啄木鸟》等文学或文学研究杂志，都曾译载过他的研究文章或发表过介绍他的研究成果的文字，他的作品还曾译载在像《国外鲁迅研究论文集》这样的书籍中，在中国鲁迅研究工作者的著作或论文里，他的作品也曾不止一次地被引用过。

弗·伊·谢曼诺夫于1933年生于列宁格勒，1955年毕业于列宁格勒大学远东语言文学系汉语专业，同年到莫斯科苏联科学院世界文学研究所当研究生，1957年至1958年来我国中国科学院文学研究所和北京大学中文系进修，回国后任苏联科学院世界文学研究所副研究员，1967年至1973年担任该所亚非文学组组长，1973年始任莫斯科大学亚非学院教授至今。

像多数外国汉学家一样，弗·伊·谢曼诺夫的研究范围并不局限在中国文学的某一个历史时期，在他迄今出版的四本书和一百余篇研究论文之中，几乎涉及中国古代、近代、现代、当代各个历史时期的诗歌、散文、小说、戏剧等各种体裁的文学作品。他出版的四本书是：

《鲁迅及其先驱者》莫斯科1967年版

《中国章回小说的演变》莫斯科1970年版
《慈禧太后掠影》莫斯科1976、1977年版
《鲁迅作品的特点及世界鲁迅学》新加坡1977年中文版

他翻译的中国文学作品主要有：《艾芜短篇小说集》、刘鹗的《老残游记》、曾朴的《孽海花》、苏曼殊的《断鸿零雁记》、老舍的《猫城记》《赵子曰》和《牛天赐传》、陈森的《稀有作家庄重别传》、古华的《芙蓉镇》，此外，他还与Б·А·斯米尔诺夫和М·Е·施乃德合译了吴强的《红日》。

他的大量研究文章我们不能一一列举了，不过，我们可以举出一些具有特色的文章篇名，可以说，像这类论题，很多是中国文学研究工作者应作、可作而未作或忽略了作的题目。如：《东方文学中的"近代时期"问题》《论"世界文学史"结构的不同方案》《19世纪末20世纪初的中国小说理论》《中国的侠义小说（14至16世纪）及其对中国新文学形成的作用》《文学联系对19世纪末20世纪初中国小说发展的作用》《19世纪末20世纪初中国的外国文学》《19世纪末20世纪初中国的日本小说》《辛亥革命时期的文学》《中国小说中外国题材的出现》《19世纪中国惊险小说的特性》《东方文学的区域问题》《从世界文学史的角度来阐释东方文学的问题》《中国的启蒙文学问题》《论中国长篇小说里的"游记"体裁》《论考察亚非文学中使用共同原则的可能性》《中国长篇小说的演变》《曾朴的创作和中国文学里艺术方法的形成》《论东方的浪漫主义问题》《中国文学中的欧化方法溯源》《论20世纪的中国诗歌》《中国古典长中篇小说的蒙文译本》《中国诗人心目中的日本风光》《中国短篇小说的产生》……对于这些题目，弗·伊·谢曼诺夫未必都已做得很充分，但说明他的思维空间是比较开阔的，而这种思维空间的开阔性和思维的灵活性，往往是一个研究者能否找到发挥自己研究才能的最有利的课题的前提条件。我认为，弗·伊·谢曼诺夫的成功与此是息息相关的。

弗·伊·谢曼诺夫的研究视野非常广阔，但其中还是有脉络可寻的。我认为，在各种体裁的文学作品中，他的兴趣似乎主要集中在中国小说史的研究上；在中国各个历史时期的文学中，中国近代文学研究及其作

品的翻译、鲁迅研究、中国当代文学作品的翻译和介绍，似乎是他的汉学研究的三个重心；在研究方法上，他显然特别重视中国文学自身发展的纵向历史流程和中国近现代文学与世界文学的横向世界联系，并且特别重视在纵、横这两种文学联系中把握中国文学的独特性。这样，比较研究，包括纵向的历史比较、横向的平行研究和影响研究，便成了他主要的研究方法。

国外的鲁迅研究，至少从现有状况而言，最为繁荣且成果卓著者，当然要首推日本，但其次大概就要是苏联了。从我们最早熟知的《阿Q正传》俄文译者瓦西里耶夫（王希礼）到费德林、罗果夫、艾德林、索罗金、波兹德涅耶娃、彼得洛夫等许多苏联学者，在鲁迅作品的翻译、介绍、研究上都做出了很大贡献。弗·伊·谢曼诺夫之能够在这许多苏联鲁迅研究学者中保持自己的独立地位，并赢得了广泛的世界声誉，是与他的《鲁迅及其先驱者》一书分不开的。该书于1967年出版之后，立即受到了苏联汉学家的重视，艾德林担任了该书的编辑并给予了高度的评价，说它是第一个研究这个专门课题的著作，是以对有关作品的"不辞劳苦的分析"为基础的，翌年另一位著名苏联汉学家索罗金也在《亚非民族》上发表书评，给予了高度评价。1980年，美国学者查尔斯·艾勃将该书译为英文，一部苏联的鲁迅研究著作，在尚未出版中文译本之前，早已被译为另一种外国文字，固然说明由于极"左"思潮的干扰，我国鲁迅研究工作受到损害，同时也足以证明该书的价值和意义。作为一个中国的鲁迅作品的初学者，我是在1979年初读此书的，它对我的硕士学位论文《鲁迅前期小说与俄罗斯文学》的影响十分明显，这种影响也波及我的博士学位论文《中国反封建思想革命的一面镜子：〈呐喊〉〈彷徨〉综论》。在这两本书中，我都引用过它的论述。但这并不说明，我对弗·伊·谢曼诺夫这部著作没有不尽相同的看法。下面，我主要就这部著作，谈一谈弗·伊·谢曼诺夫的鲁迅研究，并以个人的身份，提出一些与之商榷的意见。

《鲁迅及其先驱者》一书的写作，实际应从弗·伊·谢曼诺夫首次来华进修（1957年3月到1958年4月）算起，他当时的目的是研究中国近代文学，正像他为本书写的《作者的话》中所说："离开鲁迅，离开他的

《中国小说史略》和《中国小说的历史的变迁》,离开他的大量有关论述和文艺创作,要深刻理解晚清文学是根本不可能的。"这样,他便首先从观念上,从整体的认识上,把中国近代文学同鲁迅联系在了一起,并且不仅仅是在时间先后继起的意义上,而是在文学历史连续流动的意义上,亦即在二者的本质联系的意义上,把两个彼此独立存在的文学现象纳入了自己的一个统一的思想框架。在这里特别重要的是,弗·伊·谢曼诺夫不仅注意到了鲁迅对晚清文学的评论文字,更注意到了他的文艺创作。这也就是说,他同时在中国近代文学中看到了鲁迅的模模糊糊的面影,也在鲁迅身上发现了中国近代文学的不甚分明的面影,在他的思维形式中,二者再也不是彼此绝对分离的东西,而成了一个有着千丝万缕联系的统一体。我认为,这就是比较思维的开始,也是比较文学产生的前提条件。换言之,比较文学首先产生于由研究者的思维活动,通过纵向的或横向的、外部的或内部的、有形的或无形的联系,把两个或两个以上的作家、作品或文学现象,在暂时排除了它们之间客观存在的时空距离之后,重新组织在一个统一的思想框架中的时候。在这里,某种性质的联系是重要的,因为只有有了这种联系,研究者才能在特定的思维程序中由一个联想到另一个,或由这种特定联系而同时联想到这两个或两个以上的事物,并将其在思维活动中组织在一起,使它们取得了可比性。但是,任何两个事物间的联系都是无限复杂的,有着多种层面、多种侧面的多种联系,而研究者,却只能意识到并利用其中一种或几种联系,而这种联系,不论其在重点比较"同"或重点比较"异"的比较文学研究中,都内在地制约着研究者的比较空间和比较方向。我认为,了解这一点是相当重要的,因为它可以帮助我们了解一部比较文学论著能够在哪些方面做出自己的独立贡献,又在哪些方面不可能不具有自己的局限性。

在晚清文学与鲁迅之间,弗·伊·谢曼诺夫赖以将它们组合起来的主要联系是什么呢?显而易见,是彼此连续的历史流程和没有间断的时间链条。在中国文学自身的流动中,是由于晚清文学的流动涌现出了鲁迅的作品,而鲁迅作品则是晚清文学历史发展的结果,它们在时间上前后相接,并没有一个断裂层,就鲁迅的一生和晚清文学的存在全过程而言，二者既相叠合又有交错。这样，晚清文学和鲁迅便被组织在了从19世纪末到20世纪二三十年代这样一个纵向流的统一时间流动之中了。在这个时间流中，前者是后者的前提和基础，是孕育它的文学子宫，后者则是前者的产物，它从孕育它的文学子宫中产生出来，取得了自己的独立性，但它到底曾经在这样一个子宫中被孕育过，不能不带有孕育过它的事物的一些特征。我们必须承认，弗·伊·谢曼诺夫发现的这种历史联系是客观存在的、真实可靠的，这决定了他选择的这个论题的基本意义和主要价值。他从中国回国之后，即写了题为《19至20世纪初的中国文学与鲁迅》的硕士学位论文，并于1962年通过了学位论文答辩。此后，他又在这个论题上做了大量工作，写成了《鲁迅及其先驱者》一书。不论就其广度和深度，前者当然不能与后者相比，但有一点则是贯穿始终的，即他赖以进行比较的基础，仍是上述的历史联系。

　　《鲁迅及其先驱者》的价值和意义首先在于，在此之前，包括中国的鲁迅研究工作者在内，还从来没有人如此细致、如此全面地论述过鲁迅与晚清文学的文学联系。我们不能不承认弗·伊·谢曼诺夫以论战性的语调对此前的鲁迅研究，其中主要是对中国的鲁迅研究界提出的尖锐批评。他指出在他之前，人们对这样一个论题是不重视的，有限的一些关于鲁迅与晚清思想家、文学家的关系的文章都带有浮面的、粗糙的性质，甚至对我国文学界的泰斗郭沫若的《鲁迅与王国维》一文也做了毫不容情的指责，认为他选取了一个基本没有价值的角度，进行的是一些浮面的事实类比……在下文，我还要为中国鲁迅研究界做有限的辩解，但在此之前，我们还应承认弗·伊·谢曼诺夫确实不无道理地批评了忽视鲁迅与晚清文学历史联系的研究状况。那么，在我们各自努力发掘着鲁迅研究的各种潜能的时候，为什么对这么一个显而易见的论题没有引起我们更大的注意力呢？这绝不意味着中国的鲁迅研究工作者对晚清文学的了解更少，对晚清文学与鲁迅先后继起的历史事实没有明确的意识，而在于内在的意识障碍。我们知道，从20年代末到70年代中期，是我国逐渐发展着把对立斗争绝对化的社会思潮的历史时期，对立斗争是客观存在的，但对立的双方和斗争的诸方还有没有一致性的联系？"一分为二"之后的"二"是不是已经断绝了一切关系？还有没有共同的特征？这种根本的哲学问题，不能不影响到我们的文学思想和文学研究。实际上，马克思主义的辩证法告诉我们的应当是，越是直接对立的东西，越是有着不可分割的内在联系，越是有着赖以存在在一个统一体中的不能没有的一致性特征。当新的事物通过旧事物的方式从旧事物中诞生出来之后，绝非抛弃了旧事物的一切特质，而只是改变了它的主要性质。作为革新家的鲁迅，分明是在对他的直接先驱者的反叛中站立起来的，没有这种反叛便没有新文学，便没有鲁迅的独立文学地位，但这种反叛不是简单抛弃，不是在任何方面的绝对对立，所以二者之间的联系依然是深刻的、千丝万缕的，这种联系并不比鲁迅与同为反封建文学作家薄伽丘、拉伯雷或无产阶级文学家巴比塞、阿拉贡等人的联系来得松散。显而易见，在同即是同、即是全同，异即是异、即是全异的观念下，是不可能有比较文学的，是不可能有稍为细致、深入的比较研究的。我认为，这应是我们忽略了弗·伊·谢曼诺夫所注重这一比较研究论题的根本原因，而当时与世隔绝的封闭状况，对世界比较文学发展状况的隔膜，因此造成的比较观念的薄弱，尚是次要的原因之一。对于弗·伊·谢曼诺夫在《鲁迅及其先驱者》所得出的具体结论，有他的原书在，我们就不一一评述了。每一个读者都会看到，他在这方面做得细致而刻苦的分析，尽管我们未必全都赞同，但其价值是不容置疑的，它填补了鲁迅研究中的一项空白，至少在该书之前，没有任何论著把鲁迅与晚清文学的联系论证得如此充分。

我们说《鲁迅及其先驱者》一书的主要功绩在于揭示了鲁迅与晚清文学的历史联系，并非说弗·伊·谢曼诺夫没有注重鲁迅的独立创造，恰恰相反，他用了整整一章的篇幅论述了这方面的内容。在不少方面，这一章是很有特色的，提出了很多此前我们较少注意到的问题。在这里，我想附带说明比较文学中的另一个问题，即异同比较的关系问题。我认为，在比较研究中，不论我们注重于同，还是注重于异（这是与作者所处的文化环境及具体写作目的有关的），二者都总是同时并进的。不论只见其同不见其异，还是只见其异不见其同的情况都是不存在的，我们越是更多、更细致地感受到二者的联系，也便越是更多、更细致地感受到二者的区别。反之亦然。弗·伊·谢曼诺夫当细致地考察了鲁迅与晚清文学的历史联系之后，才能更真切地发现鲁迅与它的不同，发现了他的独立意义和价值。

该书的具体优点还有很多，例如注重形式的研究，注重具体作品的分析，注重译文与原文的比较，严格的学术论辩态度等等，在此我们不可能一一谈到。

当我们充分研究了弗·伊·谢曼诺夫的比较视角的合理性之后，我们不妨再看一看它的局限性。

如前所述，弗·伊·谢曼诺夫是通过历史联系把清末文学与鲁迅联系在一起的。在这种联系中，鲁迅是清末民初文学发展的自然结果。我们曾经指出，这种联系是真实的、合理的，但是它的真实程度和合理程度到底达到了多大高度呢？是否是绝对的真实、绝对的合理呢？我认为，历史从一个方面而言，就其客观存在而言，是纵向流动的一股流，这是毋庸讳言的，但到了一个作家面前，到了一个人的观念中，历史则常常不仅仅是纵向发展的过程，同时还是一个横向陈列的平面。人的历史，不像一棵树的生长。对于一棵树，一个枝条只能从分出它的干上伸展出来，原有的种子和树根只是它的远因，而不能构成它的直接原因。而对于一个作家，他此前的全部历史能够同时展现在他的面前，他能够更主动、更自由地进行自我选择。曹雪芹的《红楼梦》、鲁迅的《呐喊》、老舍的《骆驼祥子》、柳青的《创业史》、姚雪垠的《李自成》，从时间顺序而言，是纵向历史过程中的几个点，但一个当代作家从自己的书架上取下哪部或哪几部去读，则是不受时间顺序的制约的。也就是说，在一个作家面前，"直接先驱"的概念是清晰的、模糊的，能不能说刘心武的直接先驱是"文革"中的革命样板戏、革命样板戏的直接先驱是梅兰芳、马连良呢？似乎不能这样说。鲁迅与清末民初的文学关系没有这么单纯，但我们在把握二者的关系时却必须考虑进这种复杂的因素。

再者，文学的历史是发展的、前进的，但这必须仅仅在这样一个意义上来把握，即任何历史已有的作品，都不能代替后代的独立创造，从原则上，后人应该有更大的可能性创造出前代人所不可能创造出的更高的艺术成就，把文学艺术提高到一个新的历史水平。但是，这种文学的进化发展观，绝对不能用另外一种相似的观念来代替，绝对不能认为任何一个后代的文学现象都会比前一代的文学现象具有更高的文学成就，更不能认为任何一个后代的作家都比前一代作家更先进，成就更高。

严格说来，以上两个问题，弗·伊·谢曼诺夫还是有所注意的，他的严格的科学态度也相对抑制了它们的片面发展，但必须看到，甚至在他建立自己的比较研究的观念的时候，这两个问题已经内在地约束着他了。它们不能不在他的研究过程中表现出来，其中以全书第二章表现得最为突出。他不止一次地批评鲁迅对晚清文学的评价并不公正，尽管其中也有他所说的主客观原因，但归根到底，还是因为他自己失去了对晚清文学的正确把握。他说：

> 鲁迅不会看不到，就题材的多样性，就批判的尖锐性，谴责小说都超过了《红楼梦》和《儒林外史》，但其间已隔了一个半世纪，鲁迅理应对谴责小说提出比对《儒林外史》更高的要求。

每一个中国读者都会感到，这里的问题根本不是鲁迅对谴责小说提出了比对《红楼梦》《儒林外史》更高的要求的问题，而是它们根本没有达到《红楼梦》《儒林外史》的思想艺术水平的问题，是它们在"题材的多样性"和"批判的尖锐性"上远远不及《红楼梦》和《儒林外史》的问题。鲁迅说自从《红楼梦》出来，"传统的思想和写法都打破了"（《中国小说的历史的变迁》），这个评价，不仅指《红楼梦》与以前的文学的关系，而是说它与整个传统文学的关系，所以他说它"在中国底小说中实在是不可多得的"（同上）。而晚清谴责小说，则远不能说打破了"传统的思想和写法"，不论其思想性还是其艺术性，都远远不能与《红楼梦》相比。我认为，主要因为这种思想艺术把握标准的差异，产生了弗·伊·谢曼诺夫对晚清文学具体评价上的差异，这使弗·伊·谢曼诺夫在很多方面，再也无法深入到鲁迅论述的更深层本质中去，无法再在更本质的关系中理解它们的合理性。弗·伊·谢曼诺夫所说的限制鲁迅对晚清文学做出更高、更全面的评价的主客观原因是客观存在的，但这绝不意味着鲁迅的评价中就必然具有非科学的性质。在这里，我们可以举出下面一个例证，弗·伊·谢曼诺夫写道：

鲁迅绝对不是否定吴沃尧和李宝嘉对社会的批判，但他对谴责小说创作方法的严厉态度，却造成了对鲁迅认为谴责小说中所谓"谩骂"的贬低和否定。郑振铎就是如此，他认为20世纪初小说家的笑是"冷笑"，对他们所揭露的社会现象和人民的命运抱着冷漠旁观的态度。这与鲁迅的观点是矛盾的。他对自己的前辈是严峻的，但却绝对不是庸俗化的。

肯定鲁迅并不绝对否定谴责小说的社会揭露意义，这是对的，但这与郑振铎说的冷眼旁观的态度是否矛盾呢？在这里，又可以引出一个很有意义的问题，即比较文学研究学者在自己的文化环境中培养起来的艺术感受与所研究的别国文学现象可能存在的细微差距问题。我们看到，在俄国文学中，从冯维辛、拉季谢夫经由普希金、果戈理、屠格涅夫、萨尔蒂科夫·谢德林、列夫·托尔斯泰、契诃夫到高尔基这所有社会暴露者的伟大作家，没有一个可以被视为冷眼旁观现实的作家。在他们那里，社会暴露总是同强烈的社会责任心联系在一起的。在这种文学传统的陶冶下，一个学者很容易形成这样一种不自觉的文学观念或思想观念，即社会暴露与社会责任感是有机联系在一起的，是与冷眼旁观格格不入、背道而驰的。但弗·伊·谢曼诺夫没有注意到，中国的晚清谴责小说与果戈理、萨尔蒂科夫·谢德林那嬉笑怒骂、尖锐痛切的社会暴露文学是迥然不同的文学，鲁迅用"谴责小说"这样一个特殊名称指称这种文学，不仅仅代表它的时代性，而且也区别了与它种文学不同的特质。它不是消闲文学，但也不是果戈理、萨尔蒂科夫·谢德林和鲁迅自己的社会暴露、社会讽刺的文学，而是介于二者之间而又与二者有着本质区别的极特殊的文学现象。这种特殊的文学现象的根本特点恰恰是广泛的、激烈的社会谴责和社会暴露与高度的对社会人生的冷漠旁观态度相结合的产物。弗·伊·谢曼诺夫对这种文学现象可能是难以理解的，因为他在自己国度的文学里很难找到与之相应的对等物。但中国有句俗话，叫作"好事不出门，丑事传万里"，这里的丑闻的传播，就并非出于对社会的关切，就不是社会责任感的表现。情况恰恰相反，在这种情况下，越是对社会抱着冷漠旁观的态度，便会越是强烈谴责社会的丑闻陋行。那么，它与果戈理、萨尔蒂科夫·谢德林、鲁迅的社会暴露、社会讽刺文学在艺术上有什么不同表现呢？我认为，最鲜明的区别在于：在果戈理、萨尔蒂科夫·谢德林、鲁迅的社会暴露、社会讽刺的文学作品中，对社会暴露深度、广度和严峻程度的加强，是与作者内心的深切痛苦感受俱增俱进的，题材上的社会暴露与情调上的痛苦愤激总是有机地交织在一起。这种交织反映了作者与社会的这样一种对应关系：社会的丑恶暴露了作者自我的无力，作者自我无力的感觉是由于作者改变社会丑恶现状的强烈要求激发出来的。但在谴责小说中，对社会丑闻的展览和谴责是与作者内在情绪上的自我满足感相偕相生的，理智的谴责并不与作品情调上的痛苦愤激同时发展。在这些作品里，实际上存在着这样两种因素的彼此促进：普遍的道德沦丧加强了作者自我道德的完善感，自我道德的完善感更使作者感到周围社会的道德沦丧。

  谴责小说家这种独特的创作心理是怎样产生的呢？这是由中国传统道德的独特性质决定的，假若说像列夫·托尔斯泰、陀思妥耶夫斯基这些俄国作家，在增长着自己的道德感时总是增长着自己的痛苦感受的话，而在中国的传统文化里，当一个人增长着社会道德感受的时候，加强的则总是自己的道德满足感和内在心灵的平静。因为在列夫·托尔斯泰、陀思妥耶夫斯基的道德观念里，个人的道德与社会人生是紧密联系在一起的，个人的道德表现在自我能于何等样的程度上消除人间的痛苦。人生中的痛苦一天没有消除，个人的道德心一天无法安宁。但中国的传统道德，二者是分离的。它也是为了拯世救民，也是一种"社会的道德"，但这种"社会的道德"，又是通过一个个单个人的独立道德修养实现的。也就是说，在整个"社会的道德"实现之前，个人的道德完善不仅是可能的，而且是必要的，因为一个个人自身道德修养的完成是整个社会道德实现的前提条件。这样，个人的道德修养就有了独立于整个社会人生改善的独立价值标准。在儒家道德那里，就是"仁义礼智信"。其结果将必然如此，只要自我没有丧失这种道德控制力，整个社会道德的混乱就与自己的道德良心没有关系，在这时自我的任务就仅仅是通过谴责他人的道德颓坏而正纲纪、挽人心。不难看出，在深层的意识上，他是充满自我道德的完善感和满足感的，因为社会道德越是混乱，越能证明自我道德感的强烈，越能说明自我的德性坚定。等而下之者，尚会因社会普遍的道德沦丧，为自己的某些道德瑕疵开脱。谴责小说的总体特征，实质是这种民族文化心理的反映，郑振铎对谴责小说的批评非但不是歪曲了鲁迅，恰恰是体察了鲁迅有关谴责小说评价的本质意义的。

在这时，我们再返转来看一看鲁迅的文学抉择，便会发现中国的鲁迅研究工作者在考察鲁迅与文学遗产的关系时，首先重视与屈原、魏晋文学、《红楼梦》《儒林外史》这样一些更"古老"一些的传统，不是没有道理的。在俄国、苏联的文学中，弗·伊·谢曼诺夫形成了一种文学流的观念，因为在俄苏文学中，从18世纪末至今的文学发展，确实是呈现着随时代递变的流状体的。其中每一代作家，主要不是在对前代作家的反叛中成长的，而是在继承中发展、接受中前进的；他们与自己的直接先驱有着更紧密的联系。普希金是茹科夫斯基的学生，果戈理受到了普希金的培育帮助，普希金之死激发了莱蒙托夫，莱蒙托夫是举着普希金的旗帜前进的，别林斯基是果戈理的挚友，屠格涅夫、萨尔蒂科夫·谢德林这些作家，没有哪一个不是继承着果戈理的文学传统的，从别林斯基到车尔尼雪夫斯基、杜勃罗留波夫，这是一条连续流动的革命民主主义的批评传统；别林斯基首先发现了陀思妥耶夫斯基，列夫·托尔斯泰的作品首先刊载在《现代人》杂志上，契诃夫在列夫·托尔斯泰那里得到温暖和支持，柯罗连科把高尔基这个穷流浪汉推上了文坛，这个无产阶级作家的开山祖师在契诃夫、列夫·托尔斯泰那里得到保护和赞助……我认为，正是在这样一个不间断的文学历史流变图中，首先加强了弗·伊·谢曼诺夫对直接先驱的高度重视，这是对的。但在晚清文学和五四新文化运动之间，却有着迥然不同的另一种情况。在它们之间，"直接先驱"与"直接敌人"以一种十分怪诞的形式交织在一起。林纾是中国第一个外国小说的卓有成效的翻译家，是五四作家接触、学习外国文学的当之无愧的第一个导师，但他又是第一个站出来反对白话文运动的干将，他对新文化运动倡导者的痛恨竟达到了呼吁军阀徐树铮对之镇压的程度；康有为是五四新文化运动倡导者的思想先驱，但又是倡立孔教的顽固派，五四新文化运动反对的主要对象；梁启超首倡"新民说"，但当新文化运动继承了他的传统，着手实际的"国民性"的改造的时候，他又是一个极力的反对者；章太炎是鲁迅、钱玄同的恩师，但他们在提倡白话文的运动中没有从他那里得到半点支持；章士钊也曾是革命的先驱，但"五四"之后则是复古主义者，提倡尊孔读经，公开与新文化运动对垒；鸳鸯蝴蝶派在新小说的产生中起过不容否认的桥梁作用，但又是五四新小说的宿敌；谴责小说家是五四新文化运动之前小说界的坛主，但没有一个杰出的谴责小说家成为五四新文学的倡导者……这种复杂的情况，在俄苏文学的发展中是极难找到对等物的，因而晚清文学与五四新文学的历史联系便绝对不能按照常规的文学发展状况来理解。

这种怪诞的结合是怎样产生的呢？

如前所述，就一个民族的文学流变而言，"晚清文学"形式上是五四新文学的直接先驱，但对一个具体作家而言，他的直接先驱还可能是某个古代的文学现象或古代的某个作家的作品，鲁迅的某些译诗是直承屈原的，他的古诗也不直接继承清代宋诗派的诗；而外国文学的影响更极大地加大了五四新文学与晚清文学的距离。这些复杂因素，我们可以从鲁迅的实际文学道路予以说明。由于中国教育的特殊状况和出版事业的落后，使鲁迅在1898年去南京之前所受的教育几乎全部是古代的、传统的，近代进步文学几乎对他毫无影响，这与一个从少年起便直接阅读当代文学作品的俄苏作家是截然不同的，因而他与晚清文学的联系也不可能像俄苏作家同自己的前代作家那么密切和直接；1918年以后，鲁迅才逐渐与晚清思想界和文学界发生了联系，但这是一个很短的时间，即使在这样一个很短的时间内，他的主要精力也是放在晚清思想家、文学家翻译的外国作品之上的，对他们自己的作品，鲁迅并没有更大的热情。去日本之后，鲁迅尽管没有断绝同晚清思想界和文学界的联系，但主要精力分明是放在对外国文学的独立撷取之上的，这与他的先辈们没有太大的关系。鲁迅后来不止一次地说，他的小说是直接取法外国小说的。这样，甚至俄国、东欧、北欧和西方其他国家的文学，对鲁迅来说，也不能不具有"直接先驱"的性质。从这些看来，鲁迅与晚清文学界、思想界的关系，是远不能说有一般情况下的那种密切的关系的。对于这些，弗·伊·谢曼诺夫并没有全部忽视，但从总体而言，他却对这种特殊性没有做出更充分的估计。在《鲁迅及其先驱者》一书里，他分明是按照常规的文学发展状况理解鲁迅与晚清文学的关系的。

如果说晚清文学对鲁迅的实际影响作用要比我上面所说的情况更大一些的话，那么，我们不应从鲁迅对晚清文学的直接吸收着眼，而应考虑到晚清文学对中国读者的影响和中国读者折转来对鲁迅的影响制约作用。鲁迅早期的翻译作品分明是以晚清翻译文学培养出的读者群为基础而力图在此基础上有所提高的，他译凡尔纳的科学小说，译《北极探险记》，都说明了读者群的准备实在是晚清文学对此后中国文学发展的最大贡献。正是在它培育的小说读者群的基础上，新文学作家才能够进一步为自己开辟更广大的社会空间，而这，也便必然返转来影响到新文学作家的创作。但也正因为这种影响作用主要是以折转方式实现的，而非对晚清文学的直接师承，所以鲁迅对晚清文学自身的成就没有很高的评价，但二者又是有紧密联系的。

这样，中国近现代文学的发展便有了与俄苏文学不同的特征。我认为，中国近现代文学的发展史，特别是从晚清文学到五四新文学的发展史，不是一种流状体，而更像一个层状体。它的基本形式是，晚清文学家在主要接受了古代文化的教育之后，初步接受了外国文学的影响，形成了一个文学历史的层面，后来的青年作家，依然从接受古代文化的教育开始，在晚清文学家、思想家的启发下，更多地接受了外国文学的影响，形成了另一个更高的文学层面。这两个层面间只有较小的直接联系，但第一个层面为第二个层面的存在和发展准备了必要的读者群。不难看出，之所以形成这种情况，还是由于中国近现代文学的发展是与一个更根本的东西方文化抉择交织在一起的，后代青年之所以更多地接受了外国文学影响，不仅仅因为他们有了更方便的条件，还由于他们有了输入外国文化的更大热情和决心，这与俄国文学史上茹科夫斯基介绍法、德浪漫主义，而普希金接受了拜伦等英国浪漫主义的影响是根本不同的。可以说，从18世纪启蒙运动之后，在俄苏文学繁荣发展的历史上，只有不同的政治抉择、文学抉择而不伴随着根本的文化抉择的情况，也影响了弗·伊·谢曼诺夫《鲁迅及其先驱者》一书的写作，这使他低估了鲁迅与晚清文学家在文化心理上的根本区别，而忽视了这种根本区别，也就把二者的关系描述成了有类于唐诗与宋词、果戈理与屠格涅夫那类的同向发展的关系了。一般说来，这恐怕也是苏联鲁迅研究普遍存在的问题，即他们更多地理解鲁迅的政治抉择、文学抉择而相对轻视他的文化抉择，而美国的鲁迅研究则有不同的趋势，他们更多地理解鲁迅的文化抉择和哲学意识而相对轻视他的政治抉择和文学抉择（这主要表现在对鲁迅后来主要转入杂文创作的态度上）。我认为，比较文学研究有必要同比较文化研究结合起来，特别是在长期较少了解的东西方之间更是这样。只有更精密地了解一个民族的特定文化心理，才能更好感受并理解一个民族的文学，而了解一个民族的文学，又是了解一个民族特定文化心理的重要途径。鲁迅是一个整体，必须把他的文化抉择、政治抉择、文学抉择有机结合起来，才会对他有一个整体的了解，也才能对他的每一个侧面有一个更精确的认识。

以上看法，仅是我个人的意见，不当之处，请弗·伊·谢曼诺夫和其他鲁迅研究界的学者、专家批评指正。

1987年6月23日于北京师范大学

原载《鲁迅纵横观》，（苏）谢曼诺夫著，王富仁、吴三元译，浙江文艺出版社1988年版

对古老文化传统的现代化调整

——鲁迅与中外文化论纲之一

衡量人类自觉程度的唯一标杆，是人类对自己所处的文化环境的自觉程度和明确程度。当它对自己所创造的一切还没有起码的认识的时候，当它还在自己所创造而又异于自我的独立文化环境的盲目推动下无目的地前进的时候，我们说，它还是蒙昧的、未开化的人类。

整个人类是这样，一个民族也是这样。一个民族必须认识自身，认识自我所创造的一切，必须对自己的文化环境有一个比较明确的意识，必须了解这个文化环境的整体功能并且知道它将朝着什么方向推动我们，将把我们漂流到什么地方。这种认识有时是欢悦的、自豪的，有时则可能是异常痛苦的甚至是残酷的。但无论如何，我们必须这样做，因为只有对自我有了比较明确的意识，才能够对自我进行有目的的调整，并且使之朝着有利于民族生存的方向发展。

鲁迅对于中华民族的杰出意义首先在于，他集中体现了中国人民在进入现代历史发展阶段之后重新审视自己所处的文化环境的自觉意图，集中体现了中国人民为了现代的生存和发展主动调整本民族的文化系统并使之适应于现代人类的总体文化系统的勇气和决心，集中体现了中国人民在世界文化潮流中主动驾驭自己而实现本民族文化的现代化的强烈愿望。在中华民族这个现代自觉的过程中，许多有识之士都做出过自己的独立的杰出贡献，但只有鲁迅，才标志着中华民族的真正的自觉。他

对古老文化传统的现代化调整

不是全智全能的圣人，不是为中华民族立法的权威，不是包打天下的英雄，但他是鼎立在中国古代文化向中国现代文化实行全面转变的历史转折点上的界碑，是铺设在中国文化与外国文化边界线上的第一个畅通的流通管道，是中华民族的第一个真正用全人类文化成果哺育而成的坚实文化实体，而这个实体的整体"结构—功能"又集中体现着中国现代文化系统所必须具备的主要"结构—功能"。

我认为，这应当是我们考察鲁迅与中外文化关系问题的基本出发点。

任何一个时代的自觉，都首先表现为对自己所处的文化环境的价值重估，都首先表现为对这个文化环境奉为神圣事物的质疑。文艺复兴时期的人文主义者对西欧宗教神学是这样，18世纪的启蒙运动的领袖们对封建专制政治及其文化传统是这样，马克思主义的创始人对当时的资产阶级思想权威们是这样，鲁迅对中国古老的文化传统也是这样。就这个意义而言，一切革新者和首创者，都是反传统主义者，因为只有当他与自己所处的文化环境，与自己所处的文化传统，无法取得完全协调的关系的时候才有可能产生革新的愿望并采取革新的行动。在这时，他的第一步，便是唤起人们对自己所处的文化环境的自觉，便是要对自己所面对的文化传统进行存在价值的重新估价。

反传统是一切革新者的"圣典"，但是，由于每一个革新者所承担的历史使命不同和自己有意识追求的目标的不同。他们对待传统的具体态度和批判目标也有所不同。在这里，了解每一个革新者对自己的文化传统进行价值重估时的主要思想基础是异常重要的。

鲁迅对中国古代文化传统进行价值重估的基本思想基础是什么呢？我认为，不是别的，而恰恰是他深厚的爱国主义精神和他对民族、对本民族人民的深挚的感情。这是鲁迅不同于世界很多革新者的特质，也是中国近现代历史上所有革新者不同于西方很多革新者的共同特质。欧洲文艺复兴时期的人文主义者对中世纪宗教神学的背叛主要不是基于爱国主义的思想而是从自身的解放、"人"的解放出发的，欧洲18世纪的启蒙运动的领袖们也不主要从爱国主义精神出发，而是从一般的社会解放和人类的解放出发的，乃至马克思主义的创始人，也不主要着眼于德国民族自身的利益，而把自己的基点放在全人类的解放和全世界的无产阶级的解放上。但中国近现代的革新者以及鲁迅，无一不是也不能不首先是一个爱国主义者。他们正是在民族的危难面前，为中华民族的自强自立走向革新的道路的。可以说，爱国主义是他们的第一个思想推动力，没有这个原动力，他们便不可能走上革新的道路。

但也正因为如此，鲁迅的爱国主义，才与那些狭隘的民族主义、"爱国"的自大主义、封建的复古主义、自我民族的世界中心论等等虚假的爱国主义有着本质的差别。二者的根本不同在于，鲁迅的爱国主义不能不表现为在动态过程中追求民族自立自强的民族责任感，而那些虚假的爱国主义则是在静态的现实基础上通过对民族已有成果（甚至不是成果）的宣扬或炫耀表现出来的体现自己的虚荣心的民族虚荣心；鲁迅的爱国主义可以甚至不能不表现为对民族致弱原因——本民族弱点和不足的痛心疾首的痛诋，可以甚至不能不表现为对他民族所有可以效法和学习的民族优长的宣扬和肯定，而那些虚假的爱国主义者则常常不顾民族的命运和前途而趋赴众议、投其公好、赚取廉价的爱国主义美名。因此之故，鲁迅的爱国主义又是和国际主义融为一体的，他的爱国主义精神越强烈，其国际主义的特征越明显，它永远不可能同排外主义结合在一起，而那些虚假的爱国主义者总是或明显或潜在地同排外主义沆瀣一气的。他们的"爱国主义"越发展，他们的排外主义情绪越高涨，民族自大主义表现得越明显。总之，我们必须认识到鲁迅是一个爱国主义者，但我们又必须在这个最深层次的意义上认识他的爱国主义，谁假若脱离开这个层次而谈论鲁迅的爱国主义，谁便将有意与无意地贬低鲁迅，谁便会把鲁迅降低到那些虚假的爱国主义者的水平上去。

也就是说：鲁迅的爱国主义不表现在对中国古代文化传统评价的高度上，而在于他评估的目的和意义上；不表现在他对中国古代文化传统的"尊重"不"尊重"上，而表现在他对于中华民族命运和前途的关切和贡献上；不表现在厚中薄外上，而表现在为中华民族的发展而进行的艰苦探索上。

鲁迅对中国传统文化进行重新评估的主要目的是中华民族现实生存和未来发展的需要，这同时也决定了他的主要评估角度和方法。我认为，值得注意的，有下列几点：

对古老文化传统的现代化调整

（一）鲁迅对中国传统文化评估的现代性。

鲁迅对中国传统文化的重估，是现代化的重估，是站在现代立场上的重估，是以现代中国人应有的眼光对中国古代文化进行的重估。在这个过程中，体现着做为一个现代人的鲁迅的理性自觉、思维方式、感情态度和审美观点。他不是以古人的眼光看古人，更不是以古人的现代奴隶的眼光看古人，而是以今人的眼光重新对中国古代的文化传统进行审视和评判。但也正因为如此，他的评估却再也不是对哪一个古代人的武断要求和横暴责难，再也不是像没有分得更多的遗产的子孙对列祖列宗们那样的卑屈的奴才式埋怨，他着眼的是现代人应当怎样认识自己的传统，着眼的是唤醒现代中国人对自己所处的文化环境的自觉。他在这样做的时候，始终是把古代传统当作一个已经不可改变也不必改变的固定结果而勇敢承受的，可变动的只是现代中国人对它的认识和利用，是现代中国人的思想观念和在现在与未来的创造。

（二）鲁迅对中国传统文化进行评估注重的是它的整体功能。

鲁迅并不把中国传统文化当作各个不同部分的相加之和，也不把它当作精华、糟粕两部分的整体，而是重视这个庞大系统表现出来的整体功能。只有在这个基础上，他才对其中的各个组成部分有着不同于前人的认识和估价。在过去，我们习惯于用"精华—糟粕"二分法说明鲁迅对中国古代文化传统的看法，结果很难讲清鲁迅对它的具体论述，其原因盖在于鲁迅重视的是综合效果和整体功能，我们重视的是部件考察和机械分析。

（三）鲁迅对中国传统文化的评估方法是由果溯因。

对中国传统文化的研究向有两种路向：一、考其因推其果，这种方法是先对古代文化进行逐件研究，由因向果步步推进。二、由其果溯其因。亦即首先认识到了它所导致的果，然后返观历史，考其因由。对这两种研究路向，笔者不敢妄评，但鲁迅取法后者则是毫无疑义的。这与他着眼整体功能有密切关系，这里的果，就是鲁迅已经看到的中国传统文化表现出来的整体功能，有了这个整体功能的认识，他才去思考形成这种整体功能的原因。在这一过程中，表现出来的必然是多因一果的形式。我们看到，当我们把鲁迅对中国传统文化的批判或仅仅归因于封建统治者的统治，或仅仅归因于群众的愚昧麻木，或仅仅归因于孔孟儒家思想的禁锢，或仅仅归因于老庄哲学的影响，都似有所本，而无法概其全，就因为任何一因一果的说明都不能代表鲁迅多因一果的考察。

中国传统文化的整体功能如何？这个问题，对于鲁迅，不是一个理论问题，而是一个实践问题；不是一个需要鲁迅重新加以验证的问题，而是一个历史已经做了验证的问题。在这里，承认不承认鲁迅作为基本出发点的这个"果"，是能否理解鲁迅全部思想的关键。

文化是人的创造，一个民族的文化是一个民族的创造。相对于人，相对于一个民族，文化有其相对的独立性，推至极端言之，即使一个民族灭亡了，这个民族所创造的文化仍然会存在于人类社会中，仍然有其独立的价值和意义。但是，归根到底，不是人为文化服务，而是文化为人服务；不是一个民族为自己的民族文化服务，而是民族文化应为一个民族服务。这也就是说，一个民族的文化，其价值不能由它自身的浮面价值来确定，不能由人们一时的主观好尚来确定，而应从它满足人、满足一个民族的需要的程度来确定。"要我们保存国粹，也须国粹能保存我们。"（鲁迅：《热风·随感录三十五》）这是鲁迅一句极为剀切的话，说明了他对文化价值的基本认识。

中华民族是世界上少数几个文明古国之一。但时至19至20世纪，当中华民族开始与西方晚进的资本主义国家比肩相接的时候，中华民族的政治、经济、军事、教育、科学、技术乃至文艺这些主要的文化部门的落后状况，已经成了一个不言自明的事实。在鲁迅看来，这就是全部中国传统文化的总体价值的表现。当然，这绝非说维持着中华民族长期生存和发展的传统文化是毫无价值的，是没有任何积极因素可言的，但它的价值却也只是达到了一定的高度，它的积极作用也只是发挥到了一定的程度，而没有得到像西方发达国家那样的整体的迅速发展，其积极因素没有获得西方发达国家那样的充分发挥，这同时也说明它在整体功能上是有严重的缺陷的，是需要革新和发展的。在这种情况下，满足于已有传统，简单沿袭已有的传统，中华民族便依然会以相当迟缓的脚步蹒跚移动，这在现代世界的角逐中就会被毁灭。在这里，无论怎样证明我国曾有过西方所不可企及的文化繁荣也是不行的，无论如何证明我们现

对古老文化传统的现代化调整

在仍有别国所不可企及的优点也是不行的,无论如何证明外国也存在着我们所有的缺陷和弊病也是不行的,无论如何诅咒"洋鬼子"的蛮横无理、不讲道德也是不行的,无论如何证明外国人也喜爱中国的传统文化也是不行的,无论如何陈列我们已取得的文化成果也是不行的。落入现代历史江河里的中华民族首先要学会在现代历史的江河里游泳,只证明自己在古代的陆地上得过长跑冠军是不行的。一个现代的中国,如果无法在自己的传统文化中发现导致这个现代已经证明了的最终的结果的原因,如果不能有效地回答摆在现代中国人面前的这个不可移易的事实,不论看来立论何其精当,论述何其绵密,以及如何引经据典,广搜佐证,都不能不让人产生虚空之感。当然,这仍然只是中国传统文化的一个层次中的问题,但如果我们连这个层次中的问题还没有解决或者有意无意地回避掉这个层次,我们也便不可能进入一个更深的层次,一切所谓的"深层次",很可能并非真正意义上的"深层次",而只是以变形的形态重新返回到鲁迅之前的"浅层次"上去。

总之,鲁迅对中国传统文化的由果溯因的重估方法是十分重要的,是使他的重估具有了鲜明的现代化特征,具有了现代的历史高度和时代价值,具有了整体性、系统性和深刻性的重要保证之一。

(四)国民性研究是鲁迅对中国古代文化传统进行重新评估的"聚焦极"。

文化,是一个具有极广阔的涵盖幅度的概念,但文化的重要性,不仅仅在于它的已有的成果,更为重要的是,它的存在直接影响着人的发展,塑造着人的精神面貌。鲁迅对中国传统文化的重新评估,不同于一般的文化学者,他的特点是从国民精神的实际表现入手的。从因果关系言之,国民性的表现是果,形成这种国民性的文化背景是因;从整体与部分的关系言之,国民性是全部民族文化在人的精神发展中的综合投影,各个部分的文化状况是塑造人的精神面貌的部分因素。我们不难看到,对每个文化部门的状况,鲁迅并没有做系统的整体分析,而从他的国民性的解剖,却能折射出社会政治、经济、军事、科学、技术、教育、思想、文学、艺术、民风民俗、礼仪制度、伦理道德、宗教信仰等等几乎全部文化部门的性质和状况。

对于鲁迅的国民性研究，我们过去常常认为是鲁迅缺乏阶级观点的局限的表现。我认为，这是一种片面的看法。对于事物的认识，需要通过各种不同的抽象方式，存在一个范围，就存在一种抽象方式。对于一个阶级，阶级性是一种抽象，这种抽象并不否认其中还有阶层性的差别，还有不同的个性。同样，对于一个民族的国民精神，国民性也是一种抽象，这种抽象同样不能取消其中不同阶级的差别。鲁迅之所以重视国民性这种抽象形式，恰恰是与他对中国传统文化的重新估价密切相关的。特定时代的特定民族成员，毫无例外地要生活在特定的政治地位和经济地位上，这决定了他一定带有由此所决定的阶级性特征，这种阶级性特征决定了他与其他阶级成员的差异性、矛盾性和对立性。但如果他仅仅有这种阶级性特征，他便会与它民族的同阶级成员是完全相同的，而与本民族的不同阶级的成员是完全不同的，但事实并非如此。一个民族之所以可以称之为一个民族，绝不仅仅在于地域性的差别（犹太人和吉卜赛人在分散流动中仍是独立的民族），而在于他们有共同的文化，每一个民族成员都生活在异于他民族的一个相对统一的文化氛围里。这个文化氛围是由本民族各个地域、各个阶级、并以统治阶级为主体的各种文化因素混融而成的，但却不再以截然分开的各块而组成，而是一个浑融的整体，甚至可以说是各种因素经过化合作用而形成的一个文化整体。正因为一个民族的成员同时共同生活在这样一个相对统一的文化氛围里，所以他们除有彼此对立的阶级性特征之外，还有彼此一致的民族性或曰国民性的特征。由此可见，鲁迅对中国国民性的解剖，就是对中国传统文化的解剖。

鲁迅前期对中国国民性的解剖，主要取着由普遍性到个别性的路向，亦即他注重对普遍性特征的把握和解剖，并通过个别的社会现象直接说明他的普遍性的思考；他后期对中国国民性的解剖，主要取着由个别到一般的路向，并结合阶级性的解剖进行，亦即他注重对特定阶级的特定人、特定个别现象的解剖，而将这种解剖与他在整体意义上对国民性的解剖联系着。所以国民性的解剖（中国传统文化的解剖）不仅是他前期的事业，而且是他一生的事业，是他能够被视为文化巨人的主要原因。

我上一节的写作意图在于：鲁迅带着现代中国人的自觉、从整体功

对古老文化传统的现代化调整

能着眼、注重从果上追溯历史的原因、意图回答中华民族社会历史发展缓慢的原因的现实问题,集中解决中国国民性即中国人民思想观念、思维方式、审美意识等精神素质改造的重大历史课题的评估方式是非常深刻和宝贵的,它较之那些缺乏现代中国人的理性自觉、不从整体功能着眼、不注重历史的发展已经暴露出来的后果,仅仅对于古代文化进行静态的、琐碎的枝节观照的研究方式带有更高度的科学性。因为不解决这个问题,用我们习惯性的后一种研究方式的标准看待鲁迅的作品,就难以理解他对中国传统文化评估的具体内容。

鲁迅对中国传统文化的评估,涉及的方面极多,并且他的整体性、系统性,主要表现为思考的整体性和系统性,内部思维的严整性、统一性,而不是以整体的、系统的推理逻辑表述出来的完整学术论著。为了便于论述,下文我们以自己的阐述方式,把鲁迅对中国传统文化的分散论述理出一个大致的梗概,以使我们更易理解鲁迅在这方面的贡献以及实质意义。

中国传统文化的总体特征应该如何把握呢?我认为,值得我们思考的至少有下列几点:

(一)中华民族的基本存在方式与中国传统文化的总体特征。

在鸦片战争以前,我国基本上处于独立自存的状态,由于交通的落后,中国版图的广大,彼此生产力发展水平的相近,当时所存在的与东方各国的联系主要停留在程度极低的有无交换上,可以说,基本上不存在国际间的民族竞争的问题,并且中国始终以大国、强国、先进国的姿态出现在周围的小国、弱国、相对落后国之中,在中国人的意识中,国际间的外部平衡根本不会占有稍微大一点的位置,在民族自身的急骤发展中争民族生存的问题基本上可以说并没有进入中华民族的视力圈。当然,那时也存在着外民族的侵犯和威胁,但由于这些民族政治、经济、文化上较中国更为落后,二者的较量在人们的观念中仅仅是军事力量的较量,战略战术的较量,所以也不存在本民族在整体上自求发展而实现外部平衡的问题。这样,对于那时的中国人,就只有一个平衡的问题,即民族内部的自身平衡的实现是所有关心国计民生的人们所能够注意的最高限度的问题。当然,也有并不关心这种平衡的大量民族成员存在着,他们也在以各种方式生产着各种文化产品，但他们的生产便更不带有追求与它民族的外部平衡的特征，并且如果他们的行为或表现，他们的思想与情感，以及与此联系的所有社会创造，超越了民族内部平衡所需要的限度，便要受到这个最高原则的制约。在中华民族内部，也并不是能够永远保持内部的平衡的，也有多次的内部平衡的破坏，但这种破坏带给中华民族的不是安宁和幸福，而是破坏和灾难，在这时人们的致力目标是固有的、曾有的旧平衡的实现，是历史的回归形式，因而也是旧的秩序的重新恢复。鲁迅说："外寇来了，暂一震动，终于请他做主子，在他的刀斧下修补老例；内寇来了，也暂一震动，终于请他做主子，或者别拜一个主子，在自己的瓦砾中修补老例。"（鲁迅：《坟·再论雷峰塔的倒掉》）说的也便是这样一个意思。这种只追求民族自我内部平衡的历史需要和历史状况，不但固定着人们对往古曾有的"太平盛世"的复古主义情绪，而且也影响到全部民族文化的创造。这我们在下文再做统一论述。

（二）中国传统文化的主要信息源和中国传统文化的总体特征。

我认为，我们可以把一个民族的文化理解为一个民族生存和发展状况的信息储存，这种信息的储存又影响着这个民族此后的生存和发展。所以，尽管一个民族的文化所包括的范围很广，但由于储存和流通的方式不同，它的各个组成部分对该民族的影响的大小也是不同的。就这个意义而言，用文字记载的各种文化典籍是十分重要的，它不但影响到历代读书人，而且还能由读书人向同代的整个社会扩散，鲁迅说大字不识的阿Q的思想，"其实是样样合于圣经贤传的"（鲁迅：《阿Q正传》），就因为这种文化典籍所负载的文化信息在社会上有极大的扩散力和影响力。而对于一个民族，当书面文化品的生产进入第一期的繁荣之后所生产的产品，往往对一个民族的发展有着决定性的影响力，当以后的发展没有遇到更强大的外力的冲击的时候，这个民族的文化往往就沿着这个时期的文化所奠定的基础发展起来。我们可以把这样一个时期的文化称为一个民族的文化信息源。正像古希腊罗马的文化成为此后相当长的历史时期的欧洲的文化信息源一样，我国春秋战国时期的文化成了整个中国传统文化（从那时到鸦片战争）的文化信息源。在那个时期之前，中国已经有了相当发达的文化，但没有大量的、有系统的文字记载和书面著作，它更多是由春秋战国时期的思想家、文学家、历史学家依照自己的需要在自己的作品中记载下来的，这样，它们实际上已按他们的思想系统组织起来，是反映着他们的需要、他们的观念意识和思维特征的。在春秋战国时期，正是统一的周王朝陷入列国争战、社会动荡、失去了自我内部平衡状态的历史时期，那时的文化，除一般的文化积累外，除服务于列国争战的军事学等等之外，那些表现了中国古代最高智慧的文化创造，都以各种形式、各种方向、各种手法有意或无意地寻求着更高的平衡状态，是为恢复社会的或个人心灵上的平衡服务的。这种情况，不但与欧洲文艺复兴后的各国不同，与古希腊各城邦国家也是不同的。古希腊的那些城邦国家，各自独立，在人们的观念中，不存在像"周王朝"那样的大一统观念。这样，较之各怀"王霸之志"而又时刻担心被消灭的中国的各诸侯国，它们有一个相对自由的感觉，但也正因为如此，它们彼此之间又长期地存在着自由竞争的局面，这种竞争，不只是军事上的竞争，而且是政治、经济、文化各个方面的全面竞争，一个城邦国不但要维持本城邦内的自我的内部平衡，同时还要不断注意维持自己在外部联系中的平衡，而这种平衡又是没有固定顶点的，这就要不断发展自己、壮大自己、充实自己。而要不断发展自己，就不能满足于本城邦国内部的固有平衡，就必须经常打破固有的平衡而实现更高阶段上的平衡。应该看到，这种有固定目标的平衡态的追求与无终极的不断破坏旧平衡而又实现新平衡的发展自己的追求是根本不同的，在此影响下产生的文化在整体功能上也有很大差异。

（三）中华民族的主要经济形态与中国传统文化的总体特征。

马克思说："资本主义以前的民族的生产方式具有的内部的坚固性和结构，对于商业解体作用造成了多大障碍，这从英国人同印度和中国的通商上可以明显地看出来。在印度和中国，小农业和家庭工业的统一形成了生产方式的广阔基础。"（马克思：《资本论》）在这里，马克思不但指出了中国古代社会的主要经济形态是以家庭为基本单位的自给自足的狭小的农业经济，而且指出这种经济形态本身便有极其坚固的特征。所谓坚固，亦即它在内部结构、功能上有极高的保持自身平衡的能力，而不易在外部联系中破坏自身的固有平衡而实现新的平衡，不易取得自身的发展和变化。与此同时，中华民族对自身的整个平衡的要求，也都体现为在这样一种主要经济形态基础上的平衡，所以，它对整个民族文化的发展，也是有制约力量的。

（四）中国古代的封建专制政体与中国传统文化的总体特征。

在中国古代传统文化得到充分发展的主要历史时代里，中国自始至终都只存在着一种封建专制的政体组织形式，像古希腊那种奴隶制的民主政体在中国是未曾存在过的，更不必说西方近代的民主制度。这样，任何内部的平衡都只能表现为在封建专制政治基础上的平衡，在封建等级制条件下的平衡。

综上四点，我们可以这样表述中国古代的传统文化：

> 中国古代的传统文化是在中华民族独立自存的历史条件下，在主要注意实现本民族内部的关系调整并实现自我内部的平衡的历史时期里，在现有的以农业经济为主体的经济形态的基础上，在封建专制政治和封建等级制度的总体社会结构的基地上，由中华民族的全体成员在自己的历史发展过程中建立并发展起来的全部文化。

只要我们考虑到在农业经济和封建等级制的基础上实现单一的民族内部的自我平衡还是我们的最高原则，只要承认这种最高原则必将有形和无形地限制着我们古代人的视野，我们也就能够极易理解，我们古代人的致力方向在整体上将向哪里发展，我们古代人的最高的智慧和才能将在什么领域中发挥得最充分。显而易见，为了维持各种必然存在的事物矛盾的相对协调性关系，亦即保持对立统一体的相对平衡，在实际存在的各种矛盾关系中，通过抑制易变因素的方式保持与难变因素的协调关系，几乎是最为有效的途径。因为任何易变因素，都很容易得到自身的片面发展，而难变因素自身的变化是相对迟缓的，如果听任易变因素自行发展，二者的统一关系、协调关系很快便会打破，固有的平衡态就保持不住了。我认为，这是我国古代文化的一个重要的总体特征，它几乎可以表现在各个方面。例如：

对古老文化传统的现代化调整

在生产与分配之间，生产力的发展是相对缓慢的，分配方式则是极易变化的，用固定分配方式的方法使之更与生产发展的现状相适应，是维持二者平衡的有效途径；

在分配与消费之间，分配又是相对固定的，消费则带有更大的变动性，通过抑制消费欲望的方式保持与分配的相对协调性，是维持平衡的必要条件；

在农与商之间，农业是变动较迟缓的经济部门，商业是极为活跃的经济因素，抑商重农以便商业与农业保持协调关系是使社会经济保持平衡的方便方式；

在生产力与生产方式、生活方式之间，生产力是相对稳定的难变因素，生产方式和生活方式自行改变的可能性较大，限制生产方式和生活方式的自行变化以使之与生产力发展的已有水平保持协调，是维持二者平衡的便当方式；

在生产力与生产关系之间，生产力是难变因素，生产关系是易变因素，抑制生产关系的变化以使生产力与生产关系相协调是维持社会平衡的一种有利方式；

在经济基础与上层建筑之间，经济基础的变更比较迟缓，上层建筑则有相对的灵活性，限制上层建筑的变化以与经济基础保持相对协调是维持现有平衡的必要；

在生产方式、生活方式与意识形态之间，生产方式、生活方式又是相对难变的，意识形态是可以迅速变动的，抑制意识形态的变化以与现有的生产方式和生活方式保持协调一致，是维持现有平衡的有效方式；

在经济组织、社会组织与伦理道德、人际关系之间，经济组织、社会组织是难变因素，伦理道德和人际关系极易发生变化，加强伦理道德的制约力以维持人际关系的正常秩序可以使之适应难变的经济组织和社会组织，维持二者的相对协调，维持社会的现有平衡；

在现实与理想之间，现实是难变因素，理想是可以独自飞跃的因素，使理想更符合现实的条件是维持人的心理平衡的必要手段；

在理性认识与感情情绪之间，理性认识是相对难变的，感情情绪的波动性很大，使感情情绪接受理性的严格控制是维持人际关系现有协调、平衡状况的必需；

在现实需要与文学艺术之间，现实需要比较固定，文学艺术较易变化，让文学艺术直接从属于现实需要是维持现有平衡的必然趋势；

在社会与个人之间，社会是极难调整的整体，个人是较不稳定的易动单子，用限制个人自由发展的方式使之适应现有社会条件是维持现有社会平衡必须致力的主要方向；

在人的本能欲求与现实可能性之间，现实可能性是较难变化的因素，人的本能欲望可以骤增陡变，抑制各种本能欲求以使之适应现实可能性，是维持现有平衡的主要方式；

在多数与少数之间，多数是难变因素，少数则是较易抑制其变化的因素，使少数适应多数的风俗习尚、思想感情是维持正常人际关系的需要；

……

总之，在我国古代社会的情况下，我们古代人的智慧和才智势必在这样一个总体的方向上发挥得最充分。不难看出，我国古代的传统文化，在难变因素的方面总不如在易变因素的范围发展得更为充分。而在易变因素的范围内，对抑变措施的研究较之对助变措施的研究更为充分；在对助变因素的研究中，其变化的幅度自觉不自觉地总是被限定在一个不致破坏整体平衡的有限范围中。例如：

在自然科学与社会科学之间，自然科学更与生产力这些难变因素相联系，社会科学则与社会、人这些相对易变的因素相联系，所以自然科学远不如社会科学更受重视，其发展也很不充分；

在自然科学之中，现实易行的科学部门较之现实难行的科学部门发展得更为充分，现有经验的搜集整理重于新的生产工具的创造发明；

对古老文化传统的现代化调整

商对农是易变因素，所以抑商措施的研究远比经商手段、商业发展、商业管理的研究更受社会的重视；

在经济学与社会学之间，前者更与经济基础等难变因素相联系，社会学更与易变动的社会相联系，所以社会学较之经济学更为发达；

在社会制度与社会思想之间，社会制度是难变因素，社会思想是易变因素，所以社会思想的文化部门较社会学、政治学、法学发展得更为充分；

在人际关系、社会关系、经济关系与人之间，人是易变因素，所以有关个人的思想、品德、行为的文化部门发展得最充分。这就是伦理学和道德学；

对伦理道德的研究，抑变因素发展得最充分，人的欲望的研究被人的现实行为准则的研究所取代。不难看出，这里存在着整个社会中最活跃的人的欲望、要求、感情、理想，因而这里的抑变措施的研究也更为重要。正是因为如此，伦理学成了全部传统文化的心脏和塔顶。天文学、医学等自然科学也不能不受到它的吸引和制约，呈现着向它朝拜的趋势；它是历史学的杠杆，历史著作贯穿的不是历史发展规律的探讨，而是对历史人物和历史事件的道德评价；哲学、政治学、法学从来都是伦理学的羽翼，而不是独立的科学部门；文学艺术是在伦理学的范围中得到肯定的，是负载伦理学的翼翅；教育学的主要内容是伦理道德的学说，而不是传授自然科学和探讨各种社会发展规律的社会科学的知识传授。

……

中国传统文化的这种整体结构形式，也体现在每一个具体的文化部门中。例如文学艺术，就总体而言，它是极其活跃、极其易变的部门，对它，主要倾向是规范性的研究。其中也各有分别：文艺的内容和形式，内容是相对较稳定的因素，它把内容基本上完全留给了伦理学固定下来的"道"，研究在形式方面较充分，但却以规范化为主要目标，格律、程式、起承转合、炼字炼句、谋章画篇；在理与情之间，理是原则性的规定，是固定的载道翼德的标准，具体发挥多在"情"，但不以扬"情"为鹄，而以"怡情"为的，所谓"怡情"，则是把"情"熔凝在既非"狂悖"又非"颓放"的"中和"境界，对外无激冲之力，对内有涵养之功，不致破坏社会和心理的平衡；在喜剧与悲剧之间，喜不致"狂"，悲不致"伤"，都处于"中和"之境，但对悲的抑制多于对"乐"的抑制，却是因悲易逾其界，而喜乐对内对外的平衡都有较稳定的加强作用……

应该说，我们的古代人为我们建立的这个庞大的中国文化的系统是十分有效的，也是十分合理的。但是，它的有效性却只能是对那时中国人的特定目的的有效性；它的合理性，也是对那时中国社会现实条件的合理性。当中国进入到现代社会，进入到鲁迅的时代，情况发生了很大的变化。

中国古代的传统文化为了实现民族内部的单一平衡关系，总是以抑制可变因素、易变因素以加强与难变因素的协调关系。其结果将必然如此：可变因素、易变因素越是受到自觉的习惯性的强力抑制，就越是难以发生乖离于难变因素的变化；而可变因素、易变因素越是不能首先发生变化，现有的平衡关系越是没有得到破坏，难变因素也越是无法从可变因素、易变因素那里获得强大的推动力，它也就越是不能变化或不用变化。这样，难变因素越是不能变化或不用变化，我们的古代先贤也就越是要加强对可变因素、易变因素的主动控制力，越是要抑制可变因素、易变因素的任何单方面的变化以保持与难变因素的平衡关系。必须看到，我们上述各种对应关系，又是环环相扣的，每个易变因素都将在这环环相扣的连环中受到多方面的限制，使其极难将自己的变动贯彻到足以推动不变因素和难变因素发生变动的程度。与此同时，在中国漫长的古代历史上，当把对可变因素、易变因素的抑制形成了一种历史的惯性力，使可变因素、易变因素在人们观念里已经成了较之难变因素更为不能变、不可变的因素时，当抑制可变因素、易变因素已成为社会绝大多数人的固定观念和习惯行为的时候，它们与难变因素的适应关系便胶固起来了。在这时，中国古代的文化系统便愈来愈成为一个超稳定的文化系统，并且又与整个中国的社会现实构成了一个超稳定的平衡关系。显而易见，这个文化系统对于我们的古代人来说，是十分有效的，但这种有效性却不是在各个方向上的有效性，而主要是对他们维持现有内部平衡关系的

对古老文化传统的现代化调整

有效性,如果从推动本民族历史的迅速发展的角度言之(假若我们不再把它理解为时间的简单延续和朝代的简单更替的话),它则是有效性极差的一个文化系统。鲁迅说:"可惜中国太难改变了,即使搬动一张桌子,改装一个火炉,几乎也要血;而且即使有了血,也未必一定能搬动,能改装。不是很大的鞭子打在背上,中国自己是不肯动弹的。"(鲁迅:《坟·娜拉走后怎样》)实际上这也就是说,中国古代的传统文化,极难在自身产生一种强大的推动力,极难仅仅依靠自身的力量实现自我的更新和发展。这种文化的力量同时体现在人的思想行为上,"互相劝勉,互相牵掣,死也不肯跨过这一步。"(鲁迅:《狂人日记》)

中国古代传统文化这种对于自我内部平衡极有效益而不利于自我的前进性发展的特征,对于我们的古代人,似乎不能说有什么严重的缺点,因为当一个民族还没有意识到可以有更高层次的物质、精神生活的时候,当现实的缺陷已经成了习惯性的缺陷并不感到格外难以忍受的时候,似乎能够维持现有社会政治、经济条件下的平衡关系和现有生活状态下的自我心理的相对平衡较之打破这种平衡态而自求急骤发展还更迫切一些、重要一些。但是,一当外国帝国主义强行打开了中国闭关锁国的大门,情况就发生了一个根本的变化。在这时,中国再也不是以一个强国、先进国的姿态出现在世界性的联系之中了,而是一个大而弱的落后国跻身于西方列强之中。在这时,民族内部的自我平衡已经不是唯一值得关注的平衡关系了,甚至也不是主要的平衡关系了,与西方各强大的资本主义国家取得世界性的平衡成了一个更为重要得多的历史课题。面对这种情况,中国古代的传统文化,作为一个整体系统,其功能不再是有利于中华民族而是极不利于它的生存了。它将在这既相联系又相矛盾的两个平衡关系中造成这样一个捉襟见肘的恶性循环,是人们并不难于设想的:人们越是在整体上进一步加强中国古代文化传统的力量,它就越是在维持民族自身的内部平衡关系上发挥自己强大的制约力量,也就越是使中华民族自身失去向前发展的强大推动力,而这种推动力越是近于无,中华民族便越是不能迅速向前发展,便越是落后于西方强大的资本主义国家,也就越会更加严重地失去与世界性的外部平衡关系。一当外部这种平衡关系得到严重破坏,反转来必将破坏中华民族内部的平衡关系,这种被动的破坏，不但不利于中华民族自身的发展和壮大，反而会给中华民族带来真正意义上的大破坏。这是一个向民族灭亡之路走去的恶性循环的路。

这也就是说：

> 当历史用追求既相统一又有矛盾的内外两种平衡的必要性代替了只追求民族内部的单一平衡的需要的时候，亦即当中华民族自求发展的必要性远远超过了自求平衡的必要性的时候，中国古代文化传统在整体上曾有过的有效性就不可避免地失去了。

这不是谁的愿望，也不是谁的罪过，而是历史强加给我们的无情的现实。

当历史无情地剥夺了中国古代文化传统在现代历史上的整体的有效性的时候，同时也剥夺了它在人们心中的神圣的色彩。在这时，也只有在这时，它自身所固有的各种弊病才在人们面前十分充分地暴露了出来。

以下是鲁迅对它进行重新估价时所涉及的几个重要方面：

（一）中国古代文化传统是一个具有严重排他性能的自我封闭的文化系统。

应该说，中国古代文化传统并不是按照自我封闭的预定模式和排他性的目的建造起来的，谁要是这样认为，谁就是冤枉了我们的列祖列宗；因为这个传统的奠基者们，并没有多大的必要去自觉地抵制外来文化的侵袭！甚至也没有意识到外来文化的存在。但也正因为如此，它却也是在没有意识到需要不断纳入外来文化以发展壮大自己的时候，在过着完全封闭的民族生活并且不知开放为何物的时候，独立发展起来的一个完整的、"结构—功能"极强的庞大文化系统。它在一个完全自我封闭的环境中被构建起来，并与这样一个环境达到了高度的协调一致，因而这个不谋封闭的系统却又不可能不是封闭的，这个无意排他的文化却也不可能不是排他的。在这里，起着决定性作用的有下列几点：1. 它有着自己的独立基础，整个构架都是在这个基础上建立起来的；2. 它有着自己的独立指向和目标，亦即前文所说的谋取民族自身的和自我内部的社会平

对古老文化传统的现代化调整

衡或心理平衡；3. 与上两点相联系，它有自己一整套的价值体系，决定着自己的自我选择。这样，当它在长期的历史发展中完善着自身的时候，同时也在完善着自己的封闭性和排他性。任何外来文化，首先遇到的是它的价值体系的检验，当它以自己的价值体系纳入自己的内部的时候，实际上已经意味着可以在自己的基础上、以自己的特定指向接受它了，这时它便不再可能对这个文化体系进行改造了，而成了进一步加强自身性能的东西，而一当外来文化因素无法纳入这个文化传统的价值体系之中，同时它也就无法进入这个文化传统之中，其被排斥也就是在所难免的了。前者是化他为我，后者是以我排他，二者的实质都是排他性的，因为它们都不能引起这个文化系统自身的变化。关于这一点，我们可以在它的主要指向上看得出来，只要这个文化系统仅仅服务于自我内部的平衡，那么它就不可能变我从他而只能变他从我，当他不可变时便只能排他、拒他而保持自身的固有平衡。鲁迅说："现在的外来思想，无论如何，总不免有些自由平等的气息，互助共存的气息，在我们这单有'我'，单想'取彼'，单要由我喝尽了一切空间时间的酒的思想界上，实没有插足的余地。"（鲁迅：《热风·"圣武"》）还说："中国大约太老了，社会上事无大小，都恶劣不堪，像一只黑色的染缸，无论加进什么新东西去，都变成漆黑。"（鲁迅：《两地书》）说的实际是中国文化传统及由此决定的国民文化心理的自我封闭性和排他性。

（二）中国古代文化传统在整体上只能造成历史的逆向性运动。

中国古代文化传统是以抑制可变因素以适应难变因素求得自我内部的现有平衡的，但是，所谓难变因素，实际上只是较难发展和提高的因素，而不是在任何方向上都不会或极难发生变化的因素。例如生产力的发展，在原有基础上的提高是困难的，但受到天灾人祸的破坏则是非常容易的，并且越是无法推动它向前发展，它的破坏性灾变便愈加容易发生。而一当这种破坏性灾变发生之后，消费性欲望等所有可变因素、易变因素就要被压抑到最低限度以适应降低了的生产力水平。在这种情况下，灾变的发生只能增加社会成员的忍耐力，生产力水平略有恢复，这种增加了的忍耐力亦即在压抑中冷凝化了的可变因素和易变因素更易与低下的生产力水平相适应，因而也更不易对生产力的发展产生强大的推动力。我认为，在中国历史上，没有哪一个人在这方面比鲁迅更有明确的意识，当人们把历史发展仅仅看作时间的推移的时候，鲁迅却反复深刻指出了中国历史发展中实际孕育着极大的逆向性发展的力量。在《再论雷峰塔的倒掉》一文中，他说：

> 然而十全停滞的生活，世界上是很不多见的事，于是破坏者到了，但并非自己的先觉的破坏者，却是狂暴的强盗，或外来的蛮夷。獯狁早到过中原，五胡来过了，蒙古也来过了；同胞张献忠杀人如草，而满洲兵的一箭，就钻进树丛中死掉了。有人论中国说，倘使没有带新鲜的血液的野蛮的侵入，真不知自身会腐败到如何！这当然是极刻毒的恶谑，但我们一翻历史，怕不免要有汗流浃背的时候罢。……
>
> 凡这一种寇盗式的破坏，结果只能留下一片瓦砾，与建设无关。
>
> 但当太平时候，就是正在修补老例，并无寇盗的时候，即国中暂时没有破坏么？也不然的，其时有奴才式的破坏作用常川活动着。
>
> （鲁迅：《坟·再论雷峰塔的倒掉》）

当文化系统的整体功能以巨大的抑变力量维持着现有平衡的时候，平衡就会在历史的反向延长线上被破坏，当文化系统把它拥有的文化力量放在抑变的历史方向上的时候，给历史的固有平衡带来破坏的就是无文化的力量，这样，平衡的破坏只能带来历史的逆向运动。此后当然还有可能依靠这个文化系统的寻求平衡的力返回曾有的平衡态，但弯弓不能复直的现象也并非不可能的。我认为，宋及以后的历史确实是值得我们沉思的。金、元、清三朝都系汉文化圈外的少数民族战胜了当时拥有我们称之为中国传统文化的汉族政权。明则是中国传统文化统治薄弱的下层群众的农民起义夺取了一向拥有中国传统文化的统治权的上层地主阶级的政权，它们之向中国传统文化的复归，不是在增长着自己的力量的过程中，而是在执掌政权要维持现有的社会平衡的时候。所以说，鲁迅关于中国古代传统文化对中国历史发展的逆向推动力量的认识，不仅是正确的，而且是异常深刻的。

对古老文化传统的现代化调整

（三）中国古代传统文化在整体上是一个非科学或反科学的文化体系。

中国古代传统文化虽然包括中国古代人的所有科学创造，有一些还是极其宝贵的科学创造，但它在整体上却并不以科学为基础，而是以现实的实利或精神的"需要"为基础，因而它越来越不利于科学的发展。当自然科学需要从现实经验的积累阶段向更高的阶段发展的时候，它便再也难以给它以稍微大一些的推动力了。所以，在农业经济得到确立后的一个漫长的历史时期里，像西方那种经济革命、技术革命一次也未发生过，科学、技术的发展一直没有实现过质的飞跃。至于作为传统文化主体的社会文化，严格讲来，并非科学，而是各种社会的或个人的现实实利或精神需要的静态表述。科学是不断由已知向未知的探讨，中国古代的传统文化就其总体倾向是以已知证已知，循环论证是占绝对统治地位的方法论，由已知求未知的推理逻辑只有很微弱的萌芽。不难看出，这也是与它追求现有条件下的自我平衡有很大关系的。安于现有，不求未知，在行动上抑制了主动的进取、勇敢的冒险；在思想上抑制了探索的精神、创造的愿望；在方法论上则抑制了推理逻辑的发展和运用。这样，就把想象、幻想永远留在想象、幻想中，把现实、已知永远留在现实、已知上，既难把想象、幻想化为现实，也难把现实、已知提高到想象、未知。"起火"永远是已有，"一个跟头十万八千里"永远是幻想，前者无法转化为"火箭"，后者落实不到"起火"，将二者隔在两端者是与主动的进取、勇敢的冒险、探索的精神、创造的愿望结合在一起的科学，和与科学的发展紧密联系着的推理逻辑，这在社会文化中表现得较隐蔽，但也并不难判定。人们很容易发觉，在中国古代传统文化中，特别是在思想史上，绝大多数著作不以有可能走向否定自我、否定先贤、否定社会公议的未知领域的科学探求为务，而以自我意愿、先贤遗教、公认的好恶标准权衡具体事物为业；不是由个别的研究、特殊的考察探求未知的普遍性原理和事物发展的规律为出发点，而是以先贤的公认价值标准对个别的事物、特殊的现象做具体的价值判断。我们完全可以说，这是一种封顶认识论，因为真理是已知的，具体结论至多只有现实意义。

这样永远不可能发现新的真理，也不能证明被公认的原则和原理是否真理或是否永恒的、完全的真理。凡是科学不能插足的地方，迷信就有活动的地盘。尽管中国古代文化传统不像西欧宗教神学一样把全部文化都纳入神学迷信之中去，尽管中国古代文化传统的"至圣先师"孔子"不语怪力乱神"（《论语·述而》），认为"务民之义，敬鬼神而远之，可谓知矣。"（《论语·雍也》）但他仍然为迷信留下了广阔的活动地盘：对鬼神的迷信和对人的迷信。鲁迅甚至认为"中国根柢全在道教"（鲁迅：《致许寿裳，一九一八年八月二十日》），还说改造民族劣根性的药是'科学'一味（鲁迅：《热风·随感录三十八》），就是表明鲁迅认识到中国古代文化传统在整体上是非科学和反科学的。

（四）中国古代文化传统是在人类进化的较低级阶段形成并发展起来的一个文化体系，它在现代世界上已成为落后的东西。

人类的全部文化，都是人类的创造，就这个意义讲，不能以时间序列定其价值的高下，不能说后来的文化成果就一定高于前代人的创造。但是，人类的历史又是发展的，当一个文化传统已经不适应于发展了历史的需要而仍然简单地承袭着这种传统并因此影响着人们的更进一步的创造的时候，它便成了落后的、守旧的东西，在这个意义上，我们又必须说，文化也是有落后与先进之分的。中国古代文化传统，是在中国古代社会发展起来的，在中国进入近现代社会，并且有了更发达的社会生产力发展阶段上产生出来的西方各国的文化作为参照物之后，中国古代的传统文化在整体上便显露出了它的落后性的特征。鲁迅说："试看中国的社会里，吃人，劫掠，残杀，人身买卖，生殖器崇拜，灵学，一夫多妻，凡有所谓国粹，没一件不与蛮人的文化（？）恰合。拖大辫，吸鸦片，也正与土人的奇形怪状的编发及吃印度麻一样。至于缠足，更要算在土人的装饰法中，第一等的新发明了。他们也喜欢在肉体上做出种种装饰：剜空了耳朵嵌上木塞；下唇剜开一个大孔，插上一支兽骨，象鸟嘴一般；面上雕出兰花，背上刺出燕子；女人胸前做成许多圆的长的疙瘩。可是他们还能走路，还能做事；他们终于未达一间，想不到缠足这好法子。……世上有如此不知肉体上的苦痛的女人，以及如此以残酷为乐，丑恶为美的男子，真是奇事怪事。"（鲁迅：《热风·随感录四十二》）任

对古老文化传统的现代化调整

何一个民族的文化中都有野蛮时代的遗留物,但当这些遗留物不是与一个民族文化的排泄器官(如法律、道德、纪律等等)联系在一起,而是与一个民族文化的大脑中枢神经或心脏等要害部门联系着的时候,也就证明这个文化系统还是没有得到较充分的发展的。鲁迅这里所攻击的种种弊端,以及他常常攻击的下跪、作揖、打板子、访仙、求道、各种形式的酷刑、一夫多妻、妇女守节等等,都不仅是社会无文化阶层中的个别人的行为,不是被视为丑的、恶的、应予消灭的事物,而是与中国古代文化传统的主体联系着,是有文化的上等阶层的普遍行为,是被视为美的、善的、予以提倡保护的东西。这样,我们便不能再把它们同整个文化传统的性能分割开来,它们也就标志着这个文化传统的发展程度了。

(五)中国古代文化传统是与封建专制政治紧密联系在一起的一个文化系统,在整体上是一架吃人的文化机器。

我们说中国古代文化传统的整体功能是寻求民族内部的自我平衡,对当时的中国人是合理的,但这种平衡却不能不表现为在封建专制制度下的平衡,不能不表现为对封建专制制度的一种巩固和加强。事实也已经证明,它有效地维持着这个制度,使它较之西方的同种制度有远为强大的生命力和更为悠久的历史。也就是说,当它合理地思考着如何维持当时现实社会的内部平衡的时候,同时也维持了当时现实社会自身的不合理性,维持了当时封建专制制度的残酷性。关于这一点,我们最好再纳入前述各种平衡关系中去思考,我认为,这可以让我们认识到,中国古代文化传统的吃人本质绝非它的个别方面的本质,而是它的整体本质。在前述那诸种平衡关系里,一切可变因素、易变因素都与有生命的人有更密切的联系,都与人的不可摆脱的本能欲望有更密切的联系,都与由一个个人组成的最广大的人民群众有更密切的联系,并且都与社会上的最无权势者、最弱者有更密切的联系。相反,一切的难变因素,都与无生命的东西更接近,与人可以不具有的东西更接近,与上层统治机构和统治集团更接近,与强者、有权势者更接近。我们说中国古代文化系统总是通过抑制可变因素、易变因素使之与难变因素保持协调关系达到维持现有民族内部平衡的目的,同时也意味着它总是抑制人的本能欲望、抑制人、抑制一个个的下层人民群众、抑制弱者和无权者与非人的物、与上层统治机构和统治集团、与强者和权势者保持协调关系以维持封建专制制度下的平衡关系。任何一种社会制度，这里主要指阶级压迫的社会制度，都要以部分人的欲望、幸福及至生命的牺牲作为代价，但是，毫无疑义，凡是以不断破坏旧有平衡、追求新的更高的平衡、发展社会生产力，推动社会不断发展的社会制度，就会更少地以人的欲望、幸福和生命为代价换取社会的正常秩序和正常运转，而凡是不求生产力的发展、不求社会的不断进步，仅仅以调整各种关系而寻求静态平衡的社会制度，便必然更经常、更大量地以人的痛苦和牺牲为代价。由此可见，中国古代文化传统的反人性的吃人本质不是鲁迅的毫无根由的诅咒，也不是对个别现象的苛刻挑剔，而是符合它的整体本质的深刻科学概括。

鲁迅对中国古代文化传统进行价值重估的实质意义何在呢？我认为，它的实质意义是：

在中华民族介入了现代世界的广泛联系并以弱国、落后国的姿态面临着西方发达的资本主义国家的实际威胁的时候，当中华民族必须追求与西方列强的外部世界性平衡并因此自求发展的需要超过了自求平衡的需要的时候，对中国古代传统文化的有效性和合理性做出的现代的、整体的科学估价。

在这种估价面前，中国古代文化传统整体上的有效性转化成了无效性，整体上的合理性转化成了非合理性。也就是说，对于中国古代人不能不追求的民族内部的自我平衡它是有效的，但是这种有效性能越强，对中国现代人不能不追求的外部的世界性平衡就越是表现为无效性；对于中国古代人不能不追求的民族内部的自我平衡它是合理的，但是这种合理性能越高，便越是巩固加强着古代社会现实中的必然存在的不合理性，因而对于现代中国人民、对于现代中华民族的自求发展，自求进步的愿望便越是表现为不合理性。

鲁迅对中国古代文化传统的价值重估的结论是：

中国古代文化传统在整体的"结构功能"上是一个落后的、非

对古老文化传统的现代化调整

科学或反科学的、排他性能极强的、反人性的、只能加强历史的逆向性运动的文化体系，现代中国人民必须彻底毁坏这个文化系统，对它进行重新建构，以建立适应现代中华民族发展需要的现代化的文化系统。

原载《中国杂志》1986年第9期

以西方文化为重建中国现代文化的主要参照系
——鲁迅与中外文化论纲之二

在整个人类文化的近现代化的过程中,如果我们把东西方文化各作为一个整体,二者各有其特点:西方文化的近现代化是通过自己旧文化机体的自行裂变实现的,而东方文化则是在西方文化的撞击下实现的,或更精确些说,东方文化首先受到了西方文化的撞击,然后才发生了自身的裂变,开始向近现代化的方向发展。产生这种不同特征的原因,其一在于此前东西方文化发展的长期严重分离状态,其二在于在二者分离发展时造成的发展的不平衡性。关于这一点,马克思主义能给我们最明确的说明。按照马克思主义的历史唯物主义的观点,在整个社会文化中,起决定性作用的是社会生产力的发展,随着社会生产力的发展以及由此引起的生产方式和生活方式的变化,整个社会文化就会发生或速或迟的变化。这个人类文化发展的总体规律,在东西方表现的方式是不相同的:西方文化首先进入了近现代的历史发展阶段,就整体而言,它不是在横向的外来推动力的推动下发生变化的,而是由于自身生产力的发展以及随之而来的生产方式和生活方式的变化,引起了文化旧机体自身固有矛盾的激化发展,发生了旧机体的裂变,实现了向近现代文化的转变。但在东方,不是首先有了自身的生产力的充分发展,而是首先受到了西方文化的横向撞击,然后才引起了自己的文化旧机体的裂变,带来了生产力的发展,生产方式与生活方式的变化,反转来又作用于整个文化机体

以西方文化为重建中国现代文化的主要参照系

的转化和发展。总之，不论从历史的具体事实出发，还是从马克思主义的历史唯物主义观点出发，我们都必须承认，西方文化对东方文化的撞击，是东方文化向近现代历史发展的第一个契机。中国，也没有例外。

在这种形式的历史发展中，中华民族的近现代自觉，同东方各民族的现代自觉一样，必然同时表现为两个自觉：对本国古代文化传统的自觉和对西方文化的自觉。这两个自觉共同构成了中华民族对自己的现代命运和前途的自觉，二者是同时发生、互为因果、彼此增进的。显而易见，谁没有对"洋枪""洋炮"等现代军事武器有所认识，谁就不可能以现代人的方式感受中国传统中的大刀、长矛，而如果我们对传统的大刀、长矛有了现代的感受，也便意味着我们已经认识到"洋枪""洋炮"等现代军事武器的威力了。

这里的两个自觉，对中华民族，是有不同趋向性的规定的：对中国古代文化传统，表现为向整体否定的倾向发展，而对西方文化，则表现为向整体肯定的倾向发展。这个结论，我们可能极难接受。在这里，关键问题是我们不应当把东西方文化仅仅当作东方人民和西方人民的私有品，而应当当作全人类的共同财富，我们也不应当把特定历史时期一个民族的文化发展状况，当作一个民族的优劣的标尺，而应把每个民族的文化都看作有盛有衰、有繁荣发展也有相对停滞的动态发展过程。当我国古代文化繁荣发展而西方文化相对停滞的时代，我们不能得出中华民族优于西方各民族的结论，同样，当中华民族的文化发展相对落后于西方的时候，我们也不应当认为西方各民族便优于中华民族。只要如此看待文化问题，我们也就不难理解，中华民族现代自觉的过程，必然表现为对中国古代文化传统的不断深化的否定过程和对西方文化的不断深化的肯定过程。其原因是：一、我们是从闭关锁国的状态进入现代的世界联系的，中国古代文化传统一直被我们视之为世界上至高无上的文化传统，并且是唯一完善的文化。正像一切至高无上的东西的任何一种形式的发展都将是下降的运动一样，东西方文化的同时并存和相互比较必然会使中华民族认识到它的局限性，它的神圣的至高无上的地位再也不可能保持下去了，这表现为价值的下跌，而不可能表现为价值的进一步提高。而西方文化，开始时我们是全然漠视并极力排斥的，是被视作蛮夷文化的。这样，从零度线上开始的西方文化价值，在中华民族的心目中，只能向高处发展，而不可能再低于原来对它的估价；二、任何事物的发展，都必须通过自我的否定才能实现，而对不着眼于主动改造的对象，对自己能够保持一定的距离予以静观的对象，特别是对可以利用和借鉴的对象，我们则不必更多地考虑其如何对它进行实际否定的问题，因而也不必更多地专注于它的不足，更重要的是取它之长，补己之短；三、以上两点，决定了任何一个个体当打破了自身的封闭态而与另一个个体所接触时，必然经历的一个向彼此平等方向转化时所表现出来的表面看来是逆向的、不平等的发展过程。这种表面看来逆向发展的不平等关系，在中国（整个东方也一样）更被东西方文化发展的暂时不平衡态进一步加强了起来、显化了起来。中国近现代文化的发展，就其主要基础的生产力发展，绝对不能重新向中国古代的水平复归。而必须向早已实现了工业革命的西方已有的水平发展，这种生产力发展的方向，同时也会带动整个社会文化向自己所运动的方向发展，而不可能归于中国古代文化传统。这样，中华民族实际上将不断抛弃已有的传统文化的局限而取得西方文化现有的整体性优长。以上三点，都决定了中华民族介入世界联系之后的一个相当长的历史时期，就其发展的总体趋向而言，都将朝着向中国古代传统文化的整体性否定和西方文化的整体性肯定的方向发展，洋务派对此前的封建官僚是这样，维新派对洋务派是这样，革命派在对待传统的封建专制政治制度与西方民主政治上对维新派是这样，五四新文化运动对革命派也是这样。我们一天不能充分认识自身的已有传统的局限性，一天不能充分估计西方文化有利于中华民族近现代发展的优长面，这个过程便一天不会结束。任何不求民族自身的发展而在静态现实面上以民族自尊的形式维持的民族虚荣心，都将延缓这一过程，而不是缩短这一过程（日本民族在开始阶段加速了这一过程，而在整体上缩短了这一过程）。

不用多加说明，我们便会知道，鲁迅的现代自觉，不是在自己的直接的生产实践和生活实践的基础上发生的，而是在西方文化的直接影响下实现的。他在接受外国文化的影响之前，没有与现代的生产力发展以及在此基础上产生的新的生产方式和生活方式发生过稍微多一点的直接

以西方文化为重建中国现代文化的主要参照系

联系,他出身于一个破落的地主阶级家庭,接受的是中国传统文化的教育,他与农民的接触对他后来的发展无疑有着很大影响,但仅此绝不会使他异于杜甫、白居易一类的古代正直的知识分子而成为中国现代文化的巨人。使他产生现代自觉的,首先是外国文化的影响。他的自觉的第一步,便是在东西方文化的比较中迈出的。"欲扬宗邦之真大,首在审己,亦必知人,比较既周,爰生自觉。……故曰国民精神之发扬,与世界识见之广博有所属"。(鲁迅:《坟·摩罗诗力说》)

在中外文化的比较中,鲁迅逐渐加强着的是对中国古代文化传统的整体上的否定倾向和对西方文化的整体上的肯定倾向。这一过程,我认为,鲁迅完成得较中国任何人都要早得多。在他之前的洋务派、维新派、革命派对中国传统文化的否定都还是部分的,五四新文化运动的参加者,则是在这个运动前后才接近或达到了对中外文化的整体性自觉,而鲁迅在留日时期,便基本上实现了这种自觉。当他把革命派的政治观同维新派也曾进行的"国民性"研究结合起来的时候,也就是说,当他把对全部封建专制制度的否定同对整个传统文化的研究结合起来的时候,当把政治的、经济的东西提高到伦理的、道德的、文化心理的高度进行分析时,他的觉醒也就成为整体性的自觉了。在他眼前,活动的已不是各个文化部件的职能,而是中西文化的不同的整体功能了。

鲁迅之"别求新声于异邦"(鲁迅:《坟·杂忆》),目的在于改造和发展本民族的文化,而不是援人证己,求得自我满足,也不是以人固己,求得保古复古,后者也会向外索取,但所取的是"同我"的东西,是可以证实固有传统的正确性的东西,而鲁迅,到外国文化中去不是"认同",而是"认异",为中国古代文化传统去"认异"。

鲁迅说,他在日本留学的时期,"也曾热心的搜求印度,埃及的作品,但是得不到。"(鲁迅:《而已集·革命时代的文学》)还曾说:"有些民族因为叫苦无用,连苦也不叫了,他们便成为沉默的民族,渐渐更加衰颓下去,埃及、阿拉伯、波斯、印度就没有什么声音了。"(鲁迅:《而已集·革命时代的文学》)这里的"得不到"和"没有什么声音了",并非说这些民族的文化已经不复存在,而是说已经没有代表这个民族的心声的杰出的文化产品了,因而它们的文化也不再能作为异质的东西作用于中华民族的传统文化。在《摩罗诗力说》中,他说印度文化"降及种人失力,而文章亦共零夷,至大之声,渐不生于彼国民之灵府,流转异域,如亡人也",以色列文化"则止耶利米(Jlemiah)之声,列王荒矣,帝怒以吓,耶路撒冷遂毁,而众人之舌亦默",波斯、埃及文化"皆中道废弛,有如断续,灿烂于古,萧瑟于今"这些"负令誉于史初,开文化之曙色,而今日转为影国"(鲁迅:《坟·摩罗诗力说》)的亚洲和非洲的古文明国,与中国古代传统文化有着更为相近的特征,所以鲁迅在向外国文化做了最初的迅速扫描之后,其视线便主要转向西方文化了。

在东方文化中,鲁迅最重视的是日本文化,这当然与他早年留学日本、精通日语是有很大关系的,但其根本的原因则在于日本文化有与中国古代传统文化完全异向的特征。在古代日本与中国的联系中,日本不是处于一个大国、强国、先进国的地位,而是以一个小国、弱国、落后国所应有的姿态,毫不介怀地把中国的先进文化成果引入自己的民族,但也正是在这种引入中,使日本走向了与中国不同的方向。如果说中国古代文化传统越来越走向了自我封闭,日本文化则走向了自我开放;如果说中国古代文化传统逐渐加强了严重的排他性,日本文化则走向了容他性的方向。他们从勇于改造自我中获益,同时也加强着勇于改造自我的性能;他们从大胆学习外国中得到发展,同时也强化着自己向外国学习的基本素质。这种主动进取、敢于否定旧有传统、主动汲取外国文化的民族性格和文化传统,使日本在进入现代世界联系中很快便在最初的闭关锁国的梦魇中醒过来,走上了主动输入西方文化的道路。

> 当他们了解到维护日本独立也需要输入外国文明时,日本人便一心一意汲取西方文明而不遗余力。
> 而且,随着对西方文明的优越性的理解,便日益赞扬西方文明了。
> 明治时期的日本,就是这样想把所有的东西都一下子加以改变。这里不可避免地要附带产生一些弊病,但毫无疑问,它会使日本更容易引进西方文明。
>
> (吉田茂:《激荡的百年史》)

以西方文化为重建中国现代文化的主要参照系

鲁迅重视日本文化，重视的正是它异于中国古代文化传统特质的这一整体性特征。鲁迅曾说："……我以为唯其如此，正所以使日本能有今日，因为旧物很少，执着也就不深，时势一移，蜕变极易，在任何时候，都能适合于生存。不像幸存的古国，持着固有而陈旧的文明，害得一切硬化，终于要到灭亡的路。中国倘不改革，运命总还是日本长久，这是我所相信的；并以为旧家子弟而衰落，灭亡，并不比新发户而生存，发达者更光彩。"（鲁迅：《译文序跋集·〈出了象牙之塔〉后记》）

日本明治维新以后的文化，是鲁迅研究和译介的重心之一，除他的大量具体译作及论述、评介之外，我认为更重要的，还是日本明治维新以后整个历史发展和文化发展的经验。他还曾说，因为"知道了日本维新是大半发端于西方医学的事实"，才决定到仙台医专学习医学。以为这不但可以医治肉体的疾病，还可以促进"国人对于维新的信仰"。（鲁迅：《〈呐喊〉自序》）

由以上简说可知，鲁迅重视日本文化不在于它是东方文化，不在于它更多地保留着中国古代传统文化的特征，而恰恰在于它已经不是古代纯粹形态的东方文化，已经更多地离开了中国古代的文化传统。我们可以说，对于鲁迅，日本文化的重要性，主要在于它是东方文化开向西方文化的一个窗口，通过它，鲁迅可以向西方文化进行展望、进行索取。

在西方文化的范围中，鲁迅也表现出了一种"认同"的趋向，例如他之倾向于东欧、北欧、俄国、德国的文化，而对最发达资本主义国家如美、英等国的文化则反不如上述被压迫民族和封建性资本主义国家的文化更加重视。但这是到"异"中去认"同"，而非"同"中之"同"，其"同"也不在文化的质，而在境遇之似，仅就文化而言，我们甚至可说是"异"中之"异"。关于这种情况，我们以后再做叙述。在此之前，我们必须首先理解鲁迅从整体上重视西方文化的实质意义。

我们毫不否认，中西文化中有很多具体内容都是相同或相近的，彼此都有精华和糟粕，但我们同样不能否认，二者在整体上又确有很明显的差别。

首先，我们看到，可以称之为西方文化的信息源的古希腊文化，与我国春秋战国时期的文化，在整体特征上就是很不相同的。

我国春秋战国时期的各诸侯国，同古希腊那些分散自立的城邦国在形式上非常相似，但二者却有一个根本的不同：春秋战国时期的诸侯国是由一个统一的周王朝分裂而成的，是在已经失去了实际维系能力的周王朝的笼罩之下的，大一统的观念还自觉不自觉地以正的或负的形式存在在各诸侯国的心目中。而在古希腊的各城邦国之间，却没有这种更高一层的架构，它们不但在实际上是分立的，在观念上也是分立的。这种差别，使二者的存在和发展都具有鲜明的不同特征。因为春秋战国各诸侯国在观念上就把各自看成是一个统一的整体的各部分，在观念上就认为应有一个凌驾于各诸侯网之上的一个更高的仲裁，那么，当周王朝实际已经失去了自己的维系力的时期，每一个拥有实际力量的诸侯国便自然地会产生以自我为核心重建统一局面的企图。实际上，当这种意图产生的时期，也就是形式上彼此平等自由的各诸侯国失去了彼此的自由和平等关系的时期。在这时期，不但每一个力量较强大的诸侯国要在表面平等自由的形式下实行着对其他诸侯国的实际极不平等自由的措施，而且每一个弱小的诸侯国也都必须在表面平等的形式下把自己置于不平等的附庸地位上，必须把自己的自由意志交给别的诸侯国来主宰从而丢掉自己的自由意志。这样，在原本似乎是各自平等自由的诸侯国之间，便再也不可能有实际的自由和平等的关系了。在这里，我们必须注意这种关系将会转化为一种什么样的观念，这种在表面的自由和平等的关系中实际存在着不平等、不自由的现实，只能使人自觉不自觉地认为，一切的自由和平等都只是一种虚幻的形式，都只是一种手段，而不会构成有实际内容的目的。也就是说，当没有其他的现实条件可以使人产生自由平等观念的时候，在这种现实关系中是不可能使人产生这种观念的。它们彼此之间不可能追求完全自由平等的关系，而只是追求统一、平衡、稳定或协调，而这种统一、稳定、平衡或协调则绝不是在彼此自由和平等之中实现的，而是在一个最强有力的诸侯国能够获得绝对的统治地位和统辖力量而实现的。这种内部的诸侯国与诸侯国之间的关系，不仅在大一统观念愈来愈强化的中国历史上，反复出现在分裂时各国之间的关系上，并造成了"分久必合、合久必分"的历史发展的循环形式，而且也外化于与其他各民族之间的关系上。鲁迅说："中国人对于异族，历来

以西方文化为重建中国现代文化的主要参照系

只有两样称呼：一样是禽兽，一样是圣上。从没有称他朋友，说他也同我们一样的。"（鲁迅：《热风·随感录四十八》）如果我们把视野仅仅局限在中国古代的历史上，似乎也只能得出这种观念。

但是，在古希腊那些各自分立的城邦国家之间，关系却有不同。它们并不意识到自己是一个更大的整体的一部分，并不觉得在它们之间或之上还应有一个更高的仲裁。它们各自分立着，并以这种分立为合理。即使之间有什么争端，也只是两个个体之间的争端。在正常的情况下，它们谁也想不到应该吃掉其他各国，把自己置于统治其他各国的地位。应该说，在它们之间，至少较之春秋战国的各诸侯国之间，是有一种真正的自由和平等的关系的。也就是说，它们在自由平等的形式中，包含的也是自由和平等的内容。在此后的历史发展中，这种自由和平等的局面会不止一次地丧失掉，但也正因为它的丧失，人们会更明确地意识到它的存在。在这时，人们会把它在潜在的感觉中发现出来，强化为一种理性原则，并以这种理性原则争取丧失掉的平等和自由。如果说中国古代的历史发展实际取的是统一→不统一→统一、平衡→不平衡→平衡、协调→不协调→协调、稳定→不稳定→稳定的形式，每一次反复后加强着的都是统一、平衡、协调、稳定的理性原则，都是它们在更高历史层次上的贯彻，那么，西方历史发展则取着平等→不平等→平等、自由→不自由→自由的形式，并且二者还有可能是彼此交织的，即在平等原则得到贯彻的时候，自由原则可能受到抑制，而自由原则得到更强有力的贯彻的时候，平等的原则可能受到破坏，但在这种反复中，不断加强的是自由、平等的原则，并且使它们不断在更高的历史层面上出现。

当春秋战国时期的各诸侯国被一个统一的意志无形地左右着的时候，每一个诸侯国自己自由发展的状态就完全被破坏了。彼此的战争把它们牢牢地锁在了一个原则之上，各种原本平等的原则变得也不能平等了。在彼此自由平等的条件下，它们原本是可以按照自己的不同个性自由地发展自己的，原本是可以向不同的方向发展的，原本是可以以自己不同的个性做自由的自我表现的。它们可以以自己高度发展的农业而获得各诸侯国的赞赏，也可以以善于经商而求得自己的高度发展；它们可以以自己的瑰丽的文学艺术知名于世，也可以以科学的成就而令人倾倒。

……但在它们被彼此的倾轧拴住的时候，它们的这种自由性也便被剥夺了。也就是说，这是一个太立体化的现实，它把在正常的情况下各种平等的现实需要立体化了，有的上升到了最重要的地位，其他的所有一切都要在对这种第一需要的关系中确立自己。所有的需要都要服从一个最重要的需要，所有的原则都要服从一个最重要的原则，所有的个性都要归化为一种个性，所有的价值都要兑换为一种价值。集中成了第一需要，民主被挤到了不被人注意的角落里，因为只有集中才有可能更好地应付外部关系；政治和经济的平等地位丧失了，因为只有政治才能把经济力量集中于对外的战争，一般的经济发展、无法集中起来的经济力量、不是现有的而是决定未来经济发展的措施和计划在这种现实中是没有重视的更大必要的；自然科学和军事学的平等关系也必然被破坏了，军事学成为第一需要，不能服务于现实军事斗争需要的自然科学研究与发明必然被忽视；在这种情况下，国家的治理被归并为两大项：武功和政绩。武功是对外的扩张或防御，政绩是对内的统一、集中和稳定。经济的发展是在上两项具备后的自然结果，而不是主动追求的目标。不难看到，这种观念在此后的历史发展中仍然以惯性力贯穿在整个中国古代历史上。

在古希腊那些城邦国家之间，显然不是这种情况。我们分明感到，它们没有被外在一个强有力的需要束缚住。以后人的眼光观之，他们似乎都在做着自己并未意识到的自由的自我表现。在他们之中，有高度集中的斯巴达，也有在当时看来极端民主的雅典；有以农为本的国家，也有以商为主的国家；文学艺术和科学同样受到重视，哲学和伦理学立于平等地位。可以说，凡是当时人类需要的东西，在那里都是平等的需要，凡是能够被认为是一种原则的，在那里都是平等的原则。我们分明能够看到，古希腊文化的这种特质，在西方文化的今后的发展中也是有影响的。中国古代历史上只存在过一种专制制度，而在西方历史上，专制和民主制是交替出现或同时并存的，并且两者又有相互的渗透。我认为，更重要的是，上述这一切，还都可以转化为一种不自觉的观念意识而被胶固在头脑里，变成一种把握世界、设计世界的思维方式。如果细心体味，我们的古代人，总是努力在各种平等存在的事物中找出一种最主要的事物来，总是努力在各种平等的职业中找出一种最主要的职业来，总

以西方文化为重建中国现代文化的主要参照系

是努力在各种平等的原则中找出一种最主要的原则来，总是努力在各种平等的价值中找出一种最主要的价值来，然后把其余的事物、其余的职业、其余的原则、其余的价值，都在这种最主要的事物、职业、原则、价值中得到权衡，得到说明，因而也都分出等差，定出等级。而在西方，这种思维方式当然也是存在的，但同时也能够看到另一种较之中国古代人远为鲜明的思维方式：他们总是努力把各种不同的事物作为平等的事物、把各种不同的职业看作平等的职业、把各种不同的原则视为平等的原则、把各种不同的价值当作平等的价值。各种东西只以它自身的存在为标准，而不将它兑换为另外一种价值。这种思维方式当然也有它的弱点，但中国古代人明显地缺少它，也给传统文化的发展造成了很大损失，任何在当时看来不重要的东西都不可能取得较为充分的发展。如果说西方文化像一个各个领域都摆满了棋子的棋盘，而中国古代文化传统则只在几个区间摆满了比西方更密集的棋子，而在其他区间却只有极稀疏的棋子。当社会文化的重心发生了转移的时期，这种布局便一时难以很快地得到改变了。

当一个国家失去了自己的自由选择的更大空间的时候，一个国家的人民也便必然不可能得到更大的自由活动的空间；当一个国家把自己的各个平等的文化门类转化成了不平等的文化门类的时候，一个国家的人民的聪明才智便不再可能得到平等的发展了。在我国春秋战国时的诸侯国里，人们的聪明才智得到发挥的空间，相对而言，是很少的，政治、军事、外交、历史以及下面将提到的伦理学，成了人们表现自己的聪明才智的主要领域，其他的一切，只能在上述价值中找到自己的价值，只能在上述空间中找到自己的空间，这也就是说，当每个人的个性首先转化为这些少数个性的价值时，这个个性才会具有自己的价值。人类的需要被高度规整化了，人的个性也被高度规整化了。在这里，我们不妨思考一下孔子和苏格拉底的不同经历。孔子的一生，都在游说诸侯中度过，这也就是说，他的自身的价值，在当时甚至在以后，只有首先转化为一种政治的价值，才能取得自身的价值；他自身的个性，只有首先表现在各诸侯国的统治者的个性中，才能得到自己的个性的充分贯彻，因而他的伦理学，也必须在政治学中取得自身的存在价值。而苏格拉底的思想

145

和哲学，一开始就好像仅仅作为自己个性的表现，他对世界发表自己的看法，并以自己的看法影响别人，获得人的首肯，但不想把自己的价值体现在别个的价值之中，甚至在接受审判的时候，他还不忘记表现自己的思辨和论辩的智慧。应该说，这是两种人格。古希腊人的人格在总体上显现着活泼的个性，甚至在那些数学家的计算和几何学家的推理中，人们都可以体验到一种属于艺术的东西，因为他们的发现与其说是为了实用，不如说是为了显示自己的智慧，但也正因为如此，它们为未来数学和科学的发展做出的贡献远远超越了它们在当时的实际运用价值。在古希腊，各种不同的人格就这样在各不相同的方向上得到了发展，它显示出的不是规整化、统一性、等级排列，而是一个个以自身价值为价值的独立个性。由此也可以理解，为什么当中世纪宗教神学统治了远比中国封建社会短得多的一个历史时期之后，个性的要求很快便在文艺复兴的运动中迅速活跃起来，并很快作为一种人生原则和独立价值被肯定下来。

是幸呢，还是不幸呢？中国古代传统文化中占统治地位的伦理道德学说就在春秋战国时期建立了起来，并且一直被奉为规范中国人的最高的道德标准。但是，那个时代的道德论，同样不能不反映着（尽管是极其曲折而又多方面地）那个特定时代的特征。我认为，我们必须看到，那个时代的所有的道德论，几乎都不是对现实道德关系的感受，而是对现实非道德关系的感受。那个时代，是个"礼崩乐坏"的时代，是一个秩序混乱、战争频仍的时代，是一个破坏了统一、失去了均衡的时代，是一个无仁无义、无法无天的时代，是一个尔虞我诈、以强凌弱的时代，是一个得不到个人自由、取不得心理平衡的时代。当时的一切道德学说，无一不是在反向上提出自己的主张：孔子的"仁"不是从现实"仁爱"关系感到的，而是在现实中"无仁爱"中感到的；庄子的心灵自由不是感到自己的心灵自由时提出的，而是感到自己的心灵自由难以获得时提出的；墨子的"兼爱""非攻"不是现实中有"兼爱"，无攻伐时提出的，而是在现实中无"兼爱"、大事攻伐时提出的。……在这种形式下建立起来的道德学说，必然有它们的共同特征。例如：

一、特定的趋向性：人的道德观念，原应有两个相反的趋向性，一

以西方文化为重建中国现代文化的主要参照系

是发展自己、解放自己、实现自己的趋向，这是人类致力的主要目标，是人类历史发展的大趋势，因而也是人的道德观念的主要趋向、基本趋向；二是约束自己、规范自己乃至否定自己的趋向，这是人类在不断发展自己、解放自己、实现自己的过程中不能没有的一种辅助性手段，它们的作用是保证前一种趋向的顺利进行，因而它的内容和形式必须在发展的过程中不断变化。如果说前一种趋势是在不断顽强贯彻自己的过程中实现的，后一种趋势则是在不断否定自己的过程中实现的，因为它如果不能经常否定自己，便成了前一种趋势的障碍，因而也不再是前者的辅助手段。但在春秋战国时期的道德论，只有一种定向性的规定，它不以解放人、发展人为指归，而以束缚人、约束人为目的，因为只有束缚住当时"人欲横流"趋向的发展，社会才能复归于平静。这种定向性，甚至老子、庄子也未得免，老子讲无欲无争，庄子讲无是非，都是一种对自我、对人的束缚。不难理解，凡是基于对现实的非道德感受而建立的道德学说，必然都只有一种束缚、规范的倾向，但当把这种倾向上升为唯一的最高道德准则的时候，实际也就等于把人类应有的道德观念的两种趋向性简化成了一种趋向性，并且还是把一种辅助性的趋向上升到了一种主要趋向的地位，其阻碍人类发展的性质是必然的。

二、自我异化的性质：我认为，人们较少注意，春秋战国时的道德论，都是一种自我异化的理论产物。因为他们面对的是一个非道德的现实，而建立的是一种道德的学说。在一个非道德的现实里，人的各种正常的欲望只有在非道德的行为里才能得到充分的实现，否则，这个现实也就不能认为是非道德的，但当人的各种正常的欲望只有在非道德的行为里才能实现的时候，各种道德学说在对非道德的行为的否定中，同时也就否定着人的正常欲望。如果说这种正常欲望是这些道德论者自我也不能没有的，那么，他们的道德论实际也必然走向自我的否定，因而在这种情况下取着单一否定趋向的道德论必然是自我异化的产物。这与其说是逻辑证明的结果，毋宁说是对当时道德理论的概括和综合。老子讲无欲，正是他知有所欲、已有所欲而又认为无欲才符合自己的理性要求的结果，庄子讲无是非，正是他知有是非、已有是非感而又认为无是非感方能获得心灵自由的结果，如果说老、庄思想是在总前提上首先走向对自我的异化，而后则力图在这异化的前提下重新寻找对自我的肯定，孔子学说则整体上呈现着自我异化的性质。他以一个无权势的知识分子而肯定上尊下卑的等级制以及建立在这种等级制关系之上的整个礼教制度，其本身就带有自我否定的性质。春秋战国时的道德理论，不但是对这种理论创造者自身的异化物，而且也是对社会现实的一种异化，它自然是在非道德现实的基础上产生的一种道德理论，这种理论就是在现实关系的基础上产生出来而又返转来对现实实行否定的理论，是现实关系的一种异化形式。我认为，认识到这一点是非常重要的。我们不难发现，在中国古代历史上，甚至在中国近现代历史上，这种道德理论在理论上的每一次得到肯定，同时也便意味着它在现实关系中实际上已经遭到了否定。换言之，正是在这些理论的维护者认为"世风日下"（在现实关系中否定了这种理论）的时候，他们才会更热情地宣扬、肯定这种理论（在理论上对它的肯定）。这种现象并不是偶然的，自然没有非道德化的现实便不可能产生这种形态的道德理论，而这种道德理论又是对产生自己的现实关系的否定，而当它无法走向对自我的否定的时候，也正意味着它的理论实际上并没有得到实现，而当它的理论在实际上得以实现的时候，它理应也走向对自己的理论的否定。总之，这类道德理论实际上总是处在自我否定的过程中。如果结合第一个特征予以思考，那就是：任何对人类的约束性的规定，都是在人类特定发展阶段所不能没有的特定约束力，只有如此，它才是合理的。这种约束性规定若不能取消，说明这种约束性规定所由建立的不合理的现实关系依然存在，如果它所由建立的现实关系已经不复存在，那么，这种约束性规定就应当被否定。由此可以看出，随着历史的不断发展，随着社会关系的不断变化，春秋战国时期的道德理论理应不断予以扬弃，而绝不能不断加强。

三、以道德规范支撑道德观念的虚弱构架形式。春秋战国时期的每一种道德理论，都提出了自己正面的道德观念，但只要知道它们这种道德观念并不是在社会现实中实际得到有力贯彻的道德观念，而是没有得到普遍确立的道德观念，那么，我们就会知道，这些道德理论在其构架上一定是非常虚弱的。因为面对这种情况，它们只有两条理论出路：（一）不提供实现这种道德观念的任何现实保证，那么，这种理论便带有

以西方文化为重建中国现代文化的主要参照系

虚幻的性质,便是一种不可能转化为现实性的理论。老子、庄子的道德论便属此种类型,他们都没有向人提供如何才能从根本上做到无欲、无为、无争、无是非的现实手段,而如果人们无法取得无欲、无争、无为、无是非的基本基础,他们的整个道德观念也就不可能真正树立起来,又因为那时的现实恰恰是多欲、多争、多为、多是非的现实,因而大多数人也就不可能因这种道德理论而真正树立他们提出的道德观念;(二)孔子的道德理论之所以后来得到统治者的肯定而予以广泛的推行,就因为他不但提出了自己以"仁"为核心的道德观念,而且也提供了维护这种观念的一整套礼教制度。但是,他之所以提出这一整套以各种行为规范为内容的礼教制度,恰恰正因为社会上还普遍缺乏他提出的道德观念,如果人们没有这种道德观念也会遵从这些行为规定,那么这些行为规定就可能并不与这种道德观念有什么必然联系,如果这些行为规定确与这种道德观念有必然联系,那么它对那些普遍缺乏这种观念的人就是不起作用的,这样,这种道德理论也就是毫无实际意义的。事实是,孔子学说中的大多数礼仪规定并不是与他提倡的道德观念相互加强的,而是彼此否定的。道德观念本质上便是一种感情的素质,是人在心灵完全自由状态中所自然出现的东西,任何对现实需要的实利考虑都会有意与无意地隐蔽它的本来面目。只有当道德观念真正加强了的时候(不论这种观念的性质与倾向如何),一个人才会自然地而非虚伪地遵行与这种道德观念相应的道德规范,而这种道德观念是在人与人的关系中形成的,是人与人感情关系的表现,它不但取决于自身,而且取决于环境或对方。但是,孔子的礼教制度却只是对每个个人规定的行为规范,是不以环境与对方为转移的行为准则,也就是说,是可以并且常常是离开人当时所可能有的自然感情而必须执行的固定规则。这样,人们遵行它的基础便不是自然的真实感情,不是自己的道德观念,而是对现实利益及后果的理智考虑,所以,在这时,它不是强固着人的道德观念,而是弱化着人的自然的真实感情,弱化着道德观念。一当自然感情、道德观念与外部行为、道德规范拉开了距离,其表现便是虚伪的。而虚伪恰恰是人间最不道德的品性素质。这种行为规范否定道德观念的情况,还大量存在在孔子道德论的各种细节里,例如"爱人"的无等差与按照亲疏血缘关系规定的有等差的行为规范，"爱"的感情基础的平等要求（只有在完全平等的基础上才会产生爱的感情）与"君臣、父子、夫妇、兄弟"的不平等关系的礼教规定，"爱"的无实利性与"恩"的有实利性，"爱"的无惧感与"敬"的有惧感……这些都是彼此排斥的因素，而孔子之所以将其结合起来，所以试图以这个烦琐的礼教制度固定他的以"仁"为核心的道德观念，就因为他的学说是立于现实无道德的基本基础上的，是企图以道德学说挽颓风、正纲纪的结果。这种"道德救世"自身的历史唯心主义性质，决定了他的道德理论的不可克服的内部矛盾。

四、直接立于需要基础之上的直接经验性。由于春秋战国时的道德理论是建立在对非道德现实的感受基础之上的，是他们的一种需要的反映，而对这种需要，是不必加以论证的，这使他们的道德理论带有直接经验的性质，而不必，也没有重视对人的自然存在和社会存在做一般性的、普遍性的科学思考。这种直接经验性的道德理论有其存在的合理性，但对于特定历史环境具有更大的依赖性，从而带有短视性、狭隘性的特点。例如孔子的道德理论，自己的主观鹄的置于"仁"上，如若他真的坚持这个理论基础，原本是可以走向对封建等级制度的根本否定的，因为这样一个制度本身，便不利于仁爱关系的实现，同时也是可以走向对礼教制度的否定的，因为仁爱关系是可以直感而不必束缚于重重陈规陋习之中的。又如庄子的对心灵自由的主张，也是可以走向对他的无是非观的否定的，因为在心灵完全自由的状态中，人必然是有是非感的。但由于他们的直接经验性，使他们不可能离开固有的、自以为不可变更的现实背景而做真正的科学推断。

五、对"善"的单方面肯定。春秋战国时的伦理道德学说，尽管也有"性善说"和"性恶说"之分，但作为伦理道德学说本身，则都是对"善"的单方面肯定。这种对"善"的片面肯定，恰恰说明春秋战国时期的伦理道德学说是建立在对"恶"的强烈感受之上的，是出于对"恶"进行强力约束的愿望之上的。它与上述第一点的联系是十分明显的：谁要仅仅希求着统一、协调和均衡，谁就会满足于"善"的单方面实现，谁要同时追求着发展和变化，谁就要承认破坏原有统一、打破固有协调、搞乱现有均衡的合理性，谁就要承认"恶"的相对合理性。

以西方文化为重建中国现代文化的主要参照系

在古希腊的社会条件下，伦理道德学说的发展与我国春秋战国时代是不完全相同的。在他们那里，道德学说并不是或并不都是在对非道德现实的强烈感受的基础上发展起来的，因而他们也不把自己的道德理论当作驾驭整个社会发展的方向盘。在他们那里，道德、哲学、科学、政治、文艺是在平等地位上发展起来的，他们很多人都同时是数学家、科学家或文艺学家，可以说，他们的道德观念是按照自己对人、对社会、对自然的理解而提出来的。由于他们的道德理论并不是针对同一个现实问题提出来的，所以他们的道德理论呈现着多元化的发展方向。其中自然也有对人的行为加以约束的理论倾向或理论命题，但同时也有更多的对人的积极进取精神，对人的情欲、个性、爱好的热情肯定。"幸福"从一开始就是他们注意思考的重要道德课题，在一些人那里，对财富、荣誉、智慧的积极占有，被认为是最道德的行为，人人都应有获得幸福、得到欲望满足的权利。这样，那时的道德理论就不仅仅有一个发展趋向，而是有两个主要发展趋向，这对西方此后的历史发展是有决定性影响的。在中世纪，西欧宗教神学发展了对人的约束、限制的理论倾向，但当它把这种倾向推到了极端，严重束缚着人的精神发展和历史发展的时候，随着新的生产力发展，文艺复兴的人文主义者便以复兴古代文化的形式，接过古希腊对人的肯定、对个性的肯定的理论倾向，实现了对宗教神学的否定，开启了近现代西方文化的新方向。而在中国，任何一次具有根本意义的文化革新，都不可能以复古的形式实现，其原因之一就在于春秋战国时的道德理论只具有一种发展趋向，而希腊文化则是多元的，具有两种对立的趋向。

自然古希腊的道德学家并无意将自己的道德理论当作唯一的拯世济民的救国良策，而更多地在于表示对人、对社会的看法和主张，因而他们的理论与他们自身所处的地位、与他们对自然、对神、对社会人生的理性思考保持着较切近的距离，自我异化的现象当然是大量存在的，但在总体的程度上，较我国春秋战国时期的道德理论要低得多，特别是当他们大胆地肯定着人、人的个性、人的幸福追求、人的各种欲望的天然合理性的时候，这实际上也是肯定着自己，肯定着自己同样具有的东西，同样的心灵趋向，这本质上是与禁欲主义、抑情主义、束缚个性的理论主张不同的，因为主张这种理论的人自身，便不是从内在要求上乐意接受束缚的，它仅仅是对客观需要的思考，而不是自己内在的自然愿望和渴求。

任何道德理论都是相对真理，因而就一个道德理论学说自身而言，其理论构架都不可能是完全牢固的，但只要我们从这样一个根本意义上考虑问题，便可发现，我国春秋战国时期道德理论的那种虚弱性质，在古希腊的道德学说中表现得是没有如此突出的。如果说我国春秋战国时期的道德理论是对非道德化现实的强烈感受，而它们又企图以自己的道德理论改变这种非道德化的现实，那么，这种虚幻的本身就决定了他们整个理论构架的不牢固性，这便必然造成他们理论的现实可能性与具体理论主张、具体的行为规范与抽象道德观念之间的内在深刻矛盾，而当古希腊的道德学家只是意图论证自己特定道德观念的合理性的时候，当他们并不企图以自己的单纯的道德观改变整个历史发展的进程的时候，他们是可以较多地避免这种根本性的矛盾的。他们往往根据自己的认识抓住一个片面，并以这个片面真理为论证对象，这样，尽管他们抓住的都是特定侧面，但对于这个特定侧面来说，他们的理论是可以做到自我的协调的。而在他们各自的多元化发展中，在各种不同理论的对立统一中，则又可以提供多侧面的真理认识。

关于这一点，也是与他们的科学论证的方式有关的。如果在现实中一种普遍缺乏的东西，人们提出这种需要以及实现这一需要的方案已经可以得到最大的满足了，那么，对于现实中一种并不缺乏的东西，仅仅如此，那就意义不大了。所以古希腊的道德理论，并没有仅仅停留在直接的经验性表述上，而是力图证明它、说明它。即使对于神，他们也总是企图找出多种证明方式，说明它的真实存在的性质。就其自身而言，显然是荒谬的，但这种科学论证的倾向，却又是未来宗教神学迅速衰落的原因。当科学的发展把对神的所有论证都摧毁了的时候，宗教神学也便失去控制人心的力量了。富于启发意义的是，西方宗教神学在现代世界的存在，已经不是科学的存在，而是一种存在的"需要"，这也就是说，当人们只把中国古代的道德理论当作一种需要加以肯定，而不把它当作科学加以证明的时候，我们便将极难认识它的自身的实在价值及其

以西方文化为重建中国现代文化的主要参照系

具体作用。人有多种多样的需要，但当把其中一种需要片面夸大起来并仅仅以这种需要为万古不变的需要的时候，任何最荒谬的东西（包括西欧宗教神学）都是难以抛掉的。中国古代伦理道德正是凭借着自己的直接经验性，凭借着现实的特定需要而又反转来无限加固着这种需要，而把自己的生命延长到了为西欧宗教神学所不可望其项背的长远生命力的。

无论对于西方文化发展史，还是对于鲁迅，古希腊伦理道德理论中同时存在着对"善"与"恶"两种因素的肯定，都是具有重大意义的。在"恶"构成了对社会人生严重威胁的春秋战国时代，我国的伦理道德都自觉不自觉地向"善"进行膜拜，这是不难理解的。但在古希腊，却能够使人感到"善和恶是一回事"（赫拉克利特）。关于这一点，我们以后还要谈到，在此从略。

鲁迅接受西方文化的影响，主体并不在古希腊文化，但分清古希腊文化与我国春秋战国时期文化在整体性质与功能上的不同，对理解鲁迅对西方文化的态度，是有极其关键的意义的。西方文化，通过文艺复兴运动，用"复古"的形式实现了由古代文化向近现代文化的根本转变，带来了近现代文化的空前繁荣和迅速发展。中国现代文化将在什么基础上发展？是通过复古的形式或曰通过继承和发扬中国古代文化传统的方式实现自己的复兴，还是通过向西方文化学习的方式、以西方文化为基本模式，为参照系统求得自己的发展？这是中国进入近现代历史发展阶段之后一直进行争论的重大历史课题。我认为，鲁迅没有走向复古主义的道路，而走向了向西方文化学习的道路，在中国的具体文化背景上，复古，就等于倒退，就等于停滞，就等于在西方列强面前束手待毙，因为中国历史发展的缓慢性，其根源恰恰在于春秋战国时期建立起来的文化基础便是有特定指向和特定功能的，它在漫长的历史发展中，并没有造成对自己的自我否定。而西方文化，由于古希腊文化是在比较"纯粹"（这是恩格斯在谈到雅典国家产业时的用词，他说，雅典国家的产生"非常纯粹，没有受到任何外来的或内部的暴力干涉"。出自《家庭、私有制和国家的起源》）的条件下发展起来的，人类的各种不同的需要基本上以平等的形式被表现了出来，并且呈现着多元化的发展方向，具有相互对立的两种趋向性。这使西方文化有可能（事实上也实现了）自我的不断否定，从而不断迅速地向前发展着。中国现代文化，必须以西方文化为基本的模式和类型，重建一个能够自求发展、不断更新的文化系统。我认为，鲁迅这种指向是完全正确的。这绝不是鲁迅一时的思想倾向，而是他一生执着追求的目标。

> 即使所崇拜的仍然是偶像，也总比中国陈旧的好。与其崇拜孔丘关羽，还不如崇拜达尔文易卜生；与其牺牲于瘟将军五道神，还不如牺牲于 Apollo。
>
> （鲁迅：《热风·随感录四十六》。）

鲁迅是反对崇拜偶像的，他以此表达的是以西方文化传统为基本模式，重建中国现代文化系统的决绝选择。

原载《中国》1986 年 12 期

从两个不同的角度进行的人生开掘
——鲁迅和郁达夫小说思想意义的比较研究

一

众所周知,中国第一篇现代白话小说是鲁迅的《狂人日记》,而中国出版的第一个现代白话短篇小说集则是郁达夫的《沉沦》。鲁迅和郁达夫都是立于中国现代小说源头上的作家。纵观中国现代小说史,他们实际也开辟了中国现代小说的两个不同的潮流,并对中国现代小说的发展发生了不同的影响。在20世纪20年代,鲁迅小说影响了文学研究会小说家为主体的写实派小说的发展,中国乡土小说的繁荣更与鲁迅小说有直接的关联;郁达夫小说则影响了以创造社小说家为主体的抒情小说的发展,并直接带来了身边小说的繁荣;到了20世纪30年代,他们的直接影响都有减弱的趋势,长篇小说的发展相对降低了这两位著名短篇小说家在小说界的地位,但他们的直接和间接的影响仍然在小说创作中具有重要意义,而鲁迅的影响显然更大于郁达夫的影响,在左翼青年小说家中就更是如此,这种情况一直延续到20世纪40年代末;从20世纪50年代到70年代中期,鲁迅和郁达夫的声誉更趋两途,鲁迅的思想地位和文学地位理所当然地空前提高了,而郁达夫的声名则未必十分合理地日渐下降,但从实际的小说创作而言,二者的影响又都处于沉潜状态,鲁迅深刻揭露国民性弱点的小说传统被人民英雄主义精神的热情歌颂所代替，郁达夫赤裸裸坦露自我的传统也被反映现实的客观描写所压倒；20世纪70年代中期以后，鲁迅小说和郁达夫小说的实际影响都有了增长的趋势，随着对郁达夫的重新评价，这两个作家又重新作为两种不同倾向的代表人物而得到了重视。鉴于他们在现代小说史上的这种交错而又共同发生的影响作用，我们对他们各自代表的两种思想倾向和文学倾向做更认真的分析研究，我认为将是十分必要的。

如果说不同历史时期的不同特征和作家面临的不同社会课题把鲁迅和茅盾这两个文学主张极为相近的小说作家区分成了两种不同类型的现实主义小说家，那么，相同历史时期的相同时代特征和作家面临的相同社会课题则把鲁迅和郁达夫这两个文学主张极不相同的作家连接在了一起：他们的小说创作都是中国反封建文学的一部分，他们在当时甚至在后来都是首先在反封建思想革命的历史需要中取得自己的思想地位和社会意义的，中国的读者与它们的思想感情上的呼应也大半由此而起。

认真比较鲁迅和郁达夫的人生经历，我认为是能看出二者的很多惊人相似之处的：他们都是浙江人，都是江南水乡诞生的两个聪敏的生命；他们都是破落地主家庭的子弟，都在年龄很小时便失去了父亲的怙恃，由辛苦操劳家业的寡母供给了良好的学校教育，因而他们对自己的母亲都有很深挚的感情，尽母孝的愿望既是他们良好的情愫也曾经带给他们沉重的心灵负担；他们都是很善良、很有道德感的孩子，他们身上没有沾染富家子弟常有的纨绔气和虚骄气，也没有沾染市井子弟常有的流氓气和无赖气；他们都聪颖敏感、好学深思，在学校里成绩优异，是正派教师眼中的好学生；他们都没有强健的体魄、英俊的外貌，内部精神世界的活力大于他们外部行动的活力；他们都先后留学日本，在日本留学时开始形成自己的世界观和人生观，并开始自己的文学创作，他们都尊母教与传统的闺阁女子结婚，传统的包办婚姻在他们的人生道路上留下了不可抹灭的心灵印迹，并深深影响了他们的思想道路和情绪格调……这种种惊人的相似之处，不能不使我们想到在他们极不相同的小说创作中，是应有极为相通的精神和情感基础的，在鲁迅与创造社成员经常出现的人事摩擦中，他独能与郁达夫保持长期的良好关系，也不能不说事

从两个不同的角度进行的人生开掘

出有因。但是，鲁迅和郁达夫到底走上了不同的小说创作的道路，其思想风格也有着迥然不相同的特色。在这里，我认为注意到他们这样一种根本的差别是十分必要的：鲁迅在自己这个衰败的家庭中是一个长子，还在他的父亲卧病在床的期间，他便必须担负起家庭对外的各种杂务，家庭日渐加重的负担开始压在鲁迅的幼小的心灵中，他开始感受到周围社会的冷暖。不难看出，这种对家庭的责任感和对社会环境的整体感受始终是鲁迅思想的特色。当他留学日本的时候，旧民主主义政治革命的潮流正盛，鲁迅首先接受的是这种思潮的影响。显而易见，这个思潮是从社会的整体出发的，是以强烈的民族责任感和社会责任感为其思想基础的，从对家庭的责任感到对民族、对社会的责任感的过渡并没有一道难以逾越的鸿沟。鲁迅后来走上了与当时的革命派不尽相同的道路，当然与他的家庭责任感与社会责任感的矛盾不无关系，但这绝不意味着他放弃了救国救民的社会理想，而在于他进一步认识到中国的落后不仅仅因为中国政权形式的落后和当时统治者的失败，更在于中国几千年的文化传统的封建性质，在于在这种传统束缚下整个国民精神的委顿和疲弱。辛亥革命的失败又一次震撼了鲁迅的心灵，他颓唐、失望、沉默，但即使这种苦闷的情绪，也是个体的苦闷与整体的社会苦闷紧密交织在一起的。当他在从事小说创作的时候，他依然是从社会思想的整体改造即他倡言的国民性改造出发来表现中国的社会人生的。当然，这绝非说鲁迅小说中没有个体的真实生活体验做基础，而是说他的全部人生体验都是被纳入国民性改造的整体社会思想体验中被感知被认识和被整理的。"灵台无计逃神矢，风雨如磐暗故园。寄意寒星荃不察，我以我血荐轩辕。"这种救国救民的思想始终是他小说创作的基础和骨骼。

  郁达夫则走了另一条不同的思想道路。

  郁达夫也生在一个破落的地主家庭里，但他却不是这个家庭的长子，他已成年的兄长们理所当然地负有支撑这个破败家庭的责任。年幼的郁达夫处于被照顾、被保护的地位，他的责任便是自己奔上自己的前程，他自己的幸福便是寡母的幸福，他自己的成功便是全家的成功，当他留学日本的时候，辛亥革命已经成功，在日本留学生界活跃的已不是具有强烈凝聚力的社会思潮，广大留学生是作为自我人生道路的选择来到日本留学的，他们按照自我的追求去追求，按照自我幸福的原则设计自己的人生。文学艺术也是作为一种人生事业而被郁达夫一类文学青年所选择、所爱好的，自我幸福的追求在这里是与文学事业的追求直接连接在一起的。当然，这也不意味着这些文学家并不关心国家和民族的命运，并不反映社会的弊病和人生的痛苦，但即使这些，他们也主要是以个体自我和个体人的幸福追求为基础的。在他们那里，传统道德和社会的一切束缚首先都是对自我的束缚，思想的解放乃至整个社会的解放首先都是对自我的解放，一切的苦难的感受都是因对自我幸福的追求不得满足而发生的。

我认为，正是由于鲁迅和郁达夫这种思想倾向的不同，带来了他们表现社会人生的两个角度的不同：**鲁迅小说是从民族生存和发展的整体出发、从整个社会文化和国民精神的改造出发对当时的社会人生进行艺术表现的，郁达夫小说则是从个体自我的幸福追求出发、从个体社会成员的幸福追求出发表现社会人生的。**

在这里，我认为有必要强调指出这两个人生表现角度的意义和价值，因为整个现代思想史和现代小说史，都与这两个表现角度有着密切的关系。进入近现代历史发展阶段后的中华民族，主要是循着两种途径艰难地走向自己的现代化道路的：中华民族在西方列强面前的落后、衰败状况和被侮辱、被损害的卑贱地位迫使中国先进的知识分子思考中国的前途和命运，他们在不同的历史阶段上从民族整体的利益提出中华民族的现代化的问题，但这种整体的角度若脱离开知识分子实际的人生追求，脱离开自身命运的切肤感受，便会变得空疏无力，而当它一旦被统治者利用来作为迫使广大人民群众为他们的利益做出更大牺牲的思想工具时，这种整体的角度便会向着传统的忠君爱国的道路上发展。在这时，个体人的幸福追求则有可能在更新的意义上提出中华民族的现代化的问题，但它是从满足人的幸福需要的角度提出这一问题的，而个体的幸福追求彼此之间不能不具有对立的性质，人民群众的幸福追求与少数统治者的幸福追求乃至人民群众彼此之间的幸福追求经常处于矛盾状态，当这种角度片面发展到一定程度，人民群众又会发现民族整体发展的必要性，发现民族凝聚力是不可或缺的东西。在这时，先进的知识分子又会带着

从两个不同的角度进行的人生开掘

新的要求重新转到民族整体发展的角度。"新青年"时期的陈独秀、胡适、周作人提出的是社会文化的整体改造问题，鲁迅小说则是从这一角度表现社会人生的最杰出的艺术作品，这一传统由后来文学研究会的写实派作家所继承，但他们不像鲁迅一样身历维新运动、辛亥革命等社会运动和社会思潮的起伏跌宕，因而也没有鲁迅那种从整体民族文化的改造出发感受现实人生的心理素质，他们多是作为自己人生道路的选择而选择了文学的，因而人生幸福的追求更能代表他们的真实思想角度，这一方面使他们的创作更接近创造社作家，另一方面则使他们在沿用着鲁迅的角度时而不再具有鲁迅小说的博大精深的气度和强烈的情感基础，提出的问题具体化了，描写的方式一般化了。在这时，"异军突起"的创造社则离开了整体社会要求的角度，实实在在地写自己的生活及其感受，从自己的幸福追求出发写自己的痛苦和苦闷，从而使他们的作品有了更切实的生活内容和更浓郁的情感色彩。它的最杰出的小说家便是郁达夫。而恰恰是创造社的成员自己，愈来愈感到这种个人幸福追求的角度与整个民族发展的角度有着太大的距离，并在20世纪20年代末开始大力提倡马克思主义这种具有高度社会概括性的理论学说。20世纪30年代的左翼文学和巴金、老舍等民主主义作家，更进一步增强了社会意识，使他们作品的社会思想的容量有了长足的扩大，但个人幸福追求的潜在视角依然在茅盾、路翎、巴金、老舍等作家的小说作品中起着重要作用，而像沈从文、张爱玲、钱锺书这些著名作家，其基本视角仍然是人生幸福的追求。20世纪50年代之后，这两个视角的界限混淆起来了，多数作家把整体的社会发展同个体的个人幸福追求看作是完全一致的东西，似乎脱离开整体的个人幸福追求就是完全无益的追求，而与人民幸福有矛盾的个体需要就是完全不合理的需要，这便使整体角度的严峻性和个人生活角度的特异性都受到了影响，但在像柳青的《创业史》和王蒙的《组织部新来的青年人》这样一些优秀的长短篇小说中，仍有两个角度交错使用而呈现出的不同艺术特色。"文革"结束后，这两个角度又一次发生了分化，它所反映的仍是中华民族向现代化方向发展的两种途径：从民族整体发展的要求出发、从个体人幸福生活的追求出发。它们之间的差异和矛盾至今仍是明显的。由此可见，立在中国现代小说源头上的鲁迅和

159

郁达夫所使用的这两个不同的思想视角是具有不可忽视的重要意义的。

二

只要认识到郁达夫主要是从人生的幸福追求出发感受人生和表现人生的，我们就会看到性爱主题几乎必然地成为郁达夫小说的一个具有独立价值和意义的首要主题，而鲁迅小说当从民族生存和发展的整体需要出发，从整个社会文化和国民精神的改造出发感受人生和表现人生时，性爱主题并不具有自己完全独立的价值和意义，它是作为整个社会思想观念的一种表现形态而被把握和表现的。

在过去，我们经常笼统地称郁达夫小说中的青年为现代青年，把他们的苦闷称为现代青年的苦闷，并与西方"世纪末"的苦闷简单等同起来，实际上这是不精确的。关于这一点，成仿吾在20世纪20年代便曾有过朦胧的感觉。他说："灵肉的冲突，应当发生于肉的满足过甚的时候，因为一方面满足的过甚，未有不引起他方面的痛苦的。然而《沉沦》的主人公，我们很知道他是因为肉的要求没有满足，天天在那里苦闷。"[①]成仿吾所说的灵肉冲突，是西方现代灵肉冲突的主要形式，其特点是在肉的餍足中已失去了灵的内容，而灵的追求则与肉的追求发生了严重的分裂。但成仿吾没有看到，《沉沦》的主人公的苦闷仍然是灵肉冲突的苦闷，只不过它是中国传统的性爱道德在向现代道德转型期所发生的一种特殊形式。

在中国传统的封建道德中，婚姻是男女性爱关系的唯一合法的、同时也是道德的形式，除此之外，一切的性爱关系都是非道德的。因为婚姻的结合不是由男女青年自行负责的，所以西方青年男女所有的情爱关系，包括从接触、交谈、传情、表爱到结合的恋爱过程，都被划入了"淫"的范围，其中的所有言行也都作为不道德的因素而被人们所不耻。在这种情况下，一个有道德感的青年当产生了对异性的感情冲动或求爱欲望时，几乎同时伴随着一种无意识中的或明确意识到的不洁感、耻辱

[①] 成仿吾：《〈沉沦〉的评论》，载《成仿吾文集》，山东大学出版社，1985，第35页。

从两个不同的角度进行的人生开掘

感或罪恶感,肉的冲动与道德心的恐惧是相偕发生的。如果说在罗米欧与朱丽叶(莎士比亚《罗密欧与朱丽叶》剧中的男女主人公)这样的西方男女的情爱关系中总是加强着自我的道德自尊心,而在中国青年男女自行媾媒的关系中,几乎总是动摇着自己的道德纯洁感的,即使在传统的爱情故事中,也很难摆脱不庄重的轻薄感。郁达夫的幼年和少年时代受的便是这种性爱道德的熏陶和影响,与异性的接触本身便已是为人所侧目的举动,彼此感情交流更是他所陌生的情事。就这样,他在青春期被时代抛到了性开放程度甚至超过西方世界的日本,已经牢牢形成了传统道德意识与性本能欲望的自然需求便发生了严重的冲突。当然,他小说中的描写并不等同于他自己的实际经历,但作为心理状态却是郁达夫所实际具有的。不难看出,郁达夫的人生体验有他的独特性,但它却是每一个在传统道德教养下而又介入男女共处的现代社会关系中的中国青年知识分子所普遍感到的。《沉沦》在当时的广大影响也证明了这一点。

郁达夫的人生感受是普遍的,可作为自己小说创作的一个首要的主题则是有条件的,只有在一个作家把个体人(特别是青年)的幸福追求作为感受生活、表现人生的主要标准时,它才会成为最重要的东西。显而易见,性爱问题恰恰是当时青年知识分子人生幸福的首要问题,他们的情感在这里爆发得最强烈,他们的感受在这里表现得最敏锐。鲁迅与郁达夫有类似的人生经历,他也是一个很有道德自洁感的青年,他也在青春时期来到日本留学,在"同学阳狂,或登高而窥裸女"[1]的生活环境中,自然也会发生各种不同的情感趋向,但当时的革命思潮和他的社会责任感却有利于他的情感转移,使他能在更广大的社会追求中维持自己的道德自尊心。母亲的包办婚姻从根本上摧毁了他的自我幸福追求的希望,社会追求几乎成了他的唯一可能的追求,在这时,个人的性爱生活

---

[1] 许寿裳在其《亡友鲁迅印象记》中回忆道:"鲁迅到仙台以后,有一次给我通信,还提及《天演论》,开个玩笑。大意是说仙台气候寒冷,每天以入浴取暖。而仙台浴堂的构造,男女之分,只隔着一道矮的木壁。信中有云:'同学阳征,或登高而窥裸女。'自注:'昨夜读《天演论》,故有此神来之笔!'"见人民文学出版社,1955,第9页。

不再有完全独立的价值和意义，它是作为封建传统观念吃人的证明被储存在社会人生感受之中的，而他的个人生活的苦闷乃至性苦闷也与更广大的社会苦闷融成了一体并以情绪性的东西反映在他的作品中。

苏雪林说："郁达夫的《沉沦》只充满了'肉'的臭味，丝毫嗅不见'灵'的馨香。"又说郁达夫的"小说人物的行动没有心理学上的根据"[①]。这种说法是不正确的。郁达夫早期小说中的主人公的"堕落"恰恰不是由于他的不道德，不是由于他缺乏道德感，而是由于他完全是在传统道德教养下长大的，在异性面前几乎没有丝毫求取的能力。《银灰色的死》基本还停留在爱情悲剧的层次上，其主人公的悲剧不在于他对异性的无耻，而在于他没有求爱的勇气：

"我可以去的，可以上她的家里去的，古人能够这样的爱他的情人，我难道不能这样的爱静儿么？"

看他的样子，好像是对了人家在那里辩护他目下的行为似的，其实除了他自己的良心以外，却并没有人在那里责备他。

（郁达夫：《银灰色的死》）

这是"男女授受不亲"在中国青年（有道德修养的青年）心中种下的恶果，如果说在西方纯精神的爱便是"灵"，而在中国，道德心便表现在这种"男女授受不亲"的道德规范的遵守上，因为破坏了这种道德规范，引起的便是道德心的紊乱，亦即"灵"的丧失。但青春期性本能的冲动不能不摇撼着他的这种道德自爱心。我认为，这就是郁达夫早期小说主人公灵肉冲突的具体内涵。

《沉沦》的主人公便是一个典型的中国青年：

有一天放课之后，他挟了书包，回到他的旅馆里来，有三个日本学生系同他同路的。将要到他寄寓的旅馆的时候，前面忽然来了两个穿红裙的女学生。在这一区市外的地方，从没有女学生看见的，

[①] 苏雪林：《郁达夫论》，《文艺月刊》1934年第3期。

从两个不同的角度进行的人生开掘

所以他一见了这两个女子,呼吸就紧缩起来。他们四个人同那两个女子擦过的时候,他的三个日本人的同学都问她们说:

"你们上哪儿去?"

那两个女学生就作起娇声来回答说:

"不知道!"

"不知道!"

那三个日本学生都高笑起来,好像是很得意的样子。只有他一个人似乎是他自家同她们讲了话似的,害了羞,匆匆跑回旅馆里来。进了他自家的房,把书包用力地向席上一丢,他就在席上躺下了。他的胸前还在那里乱跳,用了一只手枕着头,一只手按着胸口,他便自嘲自骂地说:

"你这卑怯者!"

"你既然怕羞,何以又要后悔?"

"既要后悔,何以当时你又没有那样的胆量?不同她们去讲一句话?"

"Oh, coward(懦夫), coward!"

(郁达夫:《沉沦》)

这个细节充分说明,《沉沦》的主人公就其开始绝非一个不道德的人,这种在异性面前的呆痴表现几乎也仅为中国的"老实"青年才具有。但也正因为如此,他的性本能冲动再也无法与精神上的爱结合在一起,而走上了畸形宣泄的途径。

中国传统的性道德与西方宗教禁欲主义有着完全不同的特点。西方的禁欲主义是对本能欲望的精神性否定,它要求从内外两面上都将之视为一种罪恶,但这种罪恶则是人生而具有的原罪,人没法完全摆脱它,但自觉抑制其欲望,则是人的道德修养的内容。我们应当注意的是,它否定的是本能欲望自身,但并不否认包括两性间的爱情在内的一切爱的感情,柏拉图式的精神恋爱非但不被否定,而且视为高尚而神圣的。中国的传统道德实际并不否认本能欲望的自身,它否认的是男女自行媾合的权利和性本能欲望的非法性满足。在它认可的范围内一切性关系都是道德的，它不要求爱情的精神基础和感情基础，而在它认可的范围外男女间一切的性爱联系都是不道德的，包括纯感情的、精神的欲望（所谓"淫心"）。不难看出，它有优于西方宗教禁欲主义的地方，但也有自己的弊病：它对本能欲望自身的态度是纯自然主义的，没有爱情的婚姻作为唯一道德的标准实际上剔除了男女性爱关系中的精神结合的内涵。正是因为如此，中国传统道德把两性关系隔成了两端：一端是绝对的禁欲（包括精神感情的）主义，一端是纯自然主义、享乐主义乃至纵欲主义。"男女授受不亲"与一夫多妻制并存，节妇烈女与西门庆共有，一旦失去了行为限制的外在和内在的力量，性爱关系便坠入一种自然主义的、享乐主义的深渊之中，甚至古代的爱情故事，写的也多是对"闭月羞花"貌、"眉清目秀"脸的爱，缺少形而上的精神吸引的内涵。我认为，《沉沦》的杰出意义恰恰在于，郁达夫没有简单地在或者包办婚姻或者自由结合的外在模式中看待中国现代青年知识分子道德意识和道德风貌的变化，而是通过自我心理体验的夸张性描写，深刻揭示了传统封建道德如何从根本上扼杀了中国青年的爱情生活。

知识我也不要，名誉我也不要，我只要一个安慰我体谅我的"心"。一副白热的心肠！从这一副心肠里生出来的同情！从同情而来的爱情！

我所要求的就是爱情！

若有一个美人，能理解我的苦楚，她要我死，我也肯的。

若有一个妇人，无论她是美是丑，能真心真意地爱我，我也愿意为她死的。

我所要求的就是异性的爱情！

苍天呀苍天，我并不要知识，我并不要名誉，我也不要那些无用的金钱，你若能赐我一个伊甸园内的"伊扶"，使她的肉体与心灵，全归我有，我就心满意足了。

（郁达夫：《沉沦》）

一个在传统道德教养下根本失去了与异性自由相处的能力的人固然

从两个不同的角度进行的人生开掘

得不到真正的爱情，即使有了这种能力而以纯自然主义的异性观念感受异性的中国青年也是不可能真正体验到真实的爱情幸福的。《南迁》以后的小说抒情主人公，基本已与《银灰色的死》《沉沦》等小说中的不一样了，成了易与女性周旋的男子，不论郁达夫是否自觉意识到，他的实际描写却说明了，一个以自然主义的异性观念追求女性的人，是多么容易地首先陷入自然主义的本能满足而再也不可能进入到更高层次的爱情体验中去了。爱情，既不可能是没有精神基础的，也不可能是没有本能做基础的，当在享乐主义的原则中发泄了本能欲望之后，爱情便根本不会产生了，所感到的只是无爱的空虚和苦闷。《茫茫夜》《秋柳》的主人公的变态心理便属于这种类型。就其自身而言，它绝非现代性道德的应有表现，其性质与传统的自然主义、享乐主义的性本能观没有本质的差别。但在郁达夫的笔下，它却与传统性爱小说作家的作品有了不同的思想意义，因为他始终在这种畸形的性生活中冀求着一种真正属于爱情的东西，并因无法获得它而处于彷徨苦闷之中，而传统的性爱小说家则满足于这种纯自然主义的结合，并表现出对它的欣赏、赞美的态度。简言之，传统的才子、佳人的内容被郁达夫的更真诚爱情的要求所转移，从而喜剧的成了悲剧的，常态的成了变态的。所谓真诚的爱情追求即是说他企望的是心灵的融合而不仅仅是自然本能的满足。

　　费孝通曾说过这么一段话："可是我很怀疑在中国的男女间是否有人真的懂得西洋式的恋爱。这必然是学习西洋文化的最后，也是最艰难的一课。也许只有真的全盘西化之后，这一课才学得会。我在这方面可以说全盘是中国传统里养成的人，说老实话，我实在无法体会到西洋人恋爱时的情绪。自己没有这种经验也就永远也不能体会别人的这种感觉……"[①]我并不绝对地承认费孝通先生这段话的正确性，但我认为它至少向我们说明了在不同的文化心理的人身上所体验到的称为"爱情"的情绪，实际是极不相同的东西。郁达夫小说的优点恰恰在于，他是按照中国特定青年的实际感受在表现他们的性爱心理的，他使我们感受到那时的青年实际怎样爱而不是应当怎样爱，使我们体验到在这种爱

[①] 费孝通：《美国与美国人》，三联书店，1985，第101页。

之中有什么缺欠的感觉。我认为，我们应当永远记住，郁达夫从来没有教导我们应当怎样爱，而只是说他（或他笔下的人物）当时怎样爱和企求怎样的爱。《沉沦》的主人公说，他要的是一个安慰他体谅他的心，理解他的苦楚、真心实意地爱他、肉体和灵魂全归他有的爱人，这实际是一个弱者对爱的具体要求，它反映了一个带着传统性爱心理的青年对爱的真实向往，但这种爱却只能是双重职能的载体：在感情关系上是慈母或慈姊的替代物，反映着一个弱者要求从他人身上获得温暖的愿望，但这却不是在完全自由的追求中的平等的男女情爱，不是两颗心灵的一拍即合式的爱情；在自然的关系上是被役使的妻妾，是一个属于他所有的躯体，反映着一个男性要求自我满足的本能要求，而不是彼此获得幸福的平等式关系，不是在对方的幸福中获得自我幸福的对流式爱情关系。它仍然具有传统男性爱情观的特点。这具体到实际爱情描写中，便更清楚地表现了出来。例如《南迁》写伊人与女学生O的第一次见面：

　　女学生的方面伊人不便观察，所以只对了一个坐在他对面的年纪十六七岁的人，看了几眼，依他的一瞬间的观察看来，这个十六七岁的女学生要算是最好的了，因为三人都是平常的相貌，依理而论，却够不上水平线的。只有这一个女学生的长方面上有一双笑靥，所以他笑的时候，却有许多可爱的地方。

（郁达夫：《南迁》）

如果读者仔细品味这段描写，我想是会感到有一种庸俗的意味的，因为他不是以平等的眼光对女性美的精神感受，而是以享用者的潜在意识对女性的估量。而在这样的心理基础上，当他们第二次见面的时候，已经是两心相许了：

　　轮到那女学生读的时候，伊人便注意看她那小嘴，她脸上自然而然的起了一层红潮。她读完之后，伊人还呆在那里看她嘴上的曲线，她抬起头来的时候，她的视线同伊人的视线冲混了。她立时涨红了脸，把头低了下去。伊人也觉得难堪，就把视线集注到他手里

从两个不同的角度进行的人生开掘

的圣经上去。这些微妙的感情流露的地方，在座的人恐怕一个人也没有知道。

（郁达夫：《南迁》）

在这里，甚至连郁达夫也不屑于区分它是否是真正的现代意义上的爱情，因为他要的是"如此"而不是"正确"；是他"幸福与否"，而非"应该与否"。毫无疑义，《过去》是郁达夫最杰出的篇章之一，从幸福追求的人生意义而言，它甚至是郁达夫小说中最好的，是比《迷羊》《瓢儿和尚》《唯命论者》这些着意写人生哲学的小说更有浓郁哲理意味的作品。它写出了人对过往生活的追寻和挽回失落了的美好东西而又根本不可能重新挽回的悲哀，但它是建立在两种变态情爱关系基础之上的："过去时"的与老二的关系和"现在时"的与老三的关系。"过去时"与老二的关系是他虐与自虐性心理的关系，郁达夫小说的特征是，他写了女性的他虐心理与男性的自虐心理，这与西方大多数作家的写男性的虐待女性不同，大概只有俄国小说中有较多这类描写的先例（中国作家写男性虐待女性多是反映男女社会地位的不平等）；"现在时"与老三的关系是已逝爱情的回光返照，男主人公为的是补救过去忽略了的爱情，女主人公为的是挽回已经失去了的爱情，但他们实际都没有在自己的心中重新唤回爱的感情。《迷羊》写的仍然是《南迁》中的那种爱情。小说主人公追求的是女性的温软，仍然是建立在自求满足和对温软女性的希求之上的，我们很难在他的爱情追求过程中感到内在精神的愉悦，那种由爱情的发现而产生的世界人生的新发现。说到底，他所经验的仍不是爱情。《迟桂花》是郁达夫小说的另一力作，一般认为（郁达夫也会这样认为）它写的是净化了肉欲的纯精神的爱，我不这样认为。它写的实际是降低到最低限度的两性间自然欲望的轻度吸引，因为纯精神的爱恰恰是压抑了肉欲的爱，因这压抑而呈现着更强的精神力度（可以想一想雨果《巴黎圣母院》中的加西莫多），《迟桂花》中男女主人公那种清淡的、飘逸的感情关系，恰恰是地平线下的两性自然关系，赵园说："《迟桂花》的这种'美'，毕竟太薄，太轻脆"①，可谓的论。这种"美"的"薄""美"的"脆"，依我看来，恰恰是"性"的薄、"性"的脆，它没有储足爱的力。假若我们知道郁达夫有意写纯精神的爱，我认为极值得玩味的是，郁达夫从《沉沦》的赤裸裸地暴露性变态心理、大胆写性本能欲望的宣泄开始，而以《迟桂花》写净化了肉欲的精神恋爱终结；从追求西方世纪末的苦闷情调开始，到表现传统自然关系的恬淡自然终结，几乎走了一个逻辑圆圈。这恰恰反映了他并没有找到自己希望的灵肉一致的爱情，他被自己描写的那种变态的性关系吓坏了，而从内心重新希冀着《迟桂花》中那纯洁无瑕的两性关系。当他在《出奔》中不得不再次描写现实的性爱关系的时候，他依然不得不以自然本性代替爱情关系。关于这一点，肖乾曾批评说："《出奔》与《沉沦》相距虽已将近十年，作者对两性的观念并无改变。作者善写小家碧玉，婉珍是一个。出现于所有作者故事中的女角色都是中等人才，没有光彩，也没有尊严。凡是女性，似乎就没有可厌的；但把一位女人奉为皇后，仙女，用莲花宝座拱围起来显然也没有过。一双男女在作者眼中没有美丑、贵贱、粗细的分别，作者只着眼于结实与孱弱；因为在作者笔下，一切男女都是本能的，那是说，他们都为了相互满足某种欲求而存在。经过了十年的变迁，作者的婉珍依然是'虽则皮色不甚细白，衣饰也只平常，可是一种健壮的少女特有的撩人之处，毕竟是不能淹没的自然的巧制，也就是对于异性吸引蒸发的洪炉'。每个年轻人都同时是一只爆竹和燃烧物。触到了异性，即刻就无例外地訇然爆炸。没有踌躇，没有阻挠，一个使命单纯的小动物！"②

《过去》《迟桂花》都是郁达夫小说的上乘之作，并且在中国现代小说史上也有很高的地位，但它们并不说明郁达夫有我们认为正确的两性观念。在这里，我们可以看到郁达夫与鲁迅两个不同思想视角的差异来：对于郁达夫的人生幸福追求的视角而言，具体的真实感受就是一切，只要他真诚地哭、实实在在地叫，便完成了自己的思想艺术任务。从这个角度看来，人生的最高标准是幸福，只要令人感到真正幸福的都是可接

---

①赵园：《郁达夫及其创作散论》，《新文学论丛》1981年第1期。
②肖乾：《评〈出奔〉》，《大公报·文艺》1935年11月4日。

从两个不同的角度进行的人生开掘

受的，避苦趋乐是人生的根本原则，自我感受人生的标准是否完全合理的问题没有任何实际意义。这个视角的现代意义在于它自身，在于它剥去了传统封建道学家以道学旗帜掩盖私利追求、在道德外观中满足自己粗俗肉欲的虚伪性，所以郭沫若说："在创造社的初期达夫是起了很大的作用。他的清新的笔调，在中国的枯槁的社会里面好像吹来了一股春风，立刻吹醒了当时的无数青年的心。他那大胆的自我暴露，对于深藏在千年万年的背甲里面的士大夫的虚伪，完全是一种暴风雨式的闪击，把一些假道学、假才子们震惊得至于狂怒了。为什么？就因为有这样露骨的直率，使他们感受着作假的困难。"（郭沫若：《历史人物·论郁达夫》）但这种"露骨的真率"却不解决人生观、幸福观、性爱观自身的问题。但从鲁迅的角度出发，这些问题却是更加重要的问题，中国传统封建道德是虚伪的，但却不仅仅是虚伪的，阿Q并不虚伪，而是他那一套感受人生的价值观念太荒谬了。

我们看到，性爱主题在鲁迅小说中得到了与郁达夫小说完全不同的处理：把性爱问题纳入整个的人生命运中、整个的社会关系中进行处理，我认为是鲁迅小说的根本特色。

对于性的作用，鲁迅不是比郁达夫估计得更低，而是更高。在《补天》中，他是"取了茀罗特说，来解释创造——人和文学的——的缘起的。"（鲁迅：《故事新编·序言》）从这篇小说中，我们至少可以看到鲁迅与郁达夫对"性"的态度的下列几点不同：一、郁达夫从个体人的幸福要求出发，把"性"作为满足个体人幸福要求的条件；鲁迅从人类和民族整体发展的角度出发，把"性"作为人类和民族的生命的源泉；二、郁达夫从满足个体人的现实幸福需要出发，把"性"理解为温软柔润的"美"，他笔下的理想女性都属柔美或灵巧的类型，健美的特征也不具力度感；鲁迅从人类和民族的发展出发，把"性"理解为壮丽辉煌、奇幻伟美的"力美"，女娲的形象就是他理想中的"性"的形象；三、郁达夫从个体人的幸福需要出发，视"性"的宣泄是为我的；鲁迅把"性"视为一种创造力，性的宣泄既是为我的又是为他的，女娲在性苦闷中感到无聊，宣泄带来自我的愉悦感同时又创造了人类和世界，在为我中完成了为他的壮丽事业；四、郁达夫把无节制的本能宣泄作为自然本性的要求，鲁迅把"性"作为生命力的源泉，宣泄是创造，但宣泄的终结即意味着生命力的枯竭，自然本性的灭亡。女娲性苦闷排遣的终结便是她的死亡。

在鲁迅以现实生活为题材的小说里，性爱主题所占的比重很小，这固然可用他的现实生活来解释，但起关键作用的还是他的关注重点。在他的思想视角中，即使个人情爱生活的幸福问题，也主要是一个社会的道德观念的问题，根本的道德观念不变，个人爱情幸福的获得或许恰恰是不可取的乃至令人厌恶的。在这里，他首先关注的不是男性的性解放，而是受传统性道德束缚最重要的女性的命运问题。这恰与郁达夫形成了鲜明的对照：郁达夫小说中总是以男性的性爱满足为基点提出问题，鲁迅则主要以女性的命运为基点提出问题。这两个基点是不同的，在传统的社会里，男性的享乐主义是以女性的牺牲为代价的，女性社会解放和道德解放的问题不解决，男性的性解放必以更大量的女性牺牲为代价。鲁迅为此写了著名的杂文《我之节烈观》，同时也写了《明天》《祝福》《离婚》可以称之为妇女问题三部曲的三篇小说。

最典型的两性情爱关系的小说，当然还是《彷徨》中的《伤逝》，它与郁达夫小说的根本不同特点在于，它不仅从男女双方的幸福出发表现涓生和子君的爱情和婚姻，而且还把他二人的爱情幸福放在整个社会的思想观念中来表现。这样，它便不再是一个个体人的幸福问题，并且任何一个个体人的幸福都已不能构成独立的评价标准。在《伤逝》中，还使我们看到，正是在对中国传统两性观的反思中，在鲁迅的丰富的艺术想象中，使鲁迅感受到了爱情的本质。当然，鲁迅也没有实际描写真正的爱情，但《伤逝》却向我们表明，鲁迅至少知道哪些两性关系并不是爱情，而郁达夫却常常把鲁迅知道并非爱情的东西当作爱情。婚前的涓生和子君，不论从何种角度，都是比郁达夫笔下的男女情爱描写更像爱情的，他们彼此的吸引不但有郁达夫描写的自然形态的两性吸引，同时也有一些精神内涵，因而也在对象身上感到些许精神的震悚。但鲁迅却知道，他们彼此实际上都被若干的假象所迷惑了，他们爱的都不是实实在在的对方的本体，而是自己头脑中构造出来的一个虚像。涓生爱的是一个想象中的中国新女性，这个新女性是坚决的、勇敢的，有着自己的独立精神，是中国女性的希望；子君爱的是自己的一个美好的憧憬，她

从两个不同的角度进行的人生开掘

的精神震悚不是由涓生本体唤起的,而是由涓生谈话中描绘的一幅神奇美妙的理想生活图画引起的。涓生"谈家庭专制,谈打破旧习惯,谈男女平等,谈伊孛生,谈泰戈尔,谈雪莱……她总是微笑点头,两眼里弥漫着稚气的好奇的光泽"。她甚至是把涓生当作雪莱来爱的,因而涓生指给她雪莱那张最美的像时,她却感到不好意思起来。……当然,在这一切里面,是包含着可以成长为爱情的幼芽的,但它还没有成长为两人彼此的真实爱情。正是因为如此,婚后各自的神秘感一被打破,二人原有的那种精神愉悦马上便消失了。到了那时他们方才发现,他们原来是陌生的,原来对方并不像自己婚前想象的那样子,他们互相并不了解:

  我也渐渐清醒地读遍她的身体,她的灵魂,不过三星期,我似乎于她已经更加了解,揭去许多先前以为了解而现在看来却是隔膜,即所谓真的隔膜了。

(鲁迅:《伤逝》)

  子君爱的是自己的一个美好的憧憬,涓生只是引渡她到达这一憧憬境界的桥梁,所以她婚后立即着手自己理想生活的营造,但她渐渐感到,这样一个憧憬是不存在的,她失望了,"常见她包藏着不快活的颜色","她隐忍着,装作勉强的笑容"。只有在这时我们才真正看到,他们爱的都不是对面那个活生生的真实的人,对对面那个人他们都交了白卷,他们之间至那时为止依然是陌生的。在郁达夫小说中,由于仅从男性主人公对女性的欲求出发,因而所理想的爱情是与安宁和幸福同义的,只有在两性相互的关系中,鲁迅才能更清楚地看到,爱情的希冀不能只是安宁的希冀,"安宁和幸福是凝固的""爱情必须时时更新、生长、创造"(鲁迅:《伤逝》)。

  在传统的从属性两性关系中,几乎形成了中国青年知识分子一个相对固定的理想女性的模式,这个模式是由两重属性复合而成的:一、自然属性:能引起男性快感且有展览价值的美;二、社会属性:能服从丈夫管辖和遵守社会伦理道德规范的温顺性格。这两种属性的复合是以下列一种家庭观念为前提的,即家庭的经济责任是由男性负责的,假若纯从这样一个关系上，女性是被供奉者，男性是供奉者，男性是女性的奴隶，正像在家庭的社会关系中女性是男性的奴隶一样。正是这种互为奴隶的关系，从根本上破坏了封建家庭中两性爱情的创造、保持和生长（它的目标是安定与和睦）。《伤逝》十分清楚地表明，鲁迅对女性被动服从地位和在经济上的依附心理给男性的精神压力是有清醒的意识的，因而《伤逝》蕴含了对传统理想女性模式的否定和对具有独立人格和个性的新女性的理想。如果说《伤逝》有着各种矛盾的复杂交织，这个问题较难辨识的话，神话历史小说《奔月》则要单纯得多了。毫无疑义，嫦娥是符合传统的理想女性标准的。她的美貌，她的贞操，她的安顺，都使羿感到心满意足，而恰恰在男性对女性的满足之余，男性却真的成了女性的奴隶，因为在剩余的经济关系中，嫦娥可以属于被供奉的地位，羿则有义务供奉嫦娥，"养活自己的老婆"，当羿终至只能供应"乌鸦炸酱面"的时候，嫦娥便独自飞升了（我们是否会想到，就在多年以后的郁达夫的家庭里，便飞走了一个嫦娥——王映霞）。鲁迅这种两性观念的深刻性在于：他认识到，没有关于人的观念的根本转变，没有两性的独立个性意识的建立，两性之间的真正爱情关系是不可能建立的。在传统观念下的两性满足并不意味着爱情，其中的最根本的观念基础是彼此的利用与被利用的关系，是狭隘私利性的。

与鲁迅小说形成更尖锐对照的，是郁达夫集中写现代青年的变态性心理，而鲁迅则集中刻画假道学者的变态性心理。《肥皂》和《高老夫子》，特别是《肥皂》是这方面的杰作。在这里，我们会感到鲁迅是在更深度的意义上把握性变态心理的：性变态不是在现代青年对性本能自觉意识的加强中更新发展了的，而是在对它的无意识压抑中保持着最高度的体现形式。读者在读郁达夫的小说的时候，总会感到他的变态性心理描写带有表面的、浮泛的特征，他的夸张性的描写不但没有加强了这类描写的力度，反而更使人感到郁达夫夸大其词，其原因便在于他把轻度的变态性心理当成了最深度的表现，把足以起到部分净化作用的某些因素当成了起强化作用的因素，因而越到后来越脱离开了人物的真实心理过程。《银灰色的死》《沉沦》的主人公都不可能走上自杀之路的，因为他们的性宣泄不是加深着他们的性苦闷，而是降低了其苦闷的程度。《茫

从两个不同的角度进行的人生开掘

茫夜》《秋柳》中的主人公的心理描写也是不和谐的,因为它在狎妓与苦闷的两个方向上都做了夸张,把一个真实的郁达夫分裂了。比起郁达夫小说中的人物,四铭和高老夫子的心理变态更是一种强度很大的形式,他们的性焦躁采取了大幅度的迂回,造成了他们偏狭、阴毒和保守守旧的心理特征,在这时,他们的性变态心理与文化心理交织在了一起,彼此难以分清了。只要我们意识到这一点,我们便会看到,鲁迅小说中关于性变态心理的刻画并不一定少于郁达夫,只是其形迹难寻罢了。最明显的如《明天》中的蓝皮阿五、驼背五少爷;《风波》中的七斤嫂;《祝福》中的柳妈;《长明灯》中的灰五婶等等。至于在阿Q的性心理的描写中,则异常明确地反映了鲁迅对传统性心理特征的认识:一端是否认人的自然本能的道德信条,一端是纯自然本能的要求,前者由于违反人性而陷于虚伪,后者因得不到精神的营养而陷于粗俗,两者都不等同于两性间的爱情关系。

但不论怎样,鲁迅是更重视人的文化心理的描写的,对于自然本能在人的两性关系中的巨大作用,他几乎不可能像郁达夫的小说有那么鲜明的表现。即使《伤逝》,我们也感到不如郁达夫的小说写得那么舒展,那么有韵致,我认为是鲁迅没有重视人的自然本能在两性关系中发挥的微妙作用的缘故。至于《过去》《迟桂花》这类作品,鲁迅更是不可能写得出的——这是由他的思想视角和人生体验两方面决定的。

三

性爱主题是郁达夫小说中最重要的一个主题,但却绝非唯一的主题。随着他的生活演变和思想的发展,社会问题在郁达夫小说中占据了越来越重要的地位。但即使在这里,郁达夫小说和鲁迅小说也仍有根本意义的不同:**郁达夫是从个体人的幸福追求的角度提出社会问题的,物质的和外在的地位的问题始终是他关注的中心,而鲁迅则是从整个民族生存和发展的角度提出社会问题的,国民精神的问题始终是他重点表现的对象。**

不幸降生在由传统封建社会向现代文明社会转变时期的中国知识分

子，几乎乍一睁开眼睛就首先遇到了两个迥不相同的问题：中国知识分子民族责任、社会责任和历史责任的超负荷压力和政治、经济、思想地位的超常速下降。不难看出，在这种情况下鲁迅和郁达夫两个思想视角在感受现实人生和表现现实人生上的差距就拉大了，如果说鲁迅是从民族责任和社会责任的高度出发同时也由此含纳并消化了知识分子的地位问题，郁达夫则是从个人幸福追求的角度、从知识分子的处境入手逐渐体验了民族责任和社会责任问题。但前者的基点是整体，后者基点是个体，二者的差别是始终存在的。

我们绝不能低估郁达夫的民族意识和社会责任感，郁达夫后来的表现充分证明了他的爱国主义精神品格，但他走向民族、社会的思想途径是与鲁迅截然不同的。作为思想家的鲁迅，在留学日本的时候便注重于中国国民性的思考，他首先从文化的角度思考了中国的整体变革的问题，1903年他的译述小说《斯巴达之魂》，便表现出了他对整个民族精神的关注，《文化偏至论》《摩罗诗力说》《破恶声论》更是对中国文化和国民精神发展问题的研究。在鲁迅这里，首要的问题是"人"应当是怎样的？中华民族应当具有怎样的精神民族才能振兴、国家才能发展、人民才能幸福？这里的"人"不但是高于每一个具体的人的大写的人，同时也是高于鲁迅现实自我的理想的人。"尼采式的超人，虽然太觉渺茫，但就世界现有人种的事实看来，却可以确信将来总有尤为高尚尤近圆满的人类出现。"（鲁迅：《热风·随感录四十一》）在鲁迅小说里，这个"尤为高尚尤近圆满"的人到处活动着，是照亮每个现实人的具体精神面貌特征的总光源。《狂人日记》中的"狂人"，便以非现实的感受，构成了对现有社会关系和社会成员的宏观俯察，透视了他们的吃人的本质。但在"狂人"之上，又有"真的人""没有吃过人的人"，在这样的人面前，"狂人"是惭愧的，因为他自己也在吃人的文化中受到吃人思想的浸染，在吃人的地方混了多年，"难见真的人"。我认为，只有感到这个"真的人"的存在，我们才能理解鲁迅及他的小说作品。与这个"真的人"相对应，也应有一个由"真的人"组成的人类，组成的社会、民族和生活环境，一切现实的社会都只应接受"真的人"和由"真的人"组成的人类社会的审判，而不是接受哪一个具体的现实的人的审判。他不想以相对衡量相

从两个不同的角度进行的人生开掘

对，以缺陷要求缺陷，以庸俗责备庸俗，虽然他知道人乃至自己很难不这样做。因此，在他的小说作品中，从来不仅仅用诉述个人的痛苦和酸辛方式控诉社会或他人，也不仅仅以哪一个人的人生感受为唯一标准尺度一切。我们说鲁迅是从整个民族生存和发展、从国民精神的根本改造的整体出发感受和表现社会人生的，其主要根据便是他的这个视点不是纯自我的，而是从社会、民族和国民发展的整体需要归纳出来的。

对中国觉醒知识分子的痛苦鲁迅有很痛切的感受也有很深切的表现，但我认为世界上没有哪一个作家能像鲁迅痛苦得这么坚强。他自始至终也不一般地表现他们的经济困难和地位的卑微，而是着眼于他们思想追求和生活追求中的精神痛苦，他们的经济的困窘和地位的卑微是紧紧围绕着他们思想追求和生活追求的艰难表现出来，他痛苦于他们的经济和政治地位的卑微远不如痛苦于他们思想追求和生活追求的被毁灭，因为后者与整个民族的前途更有直接的关联。他认为吕纬甫的消沉比他的奔波更值得伤心，他认为魏连殳的颓废比他的生计困窘更使人畏惧，他认为涓生与子君的婚姻的破裂比他们度过的艰难岁月更令人痛心，因为他在这里面感到了整个民族的悲哀。在这里，我们应当注意鲁迅对痛苦的认识。毫无疑义，鲁迅是坚持主张人有追求自我幸福的权利，"一要生存，二要温饱，三要发展。苟有阻碍这前途者，无论是古是今，是人是鬼，是《三坟》《五典》，百宋千元，天球河图，金人玉佛，祖传丸散，秘制膏丹，全都踏倒他。"（鲁迅：《华盖集·忽然想到（五至六）》）但他绝不绝对地否定人生的痛苦。人生有欢乐也有痛苦，没有任何痛苦的人生是不可想象的，因而痛苦本身并不说明任何东西，关键在于它是一种什么样的痛苦，这种痛苦能否获得它应有的代价。鲁迅所要求的是消除人生毫无必要的痛苦，是与人生幸福追求毫无关系的痛苦，是强加于人的于社会于本人都毫无意义的痛苦，是为个别人的小利而令多数人付出的巨大的痛苦。传统封建道德的罪恶不在它没有实现它根绝人间苦的诺言，而在于它给中国人制造了大量可以不如此的痛苦，而在于它极力麻醉了人们对这大量痛苦的感觉或感知。我们之所以强调这一点，意在说明鲁迅不但对社会是严峻的，对个体人的道德责任感也是严峻的。《在酒楼上》《孤独者》《伤逝》的描写向我们表明，尽管社会环境以各种方式无情地扼杀着个体人的道德责任心和社会责任感,尽管鲁迅完全理解吕纬甫、魏连殳、史涓生的困难处境,但这仍然不意味着他们的妥协和放弃自己的社会责任是完全合理的。吕纬甫的哀伤、魏连殳的苦闷、史涓生的自我审判是使他们获得人们谅解和同情的必不可少的前提条件,因为这说明他们还没有丧失自己的道德责任心,否则,他们的行为便是不应予以原谅的。因为如若不如此,任何恶棍乃至整个封建专制制度都是可以原谅的了,它们不也是环境的产物吗?

在过去,我们总是说鲁迅是站在劳动人民的立场上批判整个封建制度的,这只有部分的是对的。事实上,鲁迅绝未曾以一个阶层或一个人的喜怒哀乐的具体感受评判世界和人生,鲁迅并不认为哪一阶层的哪一个人对周围世界的感情都反应都是合理的,对自己所处的社会环境做出正确的感情反应是一个人觉醒程度的唯一标志,它是很难很难的。如果说中国现代绝大多数作家是循着人物的哭叫或呻吟声而找到人生的苦难的,鲁迅则独能在人人感到惬意和舒适的所在发现大可怖、大可哀。在《阿Q正传》的未庄,谁曾觉得可怖、可哀呢?然而鲁迅却证明这不可怖、不可哀恰恰是大可怖、大可哀。

鲁迅小说及其所体现的鲁迅人生观的这些特点,十分集中地反映了中华民族迟至20世纪才在西方列强的威力迫压下和在西方文化的影响下向现代文化转化的特殊历史需要和尖锐的内部矛盾,也集中反映了在这样一个历史时期中国知识分子民族责任、社会责任和历史责任的超负荷压力与其经济、政治、思想地位超速下降所构成的尴尬处境和思想需要。中华民族的文化重建和国民精神的改造的标准不是现实的、自我的、既定性的,而是理想性的、非既定性的、超前的,首先觉醒的知识分子为民族的振兴所建立的理想和愿望与其自我实际的现实利益并非完全一致的,有时甚至是相悖的,他们必须"肩着因袭的重担"而把自我与民族提高到全新的思想境界中去,必须为了幸福而去经受产前的阵痛、为了生存而践行毁灭的危险。在这时,它不是用每个具体人的感受去感受,而是要用民族、社会乃至人类心灵去感受;它要求的不是现实地消除每个民族成员的痛苦,而是使他们的现实的痛苦结出应有的花果来。它的最理想的形式也不是消除一切的人间苦,而是为每一个社会成员提供发

从两个不同的角度进行的人生开掘

挥自己的才智和力量的愈来愈大的空间并为他们争取幸福生活的努力建立愈来愈自由的文化环境，其余的一切则必须有赖个体人的努力和抗拒苦难的道德人格力量。这一切，都使鲁迅走向了严峻：对社会的严峻、对人的严峻和对自我的严峻——有点不近中国式人情的严峻。

郁达夫的爱国主义是从自我的感受始而又主要停留在自我的实感之上的。他是一个真诚的爱国主义者，真诚得像个孩子一样，但却不是爱国主义的思想家。他始终把自我同民族等同起来，把自我的痛苦等同于民族的痛苦，把自我的愿望等同于民族的愿望，并用自我的苦泣作为中华民族的苦泣酿造成自己的小说及其他作品。"是在日本，我开始看清了我们中国在世界竞争场里所处的地位；是在日本，我开始明白了近代科学——不问是形而上或形而下——的伟大与深湛；是在日本，我早就觉悟到了今后中国的命运，与夫四万五千万同胞不得不受的炼狱的历程。而国际地位不平等的反应，弱国民族所受的侮辱与欺凌，感觉得最深切而亦最难忍受的地方，是在男女两性，正中了爱神毒箭的一刹那。"（郁达夫：《雪夜——日本国情的记述（自传之一章）》）他就从这种自我生活的体验中感受着民族的衰败、屈辱和痛苦。

"祖国呀祖国！　我的死是你害我的！
"你快富起来！强起来吧！
"你还有许多儿女在那里受苦呢！"

（郁达夫：《沉沦》）

假若在别人的作品里，我们会责备它牵强附会、故作姿态，但在郁达夫的作品里，我们却不能这么说。他在下意识里是多么像一个襁褓中的孩子仰赖母亲的保护一样仰赖祖国的保护呵，但他却在异国他乡受到了别人的歧视和冷落。这不是由于他比别人更蠢笨、更懒惰和更无操守，而是由于他是中国的子民。但在这里，他却没有跨过鲁迅曾经跨越过的一个思想的门槛：鲁迅早已知道他不能再依靠自己民族的怙恃，他必须紧紧咬住他不得不、不能不忍受的痛苦和屈辱转而谋取自我和民族的自强，他得像一个独立的人一样面对异民族和本民族。郁达夫则始终像一个孩子一样睁大着乞怜的眼睛望着自己的祖国并在失意时感到无所依恃的空虚:"我近来的心理状态,正不晓得怎么才写得出来。有野心的人,他的眼前,常有着种种伟大的幻象,——一步一步跟了这些幻象走去,就是他的生活。对将来抱希望的人,他的头上有一颗明星,在那里引路,他虽在黑暗的沙漠中行走,但是他的心里终有一个犹太人的主存在,所以他的生活,终于是有意义的。在过去的追忆中活着的人,过去的可惊可喜的情景,都环绕在他的左右,所以他虽觉得这现在的人生是寂寞得很,但是他的生活,却也安闲自在。天天在那里做梦的人,他的对美的饥渴,就可以用梦里的浓情来填塞,他是在天使的翼上过日子的人,还不至感到这人生的空虚,我是从小没有野心的,如此到了人生的中道,对将来的希望,不消说没有了。……"(郁达夫:《空虚》)他可怜地失去了生活支柱,被生活的浪潮冲激着,像一叶小舟一样在人生的海洋中漂泊。

但也正因为如此,他叫喊的是他直接感受到的东西,是作为一个人最低限度的自然需求:"名誉,金钱,妇女我如今有一点什么?什么也没有,什么也没有。……"(郁达夫:《南迁》)在这里面,我认为活跃着的是中国知识分子的一个原始意象。在不久以前的传统社会里,中国知识分子读书做官的道路曾是一条美满的金光大道,只要读书读得好,名誉、金钱、妇女的人生欲望都能得到较好满足,光宗耀祖、荣华富贵,这种美好的意象通过社会群众的意识一代一代地传到鲁迅和郁达夫一代现代知识分子这里,但这代知识分子却突然被历史冲离了固有轨道。他们是读书道路上的优胜者,但却是权力、金钱道路上的劣败者。他们的现状与保持着固有观念的社会群众发生了难以弥补的裂痕,这种裂痕也内化于他们自己的观念意识中。在鲁迅小说中,这种知识分子的原始意象也在一定程度上活跃着。《故乡》中的豆腐西施杨二嫂对"我"说:"啊呀呀,你放了道台了,还说不阔?你现在有三房姨太太;出门便是八抬大轿,还说不阔?"其中分明隐有鲁迅对自己困顿地位的悲凉感觉和不被豆腐西施杨二嫂这类人看得起的屈辱感觉,但鲁迅在这里陷入了更加尴尬的境地,他没法改变豆腐西施杨二嫂的价值观念,因而也没法摆脱自己的屈辱地位,但他又不能承认她的价值观念的正确性。他知道,正是中国社会的这种价值观念使离开了传统官僚地位的大量现代知识分子陷入

从两个不同的角度进行的人生开掘

了不应有的悲凉处境,但同时受害的又不仅仅是这些知识分子,社会群众也因这种观念而无法从自己的卑贱地位中自拔。在这种情况下,鲁迅的情感复杂化起来,自悲与悲人、屈辱感与自信心都交织在一起,使《故乡》不再仅仅是自我悲悯的哀歌,而成了对自己故乡(同时也是自己祖国)的哀叹。对孔乙己、陈士成这类落魄的封建知识分子,鲁迅表示了深切的同情,他分明从中感到了与现代中国知识分子的处境相同的一面,但他却不能仅仅从孔乙己、陈士成的名利追求意义上看待他们的悲剧,因为这将导致上下关系的简单移位。吕纬甫、魏连殳、史涓生悲剧的深刻性不仅仅在于他们个人生活的悲剧,更在于他们社会追求、人生追求和精神追求的失败,正是通过后者,他们的个体悲剧才具有了普遍的社会意义,才有了震撼人心的力量。从日本回国之后,郁达夫关于社会地位和经济地位的描写增多了,但这些作品并没有像我们常说的取得更深刻的社会意义。郁达夫对青年性苦闷的描写是前无古人的,他的真率态度给读者以精神的冲击力,而性的苦闷本身便不仅具有物质痛苦的意义,同时也是精神上的苦闷。但名、利的描写却并非如此,它若不同新的人生追求相联系,便与传统文人哀叹自己生不逢时、命运多舛的作品没有本质的差别,其自身的精神意义较小。当然,这绝不意味着郁达夫这些作品没有反映知识分子社会、经济地位的客观意义,而在于在个体幸福追求的角度不可能取得应有的感人力量。在这里,与鲁迅的《故乡》有直接对照意义的是《茑萝行》《烟影》《在寒风里》《纸币的跳跃》等作品(散文中与此相关的有《还乡记》和《还乡后记》等)。不论我们从理论上可以赋予他们什么意义,但作品有关主人公经济、社会困窘境遇的叙述却是较少感染力量的。这里的原因是明确的:任何社会都不可能没有人生中的困难,也不可能在其经济和社会的现状上有完全平均的或平等的地位,平等只能意味着有平等的追求空间,所以脱离开人物的人生追求的描写,其经济和社会的现状的描绘不具有更深刻的动人力量。其地位更低的人会认为作者无病呻吟,其地位更高的人则难以有一致的感受,而只有精神的东西才能连接彼此境遇有别的读者和作者。《在寒风里》的感人之处在于"我"与老仆的感情联系,《纸币的跳跃》中母亲对儿子的感情打动人的心弦,其动人之处都不在穷困处境的怨诉。

在过去，我们对郁达夫的《采石矶》评价很高，大概与暗讽了胡适有关吧！但就作品而论，我认为读者很难对主人公黄仲则产生更深刻的同情，因为它太着眼于彼此名声的比较了，"我现在觉得戴东原那样的人，并不在我的眼中了"，洪稚存安慰黄仲则的话恰恰表明了黄仲则重的是此高彼低、此低彼高的名声的比较，而这是建立在由社会、由外界赋予自我以存在价值的传统价值观念之上的。如果说鲁迅笔下的魏连殳痛苦的是个人社会追求和精神追求的不能实现，黄仲则痛苦的则是不被人赏识的个人名声。读者之难以对他有强烈的同情是显而易见的。

假若我们抛开具体表现的不同，我们仍可以看到郁达夫和鲁迅从两个不同的角度向一起靠拢的轨迹。鲁迅从国民精神改造的整体出发、从民族生存和发展的需要出发，走向了对现代知识分子个人命运的表现，郁达夫则从个人幸福追求的角度，走向了社会问题的描写。

"《春风沉醉的晚上》《薄奠》《微雪的早晨》，多少也带一点社会主义的色彩"。（郁达夫：《〈郁达夫自选集〉序》）所谓"社会主义色彩"是根本谈不到的，其成功也不在于此，而在于郁达夫在其中不再单纯描写人的穷困和卑微，而着重写了人与人的感情。我们看到，只有在这种精神的、感情的联系中，自爱与爱人、个性与人道、个体与群体才有可能融为一体。这三篇作品与鲁迅小说有了更多的相通之处。《春风沉醉的晚上》《薄奠》与鲁迅的《一件小事》《故乡》中"我"与闰土关系的描写的共同特征在于他们都表现人与人的相互理解和同情，并且不仅仅要求别人的哀怜，还主动地去与人相沟通。《微雪的早晨》是郁达夫小说中最有感情力度的一篇，朱雅儒与鲁迅笔下的魏连殳也有更多相近的特征。但即使在这里，郁达夫和鲁迅的区别仍是明显的，郁达夫从自怜到怜人的第一步是表现境遇相近人的彼此同情，"同是天涯沦落人，相逢何必曾相识"的传统格调还是相当浓厚的。鲁迅重点表现传统等级观念破坏中国民众之间的感情联系，因而他写的不是同病相怜式的爱，而是在自我意识基础之上的心灵沟通。这种区别，到郁达夫更大规模地描写人与人的社会关系的时候便显现得更突出了，《她是一个弱女子》《出奔》表现了郁达夫对周围各类人的理解和把握是不够深入的，他对自我的了解远远超过他对别人的了解，因而他始终是一个更带主观性的作家。

从两个不同的角度进行的人生开掘

只要理解鲁迅自始至终是从民族生存的发展的整体出发、从中国国民精神的改造出发感受并表现人生,而郁达夫则主要从个体的幸福追求出发感受并表现人生的,我们就会看到,他们二人的思想感情的波动是有不同的性质的,这不是有无摆动的不同,而是中轴线的不同。鲁迅深感自我的"孤独""寂寞",郁达夫也常常以"孤独者""零余者"自喻,但鲁迅的孤独主要是思想上的孤独、精神上的孤独,郁达夫则更多的是经济上的穷愁潦倒感、社会上的不被赏识感。鲁迅的思想感情的波动始终是希望与失望之间的波动,不论是失望抑还是希望他都执着于人生、竖立在社会之中,他不想退缩、不欲遁世。郁达夫从个体人的幸福追求出发,因而他的思想波动是在出世与入世之间。《东梓关》《迟桂花》《瓢儿和尚》都表现了郁达夫的出世情绪,其实这种情绪从一开始便存在着,只是到了后期表现得更突出罢了。

但是,鲁迅和郁达夫的共同性到底是最最主要的,这种共同性的最最重要的一点便是他们的正直和真诚。鲁迅从民族生存和发展的整体出发、从国民精神的整体改造出发是他在自己人生道路上形成的观察、感受事物的自然的角度,是他的思维的习惯,不是外加的什么要求,郁达夫从个体人幸福追求的角度感受人生更不是故意做作出来的东西。正是这种真诚的态度,使鲁迅不会漠视人的幸福追求和个体的物质利益,也使郁达夫不会漠视民族的命运和人类、社会整体的需要。鲁迅说郁达夫"脸上也看不出那么一种创造气"(鲁迅:《伪自由书·前记》)即是说他不硬充英雄,为人为文是真诚的。这使鲁迅和郁达夫殊途同归,不但私交颇笃,而且都堪称我国现代史上的真正的民族志士。我认为,这两个中国现代小说源头上的著名小说作家,恰恰也正体现了我国知识分子从传统走向现代的两条不同的思想途径。

1989年9月10日于北京师范大学中文系
原载《历史的沉思——鲁迅与中国现代文学论》,王富仁著,
陕西人民教育出版社1996年版

从思想革命到政治革命
——鲁迅小说和茅盾小说的比较研究

我认为,在中国现代文学史上,存在着两种形态的现实主义小说:一种是伴随着中国反封建思想革命的历史需要发展起来的,它首先兴盛于五四新文学运动开始后的第一个十年,但其基本精神和表现形态一直贯穿在中国现当代文学的发展过程中,五六十年代转入沉寂,而在新时期文学中又得到了高度重视,甚至成了这个时期现实主义文学的主流。鲁迅小说是这种形态的现实主义小说的最早,也是最杰出的代表;一种是伴随着中国的社会政治革命的历史需要发展起来的,它在新文学的第一个十年便有表现,但在第二个十年得到了繁荣发展,此后逐渐上升为中国现实主义小说创作的主流地位,并在五六十年代达到最高峰,在新时期的小说创作中,它依然保留着自己的强大影响。茅盾小说在这种形态的现实主义小说的形成中起了关键性的作用,并构成了这类小说的思想艺术的第一个高峰。在中国当代文学发展史上,这两种形态的现实主义小说从来是彼此交织,相互联系的、也正是由于二者的交织和融汇,形成了中国现当代现实主义小说的各种不同的具体表现形态,但作为典型意义上的两种形态的现实主义小说,它们在思想意义、表现形式和审美特征上却有着明显的差别。本文试图通过对鲁迅小说和茅盾小说的比较研究,具体分析一下这两种形态的现实主义小说的思想特征和艺术特征。

从思想革命到政治革命

一

　　做为中国现代文学史上两个最杰出的现实主义作家，鲁迅和茅盾的共同特征似乎比他们与任何另外一个现代作家的都更多，更显著：他们都是在五四新文学运动开始后不久便跨入中国文坛的中国作家，并且在那时便做出了各自的重要贡献。不仅在反对旧道德，提倡新道德的反封建思想革命和在反对旧文学、提倡文学的新文学运动，他们是"同一个战壕里的战友"，即使在更具体的思想主张和文学主张上，他们也有着十分相近的观点。例如，他们都坚持"为人生的文学"、反对"为艺术而艺术"的文学主张，他们都注重被压迫民族文学的翻译和介绍，他们的文艺思想和艺术创作都倾向于现实主义，都重视文学的社会作用和思想价值。正由于他们有着更多的共同倾向，所以茅盾成了最早高度评价鲁迅小说的思想艺术价值的文学批评家之一，而鲁迅对茅盾等人主持的文学研究会的文学活动也给予了多方面的支持和帮助；在1928年的"革命文学"论争中，鲁迅和茅盾同时受到了创造社、太阳社的错误攻击，他们二人对创造社、太阳社的极"左"倾向也都进行了尖锐的批评。在此后，他们又同时参加了左翼无产阶级文学运动，成了这个运动的中坚力量和富有成果的作家。乃至在左翼内部的理论论争中，鲁迅和茅盾也常常取着共同的理论主张。

　　但是，具体到二人的小说创作中，他们却有一个明显的不同：茅盾是在鲁迅基本中止了小说创作的时候开始了自己的小说创作的。

　　1927年，鲁迅早已出版了他的两个现实题材的短篇小说集：《呐喊》和《彷徨》。在1926年写出《铸剑》和《奔月》之后，鲁迅长期中辍了自己的小说创作，直至1934年下半年和1935年，才又续写了五个短篇历史小说，结集成了他的历史小说集《故事新编》。而恰在这时，茅盾大踏步地跨上了小说创作的文艺阵地，并一举成为中国新文学小说创作领域的主将。我认为，这种似乎偶然的历史现象，是有着并不完全偶然的主观原因：它说明推动鲁迅和茅盾走上小说创作道路的原动力是不尽相同、或曰同中有异的。

"国民革命军北伐的上二年，我在上海从事政治活动。大革命时我在汉口作过《民国日报》的总主笔，但其后我不再作实际政治工作，而开始写小说了：这就是《幻灭》《动摇》《追求》——三部曲。"①正是震动全国的第一次国内革命战争及其惨痛的失败命运，给了茅盾以小说创作的灵感。他直接反映的，也便是这样一个政治革命斗争的现实以及在这样一个现实背景上小资产阶级知识分子的苦闷和彷徨。"《幻灭》和《动摇》的背景正是1927年春夏之交，'武汉政府'蜕变的前夕，发生在湖北地区的矛盾和斗争；那时候，湖北地区虽然还维持着统一战线的局面，可是反革命势力已经向革命势力发动反攻，而且越来越猖獗，'马日'事变后，'武汉政府'终于抛却假面具，走上反革命的绝路了。"②几乎全部的茅盾小说，都有这么一个自觉意识到的政治革命或社会变动的背景：他的《虹》，"欲为中国近十年之壮剧，留一印痕"③。他的《路》，"时代背景正是中国革命在1927年由于蒋介石、汪精卫相继背叛而使革命经过短时间的低潮而声势又复大振的时期。""想通过作品，指示青年的出路。"④《三人行》以三个在同一中学读书的青年代表三种不同的政治思想倾向和政治道路；《子夜》"所要回答的，只是一个问题，即是回答了托派：中国并没有走向资本主义发展的道路，中国在帝国主义的压迫下，是更加殖民地化了"。⑤《多角关系》"内容写抗战前一二年由于内战及日本之武装与经济的侵略，而使农村经济破产，工业濒于崩溃，商业萧条，——这一政治经济总危机的多角关系"⑥；《少年印刷工》写的是主人公的理想的破灭，暗示了只有革命才是正确的人生道路；《第一阶段的故事》"原想题名为《何去何从》。因为，1937年后，这个'何去何从'的问题不但关系到我们国家民族的命运，也关系到每个中国人的命运。"

---

① 茅盾：《自传〈应罗果夫之约而写〉》，载《茅盾研究在国外》，第65页。
② 茅盾：《写在〈蚀〉的新版的后面》，载《茅盾全集》第1卷，第424页。
③ 茅盾：《〈虹〉跋》，载《茅盾全集》第2卷，第271页。
④ 茅盾：《〈路〉法文版序》，载《茅盾全集》第2卷，第384页。
⑤ 茅盾：《〈子夜〉是怎样写成的》，载《茅盾论创作》，第59页。
⑥ 茅盾：《自传〈应罗果夫之约而写〉》，载《茅盾研究在国外》，第66页。

从思想革命到政治革命

"这本小书的结尾已经写到一些青年知识分子选择了正确的道路,——到陕北去。这是象征着当时青年知识分子(尽管他们出身于民族资产阶级的家庭或地主的家庭或小资产阶级的家庭)中间的觉悟分子已经认识到唯有走上了中国共产党所指示的道路,这才使中国民族能够解放,而个人也有出路。"[1]《腐蚀》"所反映的只是1940—1941年时期美、蒋特务的血腥罪行以及中国革命者和进步人士在迫害之下英勇反抗、坚贞不屈的一个片段"。[2]《劫后拾遗》"写香港战争"。[3]《霜叶红似二月花》"本来打算写从'五四'到1927年这一时期的政治、社会和思想的大变动,想在总的方面指出这时期革命虽遭挫折,反革命虽暂时占了上风,但革命必须取得最后胜利"。[4]《锻炼》是五部连贯的长篇小说的第一部,"这五部连贯的小说,企图把从抗战开始至'惨胜'前后的八年中的重大政治、经济、民主与反民主、特务活动与反特斗争等等,作个全面的描写。"[5]……可以说,从第一次国内革命战争到抗日战争结束这整个历史时期的巨大政治变动和社会变动,都在茅盾小说中得到了直接的或间接的(更多地是直接的)反映,中国社会的外部政治变动和社会变动始终是茅盾小说创作的灵感的源泉,是推动他进行小说创作的原动力。

鲁迅和茅盾都坚持为人生的文学主张,都重视小说创作的社会意义,但是我们却不能以同样的方式看待鲁迅的小说。鲁迅的小说创作,自始至终都不首先着眼于外部的社会政治历史的变动,他更重视社会群众的思想意识状况和精神面貌,"竭力想摸索人们的魂灵""画出这样沉默的国民的魂灵来"[6]。在鲁迅前期小说的创作过程中,中国发生了轰轰烈烈的五四学生爱国运动、"六三"工人运动、"五卅"运动,这一切都在他的小说中没有直接的描写,甚至连间接的描写也没有。"三·一八"惨案

---

[1] 茅盾:《〈第一阶段的故事〉新版的后记》,载《茅盾全集》第4卷,第477页。
[2] 茅盾:《致〈涅瓦〉杂志的读者》,载《茅盾全集》第5卷,第302—303页。
[3] 茅盾:《〈劫后拾遗〉新版后记》,载《茅盾全集》第5卷,第422页。
[4] 茅盾:《〈霜叶红似二月花〉新版后记》,载《茅盾全集》第6卷,第250页。
[5] 茅盾:《〈锻炼〉小序》,载《茅盾全集》第7卷,第324—343页。
[6] 鲁迅:《集外集·俄文译本〈阿Q正传〉序及著者自叙传略》。

是他异常熟悉的历史事件，他通过杂文的形式抨击了镇压学生运动的统治者和攻击学生运动的文人学者，但却没有一篇小说直接描写它或间接反映它。对于鲁迅小说，几乎没有一篇可以像茅盾为自己的小说所规定的那样，有一个政治性的主题，甚至也不能仅仅固定在同一个政治事件的背景上。《阿Q正传》描写了辛亥革命前后的情形，但鲁迅为它提供的是一个思想性的主题："画出这样沉默的国民的魂灵来"，严格说来，辛亥革命为鲁迅提供的仅是一个具体的历史框架，在这个框架中所要表现的是远远超越于这个特定历史时代的精神主题；《故乡》具体写到了闰土生活境况的恶化，但即使茅盾，也并不认为这篇作品的重心在于反映具体历史背景下人民生活的疾苦，他说："我觉得这篇《故乡》的中心思想是悲哀那人与人中间的不了解，隔膜。造成这不了解的原因是历史遗传的阶级观念。"①《风波》所描写的事件发生于张勋复辟的时候，但鲁迅的目的显然不在反映这个事件本身，按照茅盾的说法，它的中心是"把农民生活的全体做创作的背景，把他们的思想强烈地表现出来"②；至于《药》，孙伏园早就指出，它写的是"群众的愚昧，和革命者的悲哀；或者说，因群众的愚昧而来的革命者的悲哀"③，并说这是鲁迅自己向他讲述的创作动机，由此可以想见，那些根本没有指明具体历史背景的鲁迅小说，其主题更是精神性的，与具体的政治历史事件更没有直接的联系。实际上，鲁迅前期小说创作的原动力，根本不来自当时发生的某个政治历史事件，他也从未把自己小说的意义仅仅放在特定历史时期的描写或反映上。早在留日时期，鲁迅便留意于中国国民性的思考和研究，这个研究虽然只有在当时的历史时代才能发生，只有在东西方文化的交流中才能进行，只有在中华民族面临帝国主义强权侵略的民族危机中才成了迫切的历史需要，但做为一个思考和研究的课题或对象，却不是局限在特定历史阶段上的特定历史现象，更不是仅仅与某种性质的政治革命相关连的问题。在那时，他已认识到，文学艺术是改造中国国民精神的有

---

①茅盾：《评四五六月的创作》，载《茅盾文艺杂论集》（上），第60页。
②同上书，第59页。
③孙伏园：《药》，载《鲁迅研究学术论著资料汇编》（二），第564页。

从思想革命到政治革命

效手段。[1]只是由于客观历史条件的限制，鲁迅当时的文艺活动没有得以持续进行下去，因而也没有正式进入小说创作期。五四新文化运动为他实现这一意愿提供了具体的历史条件，他怀着唤醒"从昏睡入死灭"的国民的宿愿，开始了自己的小说创作。这一过程异常清楚地向我们表明，鲁迅小说创作不是在现实的社会政治变动的推动下进行的，其目地也不在于具体地反映和表现社会政治革命的状貌和特征，而是在中国反封建思想革命的历史潮流中产生的，是适应着这样一个革命的历史需要的。

我认为，只有认识到鲁迅小说和茅盾小说这种各自不同的思想特征，我们才能更清晰地辨识中国新文学现实主义小说创作的演进轨迹：中国新文学的第一个十年是在中国反封建思想革命的推动下产生的，是伴随着这个革命进行的，集中体现了这个历史时期的特征并反映着它的历史需要的是鲁迅小说。由于中国反封建思想革命的长期性，它没有在第一个十年内完成，所以鲁迅小说的反封建传统在第二个十年及其以后的文学发展中继续得到了贯彻和发扬，但与此同时，从第一个十年的后期，中国社会政治革命又一次蓬勃发展起来，这种现实的社会政治变动越来越多地引起了中国新文学作家的关注，并开始自觉地反映这种变动，自觉地适应中国社会政治革命的历史需要，集中体现了这一时代特征和历史需要的是茅盾小说。在这里，我们可以对鲁迅小说和茅盾小说的现实主义做这样一个历史的界定：**它们是在中国现代社会历史的统一进程的不同历史阶段产生的相互联系而又有严格差别的两种形态的现实主义小说。**

二

旨在反对旧道德，提倡新道德的中国反封建思想革命和旨在推翻帝国主义、封建主义政治统治的中国社会政治革命，并不是同种性质的革命，二者在内容、途径、方式上是截然不同的，但二者又有着紧密的联系。就前后继起的顺序而言，社会政治革命总是发生在一定的思想

---

[1] 参看鲁迅：《〈呐喊〉自序》。

变动之后，中国现代的社会政治革命则是五四反封建思想革命发生了一定社会影响后的产物；就思想革命和社会政治革命共时存在的历史现状而言，彼此是相互制约又是相互促进的。一般说来，这种对社会历史的理性切割和分别考察，对一个作家和艺术家而言并没有太大的必要性，因为社会现实是以一个浑然的整体呈现在作家和艺术家面前的，但对曾经自觉以社会历史的理性认识做为创作的先导的左翼作家来说，这种理性分析又是不可或缺的。因为他们理性认识的正确和失误，往往是他们的作品成功与否的关键。我认为，茅盾小说之所以不同于当时那些标语口号式的文学作品，不同于那些图解政治概念的小说，就因为他始终没有完全忽视中国社会政治革命和中国反封建思想革命的有机联系，没有忽视中国的社会政治革命是在中国特定的思想背景上发生的，这为他完整而准确地表现人、表现人的思想历程和心理历程提供了必要的理性认识基础，就这个意义而言，茅盾小说是继承着鲁迅小说的思想传统的。

任何一个社会运动，都不是前一个社会运动达到了自己的预期目的后的产物，而是前一个社会运动不能进一步深入贯彻自己时发生的矛盾转移，中国近现代的社会运动更是如此：洋务运动假若能够成功地实现自己富国强兵，发展社会物质生产力的预定目的，就不会发生此后的维新变法运动，正是洋务派提出的富国强兵的口号遇到了封建君主专制体制的严重阻抑，社会矛盾才转移到了政治体制的改良上，维新运动才有发生的可能；维新运动如果能够顺利地贯彻自己的意志，实现政治改良以完成洋务运动没有完成的富国强兵的计划，此后的改革家便不会走上暴力推翻政权的革命道路，便不会发生辛亥革命；辛亥革命如果能够顺利贯彻自己的三民主义主张，五四新文化运动的先驱们便不会意识到还有一个反对封建思想传统的问题。同样，中国现代的政治革命也并非五四反封建思想革命已经完满结束的结果，而恰恰是它仅仅依靠自己的力量已经难以深入贯彻自己的结果，是五四进步青年在封建思想势力的有形或无形的压迫下无路可走的结果。不难看出，这种由中国反封建思想革命向社会政治革命过渡的形式，也是把茅盾小说的思想内容同鲁迅小说联系起来的形式。

从思想革命到政治革命

鲁迅小说没有反映社会的政治斗争，没有描写在社会政治革命浪潮冲击下发生的社会思想意识的动荡，但他却深刻表现了中国社会封建传统的思想势力的强大，深刻表现了人醒了无路可走的悲哀。"古国的灭亡，就因为大部分的组织被太多的古习惯教养得硬化了，不再能够转移，来适应新的环境。若干分子又被太多的坏经验教养得聪明了，于是变性，知道在硬化的社会里，不妨妄行。单是妄行的是可与议论的，故意妄行的却无须再与谈理。惟一的疗效，是在另开药方：酸性剂，或者简直是强酸剂。"[①]"我们听到呻吟，叹息，哭泣，哀求，无须吃惊。见了酷烈的沉默，就应该留心了；见有什么像毒蛇似的在尸林中蜿蜒，怨鬼似的在黑暗中奔驰，就更应该留心了：这在豫告，'真的愤怒'将要到来。"[②]鲁迅正是在中国反封建思想革命的极端艰难性中，在觉醒了的青年无路可走的深沉悲哀中，触摸到中国社会政治革命萌动发展的历史趋向性的。在《伤逝》中，鲁迅写到涓生处于进退维谷的极端苦闷心境时，脑际开始飘浮起动荡的人生画面，即反映了他幻想逃避现实的思想倾向，又揭示了他的被压抑的生命力渴求流泻的潜意识心理活动："我便轻如行云，漂浮空际，上有蔚蓝的天，下是深山大海，广厦高楼，战场，摩托车，洋场，公馆，晴明的闹市，黑暗的夜……。"在小说的结尾，鲁迅表现了涓生跨上新生路的决心："我活着，我总得向着新的生路跨出去"。鲁迅并没有为涓生规定一条走上政治革命的道路，但显而易见，鲁迅也并没有排除他走上实际革命道路的可能性。

由个性解放追求的失败所产生的思想苦闷，以及在苦闷彷徨中走向政治革命的道路——当时部分青年知识分子的生活历程和思想历程，在茅盾小说中得到了更充分的表现。《幻灭》中的静女士，是一个带有明显传统色彩的青年女子，但在"五四"以后的时代文化氛围中，她的思想意识和生活追求到底不同于传统的封建女性了。她怀念，留恋自己的家乡，怀念、留恋它那田园诗般的恬淡质朴的生活，但同时也不能不"讨厌家乡的固陋鄙塞和死一般的静止"，她的内在的生命力使她趋向于动

---

① 鲁迅：《华盖集·十四年的"读经"》。
② 鲁迅：《华盖集·杂感》。

的、沸腾的生活，使她再也不甘于返回传统的封建生活道路上去。但现代的都市文明并不能保证她独立爱情追求的成功，她落在了爱情的欺骗之中。当她发现抱素是一个玩弄女性的骗子和卑鄙无耻的暗探之后，她陷入了极度的精神痛苦之中。正是在她的生活追求受到了命运的嘲弄之后，她才在政治革命的憧憬中看到了新的希望和新的光明：

> 过去的创痛虽然可怖，究不敌新的憧憬之迷人。她回复到中学时代的她了。勇气、自信、热情、理想，在三个月前从她身上逃走的，现在都回来了。她决定和赵女士她们同走。她已经看见新生活——热烈，光明，动的新生活，张开了欢迎的臂膊等待她。这个在恋爱场中失败的人儿，现在转移了视线，满心想在'社会服务'上得到应得的安慰，享受应享的生活乐趣了①。

整个《蚀》三部曲的成功，就在于茅盾并没有脱离开中国社会思想的现实，它让我们看到的是刚刚脱离开了封建传统固有轨道的青年知识分子的软弱、无力、苦闷、彷徨，看到的是他们在苦闷，彷徨中的挣扎和追求。在《动摇》里，茅盾没有神化那些参加了革命的青年知识分子，他们各自带着自己的优点和弱点参加到革命队伍中来，他们充满了青春的活力，但也有着青春期的天真和幼稚，而封建传统势力的代表胡国光则是比他们更柔韧有力的，他像变色蜥蜴一样变换着自己的颜色，但其固有的本性并没有发生任何变化，因为传统的力量还在无形中保护着他，支持着他，较之那些年轻的革命知识分子，他是一个更"现实"的人物，因而他也具有更"现实"的手腕和智谋。那些年轻的革命知识分子最终也没有走出胡国光为他们设置的一个无形的魔圈，表面轰轰烈烈的革命失败了；在《追求》中，茅盾描写了革命失败后青年知识分子的更深重的苦闷，他们颓废、失望、自戕、自残，但在所有这些表面现象之后，茅盾仍然看到了他们的绝望的挣扎和痛苦的追求。《虹》无疑也是茅盾最成功的几部长篇小说创作之一，它的最有特色的描写几乎全部集中于觉

---

①茅盾：《幻灭》，载《茅盾全集》第1卷，第69页。

从思想革命到政治革命

醒了的梅女士与周围传统庸俗思想势力的复杂矛盾和对立斗争之中,没有这些描写、没有梅女士个性解放要求的苏醒,她的最终走向革命道路的结局便是不可想象的;茅盾最后一部具有思想艺术生气的长篇小说是《霜叶红似二月花》,它的生气来源于深刻真实地刻划了在强大传统封建势力盘踞着的社会上,新生代是怎样在艰困中挣扎,在迷惘中追求的。……所有这一切,我们都可以感到,鲁迅小说所深刻表现了的社会思想意识的现实并没有成为历史,它仍是构成中国的整体思想背景的东西。中国的社会政治革命是在这样一个背景上发生的,五四个性解放思想唤醒了的青年才有可能离开封建传统的轨道而被封建势力逼上政治革命的道路。

关于《子夜》,情况似乎较为复杂。作者和读者长期认为,它的巨大的思想意义来源于真实地揭示了中国不可能走上资本主义道路的客观真理。但人们较少注意到,仅仅依靠这种思想预见,《子夜》是不可能有更为长久的思想生命力的。任何的预见在它被证实或被否证之后都会立即失去自己存在的价值。我认为,《子夜》的思想价值主要在于它为认识人、发现人提供了一个崭新的视角,具体说来,就是它成功地塑造了吴荪甫这个中国文学史上从未塑造过的新的人物典型,并以他为中心照亮了整个上海的社会生活,照亮了在这里活动着的形形色色的人物。作者和读者反复批判着吴荪甫的软弱性和两面性,但作者和每一个读者却恰恰被这个人物拴住了自己的视线。我们知道他有反抗帝国主义和剥削工人阶级的两面性,知道他是一个剥削者,但我们每一个人在读《子夜》的时候都不会盼望他的失败,都不会为他的失败而幸灾乐祸。我们甚至感到,《子夜》全书中没有一个人物能像吴荪甫那样充满着光辉。美国学者夏济安先生说:茅盾"对自己笔下的男主角的赞赏几乎不加掩饰,这个工业资本家吴荪甫即使倒台崩溃,也落得像个巨人。"[1]实际上,这种实际的作品感受朱自清先生早已在自己的文章中提了出来,他说:"可是吴、屠两人写得太英雄气概了,吴尤其如此,因此引起一部分读者对于

---

[1] 夏济安:《黑暗的闸门》,载《茅盾研究在国外》,第560页。

他们的同情与偏爱，这怕是作者始料所不及罢。"①我们之所以能被吴荪甫这个我们在理性上不乐意接纳的人物所吸引，就因为他身上没有几乎所有中国封建时代的人物所不可能没有的精神上的萎靡气质或表面与此相反的蛮气(鲁迅非议过的"水浒气""李逵气")，他是一个充满生命活力的人物，但这种生命活力都倾注在他的事业中，倾注在他明确意识到的一个追求目标中；他没有传统封建思想铸造出来的那种深入骨髓的奴性气质，他始终没有在赵伯韬的经济压迫和私利引诱前屈服，始终没有甘心于自己的失败，他像一个竞技场上的运动员一样，奋力角逐到了最后一刻，直至被对手打倒在地、失去了任何还手之力为止，因而他的失败仅仅说明了他所致力的事业的艰难和客观压力的强大，而并不说明他精神意志上的疲弱；他是在典型的现代社会结构中被塑造出来的一个人物，是在资本主义工商业竞争中打造出来的一个精神典型，他并不完美，但这种不完美恰恰也避免了传统人物的正人君子气，他带着自己的野性，甚至有时会吃人，但这是鲁迅所说的狮虎、鹰隼式的吃人，而不是蚊蝇、虫豸般的温暾暾、甜迷迷的碎啃暗咬，因而他没有小巧的聪明和灰昏的阴毒之气……总之，吴荪甫这个人物有类于莱蒙托夫笔下的"当代英雄"，我认为，我们现在有必要重新评价这个人物，并且是给予他较之以前更高的而不是更低的评价。而只要更从他体现的精神状貌上而非仅从他的政治态度上看待这个人物，我们便可看到，他的成功恰恰是在与传统封建精神状貌对照下带来的，他的形象的鲜明性是在赵太爷，"假洋鬼子"、鲁四老爷、四铭、阿Q、闰土这众多的老中国各色人物形象面前显示出来的，假若杂入巴尔扎克、左拉、莫泊桑、德莱塞等人的作品中，吴荪甫便会大大减少了自己的色彩和魅力。

对于农民的描写，茅盾也是继承着鲁迅小说的传统的，他的短篇小说《泥泞》，像鲁迅的《阿Q正传》一样，表现了农民的愚昧以及由于这种愚昧在社会政治变动中遭受的摧残。

但是，尽管茅盾小说和鲁迅小说都表现着中国社会思想意识的状貌，都有反封建的思想意义，但二者却也存在着根本的差别。鲁迅所致力的

---

① 朱自清：《子夜》，载《朱自清序跋书评集》，第199页。

从思想革命到政治革命

主要目标是中国的反封建思想革命,这个革命的任务是从传统封建文化的束缚下解放人、解放人的精神,因而鲁迅小说的思想基点是人的解放。人的精神解放,具体到思想革命和社会革命的关系来说,鲁迅是以人的解放、人的精神解放来衡量、评价和表现社会革命而非用社会革命的尺度来衡量、评价和表现人的思想精神状貌的;茅盾致力的主要目标是中国的社会政治革命,是为表现、反映、甚至服务于这个革命出发的,他对人物的思想意识、精神状貌的衡量、评价和表现主要是以是否符合和利于这个革命为标准的,在这里,我们可以对鲁迅小说和茅盾小说所各自代表的两种形态的现实主义做第二个价值观方面的界定:两者都坚持面向广阔的社会人生,都从社会人生的改造出发把握和表现人生,但前者(鲁迅小说)是以表现社会思想意识状貌为指归、以人的解放特别是人的精神解放为基本价值标准观照和表现社会人生的现实主义,后者(茅盾小说)则是以反映中国社会历史的外部变动(主要是社会政治变动)为指归,以社会解放和政治革命的需要为基本价值标准观照和表现社会人生的现实主义。

实际上,从茅盾一开始小说创作,即从他的《蚀》开始,便已经表现出了与鲁迅不同的角度和价值标准。茅盾在谈到他写作《追求》时的情况时说:"《追求》下笔以前,是很费了些工夫来考虑的,最后的决定是差不多这样:我要描写在幻灭动摇以后的一般知识分子是怎样还想追求,然而因为他们的阶级的背景,他们都不曾在正当的道路上追求,所以他们的努力是全部失望。根据这样的决定,我把书中人物全数支配为徒有情热而不很明了革命意义的小资产阶级知识分子,他们没有正确的认识,所以他们所追求的,都是歧途。像这样的人物不该给他们一个全部失望么?"[①]在这里的"正确的认识",显然是对中国政治革命的正确认识。这样,在茅盾的全部小说中,便悬起了衡量人的思想精神发展的一个现实的、也是最高的标尺。应该看到,在鲁迅小说里,这样一个明确、具体、现实的思想标尺是不存在的,它所表现的最高精神境界的人物,反而发生了更大的畸变,成了失去任何"实践理性"的"疯子"(鲁迅:

[①] 茅盾:《读〈倪焕之〉》,载《茅盾论创作》,第241页。

《狂人日记》《长明灯》)。

应该指出，茅盾小说设定的这个思想标尺，在当时是有其现实意义和思想价值的。在当时的历史条件下，追求革命，追求对社会历史变动的明确意识，便是把自己从传统知识分子的狭猎视野和消极无为的思想精神甲壳中解放出来的现实标志，便是走出儒家愚忠愚孝的奴性传统和道家以清高自许的思想藩篱的具体表现。这样一个标尺，还为茅盾小说设置了一个表现人物思想面貌和发展历程的思想框架，使他得以更明确地反映人物的思想状貌和发展历程的思想框架，使他得以更明确地反映人物的思想状貌和思想发展。在《蚀》中，所有那些青年知识分子都没有作为理想人物出现，因为在茅盾的心目中，他们都不足以视其为坚定的革命战士；在《虹》中，梅女士的精神面貌和思想面貌是在从个性解放追求到走向革命这样一个时间框架中被具体描绘出来的；在农村三部曲（《春蚕》《秋收》《残冬》）中，农民的生活状况和思想状况是在由消极忍耐到觉醒反抗这样一个变化历程中被展现出来的；在《霜叶红似二月花》中，一个更遥远的无产阶级革命悬在小说所描写的具体时代的未来，使茅盾避免了人物表现的绝对化，给茅盾自由地把握人物、描绘生活提供了充裕的空间。

但是，对于一个文艺家，特别是对于一个现实主义的文艺家，这样一个标尺到底是有很大的局限性的。首先，任何一个革命者都是一个复杂的整体，都是像静女士、孙舞阳、方罗兰、梅女士等人一样有着七情六欲的具体的革命者，其间有着个性的不同、素质的差异，但完美的革命都只是一个抽象，并不是客观现实的存在；其二，人的精神发展，并不存在在一种形式之中，仅仅在社会历史的政治阶段，革命者的精神素质才体现了历史的主要要求，但即使在这样的时候，它也不是全部，而是部分。对于一个面向广阔社会人生的现实主义作家，仅仅以政治革命者的标准把握和衡量一切人，一切活生生的具有特定境遇的人，有时会带来对人的描写的偏狭化；第三，就人类整个的精神发展史而言，人的精神发展是一个无限发展的链条，革命者的精神面貌只是在政治革命的发展阶段所表现出来的人的一种美的精神境界，将此绝对化，会不利于具体地、历史地、全面地把握人和表现人，给人物的塑造带来更大的局限性。总之，这样一个标尺，对于具体的、历史的人，是一个太单一、太高的标准，对于作者对人的精神发展的理想而言，又是一个太现实、太具体，太低的标准。

这对茅盾的小说创作也是有影响的。

即使在《蚀》中，我们也可感到有一种不协调的东西存在着，我们似乎感到有两股绳，理性的绳和感性的绳，各向两个方向挣扎着，这既使茅盾处于一种无形的尴尬境地，也使读者有一种尴尬的感觉。一方面，我们在感情上对静女士、慧女士、孙舞阳、章秋柳、史循这样一些人物更觉亲近，更能引起我们的同情，但另一方面，我们又感到不应当太同情他们，不应当对他们倾注更多的同情；我们还感到，在事实的叙述中，茅盾希望我们爱他们，但在语调上，茅盾又时时提醒我们应和他们保持更大的距离，不让我们爱他们。这种矛盾的感觉是怎样发生的呢？显而易见，这同时也是茅盾的矛盾。他在实际的感受中，是同情他们，爱他们的，但在理性上，却觉得他们都不是他想象的真正的革命者，觉得他们身上还有太多的缺点，不应当爱他们，至少不应当太爱他们。这种难以统一的矛盾，这种感情上的别扭感觉，在鲁迅小说中是没有的，我们都知道吕纬甫、涓生、子君、魏连殳是有缺点的、不完美的，但鲁迅的小说却让我们大胆地去爱他们，同情他们，在这时，鲁迅并没有让一个更完美的人从中做梗，把我们与作品中具体的人在感情上隔开。如果说得绝对一点，鲁迅总是让我们在感情上疏远完美的人而去拥抱具体的有缺点的人，而茅盾则常常使我们疏远他实际亲近着的具体的、有缺点的人，而去爱另外一种更完美但也更抽象的人。

如果说《蚀》还只是潜在地表现着这种价值标准的局限性的话，《三人行》则把它的局限性充分暴露出来了。它是在《蚀》受到创造社、太阳社的错误批评之后写成的，在这部作品中他力图塑造一更标准、更完美的革命者，其结果是严重的失败。茅盾是这样说明他的《三人行》的创作的：

　　……然而，表现在《幻灭》和《动摇》里面的对于当时革命形势的观察和分析是有错误的，对于革命前途的估计是悲观的；表现在《追求》里面的大革命失败后的小资产阶级知识分子的思想动态，也是既不全面而且又错误地过分强调了悲观、怀疑、颓废的倾向，且不给以有力的批判。

　　当我写这三部小说的时候，我的思想情绪是悲观失望的。这是三部小说中没有出现肯定的正面人物的主要原因之一。……1925—1927年间，我所接触的各方面的生活中，难道竟没有肯定的正面人物的典型么？当然不是的。然而写作当时的我的悲观失望情绪使我忽略了他们的存在及其必然的发展。一个作家的思想情绪对于他从生活经验中选取怎样的题材和人物常常是有决定性的：这一个道理，最初我还不承认，待到惊然猛省而深悔昨日之非，那已是《追求》发表一年多以后了。

　　《三人行》(也是一个中篇)就在认识了这样的错误而且打算补救这过去的错误这样的动机之下，有意地写作的。结果如何？失败。①

　　据茅盾自己说，其失败的原因是由于生活基础的薄弱，但这也说明茅盾所谓"意识正确的革命者"的标准仅仅是一种想象中的标准，不是在实际人生的体验中获得的作者自我把握人、感受人的价值标准。正像鲁迅批评杨振声的《玉君》时所说："要用人工来制造理想的人物"，"将《玉君》创造出来了，然而这是一定的：不过一个傀儡，她的降生也就是死亡。"②在《三人行》中，柯只是个影子似的人物，云作为最始有了"革命意识"的革命者，也只是从他的激烈言词中体现出来的，形象模糊，毫无生气。

　　从《三人行》我们还可以看到这种价值标准的偏狭性。惠、馨、许这些人物，尽管走了一条与云不同的思想道路，但却都是不满于黑暗现实的青年，但茅盾通过云这个革命者的口对他们做了极其苛刻的评论。可以说，在对惠的态度上，云成了一个"左"得怕人，面目可憎的人物形象：

----

①茅盾：《〈茅盾选集〉自序》，载《茅盾论创作》，第19—20页。
②鲁迅：《且介亭杂文二集·〈中国新文学大系〉小说二集序》。

从思想革命到政治革命

> 世界上有一种人，尽管愚蒙，尽管顽固，可是当"现实"的紧箍咒套上了他的头颅以后，他会变好：例如我的父亲。但世界上又有一种人，尽管有教养，尽管聪明，而"现实"的鞭策却只能使他愈变愈坏，那就是惠——像你那样聪明的，太聪明的，肠肥脑满的少爷！①

轻易断定像惠这样的青年只能"越变越坏"，这实在是惊人的武断，什么要"和你这虚无主义的'病毒'奋斗了"，什么"像一个敌人似的来见你"了，都与我们对惠的实际感受距离太大。茅盾根据虚无主义思想可以导致疯狂的一般认识，写惠最终露出了精神病的征兆，也是没有足够的人物性格自身发展的逻辑基础的。在这里，我们应当记取这么一个深刻的教训，如果一个现实主义作家离开了自身感受人、把握人的真实情感基础，而仅仅以理性上以为应该如此的标准决定对人的弃取和臧否，其结果必然会导致人物表现的偏狭化和苛责化。

在这时，我们再返回《蚀》，便可看到《蚀》之所以取得更大的思想艺术成功的原因了。尽管那时茅盾也悬着一个"意识正确的革命者"的固定尺度，尽管这个尺度也影响到了《蚀》的人物表现的深度和力度，但茅盾到底并没有掩饰自己也有的悲观失望情绪，到底认为自己笔下的那些人物的同类情绪不是不可理解、不可同情、不可原谅的。这样，茅盾在理性上那个高悬着的固定不变的人格尺度便大大软化了，降低了，从人自身的处境出发把握人的实际可能产生的思想情绪并以同情的态度对待环境对人的异化的人道主义原则起到了更重要的作用，对人自身的同情心加强了，对人的各种不同的独立选择保持了更大的宽容性。实际上，这也是鲁迅小说把握人、表现人的基本价值原则。我们知道，鲁迅对传统封建观念的抨击是不遗余力的，但他对人、对人的自我选择又是保持着极大的宽容性的。孔乙己、陈士成都是充满传统封建观念的知识分子，但鲁迅对他们的同情仍然是深厚、强烈、真挚的。他之所以讽刺

---

① 茅盾：《三人行》，载《茅盾全集》第2卷，第466页。

他们，不是因为他们的思想观念不符合某种更高的思想标准，而是因为这种思想观念与他们自身的根本利益是矛盾的、是加深着他们自身的悲剧命运的。这种把握人、表现人的人道主义原则是在中国反封建思想革命中得到弘扬和确立，是在鲁迅小说中得到充分体现的，它的根本特点是不以人对某种思想认识的契合度的标准衡量人、评判人，而是以思想意识对人、对特定的个体的人的契合度来衡量人的精神发展的。克服传统封建观念对人的异化、从人的现实发展的需要重新审视文化和人，重新审视文化和人的关系是其主要的思想目标。我认为，茅盾一生都在这么两个价值标准间犹疑和动摇，但他的最成功的作品，都要接近这种人道主义的标准而更远离那个固定的意识正确的革命者的价值标准。这里最突出的例子是《腐蚀》，其中的赵惠明是一个国民党的女特务，但茅盾怀着同情心叙述了她的遭遇。这里的价值标准显然已经远离了茅盾所意欲追求的那个标准，它是在承认人在社会文化环境中的被动性为前提的。赵惠明有权利在社会上为自己找到生存的空间，特定的境遇和必不可免的偶然性把她吸入了这样一个黑暗的魔窟，把她变成了一个杀人的机械和工具，但她却始终不是以残害人、毁灭人为目的走进这个魔窟的，始终没有在这种残酷的职业中获得精神的安慰和心灵的享受，她仍然保留着对人的同情和真挚的感情，这使她在内心素质与内在意识上与那些嗜血动物区别开来。茅盾对她的同情，绝对不是对一个女特务的同情，而是对一个人的同情，对一个欲爱人而不得、欲挣脱黑暗牢笼而又无力冲破这个牢笼的人的同情。显而易见，没有这样一个人道主义思想的基础，《腐蚀》是不可能被创作出来的，也是不可能取得基本的思想艺术上的成功的。但是，茅盾在这样两个价值尺度中的游动和徘徊，也不能不给他的小说创作带来整体的损害。鲁迅的小说作品，尽管表现对象形形色色，题材形式多种多样，但内部却保持着高度的统一性。我们完全可以理解，一个同情着"狂人"的人为什么也同情孔乙己，一个写了《狂人日记》的人为什么也写了《明天》。但茅盾的作品却彼此存在着难以弥合的矛盾。例如，我们很难解答，为什么一个对赵惠明这样的女特务还可以表示同情的作者，便不能容忍惠（《三人行》）对革命怀有一些虚无主义的思想，为什么处在特定历史阶段的改革者钱良才就是有局限性的（《霜叶红

从思想革命到政治革命

似二月花》),而同样处于中国特定历史阶段的革命者梁刚夫便不会具有自己的局限性(《虹》)?

更为严重的是,这样以意识正确的革命者为固定价值标准把握人、表现人的方式,不但不利于表现现实的、真实的革命斗争生活,反而根本破坏了革命者的个性形象的塑造,因而在这种完美的革命者的理性标准中,茅盾已经失去了自由地表现人,表现人的全部复杂性、表现人的细致的心理变化历程的可能性,他小心翼翼地防备着可能损害他的完美性的一切,小心翼翼地预防着可能闯入他的思想意识中的被读者大众认为有损于他的完美形象的道德倾向和"错误"的现实判断,这便抽去了他的所有活生生的一切,抽去了作为一个人、特别是一个革命者的蓬勃生命力的现实表现,而只剩下了一个理想的外壳和框架。而当茅盾把生命力从这些人的身上抽去之后,一种革命者的精神素质实际便只能在非革命者身上得到更充分的体现了。什么是革命者所赖以存在的精神素质?它不是"完美"的道德和深湛的理论,而是在真实的生活逻辑中不能没有的精神面貌。真正意义上的革命者是在没路的地方开辟道路的勇者,是在无希望中寻找可能有的希望之路的探险家,与其说他们成为革命者是因为前面有路可走,不如说他们是由于在现实社会中已无路可走。他们是在传统势力的压迫下带着斑斑伤痕不得不另辟新路的人们,因而他们的精神发展不具有在和谐关系中形成的理想人性的美,他们永远是在不完美的形式中体现着的更强烈的生命力,是在不合理的现实环境中表现出来的合理的精神发展趋向。任何的革命都不是首先设计好正确无误的革命方案而后进行的,因而革命者永远不可能依靠对革命方案的明确理性判断而走向革命,他只能冒着百分之九十九的失败的可能性而攫取百分之一的成功的可能性,他要在布满地雷的人生道路上用自我毁灭的决心去求取唯一的生存之路,在这里激情的力量永远比细碎的"实践理性"的现实判断更为重要,不在激情的浪峰便永远不可能获得革命的理性,总之,革命者首先是"知其不可为而为之"的狂者、热者,是生活的逻辑把他们推向"必为不可为之事"的勇者、强者……我们看到,在茅盾小说中真正体现了这种精神素质的恰恰不是他意欲塑造的"意识正确的革命者"的人物形象,而是他认为并非有正确的革命认识的"小资产阶级的"知识分子,是有严重"局限性"的"资产阶级"革命者,甚至是他否认为革命者的人物。在《蚀》中,不论是静女士,慧女士,还是方罗兰、孙舞阳、章秋柳,乃至史循,都是比《三人行》中的柯和云更具有生命力的人物,因为我们在他们身上能感到对人生的真诚的热情。他们在自己所处的文化环境中感到苦闷,有着彷徨,乃至流于颓唐,正是因为他们对生活还有热望,对人生还有追求,尽管实际的生活会把他们驱向各种不同的生活道路和思想道路,但革命也只能在这样一些有热情、有希求美满之心、不满于现状的人们中孕育;在《虹》里,梅女士参加革命前后的描写并没有表现出真正的革命精神素质,因为茅盾并没有使我们看到她是怎样在与现实黑暗力量搏斗中跨上革命道路的。相反,梁刚夫的人格吸引倒成了重点的描写对象,这实际上是上帝"渡引"信徒的方式,是导师教化学生的方式,梅在这一过程中实际始终被放在了被动地位,其自身的反叛情绪被那些理论的论辩淹没了。实际上,对封建传统的反叛才是她最终走向革命的最重要的内在动力,因而在她挣脱封建婚姻的束缚中,在她对泸州师范学校庸俗生活环境的深沉厌恶中,更多地体现了她的反叛精神和革命者也具有的精神素质;在《子夜》中,那些工人领袖在形式上体现了革命,但我们从其精神素质中却难以体验到革命者所应有的那种东西,倒是在吴荪甫的艰苦挣扎中,我们还可感到有类于革命者的那种独立追求的奋斗精神。同样,《霜叶红似二月花》中的钱良才也远比《虹》中的梁刚夫和《三人行》中的云更带改革者的气质,因为他到底在实际中与旧势力做着坚韧的斗争,到底在没有路的地方踏出了一条通往未来的狭窄的道路……

在这里,我们有必要对茅盾小说所体现着的这类现实主义的局限性有一个更清醒的认识。文学艺术,特别是现实主义的文学艺术,是能够、在特定历史时期也是应该起到反映社会历史的外部变动(其中也包括社会政治变动)的历史作用的,是能够、有时也应该服务于社会解放和政治革命的历史作用的,茅盾在鲁迅现实主义的基础上向前迈出了这一步,是他的历史功绩之一。但是,我们在这样做的时候,却一刻也不能忘记,文学艺术所能够起到的根本的社会效能到底主要是人的精神解放的职能,对外部社会变动的反映只是在完成它自身职能的时候所起到的附带的效果,因而文学艺术对人的表现也主要是精神的表现,是以其精神素质作用于读者、观众的。在这里,人的外部属性(职业、政治派别、社会地位、阶级归属等等)只是他们的物质外壳,脱离开他们被实际显示出的精神特征和意识特征,这些物质外壳是毫无意义的(人们之所以欣赏、喜爱《腐蚀》中的赵惠明而不喜爱《三人行》中的云,不是因为他们的职业,而是因为他们的精神意识特征)。茅盾小说的成功在于他在自觉追求着对外部社会变动的反映时没有离开对人的精神世界的表现,茅盾小说的失败则因为他又常常忘记了或不得不放弃了对人的精神世界的深入表现,而有时企图用人物的物质外壳代替人物的活生生的精神表现。而鲁迅的现实主义则始终将注意力集中于人的精神解放的主题,当鲁迅宣布自己的文学是为人生的文学主张时,他赋予它的内涵实际仅仅是通过人的精神解放作用于整个社会人生。因而同样是主张为人生的文学,鲁迅与茅盾在实际理解上是有重要差别的。鲁迅的现实主义文学艺术职能观与文学艺术的审美特性更紧密地胶合在一起,所以他一再强调为人生的艺术,而其小说创作始终不具有直接宣传的意味,而茅盾的小说则常常具有明显的宣传性质,极力通过"有正确的革命认识"的革命者的口说出革命的道理,便是加强小说的直接宣传作用的一种手段。

三

鲁迅的现实主义是以表现社会思想意识的状况为指归的、以人的精神解放为基本价值标准观照和表现社会人生的,茅盾的现实主义是以反映中国社会历史的外部变动(主要是社会政治变动)为指归,以社会解放和政治革命的需要为基本价值标准观照和表现社会人生的,这也就产生了他们对社会历史表现侧面以及艺术题材上的区别。关于这一点,实际上茅盾在自己开始小说创作的时候便已经意识到了,这从他对鲁迅小说的评论中可以清楚地看到:

新文学的提倡差不多成为五四的主要口号,然而反映这个伟大时代的文学作品并没有出来。当时最有惊人色彩的鲁迅的小说——

后来收进《呐喊》里的，在攻击传统思想这一点上，不能不说是表现了五四的精神，然而并没反映出"五四"当时及以后的刻刻在转变着的人心。《呐喊》中间有封建社会崩坍的响声，有粘附着封建社会的老朽废物的迷惑失措和垂死的挣扎，也有那受不着新思潮的冲激，"不知有汉，无论魏晋"的老中国的暗陬的乡村，以及生活在这些暗陬的老中国的儿女们，但是没有都市，没有都市青年们的心的跳动。……我还是认为《呐喊》所表现者，确是现代中国的人生，不过只是在暗陬里的难得变动的中国乡村的人生；我还是以为《呐喊》的主要调子是攻击传统思想，不过用的手段是反面的嘲讽。①

在《彷徨》中，有两篇都市人生的描写：《幸福的家庭》和《伤逝》。这两篇涂着恋爱色彩的作品，暗示的部分要比题面大得多。"五四"以后青年的苦闷，在这里有一个显明的告白。弹奏着"五四"的基调的都市的青年知识分子生活的描写，至少是找到了两个例了。然而也正像《呐喊》中的乡村描写只能代表了现代中国人生的一角，《彷徨》中这两篇也只能表现了五四时代青年生活的一角；因而也不能不使人犹感到不满足。②

我认为，茅盾这两段话对于说明鲁迅小说和茅盾小说的区别是非常重要的。茅盾指出，鲁迅小说尽管反映的是中国现代的人生，但其目的则在于攻击传统思想，所描写的对象主要集中于没有受到新思潮冲激的老中国的暗陬的乡村。显而易见，虽然茅盾高度评价了鲁迅小说的时代意义和思想价值，但同时对它也是不够满意的，因为它"很遗憾地没曾反映出弹奏着'五四'的基调的都市人生"③，"并没反映出'五四'当时及以后的刻刻在转变着的人心"、"没有都市中青年们的心的跳动"。在这里，我们可以对鲁迅小说和茅盾小说所各自代表的两种形态的现实主义做第三个社会历史表现侧面方面的界定：**两者都注视着中国社会历史的发展和变化，都从历史的发展的过程中把握和表现人生，但前者(鲁迅**

---

①茅盾：《读〈倪焕之〉》，载《茅盾论创作》，第226页。
②③同上书，第227页。

小说)是在动态中把握着中国社会思想意识的静止的侧面、以表现中国固有的状态性的传统思想意识为重心的现实主义，后者(茅盾小说)则是在静态现实的基础上紧紧追逐着它的动态的发展、以表现经常处于流动状态的现代社会历史和社会思想意识特征为重心的现实主义。如果考虑到他们都是持有社会历史发展观的，都是追求社会进步的文学家，那末，我们就不难想到，正是由于这种区别，使鲁迅小说展示的主要是中国社会和社会思想意识的阴暗面，是它难以发展，难以前进的保守落后，沉滞硬化的一面，固态性的农村生活和在传统思想强大制约力控制下的城镇或都市的生活成了它的主要的表现对象，而茅盾小说展示的则是中国社会和社会思想意识的光明面，是它发展着、前进着的现代性的一面，首先受到现代生活和现代思潮激动的大都市生活以及在大都市生活牵动下发生着现代性痉挛的中小城镇或农村生活，成了他的主要对象。

这种不同的趋向性，从茅盾一开始小说创作便已经明显表现了出来。茅盾的《蚀》一下便把镜头对上了都市的青年知识分子，对上了他们变动着的思想和情绪。表面看来，它写的是苦闷，彷徨，沮丧和颓唐，但这种苦闷和彷徨却是在社会的变动中产生的，是在觉醒了的男女知识分子之中发展的。到了《虹》，这种历史的前进性运动、知识分子思想的前进性变化就表现得更清晰了。值得注意的是，《幻灭》中的静女士、《虹》中的梅女士都是从农村城镇、甚至是偏远地区的农村城镇走进中国最大的工商业都市上海来的知识女性。

旭日的金光，射散了笼罩在江面的轻烟样的晓雾；两岸的山峰，现在也露出本来的青绿色。东风奏着柔媚的调子。黄浊的江水在山峡的紧束中澌澌地奔流而下，时时出现一个一个的小漩涡。

隐约地有呜呜的声音，像是巨兽的怒吼，从上游的山壁后传来。几分钟后，这模糊的音响突然扩展为雄纠纠的长鸣，在两岸的峭壁间折成了轰隆隆的回声。一条浅绿色的轮船很威严地冲开了残存的雾气，轻快地驶下来，立刻江面上饱涨着重浊的轮机的闹音。

这是行驶川江的有名的隆茂轮，今天破晓时从夔府启碇，要在下午两三点钟赶到宜昌。①

这与其说是客观的景物描写，不如说是对现代中国社会历史迅猛前进的一个隐喻：历史在前进着，像隆茂轮一样发出雄纠纠的长鸣，像巨兽的怒吼，极其威严地冲破了中国古老传统的残存的雾气，一往无前，驶向自己的目的，并且要在自己的预定时间到达。伴随着中国社会历史的前进，中国人的精神面貌也在发生着巨大的变化：

> 斜扭着腰肢，将左肱靠在阑干上的一位，看去不过二十多岁，穿一件月白色软缎长仅及腰的单衫，下面是玄色的长裙，饱满地孕着风，显得那苗条的身材格外娉婷。她是剪了发的，一对乌光的鬓角弯弯地垂在鹅蛋形的脸颊旁，衬着细而长的眉毛，直的鼻子，顾盼撩人的美目，小而圆的嘴唇，处处表示出是一个无可疵议的东方美人。如果从后影看起来，她是温柔的化身；但是眉目间挟着英爽的气分，而常常紧闭着一张小口也显示了她的坚毅的品性。她是认定了目标永不回头的那一类的人。②

只要我们注意到"东方美人"几个字，我们便会感到，茅盾这里写的不仅仅是梅女士，而把梅女士当成了"少年中国"精神的象征的。她是精爽的，从后影看她温柔静淑，留着中国传统的美德，但从正面看，则是坚毅顽强的，是认定了自己前进的目标绝不回头的："她是不平凡的女儿，她是虹一样的人物……她只是因时制变地用战士的精神往前冲！她的特性是'往前冲!'她唯一的野心是征服环境，征服命运！几年来她惟一的目的是克制自己的浓郁女性和更浓郁的母性！"

原收入《野蔷薇》中的五个短篇小说，与鲁迅的《幸福的家庭》《在酒楼上》《孤独者》《伤逝》等描写觉醒知识分子的小说保持着最明显的外部联系。从这种联系中，我们可以清楚地看到，茅盾小说现实主义与

---

①茅盾：《虹》，载《茅盾全集》第2卷，第3页。
②同上书，第3—4页。

从思想革命到政治革命

鲁迅小说的现实主义是一脉相承的。他们都严密地注视着觉醒知识分子的命运和人生道路，都从这种中国现代变动的雏形中思考着中国的前途和命运。他们失望于旧的、僵化的封建传统，只能在易变的知识分子、特别是青年知识分子身上寄托自己对未来的希望。因为只有他们，才是在变化了的现实中成长起来的一代，更多地受到"五四"以后的新思潮的影响。他们将向何处去，具体体现着中华民族的发展方向。但即使在茅盾的这五篇小说里，我们也可以看到与鲁迅小说有着一种根本不同的思想趋向性，即鲁迅是从封建传统以及体现这种传统的生活环境对觉醒知识分子的无形或有形的强大制约力的角度表现他们的悲剧命运的。鲁迅的描写使我们感到，在这样一个传统面前，在这样的一种环境条件下，这些知识分子是没有自己更大的独立选择的余地的，他们无法通过自己的主观努力而根本改变自己的命运。他们是离开了旧的生存土壤、再也难以完全返回旧的生存土壤而又找不到、并且不可能找到完全适于自己生存的新土壤的人们，是被社会遗弃了的、找不到精神依托的孤儿。而茅盾的这五篇小说，则是从青年知识分子自我选择的角度表现他们的生活命运和人生道路的。他的描写使我们感到，在这些青年面前，是有更多一些的选择余地的，如果说他们走向了毁灭，走向了悲惨的结局，并不意味着他们只能如此，主要在于他们内在精神中还残存着封建传统给他们造成的无形或有形的心理障碍，而这种心理障碍并不是不可克服的，只要自己意识到这种心理障碍并毫不犹豫地起而克服它，他们就会找到正确的出路，就能够有光明的未来。关于这一点，美国学者陈幼石先生曾做过精深的分析，他说："这五篇小说是能当作分析研究心理障碍(Psychologial Impediments)的书来读的。当习惯的环境改变而人们又不能摆脱往昔时，这种心理障碍就会影响革命意志。《创造》揭示了，这类心理障碍中，对与自己想象完全不同的未来的价值观念丧失信心是很可怕的；《自杀》描写的是对理想化往昔的沉溺；《一个女性》分析了不真诚的男女之爱和虚伪社交的徒劳无益以及由此导致的怨恨、复仇和怀旧的心理创伤；《昙》表现的是最后关头从内心世界的囚笼挣脱，与其他四篇相比，《昙》似乎还给人这样的启示，无论未来如何，人都应该坚持不懈。沉溺于往昔是毫无意义的，在痛苦和复仇中消沉也如同自戕，当往昔向现实靠拢时，唯一有前途的选择是跳往广阔的未来。《昙》中的张小姐就这么做了。"①同样的心理障碍，也存在鲁迅小说笔下的觉醒知识分子身上，现在也有些文章主要分析他们自身的心理障碍，但鲁迅的描写却不允许我们仅仅从他们自身的心理障碍的角度理解他们的悲剧，因为在每一篇小说里，鲁迅都给他们设置了两条或两条以上的人生选择，而这两条或两条以上的人生选择是具有人生观上的合理性的，但他们只能沿着其中一条道路、一种人生选择克服自己的心理障碍，而他们即使克服了这种心理障碍，其结局仍将是悲剧性的。简言之，鲁迅的艺术设计总是依照这样一种原则进行的：在当时中国的文化环境中，这些觉醒知识分子只有选择自己走向哪条悲剧道路的自由意志，而没有在幸福与悲剧之间进行自由选择的可能。可在茅盾小说中，每一个主人公都存在着两种根本不同的人生抉择：一种是悲剧性的不合理的抉择，一种是光明的幸福抉择，主人公到底做出何种抉择，有他自己的自由性和主动性，只有他意识不到或无力克服自己的心理障碍时，他才选择了悲剧性的道路。在《自杀》中，与革命者相爱而怀孕的环小姐，一直惧怕着周围环境的歧视和嘲笑，但这种歧视和嘲笑仅仅是她意识之中的，这构成了她自我的心理障碍，使她没法选择把孩子生下来的这条生存的道路，而至于选择这条道路是否就会如她想象的一样，是否就会遇到不可克服的困难，在她是未被证实的；她曾想通过与别人结婚摆脱自己的困境，但她也没有毅然试行这条道路；她悔恨当初与爱人的相爱，但茅盾没有表现、主人公也没法断定她的爱人实际上是对她的欺骗和哄瞒。在这种条件下她选择了自杀，并不说明在实际的人生道路上她只能选择这样一条悲剧的道路。

  应该还有出路，如果大胆地尽跟着潮流走，如果能够应合这急遽转变的社会的步骤……②

----

①陈幼石：《茅盾与〈野蔷薇〉：革命责任的心理研究》，载《茅盾研究在国外》，第508页。
②茅盾：《自杀》，载《茅盾全集》第8卷，第51页。

从思想革命到政治革命

显而易见，这种艺术处理与鲁迅的《伤逝》是不同的。子君在自己追求的道路上，是坚定地克服了自己的心理障碍的，她爱上了涓生便实现了与他的结合，发现失去了爱，便自动离开了涓生，但通过这样两次人生选择，并且是带有现代性质的合理选择，她却又重新返回了原来的道路，只是因为她无法忘情于走过的新的、个性的选择和自由的恋爱，她才践行了悲剧性夭折的命运。鲁迅不认为她面前还会有什么美满幸福的路。涓生也是这样，他比子君有更多的心理障碍，但在子君的影响下，这种障碍没有实际阻碍他的选择。与子君的结合由于子君的果决而顺利实现了，失去对子君的爱情后遗弃子君的抉择由于子君的主动出走也得到了实际的解决。但也正因为如此，他的悲剧变得更加沉重了，因为在他面前，两种选择都是合理的又都是悲剧性的：他要选择与子君的持续结合，失去了爱情的婚姻使他一生终将像《幸福的家庭》的主人公一样平庸痛苦；他要选择离弃子君，他也便只有像现在所表现的一样感到悔恨。鲁迅分明就无法替他做出一种完全合理而又幸福的选择。

茅盾《一个女性》中的女主人公琼华和鲁迅《孤独者》中的魏连殳有着极为相似的境况和思想，他们都处在庸俗环境势力的包围中，都对这种势力施行了精神上的报复，并且二人都没有达到自己的实际目的，非但没有报复了别人，反而因这种报复毁灭了自己。但在鲁迅的描写中，魏连殳却也没有另外一条更为合理的道路，他的心理障碍在他的命运中起不到关键性的作用。在茅盾的《一个女性》中，情况是不完全相同的。其中还设计了另一个人物张彦英，他厌恶家乡学校的庸俗生活，离开了家乡，并决心"没有把自己造成为一个人，我是未必回来"。在琼华死前，他回来了。这样，茅盾也就告诉我们，死并非琼华的唯一一个结局，并且也不是一个更好的结局。她可以像张彦英一样走另一条更合理的道路，甚至可以坚持到张彦英回乡，与他实现幸福的结合。阻碍了她做出这种更合理选择的不仅仅是客观的环境条件，还有她自己的虚荣心，她的对故乡和对往昔的毫无意义的留恋，所以茅盾说："她的天真的心，从爱人类而至于憎恨人类，终成为'不憎亦不爱'的自我主义者。但是自我主义也就葬送了她的一生。"①

较之《自杀》与《一个女性》中的女主人公，《昙》中的女主人公张女士是做出了相对较好的自我抉择的，她虽软弱，但到底逃脱了环境的压迫，为自己的新生留下了一条道路。与她们不同的是《创造》中的娴娴和《诗与散文》中的桂奶奶，她们就都是能够克服自己的心理障碍，对人生做出了作者认为积极的人生选择的例子："和娴娴一样，桂奶奶也是个刚毅的女性；只要环境转变，这样的女子是能够革命的。"②

社会人生总有两个侧面：环境对人的制约力和人在环境限制下独立选择的主动性。鲁迅和茅盾分别突出了各自的一个侧面，应该说都是有其不可忽视的重要性的，事实上，鲁迅的《在酒楼上》《孤独者》《伤逝》和茅盾的《野蔷薇》中的几篇小说，都有相当高的思想艺术水平，都成了中国现代文学史上的小说佳作。但在同时，他们也都面临着自己的危险性：如果鲁迅由环境对人的制约力走到了否定人在环境的制约下做出自己独立抉择的积极意义的地步，那么他就将走向对中国反封建思想革命历史作用的否定，就会导致让人消极地听任环境和传统的摆布的后果，而如果茅盾片面强调了人的独立选择的主动性，忽略了环境对人的强大制约力量，也就有可能导致环境表现的简化、对人物自我选择的苛责化，从而降低了对人的悲剧命运的同情心。这两种危险性，都会从不同方面削弱他们的现实主义的力量。我认为，鲁迅对自己所面临的危险性是有充分意识的，因而较成功地克服了它，但茅盾对自己所面临的危险性却没有更自觉的意识，而在自己的创作道路上常常陷入它的陷阱，造成思想艺术上的失败，削弱了他的现实主义的力量。

必须看到，茅盾在肯定人应当对自己的生活道路做出正确的、积极的选择的时候，是以环境表现的相对单纯化为代价的。在鲁迅小说中常常出现的两条既合理又不合理的人生选择，在茅盾小说中转化成了正确与错误的两种截然相反的选择，他是通过忽略或淡化其中一种选择的合理性而使之成为一种完全错误的人生道路；忽略或淡化另一种选择的非

---

① 茅盾：《写在〈野蔷薇〉的前面》，载《茅盾全集》第9卷，第524—525页。
② 同上书，第524页。

从思想革命到政治革命

合理性而使之成为一种完全正确的人生道路的,在其实质上,鲁迅小说中的人物所面临的问题与茅盾同类小说中的人物所面临的问题并没有什么不同。在这里,我们可以首先从《虹》对梅女士与柳遇春关系的描写谈起:

> 每天黄昏的时候他回来,总带一大包水果点心之类送在梅老医院房里;另外一包,他亲自拿到梅女士那里,悄悄地放在桌子上,便走了出去;有时也坐下略说几句,那也无非是些不相干的事情。他又常常买些书籍给梅女士。凡是带着一个"新"字的书籍杂志,他都买了来;因此,《卫生新论》《棒球新法》,甚至《男女交合新法》之类,也都夹杂在《新青年》《新潮》的堆里。往往使梅女士抿着嘴笑个不住。大概是看见梅女士订阅有一份《学生潮》罢,他忽然搜集了商务印书馆和中华书局出版的所有带着个"潮"字的书籍,装一个大蒲包,满头大汗地捧来放在梅女士面前说:
> "你看,这么多,总有几本是你心爱的吧!"
> 对于柳遇春这种殷勤,梅女士却感得可怕;比怒色厉声的高压手段更害怕些;尤其是当她看出柳遇春似乎有几分真心,不是哄骗,她的思想便陷入了惶惑徘徊。她觉得这是些无形的韧丝,渐渐地要将她的破壁飞去的心缠住。可是她又无法解脱这些韧丝的包围。她是个女子。她有数千年来传统的女性的缺点:易为感情所动。她很明白地认识这缺点,但是摆脱不开,克制不下,她有什么办法呢!①

是的!对于梅女士的个性要求,对于她的婚姻自主,对于她以后走上革命道路,"易为感情所动"确是一个缺点,这种"韧丝"确有缠死梅女士的巨大危险性。但在另一方面,在封建礼教的束缚下,人与人之间感情的淡漠又使柳遇春对梅女士的真诚感情格外宝贵。这种感情包含在他的愚昧可笑的形式下,包含在柳遇春整体的奴性性格中,它不能唤起梅女士对他的爱情实属必然。但梅女士能爱不能爱是一回事,作者认为

---

① 茅盾:《虹》,载《茅盾全集》第2卷,第76—77页。

梅女士"易为感情所动"是不是纯粹的缺点又是一回事。如果考虑到在梅女士所处的环境中人与人之间没有全部湮灭的感情总是通过传统封建的形式和愚昧可笑的方式表现出来的，那末茅盾也便会感到，当梅女士必须挣脱封建羁绊时所不能不失去的精神上的代价了：她必须对人与人之间的感情联系具有更淡漠一些的态度和更薄弱一些的感受力，但这绝不能认为是精神上的优点，而是一种弱点，是封建传统和她的文化环境以反向的形式和无形的力量打在她身上的精神烙印。历史事实已经证明，封建传统总是在两个不同的方向上贯彻自己的意志：在封建礼教束缚下的社会人众中蔓延着奴性的服从，首先背离这种礼教束缚的人受到周围广大群众的压制，并在这些人身上制造着人与人之间的仇视和对立，加强了他们与群众的思想感情隔膜，消蚀着他们的爱人之心，把他们驱向不同情人的个性主义或专制主义的思想道路。我认为，在中国历史上没有哪一个思想家和文学家，能像鲁迅一样对这两种不同趋向的危险性同时有着高度明确的意识，因而他总是把觉醒的知识分子放在这两种趋向间加以烘烤。茅盾之所以没有把梅女士塑造成充满内心复杂矛盾的人物，就因为他把"易为感情所动"简单地归入了传统女性的特征，并视之为思想弱点，严格说来，这是不完全正确的。

你有你的道理，我不说你错！可是你看，难道错在我身上么？我，十三岁就进宏源学徒，穿也不暖，吃也不饱，扫地，打水，倒便壶，挨打，挨骂，我是什么都吃过来了！我熬油锅似的忍耐着，指望些什么？我想，我也是一个人，也有鼻子眼睛耳朵手脚，我也该和别人享些快乐，我靠我的一双手，吃得下苦，我靠我的一双眼睛，看得到，我想，我难道就当了一世学徒，我就穷了一世么？我那些时候，白天挨打挨骂，夜里做梦总是自己开铺子，讨一个好女人，和别人家一样享福。我赤手空拳挣出个场面来了，我现在开的铺子比宏源还大，这都是我的一滴汗，一滴血，我只差一个好女人；都没有父母，没有兄弟姊妹，我虽然有钱，我是一个孤伶鬼，我盼望有一个好女人来和我一同享些快乐。看到了你，我十分中意，我半世的苦不是白吃了。可是现在，好像做了一场梦！我的心也是肉

从思想革命到政治革命

做的，我不痛么？人家要什么有什么，我也是一样的人，我又不贪吃懒做，我要的过分么？我嫖过，我赌过，可是谁没嫖没赌？偏是我犯着就该得那样大的责罚么？犯下弥天大罪，也还许他悔悟，偏是我连悔悟都不许么？你说你是活糟踏了，那么我呢？我是快活么？你是明白人，你看，难道错都在我身上？①

诚然，这是一个传统奴才的自白，但在这奴才式的自白里，我们又听到了被压抑着的人性的呼唤。鲁迅和茅盾都感到了觉醒知识分子在传统奴才面前的尴尬处境：你要爱他们，满足他们的愿望，他们就会像嗜血动物一样把你吸干，他们充满着强烈的锦帛玉女的人生理想，一切在他们眼里都只是添补自己空虚心灵的捕获物，他们的生命的饥渴足以吞噬你的一切，即使在他们对你的爱里，包含着也是不可摇撼的自私心。但是，他们的这一切都是不自觉的，是传统观念把他们塑造成了这个样子，就他自己而言，则是有着真诚感情的一些人。他们不是"坏人"，相反，他们在当时的环境中是一些最诚恳，最干练、最正派、最老实、最不自私狭隘的人。如果对他们的人性呼唤漠不动心，如果他们的热诚也唤不起你的感情激动，你同时也便是对人的热情淡漠，冷却了的人，也便是对人的悲剧失去了同情心的人。但只有鲁迅，才更深刻地感到，对于觉醒知识分子而言，后一种倾向同前一种倾向同样是危险的。《在酒楼上》中的吕纬甫是被传统关系的"韧丝"缠住了手脚的人，而《孤独者》中的魏连殳则是在抗争中失去了对人类的爱的知识分子，《伤逝》中的涓生则徘徊于二者之间。但茅盾则必须相对忽略和淡化掉读者对梅女士这种发展倾向的感觉，才能把梅女士的现实选择当作唯一正确，完全合理的选择，才能保证她的形象的完美性，但也正因为如此，梅女士后来的参加革命才显得没有更充实的感情基础，才使人觉得她是在对人，对人的悲剧命运的真挚同情中做出这种抉择的。

《虹》并非一个孤证。茅盾的描写总是让人感到，现代的、革命的女性，都是些不易为感情所动、没有对人的执着强烈感情的女子，而只有

---

①茅盾：《虹》，载《茅盾全集》第2卷，第70—71页。

传统女性，才执着于对人的感情。《诗与散文》中的桂奶奶，几乎连犹豫一下也没有，便毅然与过去热恋过的青年丙分了手，在她与青年丙的关系中似乎只有肉的而无灵的结合。她与曹禺《雷雨》中的繁漪形近而实异，因为后者的"雷雨"般的性格是在对爱情的执着追求中爆发出来的；《创造》中的娴娴之热心于政治活动，也没有实际的感情基础，让人疑心只是为了赶时髦。

即使在《蚀》《虹》《野蔷薇》这些最初的一批优秀作品中，我们也可以发现这样一个规律性的现象：即越是在觉醒知识分子（他们代表着中国社会历史和中国社会思想发展、变化的动态的一面）与传统封建思想以及具体体现它的文化环境（它代表着中国社会历史和中国社会思想保守、僵化的静态的一面）发生着复杂的矛盾纠缠的作品章节，就越是能获得更大的思想艺术上的成功。《蚀》三部曲基本上具有一贯性和完整性，《幻灭》中的静女士是处在农村到都市的思想心理的变化过程之中；《动摇》中的知识分子革命者直接面对着以胡国光为代表的传统封建势力；《追求》中的人物在革命失败（欲改变而未改变了的中国社会现实）的影响下陷入了苦闷、彷徨。在《野蔷薇》《自杀》《一个女性》《昙》中的主人公都处在传统封建势力的包围中，《诗与散文》中的桂奶奶虽然也是一个形象鲜明的人物，但她是在青年丙的眼中被折射出来的，不具有前三篇小说的女主人公那么丰满的思想内容，只是一个状态性的背景人物。《创造》中的娴娴则更成了一个影子式的人物。这是为什么呢？我认为，这可以从茅盾为自己的人物设计的两种人生选择中找到原因。当茅盾笔下的人物正在进行着这种选择的时候，它们反映着现实的矛盾在人的思想心理中的复杂纠缠，亦即这些人物的思想心理过程同时也是中国社会现实的复杂矛盾的反映，是客观在主观上的投射，二者有着一种同构关系，但当茅盾为他笔下的人物确定了一条正确的、合理的人生选择的道路之后，他们沿着这条道路前进的过程便不是社会现实的直接作用力的结果了，而更多地只是他们自身（或曰茅盾的）思维逻辑的过程了。他们沿着这条道路走得越远，他们的思想过程越不仅仅是现实社会的作用力的结果。这样，静态的现实留在了原地，没有发生根本的变化，而这些少数的知识分子则循着自己的人生选择和思维线路跑得越来

从思想革命到政治革命

越远,二者的距离加大了,人物描写的思想内涵和现实内容也便越来越空虚了。我认为,只要结合茅盾的小说创作,人们便不会认为我在这里做的是纯逻辑的推理了。《创造》中的娴娴,是循着怎样一条道路参加的政治活动呢?

> 他破坏了娴娴的乐天达观思想,可是唯物主义代替着进去了;他破坏了娴娴的厌恶政治的名士气味,可是偏激的政治思想又立即盘踞着不肯出来;他破坏了娴娴的娇羞娴静的习惯,可是肉感的,要求强烈刺激的习惯又同时养成了。[①]

但也正因为这样,我们也便再也难以发现娴娴的人生选择与她的实际生活和人生感受的联系了。政治活动在这里仅仅是她的思想需要,是为她的精神空白填补上去的,因为我们看不到她需要在政治活动中达到什么样的实际目的。

人生的选择是在实际生活的矛盾中进行的,其中体现着一种选择的原则,但这种原则如若脱离开实际具体的生活矛盾,则是毫无意义的。在这里,我们还必须认识到这样一种危险性,即在理性上通过逻辑推演对某种思想原则做出否定性的价值判断是极其容易的,而在实际上对现实关系做出破坏性的否定原则是极其困难的,如果一个作家,特别是一个现实主义作家仅仅依靠一种思想推演的方式否定掉在现实关系中依然起着积极作用的思想原则而又将这种否定运用到现实关系的描写或人物性格的塑造中去,便会从根本上破坏作品的思想统一性和艺术统一性。

> 而况她的天性又是动的,向前的,不甘寂寞的。她所受的"五四"的思潮是关于个人主义,自我权利,自由发展,这一方面,仅仅最初接到的托尔斯泰思想使她还保留着一些对于合理生活的憧憬,

---

[①] 茅盾:《创造》,载《茅盾全集》第8卷,第26—27页。

对于人和人融和地相处的渴望，而亦赖此潜力将她轰出成都，而且命令她用战士的精神往前冲！①

较之那些左倾教条主义者，茅盾更重视五四反封建斗争的历史意义，但茅盾依然在思想原则上忽视了五四反封建思想的重要性和长期坚持的必要性，上引《虹》中对梅女士的思想评述便是一例。必须指出，茅盾这种评论是不符合梅女士思想发展的实际的。在她的成长过程中，我们根本看不到列夫·托尔斯泰思想的影响作用如何赋予了她"向前冲"的力量，恰恰相反，正是茅盾否定的"五四"个性解放、自我权利、自由发展的思想才给予了她挣脱封建传统束缚的实际力量。不难看出，茅盾的这种评述，仅仅是从五四反封建斗争的历史阶段已经结束、它的思想武器已经过时的思想推演中做出的，但现实关系却并没有较之五四时期发生根本的变化，这种推演也就难以准确地说明他笔下的人物，从而造成了对梅女士性格把握的紊乱，妨碍了后一部分的思想艺术上的成功。

应该说，茅盾对五四反封建思想原则的否定，还是小心翼翼的。在典型的封建环境中，他始终坚持着"五四"的反封建精神，但他同时又总是力图通过外部环境的转变实现对五四思想原则的否定。在《虹》里，他通过对梅女士的描写说："……现在浮上她意识的，只有一些断烂的名词：光明的生活，愉快的人生，旧礼教，打倒偶像，反抗，走出家庭到社会去！然而这些名词，在目前的场合显然毫无用处；"②事实上，梅女士在茅盾笔下只是走向社会的典型人物，她身后的家乡和泸州还依然原封不动地留在那里，那里的绝大多数人还有待于像她一样冲破封建关系的束缚，"五四"那些口号怎么随着梅女士一个人走到上海便成了断烂的名词了呢？如果说仅仅在梅女士所处的特定环境中才能够构成对这些思想原则的否定，那么，我们也便同时发现了一个问题：茅盾现实主义典型概括的范围随着他对社会历史和社会思想发展的不断追逐实际上是越来越小了，而不是越来越大了。它小到了只适于他认为消失了封建社会

---

① 茅盾：《虹》，载《茅盾全集》集2卷，第209页。
② 同上书，第226页。

的极少数大都市和个别的文化环境。

关于《子夜》，朱自清先生早就指出："书中以'父与子'的冲突开始，便是封建道德与资本主义道德的冲突。但作者将吴荪甫的老太爷，写得那么不经事，一到上海，便让上海给气死了，未免干脆得不近情理。"①这实际关系到当时的上海还存在不存在传统的封建关系的问题。但即使按照茅盾的暗示，认为大上海已经资本主义化。已经不存在封建传统的影响，这同时也就产生了上述那个问题：到底《子夜》的典型概括范围是大还是小？到底它能不能在整体上概括整个中国历史发展的根本问题？

所谓典型性，必然联系到这样一个问题，即它所反映的事件和塑造的人物到底在多大范围中才应如此观察，才呈现出这样的状况和风貌。这实际也便是一部现实主义作品概括范围的大小的问题。既然上海自身已经发生了较之全国广大地区不同的根本性变化，既然像上海这样的资本主义化了的都市在整个中国只是极少的例外，那么，在这个个别环境和整体背景之间便有了一个价值转换的问题。显而易见，茅盾在理性上是把上海这类大都市当作比传统农业社会更为先进的社会形态来理解的，吴老太爷的死便代表了传统封建社会在现代社会面前的腐朽和衰亡。在这种情况下，茅盾理应认识到，在大上海这种资本主义关系中所呈现出来的状貌，是不应放在全国的大范围中来的，是不应做为在整体范围中的固定价值予以看待的。在资本主义化了的上海，依照茅盾的描写，有三个阶级在起着关键性的作用：官僚资产阶级、民族资产阶级和工人阶级。官僚资产阶级的代表是赵伯韬，民族资产阶级的代表是吴荪甫，工人群众的描写代表了工人阶级。三者的关系是：官僚资产阶级是反动的，民族资产阶级动摇于革命与反革命。官僚资产阶级与工人阶级之间，工人阶级则是最先进的、革命的阶级。不难看出，这是《子夜》的基本思想构图。但这种构图放在全国范围内应不应该有所变化呢？如果认识到我国还是一个落后的农业国，还是保留着浓厚的封建关系的国家，那么，民族资本主义的工商业便是中国最先进的一种经济形态，民族资产

---

① 朱自清：《朱自清序跋书评集》，第198页。

阶级为发展民族工商业做出的一切努力便不仅不是落后的、反动的，而且也不是中间形态的。不论他们实际的政治态度如何，他们的行动和愿望本身就具有先进性和革命性的意义。中国的革命就其阶级性的本质讲，应是代表工人阶级和广大人民群众利益的，但在现代的中国要代表工人阶级和广大人民群众的利益，便不能发展或恢复封建的社会形态和经济形态，不能加强封建的宗法制关系，而必须发展民族的工商业，实现中国的现代化，就这个意义而言，中国的革命便不是否定或削弱民族资产阶级所追求的实际目标，而是要在新的形式下发展它、实现它。诚然，民族资产阶级与工人阶级也有矛盾，也有斗争，但只要封建关系还限制着民族资本主义工商业的发展，只要帝国主义和封建主义还压迫着中国的民族资产阶级，民族资产阶级和工人阶级便有着更多的共同利益和彼此的统一性，只有民族资本主义得到发展，工人阶级才有更多的就业机会，工人阶级的队伍才能不断发展壮大，民族资产阶级的大量破产，给工人阶级带来的是更大的灾难。在《子夜》里，茅盾实际已经描写了这种现象，但却利用这种现象着重表现了民族资本家的残酷，而没有看到这是帝国主义、封建主义经济压迫的一种转嫁形式，工人阶级反对的不应当是民族资产阶级的某个资本家，而应是帝国主义、封建主义对民族资本主义工商业的压迫和摧残。由此可见，茅盾在理性上把吴荪甫这个人物当作政治上反动或中间性的人物来处理，本质上是不正确的，并且与他的实际人生感受不相符合。这不能不给他的艺术表现带来损害。

> 哈哈哈，这不要紧！我正想去看看那红军是怎样的三头六臂了不起！光景也不过是匪！一向是大家不注意，纵容了出来的！……①

茅盾设计这个细节的目的是非常清楚的：为了表现吴荪甫反对革命的政治立场。但我认为，这个细节不但无助于作品艺术上的完美，而且与吴荪甫思想性格发展的逻辑也是不相符合的。就艺术上而言，在吴荪甫由于众叛亲离，官僚资本压迫而陷于走投无路的情况下，读者的情绪

---

① 茅盾：《子夜》，载《茅盾全集》第3卷，第1页。

从思想革命到政治革命

可以沉入到对吴荪甫代表的民族工商业破产命运的沉思中去,加强全书的艺术感染力,这一细节的插入转移了读者的视线,而又造不成新的情绪格调,只起到了对读者统一情绪的干扰,在艺术上是有害而无益的;就人物性格的塑造而言,吴荪甫在事业彻底失败,心绪愤懑,意欲自杀而终辍之时,恰恰处于对社会现实陷于失望、最能同情地理解革命者的反叛行为的心境,这时让他说出对革命者的蔑视和否定是没有坚实的心理情绪基础的。我们说民族资产阶级有受到帝国主义、封建主义的压迫而同情革命的一面,在吴荪甫的当时处境中如若毫无同情革命的情感倾向,民族资产阶级同情革命的思想倾向就永难发生了。这并非说吴荪甫在这种情况下就会参加革命,但至少可以认为,在这时表现他反对革命的思想倾向,是最不适宜的。

茅盾也表现中小城镇和农村的生活,但他所表现的不是鲁迅笔下的纯传统色彩的农村,而是受到了大都会现代工业牵引的城镇和农村,《林家铺子》《农村三部曲》是其典型的例子。我们看到,《农村三部曲》出现的情况与《虹》又有些相似,即作品越向前推进,人物思想觉悟愈提高,作品的感染力和典型意义反而越来越小了。《春蚕》的成功在《秋收》之上,《秋收》较《残冬》更觉深刻。只要结合《虹》的例子,我们便会感到这种趋向不仅仅由于写作时的专注与草率,而且有一种无形的思想障碍。农民的思想提高,有赖于根本的生产方式和生活方式的变化,有赖于宗法制社会关系的根本改变,在这些最基本的东西没有发生变化之前,其它一切变化都只是表面的、形式的变化。鲁迅笔下的阿Q由嘲笑革命到要求参加革命可说发生了巨大的外部变化,但鲁迅的深刻处在于能够意识到这种外部变化并不直接反映着内部根本性质的变化。《农村三部曲》和《阿Q正传》所涉及的革命在根本性质上发生了变化,但革命的整体性质是一回事,走向革命的具体人物的根本思想性质又是另外一回事,忽略了人物根本思想性质发生变化的艰难性,仅仅着眼于外部行动和趋向性的变化,便会影响人物典型概括的广度和深度。我认为,多多头这个人物之所以不如阿Q,也不如老通宝的形象更加丰满,原因即在于此。

如上所述,任何社会历史的发展都有两个侧面:相对静止的侧面和相对迅疾变化的侧面，一般说来，社会思想意识的变动和民族文化心理结构的改造是缓慢的，而外部社会历史变动则是较为迅速的。这种矛盾由于中国近代历史受到外部世界的强大牵引力而变形加大了。鲁迅小说的现实主义有一个弱点，即容易忽略中国近代历史外部变动的描写及外部变动带来的社会思想意识的微细变化，但茅盾小说的现实主义又往往容易用外部世界的巨大变化掩盖了中国社会思想意识发展变化的缓慢性。这两种现实主义在中国当代文学史上起着互补的作用，但文学的根本目的不能不是作用于人的精神发展的，所以流于表面化，以外部世界的迅疾变化掩盖了内部精神变化的缓慢性则是中国现当代文学经常出现的弊端。

这两种形态的现实主义在艺术趋向上也各有不同，关于这方面的内容，我们将在《两种现实主义小说的两种艺术趋向——鲁迅小说和茅盾小说的比较研究之二》中进行论述。

1988年4月于北京师范大学
原载《学术之声》1988年第1期

两种现实主义小说的两种艺术趋向
——鲁迅小说和茅盾小说的比较研究之二

鲁迅的现实主义是以表现社会思想意识的状况为指归、以人的精神解放为基本价值标准观照和表现社会人生的,因而鲁迅小说集中追求内部思想表现的广阔性,茅盾的现实主义是以反映社会历史的外部变动(主要是社会政治变动)为指归、以社会解放和政治革命的需要为基本价值标准观照和表现人生的,因而茅盾小说集中追求的是外部社会表现的广阔性。这样,就产生了鲁迅小说和茅盾小说在结构形式上的不同特点。在这里,我们可以对鲁迅小说和茅盾小说所各自代表的两种形态的现实主义做第四个结构特征方面的界定:两者都追求现实主义概括的广阔性,都为中国现当代小说结构的发生和发展做出了杰出的贡献,但前者(鲁迅小说)更重视内部思想表现的广阔性,更重视内部思想结构的宏伟性、是以内部的思想结构模式实现对社会思想意识发展状况的现实主义典型概括的现实主义,而后者(茅盾小说)则更重视外部社会表现的广阔性、更重视外部社会结构的宏伟性、是以外部的社会结构模式实现对社会历史发展状况的现实主义典型概括的现实主义。

骆飞同志说:"五四文学革命的第一个十年,新文学在小说创作上的成绩主要是短篇。……茅盾是新文学运动的先锋,而且是第一个现代长篇结构的探索者。"①这是完全符合中国现代小说史发展状况的一个概括和总结。可以说，中国现代短篇小说的结构形式在鲁迅小说中已得到了确立，而中国现代长篇小说的结构形式到了茅盾手里才趋于成熟。

新文学第一个十年现代长篇小说之所以没有得到发展，其原因是多方面的，但最终的根源则在于当时的新文学作家（其中也包括鲁迅）还没有产生非长篇小说不能达到的强烈艺术需要，短篇小说对于他们的目的而言似乎已感满足。但到了茅盾开始小说创作的时候，短篇小说已经远远不能满足他的艺术需要了，只有像长篇小说这样宏大的外部结构形式才能容纳下他所需要表现的艺术内容。很明显，茅盾反映在广阔社会背景上发生的社会历史变动的愿望在中国现代长篇小说的形成和发展中是起了关键性作用的。《幻灭》《动摇》《追求》分别言之，是三个中篇，但茅盾把三个中篇结合成《蚀》的统一的形式，也是完全合乎逻辑的。因为只有这样，才完整地反映了革命前、革命中和革命失败后这样一个连续的历史过程中青年知识分子思想情绪的波动和起伏，这里的结构的完整性，就是一个历史过程的完整性。并且在每一个阶段，茅盾所要表现的不是一个人物或一个事件，而是一种社会状况。在《幻灭》中，虽然以静女士为主线，但对慧的表现不是为了成为静女士的一个陪衬人物，而且有与静平行的意义，是为了揭示另一种不同的人生观和处世哲学的；在《动摇》中，场面扩大了，出现了几条平行发展的线索，《追求》持续着这种结构状况，为的是把王仲昭、张曼青、章秋柳等各种不同的生活追求同时表现出来。这与鲁迅的短篇小说的结构是不同的。在鲁迅小说里，或者以一个基本没有纵向历史流程的场面为主（如《示众》《风波》等），或者有较长的历史流程而仅仅以一个人物为主（如《阿Q正传》《祝福》《伤逝》等），或者以时间跨度较小的几个幅度不大的场面为主（如《药》等）。茅盾的《蚀》则在横向的社会规模和纵向的历史规模上都扩大了小说的容量，把现代小说向长篇小说的结构形式推进了。但《蚀》《虹》《路》《三人行》都还主要通过知识分子的思想发展反映社会

---

①骆飞：《略论〈子夜〉的结构艺术》，载《中国当代文学研究资料·茅盾专集》第2卷（下），第1119页。

两种现实主义小说的两种艺术趋向

历史的变化，因而小说的结构在横向规模上还是有限的，小说的长度更与历史流程的长度有关，而中国现代长篇小说结构的成熟，还是以《子夜》为标志的。

《子夜》之所以能够在中国现代长篇小说结构艺术上获得突破性的进展，众所周知，首先不是因为茅盾对小说结构的探索，而首先在于他表现更广阔的社会人生画面的思想需要。茅盾说："《子夜》原来的计划是打算通过农村（那里的革命力量正在蓬勃发展）与城市（那里敌人力量比较集中因而也是比较强大的）两者革命发展的对比，反映出这个时期中国革命的整个面貌，加强作品革命的乐观主义。"[①]正是因为有反映中国革命整个面貌的宏大结构，才必须运用像《子夜》这样宏大的小说结构。尽管茅盾后来把目标主要转向了上海错综复杂的社会矛盾的表现，但这样一个描绘对象，没有宏大的外部结构也是难以胜任的。《子夜》有"五条重要线索贯穿始终。第一条线索是以买办资本家赵伯韬、金融资本家杜竹斋、民族工业资本家吴荪甫等人为代表的公债交易所中'多头'和'空头'的投机活动。第二条线索是在世界经济危机、帝国主义经济侵略以及军阀混战等影响下的中国民族工业的兴办、挣扎和以朱咏秋丝厂出盘、陈君宜绸厂出租、孙吉人船只被扣、周仲伟投靠'东洋大班'、吴荪甫倾家荡产为标志的彻底破产。第三条线索是由工人群众的悲惨生活、资本家的反动面目、走狗们的虚伪阴险、黄色工会内部的互相倾轧以及地下党领导人的路线分歧等画面共同组织的工人反抗资本家残酷剥削的怠工、罢工斗争。第四条线索是使得封建僵尸吴老太爷仓皇出逃、使反动地主曾沧海暴死街头，使吴荪甫的'双桥王国'美梦彻底破灭的农村如火如荼的革命运动。第五条线索是表现依附于资产阶级的'新儒林外史'人物的空虚庸俗的日常生活、寻求刺激的变态心理和苦闷抑郁的精神状态等。[②]"在这五个重要的线索中，又有众多的人物、众多的场面和事件、众多的中小型的线索。这样，茅盾的小说结构艺术就产生了

[①]茅盾：《再来补充几句》，载《茅盾全集》第3卷，第561页。
[②]骆飞：《略论〈子夜〉的结构艺术》，载《茅盾专集》第2卷（下），第1120—1121页。

下列两个特点：一、必须在几条重要线索和其他较小型线索间实行跳跃性或串联性的彼此过渡，因为只有这样，才能网罗进更多的社会空间环境，构成小说所要表现的尽量广阔的社会人生画面；二、必须在同一条线索的同一事件或场面中容纳下更多的人物和更多的社会信息量，因为只有这样，才能实现不同线索间的呼应和交织，才能不把这一条线索上的场面或事件从整个作品中完全孤立出来。这两个特点及其相互作用，构成了茅盾小说的错综复杂、壮观宏伟的网状外部结构。这个结构是以社会性的结构模式与现实世界的社会结构相对应，而起到反映现实的目的的。在《子夜》中，有官僚买办资产阶级的代表人物，有民族资产阶级的代表人物，有封建地主阶级的代表人物、有一般工人和工人领袖、有知识分子、有农民，以及众多的过渡性或具有局部典型性的人物，他们各自发生着各种形式的联系，构成了一个想象中的社会结构，这个想象中的社会结构模式与茅盾所要反映的中国社会现实有着一种严格的同构关系。通过这种同构关系，艺术反映了社会，想象的世界暗示了现实的世界。

我们看到，鲁迅小说与茅盾小说是不同的。如果说茅盾小说像一座座结构雄伟、檩椽交错、庞大而又复杂的建筑物乃至建筑群的话，那么鲁迅小说则名副其实地只是其中的"一雕梁，一画础"，每篇小说里只有一两个人物、一两个场面。我们很容易获得这样一个印象：鲁迅小说所描写的，只是茅盾所描写整个中国社会人生画面中的一个"暗陬的角落"，它们可以包含在茅盾小说中而成为它更精细描绘了的一角。但这种印象仅仅是从外部的社会空间规模着眼得来的，如果从内部的社会思想意识结构的规模而言，情况就会发生根本不同的变化。在这时，不是鲁迅小说只能作为茅盾小说的一个部分、一个角落而存在，而是茅盾小说只能作为鲁迅小说所表现的全部空间中的一部分而存在的。我们感到，怀着振兴民族工业的宏愿像拼命三郎一样挣扎奋斗而最终落了个众叛亲离的失败下场的吴荪甫只是鲁迅《狂人日记》中的"狂人"的一种社会变例或具体化了的显现；茅盾笔下那众多在达官贵人、富豪大亨面前显得贫贱寒酸而又侃侃谈论着那些不切实际的理论教条的知识分子，在精神上也只是鲁迅《孔乙己》的主人公的现代化改装；茅盾《蚀》中的那

两种现实主义小说的两种艺术趋向

些陷于苦闷的知识分子,与鲁迅笔下的吕纬甫、涓生、子君尽管表现形式不同,但遇到的困境本质上没有两样,而《虹》中的梅女士在其精神上也只是魏连殳的更年轻幼稚的妹妹……这说明在鲁迅小说所描写的狭小的外在社会空间中,是包含着一种极广阔的思想空间的,在这个范围中我们将会看到,鲁迅的现实主义的历史概括和社会概括不是较茅盾的要小,而是更大、更集中。如何理解《狂人日记》?我们必须从中国文化现代化转变的整体历史过程和全部社会内容来理解。积淀了几千年的中国传统文化要实现现代化的转变,这种转变是在西方文化的直接影响下发生的。在这时,整个中国传统文化已成了约定俗成的一整套思想行为模式,它的稳定性在需要实现自我变革的中国现代历史上不能不具体表现为僵化性和保守性,任何与它不相协调的现代思想观念和现代行为准则,都会因为得不到普遍理解而被划入非正常思想行为的范围之内,从而被视为疯狂的言行。在《狂人日记》中,"狂人"与环境的冲突是鲁迅在艺术想象中构成的一个极单纯、极具体的思想关系的结构模式,但这个想象中的结构模式,却与中国传统文化与现代文化的社会文化思维模式具有一种同构关系,前者暗示了后者,因而《狂人日记》在其外部结构上是单纯的、狭小的,而内部蕴含并暗示着的社会思想关系的结构模式却是极其巨大的,其涵盖面是极其广阔的;甚至像《孔乙己》这样一个不满五个印刷页的短篇小说,其内部的思想结构也有其宏伟性的一面。我认为,孔乙己是一个提纯了的知识分子的形象,通过他与环境的关系,鲁迅让我们看到了知识分子在中国传统文化系统中的地位和处境,也让我们看到了传统知识分子自己的状貌。在中国传统文化中,知识的价值和知识分子的地位与价值是由封建政治统治者赋予的,因而"知识"和"知识分子"并没有独立于政治需要以外的独立价值,而知识分子当时的"知识"也主要是"修身、齐家、治国、平天下"的政治、伦理文化,其价值只有通过读书做官才能得到具体体现。因而官僚知识分子在社会上得到尊崇,但原因不在"知识"、而在"官僚"。在不能入仕的知识分子之中,有些本身就是地主、富商,但他们的生存基础和社会地位也不是由"知识"确立的,而是由其经济地位确立的;除了上两种情况,知识分子仅靠"知识"不但得不到生存的基本条件,而且也得不到社会的认可。不但他们的"知识"在这种情况下没有任何意义，而社会群众对他的那套"知识"也不需要，这时他若为了糊口去从事体力劳动，他也就脱离了知识分子阶层。只有像孔乙己这样仅仅用"知识分子"的虚假精神价值欺骗着自己的人，才是真正体现着传统知识分子自身的地位和价值的人物。鲁迅刻画了孔乙己，也就刻画了纯粹意义上的知识分子在中国传统文化肌体中的状貌和处境，因而它的外部构架虽小，但内部的思想内涵却是丰富的，典型概括的幅度是广阔的。至于《阿Q正传》，人们则已公认为具有广阔典型概括的意义，茅盾在20年代便曾指出"阿Q是'乏'的中国人的结晶"①，"我又觉得'阿Q相'未必全然是中国民族所特具。似乎这也是人类的普遍弱点的一种。"②

　　作为一个小说家，鲁迅有他自己的局限性：他性格趋于内向，没有更为广泛的社会交际的兴趣，除了他的正常生活经历和自然的交际范围之外，他没有更广阔、更全面的社会实际生活和人物活动状况的观察和体验，所以像茅盾的《子夜》《林家铺子》《腐蚀》《多角关系》《锻炼》这类的作品，鲁迅是不可能创作得出来的；即使在他描写的范围内，外部世界的拓展范围也往往受到一定限制。因而他的小说在结构上的优点是凝聚而不散乱，精炼、含蓄、深刻是其主要特征，但其特点也常常在于"浓得化不开"，不够舒展和活泼。像《头发的故事》《端午节》《幸福的家庭》《长明灯》，乃至《狂人日记》这些作品，都有凝滞不舒的弱点。如果说鲁迅小说的结构主要具有凝聚、谨严的美感，茅盾的小说则具有扩散、舒展的美感，开阔、宏伟、舒畅。读了鲁迅小说再读茅盾小说，犹如刚从哲学家烟雾迷蒙的狭小斗室走出，顿入于喧嚣嘈杂的大都会的闹市，只要你不被卷入拥挤的人流而保持一种相对静观的态度，你的烦懑之气便会畅然一吐，心胸也开阔了许多。但是，面对这喧嚣庞杂的外部世界，茅盾小说也面临着另外一种危险性，即怎样将这样一个纷乱复杂的世界凝聚为一个完整统一的和谐整体。假如艺术家不能仅仅是客观事实的记录者，那么，他就应当在庞杂中找到统一，而又用统一牵动并

---

① 茅盾：《鲁迅论》，载《茅盾论创作》，第132页。
② 茅盾：《读〈呐喊〉》，载《茅盾论创作》，第107页。

两种现实主义小说的两种艺术趋向

展开庞杂的外部世界。

我认为，即使《子夜》，茅盾也没有完全成功地解决自己所面临的庞大结构的组织问题。在这里，我们不妨具体分析一下上述五条重要线索的关系及《子夜》结构上的弱点。任何小说结构，都有一个情节的纵向发展和场面、场景社会阔度的横向展现的关系问题。情节的纵向发展取决于小说的主线的纵向推进，结构的横向铺展必须在主线的纵向推进中向四面展开，亦即横断面上的东西必须是构成主线发展的必要因素，否则小说就会陷于散乱。《子夜》的主线是什么呢？茅盾说："这样一部小说，当然提出了许多问题，但我所要回答的，只是一个问题，即是回答了托派：中国并没有走向资本主义发展的道路，中国在帝国主义的压迫下，是更加殖民地化了。中国民族资产阶级中虽有些如法兰西资产阶级性格的人，但是因为1930年半殖民地的中国不同于18世纪的法国，因此中国资产阶级的前途是非常暗淡的。在这样的基础上产生了中国民族资产阶级的动摇性。当时，他们的'出路'是两条：（一）投降帝国主义，走向买办化；（二）与封建势力妥协。他们终于走了这两条路。"[1]也就是说，吴荪甫及其代表的民族工商业的命运和前途，是《子夜》情节发展的主线。《子夜》结构上的成功之处，便在于有效地突出了这条主线，但它的失败之处，也在于并没有把其他的所有描写，都按其对主线作用力的大小有机地组织起一个紧密联系的整体。首先，我们看一看上述第四条线索，即农民暴动的描写。关于这一点，茅盾自己便曾指出："《子夜》原来的计划是打算通过农村（那里的革命力量正在蓬勃发展）与城市（那里敌人力量比较集中因而也是比较强大的）两者革命发展的对比，反映出这个时期中国革命的整个面貌，加强作品的革命乐观主义。小说的第四章就是伏笔。但这样大的计划，非当时作者的能力所能胜任，写到后来，只好放弃。而又舍不得已写的第四章，以致使它在全书中成为游离部分。"[2]为什么第四章在现在的《子夜》里成了游离的一章呢？这并非因为它自身是没有意义的，但是农民反抗斗争自身的重要性并没有

---

[1] 茅盾：《〈子夜〉是怎样写成的》，载《茅盾论创作》，第59—60页。
[2] 茅盾：《再来补充几句》，载《茅盾全集》第3卷，第561页。

转化为对《子夜》这部小说的重要性，因为它与小说主要线索的发展没有发生直接的、不可分割的紧密联系。中国农村的现实状况对像吴荪甫这样的民族资本家来说，是通过下列几种主要渠道起到扼杀作用的：一、农民自给自足的小农经济和农业生产的落后状况、农村的破产，使民族资本主义工商业在国内得不到繁荣发展所需的原料供应，也找不到相应畅通的成品销售市场，它能使民族资本主义工商业不击自萎、不攻自破。这种无形的扼杀力量远远大于部分地区的农民暴动，它的力量主要表现在民族资本主义工商业的购销流通过程中，而不表现在农村局部地区的暴动事件中；二、农村是封建传统思想意识的牢固阵地，它能以其伦理道德观念的力量摧毁民族资本家独立抗争的精神力量。但在《子夜》里，吴老太爷一进上海便被气死了，他以及他所代表的封建传统观念分明并没有影响吴荪甫发展民族资本主义工商业的决心和意志；三、农民暴动及农民的经济平均主义思想倾向可以打乱民族资本家发展工商业的有效战略部署，使其无法制订正确的方针和计划；当农民暴动波及民族工业存在的地区时，可以直接摧毁它的生产能力；在农民暴动成功后，可以利用政权的力量抑制或摧毁资本主义工商业的发展。显而易见，《子夜》中所写的农民暴动，还没有达到这种程度。这样，《子夜》中有关描写便没有更紧密地与小说的主线建立起联系，成了为写农民暴动而写农民暴动的旁逸之笔，它的展开的规模远远超过了它在小说中所起的具体作用。所以，茅盾说它成了游离部分是正确的；其次，我们再考察一下上述第五条线索：关于小资产阶级和小资产阶级知识分子的描写。这条线索上的人物，主要是从吴荪甫的私生活、家庭生活一层一层波动展开的。应该说，这条线索对吴荪甫是异常重要的。但它的重要性不在于能够起到赵伯韬所起到的经济、政治压迫的作用，而更在于它能通过细碎的生活和人与人的关系影响吴荪甫的思想情绪和精神素质，并通过这些间接影响吴荪甫在工商业竞争中的命运。当谈到《子夜》对这些人物的描写时，吴德安写道："这个世系很广的家庭使许多具有不同思想的年轻人聚集在一起，他们大多属于小资产阶级之群，新时代的摩登青年，追求现世的享乐，充满感情的波动，亦是社会中的动摇人物，容易接受新的思想，但也容易放弃。在他们身上再也找不到传统大家庭所需要的孝子贤孙的

两种现实主义小说的两种艺术趋向

身影了,反而新的思潮及生活方式却通过他们在这个家庭里传播,对这个传统家庭产生巨大的冲击作用。……这整个过程是互为因果的循环:吴维持一个传统大家庭→大家庭使各种思想的青年聚在一起→新的思想和生活方式冲击着传统观念,导致个性解放→传统家庭破裂。"[①]这种描写诚然是很有意义的,但这种意义却几乎仅仅是它们自身的意义,而还不是《子夜》这部小说的整体意义。这里的矛盾是明显的,假若说吴荪甫所维系的这个大家庭正在增长着破裂的倾向,正在增长着个性解放的趋势,那么,这种趋势到底是有利于吴荪甫所从事的工商业竞争呢,还是不利于它呢,它的作用是怎样通过吴荪甫而间接影响到小说主线的发展呢?关于这些,我们在《子夜》中是没有更明确的感觉的,它好像只是一个客观的存在,只是可以通过吴荪甫的私人生活的描写更多地网罗进小说的一部分生活,它既没有给吴荪甫的经济竞争带来精神推动力,也没有因为它的琐碎和庸俗而销蚀吴荪甫的奋斗精神和进取精神,没有因此而使吴荪甫不能做出正确的经济决策,从而决定了他的经济竞争中的失败命运。可以说,茅盾的经济决定论已经从根本上将这条线索排除在了小说的整体结构之外,我们只要认为帝国主义的经济侵略和官僚资本的压迫已经决定了民族资产阶级的命运,那么,这条线索上的人物不论有何种面貌、有什么发展动向,对吴荪甫的事业也就是毫无影响的了。紧紧围绕着小说主线展开的实际是上述前三条线索,但即使在这三条线索间,《子夜》的艺术处理也是极不平衡的。茅盾说:"这本书写了三个方面:买办资产阶级,民族资产阶级,革命运动者及工人群众。三者之中,前两者是作者与有接触,并且熟悉,比较真切地观察了其人与其事的;后一者则仅凭'第二手'的材料,即身与其事者乃至第三者的口述。这样的题材的来源,就使得这部小说的描写买办资产阶级与民族资产阶级的部分比较生动真实,而描写革命运动者及工人群众的部分则差得多了。"[②]我认为,这里的问题是两个方面的。对某个生活侧面的了解程度

[①] 吴德安:《茅盾的历史意识和〈子夜〉结构的关系》,《知识分子》1995年秋季号,第75页。

[②] 茅盾:《再来补充几句》,载《茅盾全集》第3卷,第562页。

是一个方面，如何组织自己的作品又是一个方面。任何一个作家，都不可能熟悉和了解现实世界的全部状貌，甚至对自己笔下所描写的事物，也并不是全都熟悉和清楚的，但这并不一定影响作品的思想艺术上的统一性和完整性。鲁迅肯定对尼姑和尼姑庵的生活没有多少全面的观察了解，但有关的描写在《阿Q正传》中却没有成为结构上的赘疣，因为他是在与小说主线的特定联系中纳入对它们的描写的，对于《阿Q正传》，鲁迅的这种有限的理解已经足够了。茅盾了解民族资产阶级，因而也应当了解工人阶级及革命运动者的活动是怎样影响和制约着民族资产阶级的发展的，而对于《子夜》，最重要的恰恰正是这些。至于工人革命者如何恋爱，如何开会，乃至如何组织罢工，都有其重要性，但并非对《子夜》这部小说的重要性。因为工人阶级和革命者并不是以其全部的活动作用于资产阶级的，只有他们的一部分活动才对资产阶级具有直接的影响力量和制约力量。总之，在《子夜》里，至少有三条主要线索没有更有效地组织进小说的有机联系中去。

当把大量的人物和情节依其外部的联系网罗进小说而又并没有有效地纳入其内部的矛盾斗争的时候，《子夜》的整体结构也就不能不受其影响了。首先，它使《子夜》在整体的推进速度上变得迟缓笨重了。如果非主线上的人物和情节无法与主线上的人物和情节构成彼此推动的连环关系，那么，不论非主线上的人物和情节就其自身而言描写得成功与否，都将不利于小说整体结构的和谐性。如果它是成功的，它便将起到喧宾夺主的作用，将会把读者的注意力移开，把小说的各条线索变成时断时续的不相连接的孤立线段；如果它不是成功的，它将使小说变得沉闷、沉滞，极大地推迟主线行进的速度，无缘无故地拖延主要矛盾展开、发展和解决的过程。我认为，《子夜》所以缺少紧紧抓住读者的思想艺术力量，这是一个重要的原因。

除了《子夜》之外，《多角关系》在结构上颇有特色，但不难看出，它的组织手段也主要依靠外部的生活关系的联系，而并非内部的矛盾斗争。因而它的组织手段的巧妙性并没有带来小说激动人心的思想艺术力量。《第一阶段的故事》《劫后拾遗》《锻炼》则几乎只有外部空间的扩展，内部矛盾斗争的推进被外部空间的拓展淹没了，使小说变得难以令

两种现实主义小说的两种艺术趋向

人卒读。

在小说结构方面，茅盾的"矛盾"同在其他方面一样鲜明：他追求着庞大的网状的结构，《子夜》在这方面获得了极大的成功，为现代长篇小说的网状结构的发展奠定了基础，但这种结构的创立不但没有使他的小说增加艺术吸引力，反而倒是那些结构比较单纯的小说更为人们所爱读、喜读，《蚀》《虹》《腐蚀》《霜叶红似二月花》就是这方面的例子。在这里，我们也可看到茅盾小说的现实主义的弱点之所在：如果一个艺术家在追求反映外部世界的广阔性的时候，忽略了人与人的内部精神联系，忽略了内部精神表现的广阔性，他的艺术作品便将会在外部空间的扩展中失去内部精神的紧密联系，从而使作品在结构上走向散漫和松懈。苏联著名汉学家索罗金说："在中国历史处于重要转折关头的几十年中，茅盾描绘了异常广阔而又丰富多彩的生活图景，塑造了社会各阶层的各式各样的人物形象。在这方面，恐怕没有一个中国作家能与之相媲美。"[①]但另一方面，茅盾所给我们留下的具有强烈思想艺术魅力的人物形象或艺术描写较之他描写范围的广阔性来说又是非常不足的。这与鲁迅小说又成一鲜明对照。鲁迅小说在描写的外部空间上远不如茅盾广阔，但在极其有限的篇章中给我们留下的具有长久历史价值的人物精神典型或艺术描写则不少于茅盾。这种对照充分说明了：艺术的世界首先是一个精神的世界而不是一个外部的物质的世界，后者的拓展若不伴随着前者的拓展，其文学艺术的价值将是有限的。

茅盾说："我自己知道，我所写的短篇，严格说来，极大多数并不能做到短小精悍而意味深长。"[②]"我很知道我的短篇小说实在有点像缩紧了的中篇。"[③]显而易见，这是茅盾追求外部表现的广阔性在短篇小说结构上带来的后果。只有在较长的篇幅里，才能网罗进更广阔的生活场景和更多的人物，才能包容更细致的生活描写和心理描写。像鲁迅的《孔乙己》《示众》这样短小而又成功的短篇小说在茅盾小说中几乎消失

[①] 索罗金：《纪念茅盾》，载《茅盾研究在国外》，第410页。

[②] 茅盾：《〈茅盾短篇小说选集〉后记》，载《茅盾全集》第9卷，532页。

[③] 茅盾：《〈春蚕〉跋》，第526页。

了，代之而起的是《农村三部曲》《林家铺子》等介于中、短篇之间的短篇小说。

鲁迅的现实主义是以表现社会思想意识的状况为指归、以人的精神解放为基本价值标准观照和表现人生的，因而鲁迅小说是直接建立在作家主体对人、对社会思想意识状况的感受之上的，它的理性认识价值不能离开这种直接的生活感受，不能离开感情的价值，它的客观的表现也是不能脱离作家的主观的自我表现的。茅盾的现实主义是以反映社会历史的外部变动（主要是社会政治变动）为指归、以社会解放和政治革命的需要为基本价值标准观照和表现社会人生的，因而茅盾小说必须直接建立在对中国社会历史现状及其发展前景的理性认识之上，作家对生活的感受必须接受这种理性认识的指导和校正，小说的感情价值必须建立在对社会历史发展规律的理性判断之上。毫无疑义，认识和感受在一个作家那里总是密切结合的，但我们又必须看到，它们是两种而非一种把握世界、观照对象的方式。认识的态度，是科学的态度。在认识中，主体与客体必须保持一定距离，主体对客体的观照应是冷静、客观的，它应当尽量摆脱主观好恶的干扰以对客体自身的发展规律做出明确的理性判断。而感受的态度，则是艺术的和审美的态度，在感受中，主体与客体永远处在不停地对流过程中，客体在主体心灵中引起感情情绪的反应，产生美的或丑的感觉，主体心灵同时赋予客体以相应的存在形式和外观面貌。也就是说，它同时取决于二者；失去了客体，主体处于相对静止状态或自行运转的正常心灵状态，不同的客体在同一主体的同一心灵状态下引起不同的感情情绪的反应和美丑感觉。但在同时，失去了主体的纯粹客体又不可能产生主体的感受，不同的主体及其心灵状态对同一客体也会产生不同的感情情绪的反应和美丑感觉。感受，永远存在于主体之中，是主体的存在形式；认识则永远属于客体自身，是客体的存在形式。前者告诉我们：不论客体实际是什么样的，将会是什么样的，但我对它的感受却就是这个样的；后者告诉我们：不论客体在我眼前是什么样的，不论我是否感到它是这个样子，但它实际上确实是这样的。总之，感受是主体积极介入客体的一种对客体的把握方式，认识则是主体尽量少地介入客体的一种对客体的把握方式，二者是有严格区分的。我认为，

两种现实主义小说的两种艺术趋向

这种区别也带来了鲁迅小说与茅盾小说的区别。在这里,我们可以对鲁迅小说和茅盾小说所各自代表的两种形态的现实主义做第五个把握和表现现实的基本方式方面的界定:两者都重视艺术反映现实、认识现实的社会职能,但前者(鲁迅小说)是从主体对现实的直接感受出发、带着强烈的主观感情反映和表现社会人生的现实主义,后者(茅盾小说)则是以主体对现实的理性认识为基础、努力以客观冷静的态度反映和表现社会人生的现实主义。

由于鲁迅和茅盾都提倡为人生的文学,都坚持了现实主义的创作方向,致使我们经常将二者的文艺观混淆起来。实际上,从五四时期,鲁迅和茅盾对文学艺术的态度便有了尽管细微、但却重要的区别。这种区别的核心之点就在于鲁迅更重视真实地表现主体对客体的主观感受,而茅盾则更重视作家对社会现实的观察、研究和认识。在《论睁了眼看》一文中,鲁迅号召作家"取下假面,真诚地,深入地,大胆地看取人生并且写出他的血和肉来"。(鲁迅:《坟·论睁了眼看》)在《随感录四十》中,他提出"是黄莺便黄莺般叫;是鸱鸮便鸱鸮般叫""叫出没有爱的悲哀,叫出无所可爱的悲哀";(鲁迅:《热风·随感录四十》)在《华盖集·题记》中,他公开否定了"深入山林,坐古树下,静观默想,得天眼通,离人间愈远遥,而知人间也愈深,愈广;于是凡有言说,也愈高,愈大;于是而为天人师""能洞见三世,观照一切,历大苦恼,尝大欢喜,发大慈悲"的所谓"伟大的人物",提出"乐则大笑,悲则大叫,愤则大骂"(鲁迅:《华盖集·题记》)的创作主张。鲁迅这些论述的主要精神便是主张真实地表现作家、艺术家对现实的人生感受,大胆地敞露自我的心灵和对现实的感情态度。他承认作家、艺术家和自我的有限性,因而也不认为作家可以脱离开自我的实际人生感受而去表现所谓客观的真理。"有谁从小康人家而坠入困顿的么,我以为在这途路中,大概可以看见世人的真面目"。(鲁迅:《〈呐喊〉自序》)鲁迅分明是在告诉人们,他的小说是在他的这种人生感受中写成的,只有通过这样的人生感受,才能看到世人的真面目。茅盾所强调的侧面则有不同。他在谈到当时的小说创作时说:"现在国内有志于新文学的人,都努力想作社会小说,想描写青年思想与老年思想的冲突,想描写社会的黑暗方面,然而仍不免于浅薄之讥,我以为都因作者未曾学自然派作者先事研究的缘故。作社会小说的未曾研究过社会问题,只凭一点'直觉',难怪他用意不免浅薄了。想描写社会黑暗方面的人,很执着的只在'社会黑暗'四个字上做文章,一定不会做出好文章来的。我们应该学自然派作家,把科学上发现的原理应用到小说里,并该研究社会问题,男女问题,进化论种学说。"①茅盾这里说的研究,包括两个方面:一、实际的社会问题;二、有关社会问题的理论学说。这里的研究,加上他所说的"实地观察"和"客观地描写",便构成了他的全部的创作过程:

实地　　分析 ⎧研究社会理论⎫　客观地　　文艺作品
　　　→　　　 ⎨　　　　　　⎬　→　　　 →
观察　　研究 ⎩研究社会问题⎭　描　写　　的成品

实际上,茅盾后来的小说创作,实践的也正是这样一条创作路线。他在谈到《春蚕》的创作过程时说:

> 总结起来说,《春蚕》构思的过程大约是这样的:先是看到了帝国主义的经济侵略以及国内政治的混乱造成了那时的农村破产(观察过程——引者),而在这中间的浙江蚕丝业的破产和以育蚕为主要生产的农民贫困,则又有其特殊原因,——就是中国"厂"经在纽约和里昂受了日本丝的压迫而陷于破产,(日本丝的外销是受本国的政府扶助津贴的,中国丝不但没有受到扶助津贴,且受苛杂捐税之困)丝厂主和茧商(二者是一体的)为要苟延残喘便加倍剥削蚕农,以为补偿,事实上,在春蚕上簇的时候,茧商们的托拉斯组织已经定下了茧价,注定了蚕农的亏本,而在中间又有"叶行"(它和蚕行也常常是一体)操纵叶价,加倍剥削,结果是春蚕愈熟蚕农愈困顿。(分析研究过程——引者)从这一认识出发,算是《春蚕》的主题已经有了,其次便是处理人物,构造故事。(小说结构的设计,然后进入创作过程,通过客观的描写,反

---

① 茅盾:《自然主义与中国现代小说》,载《茅盾文艺杂论集》(上),第95页。

两种现实主义小说的两种艺术趋向

映这一现实的主题——引者）①

这样，也正像茅盾自己所承认的，由于"生活经验的限制，使我不能不这样在构思过程中老是先从一个社会科学的命题开始"②。

茅盾的这种创作思想，反映了中国知识分子在中国社会发生着急遽的外部变动的历史条件下，努力理解中国社会历史的发展规律、努力思索中国的现实社会问题及其发展前景的强烈主观愿望。正是在这种愿望推动下，茅盾的社会视野得到了扩大，小说的题材范围得到了拓展，但也正因为如此，他所描写的范围也大大超出了他所能亲身感受着的生活范围（茅盾经常谈到的"生活经验的限制"，即是由于他所认为的该写的范围并非他自己感受过的生活范围所造成的）。这样，在茅盾的小说里，认识的与感受的、理性的与情感的、客观的与主观的，便产生了难以完全契合的裂缝，其表现便是认识的价值与感受价值、理性的价值与情感的价值、客观的价值与主观的价值经常处于一种明显的对立状态中。破坏了作品内在的和谐感。

茅盾对从实地观察到客观描写的创作过程的强调，基本正确地反映了法国自然主义者乃至现实主义者的创作方法的特征，但茅盾没有看到，他与法国自然主义者和现实主义者是有着重大区别的。当法国自然主义者和现实主义者提倡生活观察和客观描写的时候，他们是没有外在于文学创作的另一种认识现实的社会目的的，可以说，他们的认识是为了更细致地感受，他们的客观化是为了进一步加强作品的主观目的。在他们那里，理性和情感、认识和感受没有一种截然不同的目的性，认识只是他们感受的向导，观察只是为了更细致地感受，二者是统一的。但在茅盾这里，观察和研究却并不主要为了文学艺术作品的写作，而是为了掌握中国社会历史的发展规律，为了对中国社会做出整体性的明确理性判断。在这里，分析判断的结果便不一定与他实际的生活感受相吻合。在理性上觉得合理的，未必是情感上感到可爱的；在认识中认为正确的，

---

①茅盾：《我怎样写〈春蚕〉》，载《茅盾论创作》，第68—69页。
②同上书，第58—69页。

未必是审美感受中觉得美的，他要用理性的矫正情感的，用认识的矫正审美的，用客观的削弱主观的，于是便使作品呈现出了理性化、客观化的色彩，降低了作品的情感和审美的主观性特征。这种倾向，也是在他一开始文学创作时便有所表现的。

我曾经谈到，在《蚀》中，我们总感到有两股绳各向两端拉着我们，一根是理性的绳，让我们专注于那些青年知识分子的弱点，让我们不要太同情他们；另一根是情感的绳，让我们同情他们的命运，爱他们的热情乃至苦闷、彷徨。这是怎么造成的呢？我认为，这也正是茅盾在理性认识和情感趋向上的矛盾在作品中的反映。在理性上，他否认悲观、失望、消极、颓唐，但须知他们自己当时的心境便是悲观、失望、消极乃至颓唐的。在《创造》中，他否定男主人公君实对妻子娴娴参加政治活动的不满，但茅盾却没有成功地写出娴娴的可爱、可感的形象来，说明茅盾这种倾向还主要是从理性认识中得来的，而不是从对这类现实人物的真实情感感受中得来的。在《自杀》中，茅盾否定女主人公的自杀，但也没有为她设想出任何现实的美满的生活道路，因而不能自杀也只是茅盾的理性思想倾向，并非从对环小姐的悲剧命运的感受中获得的。在《一个女性》中，那个彦英的归来也带有更多的虚幻性，这说明茅盾是在自己也没有看到实际生活出路时为女主人公琼华指出另一条生活出路，他之所以要指出出路，实际只是他在理性上认识到总应该是有出路的，而非真的感到觉醒的知识分子有什么光明的道路。在《诗与散文》中，茅盾实际大大美化了桂奶奶，但小说却使我们觉得，青年丙之不爱她并不是没有感情基础，并不是毫无因由的，青年丙的表妹较之桂奶奶不是更加令人厌恶，而是更有魅力。这说明茅盾对桂奶奶的"肉感化""散文化"的倾向只是在理性上认为是合理的，在实际的生活感受中未必就喜爱这类的女子。

在上述作品里，理性和情感的矛盾还是没有那么显著的。我认为，越到后来，这种矛盾也就更加明显了，在这里，我们不能不注意茅盾思想认识的变化过程。他的《蚀》和《野蔷薇》受到了创造社、太阳社的批评，在开始，他是不同意他们的批评的，其理由之一便是这些都是他的实际生活感受："我也知道，如果我嘴上说得勇敢些，像一个慷慨激昂

两种现实主义小说的两种艺术趋向

之士,大概我的赞美者还要多些罢;但是我素来不善于痛哭流涕剑拔弩张的那一套志士气概,并且想到自己只能躲在房里做文章,已经是可鄙的懦怯,何必再不自惭的偏要嘴硬呢?我就觉得躲在房里写在纸面的勇敢话是可笑的。想以此欺世盗名,博人家说一声'毕竟还是革命的',我并不反对别人去这么做,但我自己却是一百二十分的不愿意。所以我只能说老实话;我有点幻灭,我悲观,我消沉,我都很老实的表现在三篇小说里。"[①]在这时,他的主观生活感受(主体的悲观失望情绪、人生的悲哀感受)同客观的社会认识(大革命的失败、青年知识分子的悲观失望)构成了可以相互加强的因素,这使他有可能用客观的说明主观的、用社会的说明个人的、用认识的说明感情的、用他人的说明自己的,但茅盾到底是重客观胜于重主观、重认识胜于重情感的,而在他的观念中,客观的社会理性认识与主观的生活感受、情感体验又像两股道上跑的车,可以分又可以合。他的客观的理性认识是对异己的社会人生、国家民族、现实生活、革命前途这样一些整体的、巨大的社会课题的科学性论断,而他的生活感受和情感体验则主要属于一己的、个体的、局部的东西,前者可以离开后者而独立,后者若在前者之中找不到根据便是错误的、没有任何价值的。这样,二者便具有彼此排斥的性能。《蚀》里的三个中篇写于1927年秋至1928年春,写的是他在参加实际的革命斗争过程中产生的真实的自我人生感受,基本反映了茅盾感受社会人生时的情感趋向和人生态度。该书写成之后,由于国民党政府的通缉他出逃日本。也就是说,当他后来思想认识发生转变的时候,是处于远离中国社会生活、没有更新的人生体验的景况之下的,"后来他身体好了些的时候,他觉得以前的观点有些不对。"[②]显而易见,不论这种理性认识上的变化是对是错,但这种变化都不是对中国社会人生实际感受的变化,与他对中国各色人等的具体感情联系的变化也没有什么关系。在这时,茅盾是尊重自己的客观认识还是尊重自己的主观人生感受,便成了严重矛盾着的东西。事实证明,在这种矛盾面前,茅盾走向了更加客观化、理性化的道路。

[①] 茅盾:《从牯岭到东京》,载《茅盾论创作》,第31—32页。
[②] 茅盾:《小传〈应史沫特莱之约而写〉》,载《茅盾研究在国外》,第56页。

从《虹》经由《路》到《三人行》，茅盾是沿着这条道路直线前进的。

《子夜》的成功并不说明茅盾已经摆脱了客观化、理性化的倾向，而是他为自己设计了一个更大的理性框架，从而使自己的情感趋向能够在这个框架中得到更大程度的体现。但也正因为如此，《子夜》的理性主题与描写的情感趋向形成了更尖锐的矛盾。例如，按照茅盾的理性认识，他要表现的是中国不可能走上资本主义的道路，因而民族资本家发展中国资本主义的努力和企图是必然失败的，是不值得同情的，但《子夜》所实际表现出来的情感趋向却使我们知道，茅盾的主要焦虑和关心恰恰是主要倾注在民族资本主义工商业的盛衰成败之上的，是维系在吴荪甫为发展民族工商业所做的艰苦努力之上的，按照茅盾的理智考虑，《子夜》要表现的是中国民族资产阶级的软弱性和动摇性，但《子夜》的实际描写却告诉我们，茅盾对吴荪甫的魄力和胆识是由衷敬佩的，这使他笔下的吴荪甫在精神上最没有软弱性、动摇性的特征；从茅盾的理性趋向而言，他是认为唯有工农革命才是拯救民族、振兴中华、建设独立富强民主的新中国的正确道路的，但《子夜》的实际描写却没有使我们看到工农革命的领导者对民族命运和前途的焦虑与关切，因而《子夜》的情感趋向也没有让读者把目光倾注在这个革命的前途和命运上……这样，在茅盾小说中便发生了一个令人难以置信的逆变：茅盾从一开始便孜孜不倦地追求自己作品的理性主题的深刻性，从一开始便注重反映社会历史发展的认识价值，但他的小说恰恰在认识中国社会历史的发展规律的思想性上，没有为中国读者提供任何独立的、有价值的东西，不但他的小说的理性主题几乎都是中国社会中已经存在的社会学观点，而且他的实际描写还常常不是说明着，而是架空着甚或反驳着自己的理性主题，它们的独立意义和价值反倒在具体的、局部的描写中显现得更为分明（在这种情况下，这些具有独立意义的思想价值不能不被作品的整体理性框架分割得比较零碎和分散）。《子夜》《腐蚀》《霜叶红似二月花》《农村三部曲》《林家铺子》等这些茅盾的最著名的小说莫不如此。鲁迅小说则呈现着另外一种形态。鲁迅孜孜不倦地追求的是述说人生的悲哀、叫出觉醒者的苦闷，但他的小说却不仅仅具有情感性价值，而且在认识中国社会的理性价值上，也是为中外任何思想家的理论学说所无法代替的。

两种现实主义小说的两种艺术趋向

在这里，我们可以比较一下鲁迅的《阿Q正传》和茅盾的《农村三部曲》。后者的农民觉醒反抗的主题我们不通过《农村三部曲》也能了解，也能知道，帝国主义的侵略所造成的农村经济破产我们通过社会经济论文的阅读也能认识到（严格说来，这种现象只是局部的，就其普遍意义而言，中国的自给自足的小农经济恰恰是最难被资本主义工商业所攻破的，中国革命之所以能够走农村包围城市的道路，正因为农业自然经济具有自给自足的自我封闭性能，能够独立于资本主义工商业之外而自行存在。茅盾描写的江南养蚕业当然与城市经济有更密切的关系，但这也说明，在一般情况下它能得到比从事一般的农业生产更好一些的收入，如果真如茅盾所描写的一样连年亏损，农民们便会重新返转来从事一般的农业生产。关于中国农业生产的这一特点，我们可以参看马克思关于亚细亚生产方式的论述和毛泽东在论述中国革命发展道路时有关中国农业经济特点的判断）。而鲁迅《阿Q正传》所提供的认识价值，则是独立的、为任何作品所无法代替的。其原因在于，它的认识价值是建立在鲁迅独特的、深刻的人生感受基础之上的，这种人生感受的独特性和深刻性，决定了它的认识价值也是独特的、深刻的。茅盾离开自己的独特、深刻的人生感受而仅仅追求认识上的正确，其结果必然会落入一般社会科学的窠臼。

在这里，我们不能不重新审视一下茅盾关于客观描写的理论。当法国自然主义者和现实主义者强调文学描写的客观性的时候，是反映着作家与现实的这样一种特定的关系的，即作家并不认为现实存在的事物中有完美无缺的事物，他们也不想通过艺术的取舍和艺术的想象把不完美的事物理想化和完美化，在这种情况下，作家的主体应在被描写的所有具体对象之外保持自己的独立地位和超越性立场，而不应把主体介入于自己的作品之中，也就是说，主体应与被描写的客体始终保持着一定的心理距离和审美距离，并用主体的独立情感尺度和审美尺度平等地对待一切被描写的对象。不难看出，法国自然主义者和现实主义者在强调客观性的时候，绝不意味着要动摇作家主体意识的地位，恰恰相反，他们是重视主体的独立地位和超越性立场的。但在茅盾这里，作家与现实的关系却有着根本不同的情况。茅盾并不认为现实存在的所有事物都是不完美的，他承认有意识正确的革命者，承认有完美的人格，承认有完全正确的人生选择，因而并不认为作家可以超越于这些完美的事物之上而取得俯视一切的独立主体地位。与此相反，他认为作家自我的主观感受是不可靠的，他不应以自我感受世界的方式去把握世界，观照和表现对象，而要客观地、正确地反映现实，就应当学习社会理论，分析研究社会问题，通过理性认识的途径去了解和发现事物的客观面貌。也就是说，他要通过否定或部分否定主体感受的方式去理智地把握世界，而在这时，茅盾小说里便同时出现了两种不完全相同的东西：一种是从主体的情感、审美感受中得到的东西，一种是仅仅从理智分析和理性认识中得到的东西。这两种并不完全的东西毫无规则地叠合在一起，像摄影时镜头晃动摄下的影像一样，给人以摇摆不定的模糊感觉。我们可以说，鲁迅小说中的人物复杂而不模糊，茅盾小说中即使那些塑造得最好的人物，都是偏于单纯但周围却有一个晕圈存在的。例如，阿Q的复杂性远远超过吴荪甫，但在我们感受中的阿Q却是鲜活明晰的，而吴荪甫的周围却晃动着一个晕圈，我们很难在自己的眼前把一个有魄力、有胆识的企业家的吴荪甫同一个反对革命、仇视共产党的吴荪甫构成一个统一的艺术形象，这种统一几乎仅仅是认识上的统一（民族资产阶级的两面性的体现），而并非这个艺术形象给我们的感受上的统一。

在这里，便又关涉到了一个小说创作的视角的问题。现实主义艺术是允许并且主要使用着一种全知全能的视角的，亦即作家可以从任何一种角度去表现对象、揭示人物的性格特征与心理素质，但这里却必须有一个前提条件，即作家的主体必须是统一的，而不能是摇摆不定的，正像一个摄影机可以从各个角度去拍摄一个客观景物，它的位置可以任意移动，但它应当是一个摄影机，有着同样的型号和性能。但在茅盾的小说里，全知全能的视角却与用不同的情感尺度把握对象混淆了起来，这就产生了上面所说的感受上的不统一性。我们为什么不能把吴荪甫的企业家的形象同他反对革命的形象组成一个统一的形象呢？因为茅盾在这里同时使用了两个根本无法统一的情感尺度。我们会问，在《子夜》里，茅盾到底是更关心民族资本家发展资本主义工商业的努力呢？还是更加关心中国工农革命的胜利呢？必须指出，在两种尖锐对立的事物面前，

两种现实主义小说的两种艺术趋向

感情的抉择只能是此消彼长的,他要更加热切地希望吴荪甫所从事的私人资本主义工商业的发展,那么,他就不能不对实际影响着它的发展命运的所有因素感到憎厌,至少会更少地关心这类因素自身的利益和命运,而工农革命运动恰恰正是影响着吴荪甫难以在竞争中战胜官僚买办资本家赵伯韬的关键因素;他要更加热切地关心工农革命运动的胜利,那么,他就会对它能摧毁的一切更少热切的关怀,就会更加冷漠地对待吴荪甫事业的发展前景。当然,茅盾可以不仅仅停留在这种简单的感情选择上,他可以以同样强烈的感情关心这两种都具有合理性的追求,但恰恰在这种情况下,他的感情将是没有固定归宿的,他的感情在任何一种情况下都无法得到平静,他将处于复杂的内心矛盾和痛苦之中,《子夜》的情调也将不会是冷静客观的正剧,而是激荡着痛苦和矛盾的悲剧。不难看到,《子夜》的艺术表现并不是以作者的强烈情感倾向进行设计的,而是以理性认识设计自己的感情态度的。如果说《子夜》表现得还比较隐蔽的话,《少年印刷工》《第一阶段的故事》《劫后拾遗》《走上岗位》《锻炼》等作品便更加明显了。例如,《走上岗位》中的阮仲平和《锻炼》中的严仲平实际是一个人物,但在《走上岗位》中的阮仲平是一个态度明朗、积极拥护抗日政策的爱国资本家,而到了《锻炼》中的严仲平,虽然态度仍是爱国的,但表现了更多的动摇性和软弱性。这异常明确地说明,茅盾所要表现的不是对社会上某种人的感情态度,而是对民族资产阶级的认识,当他需要突出民族资本家的爱国热忱时,他便可以将这个人物形象塑造得积极坚决些,而当担心读者忽略了民族资产阶级的软弱性和动摇性的特征时,他便可以加上人物的这类表现。这类情况是不会发生在鲁迅的《孔乙己》《阿Q正传》《肥皂》等小说之中的,因为鲁迅对其中的人物有着确定不移的感情态度,它不容许鲁迅随意突出和强化人物的任何一个方面的特征而改变他们的整体面貌,尽管哪一方面的特征都可能是客观存在的。客观,只能是在特定主体意识和主观感情态度下的客观,只能通过主观的作用才能组织成一个有机的客观的整体,离开主体意识和主观感情态度,客观的面貌便是游移不定、模糊不清的。在咸亨酒店顾客的眼中,孔乙己只是可笑的玩物,但不能说他们没有看到客观的孔乙己,但只有在鲁迅的眼中,他才是既可笑又可悲的。

应该看到，茅盾所追求的客观性和他同时追求的思想倾向性、特别是政治倾向性是直接矛盾着的。文学作品的倾向性，就其本质而言只能是由情感态度体现出来的倾向性，它之所以能够呈现出特定的倾向性，就因为情感对客体有更大的整合作用。每一种客体，都有无限复杂的侧面，而情感总是不自觉地强化其中的某个或某些侧面而弱化乃至忽略其中的另一些侧面，并将强化和弱化了各个侧面重新整合为一个整体。而客观性则要求平等地对待客体可能存在或可能被主体发现的任何一个侧面。在茅盾小说中，客观化和倾向性彼此起的是破坏作用：倾向性被客观化的追求剥夺了情感性的基础，使其倾向性只能以理性议论的方式表现出来，当这种议论以作者的口吻出现，便直接破坏了作品的客观描绘的整体风貌，当这种议论通过作品中人物之口说出来，由于并非所有的人物都能够或愿意正确无误地表明自己的思想倾向性和政治倾向性，因而这种外加的议论便破坏了人物形象的客观真实性，倾向性的追求在这种情况下总是与客观真实性相排斥的。与此同时，由于客观化无法由主体的情感性赋予作品以倾向性，当作者不以外加的形式突出作品的思想倾向性时，客观描绘便变成了纯粹现象记录式的东西，倾向性被淹没在大量没有确定倾向性的事实描绘中。在茅盾的小说中，这两种不同的东西往往同时表现在一个作品中，导致这些作品在思想和艺术两个方面的失败，即使在茅盾那些较好的作品中，也不能不受其影响。

鲁迅和茅盾对主体意识的不同态度，使他们的现实主义各与不同的创作方法发生着互渗现象。鲁迅之走向现实主义是带着强烈的人生感受去解剖中国社会思想发展的客观现实的结果，所以他的现实主义从来不排斥主观情感性的特征，从来不规避主体向作品中的直接介入。鲁迅的小说几乎没有可以称之为正剧的作品，讽刺性的喜剧、人生的或精神的悲剧以及以上二者交织而成的悲喜剧，构成了他全部小说的三种主要形式，它们表明了鲁迅与被描写对象之间的强烈感情关系。在写作手法上，鲁迅小说有多种形式保证了主体向作品的不同层次的介入。第一人称的小说在他的现实题材的小说中占着很大的比重。这保证了鲁迅小说的现实主义与浪漫主义通过情感性发生着相互的渗透。情感化特别是情绪化了的现实事物再也不是纯客观的、各自独立存在的个别事物，它同时由

两种现实主义小说的两种艺术趋向

相同的情感性和情绪性的主体感受与多种其他事物发生着广泛联系，因而鲁迅小说的现实主义又以多种形式与象征主义发生着互渗现象，不论就整个小说还是就一个人物或一个细节而言，鲁迅小说都往往存在着向两个高度升华的趋向，一条是由个别向一般、由个性向共性的升华，这是现实主义的典型化的道路；一条是由具体向抽象、由形而下向形而上的升华，这是象征主义的暗示的、象征的道路。例如《药》中的"药"，就反映了华老栓的愚昧落后，同时也反映了当时广大劳动群众的愚昧落后而言，是现实主义典型化的方法，但就为华小栓治病的"药"喻示着拯救劳苦群众、拯救中国的"药"而言，则是象征主义的隐喻和暗示。从更广泛的意义上来说，鲁迅小说还呈现着向现代主义过渡的多种迹象（弱化情节的散文化倾向、意识流手法、潜意识心理描写、情感性向情绪化的过渡、类似黑色幽默的喜剧性与悲剧性的交融、荒诞手法的运用等等）。上述这些趋向，在鲁迅的另外的作品（《野草》和部分杂文）中，都发展成了独立的艺术方法，脱离了现实主义的艺术领域。茅盾小说的现实主义则有另外的发展趋向。如前所说，就茅盾小说与社会政治革命有更加紧密的联系而言，它理应更加强化作品的情感性特征，更加加强浪漫主义的色彩，但这样一个政治革命和当时的社会历史发展，与茅盾在自身生活环境中所发生的具体生活体验，产生了更加大的距离感，他所努力反映的对象更是一种外在于茅盾自身生活的客观历史进程，当时现实主义创作方法得到进一步提倡、浪漫主义创作方法受到过"左"的否定和茅盾早期接受的法国自然主义、现实主义文学的影响等等因素，都使茅盾更加远离了浪漫主义，除了《神的灭亡》《耶稣之死》《参孙的复仇》等以外国神话传说为题材的少数短篇小说外，茅盾小说较少具有浪漫主义的特征。他的绝大部分小说都是第三人称的，并且都是正剧性质的作品。在他的短篇小说中，有少量讽刺作品，长篇小说中只有部分喜剧性的人物和细节，并且远非都是成功的。与茅盾现实主义有紧密联系的是自然主义，我认为自然主义对茅盾的影响从总体上是有益的，这使他在重视客观描写的时候加强了对人的精神心理的更精确了解。他像法国自然主义者那样重视人的生物性本能因素对人的潜在影响，使他在刻画人、表现人的时候避免了简单化，特别是对青年知识分子青春期性心理的刻画，使茅盾写出了《蚀》和《野蔷薇》中的比较优秀的短篇小说。茅盾后来进一步向社会化、客观化的方向发展，自然主义的影响相对减弱，但同时也减少了初期小说创作的润泽和色彩，作品变得更加干枯和单调，但茅盾的现实主义始终没有与自然主义完全绝缘，像《烟云》《水藻行》这类30年代后期的富有情趣和生意的作品，仍得益于自然主义的影响。我认为，茅盾作为为人称道的女性心理描写大师，与自然主义的影响是分不开的。但在另一个方向上，茅盾的现实主义又与古典主义有着并不遥远的距离。他重视理性，轻视情感；重视客观，轻视主观；重视认识，轻视实感；重视社会，轻视个体；重视普遍性，轻视特殊性。其作品也更向规约、拘谨、稳平、温暾的方向发展，这与古典主义艺术的特征都更为接近。这并非他的自觉追求，但当他更多地从对整体的社会分析设计作品、设计情感表现而更少地从个体的生活感受和情感体验去表现人生时，其作品便不能不更向古典主义的方向返转。

　　鲁迅的现实主义和茅盾的现实主义各与我国二三十年代的不同历史特征相联系，但这并非说没有个人选择的区别。这我们可以从他们的历史小说的创作得到说明。作为新的历史小说的奠基者的鲁迅出版了他的历史小说集《故事新编》，其中除《补天》《铸剑》《奔月》三篇写于前期外，其余五篇都写于后期。茅盾则有《豹子头林冲》《石碣》《大泽乡》三篇历史小说。鲁迅这时描写的伯夷、叔齐、老子、墨子、庄子、孔子等人物皆中国古代的著名文化名人，即使主要描写大禹的《理水》，也以更多的笔墨表现"文化山"上的"文人"们。这说明这时期的鲁迅仍然重视着对中国传统文化的反思。而茅盾的历史小说则全部反映中国古代农民起义斗争的历史事实，其与当时政治革命斗争的联系是显而易见的。

1988年4月17日
原载《历史的沉思——鲁迅与中国现代文学论》，王富仁著，
陕西人民教育出版社1996年版

鲁迅与顾颉刚（一）

一

显而易见，顾颉刚的古史研究和他的疑古主义的史学传统，是在胡适"整理国故"的口号下正式提出并发展起来的，而胡适的"整理国故"的"新国故学"的主张又是直接联系着五四新文化、新文学运动对中国传统文化的批判倾向提出并发展起来的。实际上，所有这些主张，都有一个共同的对立面，即中国古代书院文化与书院学术的尊古主义的历史观。不论是宋明理学，还是清代学术；不论是古文学派的学术，还是今文学派的学术，它们的一个共同的特点就是其人生的价值标准不在今，不在己，而在古，而在古圣先贤的遗训。对于古圣先贤及其遗训，只能尊，只能肯定，只能赞颂，而不能反对，不能批判，不能质疑。五四新文化、新文学运动所要批判的就是这种尊古主义的文化传统。他们不再将文化（其中也包括中国文化、中国传统文化）仅仅作为崇拜、尊重、肯定的对象，而是作为认识的对象、研究的对象。而要认识，要研究，主体就是在"今"、在"我"、在"今之我"，对象的性质和作用就不是先定的，而是认识的结果，研究的结果。所以胡适的"新国故学"与"旧国故学"的一个根本区别就是不首先确定"国故"的性质和作用，不将"国故"先定为"国粹"，而认为既有"国粹"，也有"国渣"，这要通过分析和研究而得以分辨。他说："'国学'在我们的心眼里，只是'国故学'的缩写。中国的一切过去的文化历史，都是我们的'国故'，研究这一切过去的历史文化的学问，就是'国故学'，省称为'国学'。'国故'这个名词，最为妥当，因为它是一个中立的名词，不含褒贬的意义。'国故'包含'国粹'，但它又包含'国渣'。我们若不了解'国渣'，如何懂得'国粹'？所以我们现在要扩充国学的领域，包括上下三四千年的文化，打破一切的门户成见，拿历史的眼光来整统一切，认清了'国故学'的使命是整理中国一切文化历史，便可以把一切狭隘的门户之见都扫空了。"①自然"国故"中既有"国粹"，也有"国渣"，不都是好的、对的，那就是可以质疑的，可以怀疑的，所以顾颉刚在中国历史学研究中提出自己的疑古主义主张，也就成了顺理成章的事情。但是，我们同时也能看到，这是一条沿着"学识"的道路层层递进的关系，也是我们平时经常说的继承与被继承的关系，只不过顾颉刚继承的不仅仅是中国古代的学术传统，而更是五四新文化、新文学的传统。但有继承，就一定有变移，到了顾颉刚的疑古主义的历史观，实际已经与陈独秀、胡适、鲁迅等五四新文化、新文学运动倡导者的历史观有了本质意义上的差别。它们是两种不同的历史观而不是同样一种历史观的不同表现形式。

陈独秀、胡适、鲁迅等五四知识分子的历史观是怎样的？统而言之，他们的历史观其实就是当时常说的"进化的历史观"，用我们现在的说法也可以称之为"历史发展观"。在他们看来，整个人类、其中也包括中华民族的历史，不应当是停滞不前的，不应该是凝固不变的，而应该是进化的，发展的。一个时代有一个时代的历史，一个时代有一个时代的文化，一个时代有一个时代的文学，进化发展才是正常的，停滞不前则是不正常的。这联系到中华民族当时实际的社会的和文化的处境，更容易得到理解。中国社会、中国文化、中国知识分子、特别是中国青年，再也不能继续沿着科举制度废除之前"尊孔读经"的老路继续走下去了。教育制度变了，政治制度变了，现实处境变了，文化、人也要变，也要进化，要发展。正像我们现在常说的："变"，才是"硬道理"；"不变"，

---

① 胡适：《〈国学季刊〉发刊宣言》，载《胡适文集》第3卷，第10页。

是没有出路的。他们这些人是从"旧文化"中刚刚走出来的人,是首先感觉到需要"变"、需要"进化发展"的一批中国知识分子。他们不是到社会上来当"圣人"的,甚至也不是到中国社会上来当什么"家"的,而是来促"变"的,是对中国社会、中国文化、中国青年做"叫醒服务"的。也就是说,在他们的眼里,中国的历史还是那个历史,中国的文化还是那个文化;中国的历史、中国的文化不是从根上就是坏的,但是从根上也不就是完美无缺的,只不过现在不能不"变"了,不能不"发展"了。这正像爷爷还是那个爷爷,奶奶还是那个奶奶;爸爸还是那个爸爸,妈妈还是那个妈妈,只不过爷爷是吸大烟的,奶奶是裹小脚的;爸爸、妈妈对爷爷是百依百顺的,孙子、孙女则不同了,不像以前那么听话了,不把爷爷、奶奶、爸爸、妈妈当作做人的典范了。但是,这并不意味着孙子、孙女就不承认这份家业是爷爷、奶奶创下来的,是爸爸、妈妈传承下来的。他们只不过是要走另外一条人生的道路罢了。自己一生的道路将会怎样,是不是一定会比爷爷、奶奶的更辉煌,是不是一定会比爸爸、妈妈的更顺利,他们是不计较,也没有来得及计较的。总之,"五四"这代知识分子"反传统",但不是"反历史"。他们承认过去的历史,只是不想重复过去的历史。他们对历史有了自己新的看法,但是并不否定中国古代的历史是由中国古代的人创造的。他们不是与中国古代的人、特别是那些历史名人比个人的高低的,只是向中国社会表达自己与中国古代人不同的理想、不同的追求、不同的看法的,并且也希望他们的同时代人能够理解他们的理想和追求,理解他们的看法,因为至少他们自己认为,这是有利于整个中国社会,有利于全体中国人的。

这种历史观,到了胡适的"整理国故"的"新国故学"这里,实际已经发生了重心的转移和意义的变迁。"五四"那代倡导文化革命、文学革命的中国知识分子,其中也包括当时的胡适,其历史观主要还是一种整体的历史的观念,这种整体的历史的观念虽然也建立在对中国古代历史事实的感受和认识上,但其生成却不仅仅依靠对中国古代历史事实的感受和认识,其中既有他们对中国现实社会、中国现实社会文化的亲身感受和体验,也有对世界其他民族历史的观察和了解,西方学者历史观的影响也是形成他们新的历史观念的基础因素之一。但到了胡适的"整理国故"的"新国故学",就把重心转移到中国古代历史这个特定的研究对象身上了,重心就不在研究者历史观念的本身了。如果说五四新文化、新文学革命更是一个思想的革命、文化的革命、思想观念和文化观念上的革命,那么,胡适"整理国故"的主张提出的就是一个学术领域的具体的学术研究了,就是中国古代历史这个特定学科的研究了。这就将重心由研究主体转移到了研究对象。但在这里,胡适却自觉与不自觉地忽略了一个根本之点,即中国现当代历史学家历史观念本身的建构与养成。这使他的"整理国故"的"国故学"实际上仍然属于梁启超所说的中国历史的文献学、史料学,"整理国故"就是整理这些历史文献,这些历史资料,只不过它不再遵循中国古代书院文化的尊古主义的学术原则罢了。在这个意义上,胡适的"整理国故"的"新国故学"仍然不是一种完整意义上的中国现当代学院历史学,因为没有一种新的中国现当代学院历史观念的支撑,中国现当代历史学家仍然像中国古代书院学术那样将中国的历史仅仅作为政治统治者治理民众的"资治通鉴",中国现当代学院历史学家是不可能在浩如烟海、纷纭复杂的中国古代历史资料的整理中建立起仅仅属于自己的"史识"的,而没有仅仅属于自己的"史识",历史学也就失去了作为历史学、历史研究也就失去了作为历史研究的价值和意义。——历史学、历史研究不是仅仅要人们记住过去时代的一些事实和故事的,而是建构中国现当代人的社会观念、世界观念,其中也包括历史观念的途径之一。

在"整理国故"的"新国故学"中,胡适的历史观在总体上仍然是反对尊古主义的,仍然是主张进化、发展的,仍然是将"现在"、将"自我"、将"现在的自我"作为研究的主体的,但在如何理解"现在的自我"的问题上,在胡适提出"整理国故"的"新国故学"的时候,却有了显著的不同。在五四新文化、新文学运动中,他反对文言文、提倡白话文,但他并不认为自己的白话文就是中国现代白话文的典范,也并不认为自己的标准就是衡量所有语言文化作品的标准。也就是说,他有自己的主体性,但却没有将自己的主体性绝对化,没有将自己的主体性视为唯一合理的主体性,他的主体性是在与其他多种具有自己主体性的事物和人所构成的关系中得到某种程度的贯彻和实现的。在这里,主要有

鲁迅与顾颉刚（一）

三种主体性：其一是研究者的主体性，即研究主体；其二是接受者的主体性，即接受主体；其三是研究对象的主体性，即对象主体。研究者应有自己的主体性，但他的研究不能仅仅为了自己，同时还是为了社会，为了现实社会中的人。他要将自己的研究成果公布于社会，公布于社会的人，希望得到当时社会、当时社会上的人的了解、理解和同情。即使不能得到整个社会的同情和理解，得到社会上所有的人的同情和理解，至少也要得到他的假想的读者群的同情和理解。这样，他就得承认接受者的主体性，尊重接受者的主体性，希望他们在不放弃自己的主体性地位的前提下理解和同情自己的思想和见解。他不能将自己周围的人都视为傻子，不能认为接受者不论在什么情况下都会无条件地接受自己的思想和见解。与此同时，他的研究对象也是有自己的主体性的。它是为自己而存在的，是以自己的形式存在的。研究者可以不承认研究对象存在的完满性与完善性，但研究主体却不能认为研究对象就不应该为自己而存在，就不应该以自己的方式而存在。也就是说，研究者应该有自己的主体性，但其主体性却必须在与接受主体、对象主体的关系中而存在，因而它不是绝对的，不是凝固不变的。在其研究过程中，无论哪一个研究主体也是需要不断充实、调整、演化和发展的。不难看到，到了胡适提倡的"整理国故"的"新国故学"中，胡适这个"现在"、这个"自我"、这个"现在的自我"，开始有了某种绝对的性质，开始具有了能够分辨"国粹"与"国渣"的标准的意义和价值。五四新文化、新文学运动在中国社会和中国文化中发生的革命性影响、五四白话文革新的胜利和白话文在中国语言文化中的"正宗"地位的正式确立，在世界最"先进"、最"发达"的资本主义国家美国的留学经历和作为美国博士的学术头衔，所师从的杜威实用主义哲学在当时美国乃至世界哲学中的崇高地位，中国第一高等学府北京大学教授的学术地位以及在新进青年学生心目中的崇高威望，使胡适不再怀疑自己在一个经济贫穷、文化落后的中国作为"先进文化代表"的资格。也就是说，作为一个研究的主体，他已经意识不到一个自身思想意识的进化与发展的问题，已经不需要一个自身历史观念的逐渐完善和发展的过程，而在他这样一个研究主体的面前，接受主体不存在了，对象主体也不存在了，"国故"就只成了一些纯粹客观的历史资料。对这些纯粹客观的历史资料，已经掌握了当时世界最先进的科学研究方法论的研究主体是完全能够依照自己的标准将其分辨为"国粹"与"国渣"的，因而也完全能够通过这种分辨对中国古代的历史做出完全正确合理的描述和判断。关键仅仅在于，对中国古代大量的历史典籍和历史遗迹要了解，要整理，要研究。而只要能够充分地占有这些资料，只要不辞劳苦地按照正确的方法对这些历史资料进行认真的整理和研究，过去各种错误的历史观念就能得到纠正，"一切狭隘的门户之见都扫空了"，中国的历史也就能够在自己手下成为一部"信史"，成为一部不包括任何错误和异议的"信史"，一部能够被全中国的人公认的中国历史。在这里，他实际是用中国古代历史文献学、史料学的观念完全取代了中国现当代学院知识分子的历史观念，也给顾颉刚、傅斯年等一代中国古代历史学家的中国古代历史学罩上了一层阴影。

二

胡适"整理国故"的"国故学"到了顾颉刚的古史研究，重心又发生了转移，意义又有了变迁。胡适的"整理国故"的"新国故学"虽然站在"科学方法论"的高度俯瞰中国古代的历史，有了一种"会当凌绝顶，一览众山小"（杜甫）的感觉，但他面对的还是历史，还是历史的本身，而不是研究的方法。但到了顾颉刚的古史研究，情况就有了不同：他直接面对的实际已经不是历史的本身，而是研究的方法，而是"科学"。他之对自己的历史研究充满了信心，首先不是因为他对中国古代历史本身有了自己独立的感受和了解，而是因为他自认为已经掌握了中国古代历史学家所未曾掌握的更先进、更正确的研究的方法，这种方法就是通过胡适的提倡和介绍从西方哲学传统中接受过来的科学研究的方法，就是杜威实用主义的"大胆假设，小心求证"的方法。实际上，杜威实用主义的"大胆假设，小心求证"的方法根本不是历史研究的方法，不但不是中国历史学家研究中国历史的方法，也不是西方历史学家研究西方历史的方法。

顾颉刚之成为蜚声文坛的中国历史学家，首先是因为他提出的"层

鲁迅与顾颉刚（一）

累地造成的中国古史"的学说。

他在《与钱玄同先生论古史书》中说："我很想做一篇《层累地造成的中国古史》，把传说中的古史的经历详细一说。这有三个意思。第一，可以说明'时代愈后，传说的古史期愈长'。……第二，可以说明'时代愈后，传说中的中心人物愈放愈大'。……第三，我们在这上，即不能知道某一件事的真确的状况，但可以知道某一件事在传说中的最早的状况……"①循着这样一个思路，顾颉刚认为，"中国的古史全是一篇糊涂账。二千余年来随口编造，其中不知有多少罅漏可以看得出是假造的。"②他的《古史辨》就是一部揭露这个"造假的历史"的著作。

顾颉刚的"层累地造成的中国古史"说一提出，即得到"疑古玄同"（钱玄同）的直接响应，胡适也认为是"今日史学界的一大贡献"③；当时在国外留学的傅斯年在给顾颉刚的回信中，更是盛赞他在中国史学中的成就，说他"在这个学问中的地位，便恰如牛顿之在力学，达尔文之在生物学"，并借罗家伦等人的话说"颉刚是在史学上称王了"④。可见其在当时中国学界的影响之大。至少在形式上，它成了"五四"之后的"新史学"与"五四"之前的"旧史学"相区别的一个界碑。直至现在，文化保守主义者还经常将其直接作为五四新文化传统进行批评和否定。

但是，学术就是学术，学术必须从学术的角度进行讨论，而不能笼统地归结为一个相对抽象的传统。与此同时，传统就是传统，传统必须从传统的角度来区分，而不能仅仅具体化为某种学术。如果仅从学术的角度，我们就不能不说，顾颉刚在其中国古史研究中直接面对的还不是"历史"，而是"史料"；他对"史料"的关注也不在"史料"与"历史"的关系，而是"史料"与制作了"史料"的人、与历史学家本人的关系，

---

①顾颉刚：《与钱玄同先生论古史书》，载《古史辨自序》，第4页。
②顾颉刚：《启事三则》，载《古史辨》第1册，海南出版社，2003，第161页。
③胡适：《古史讨论的读后感》，载《胡适文集》第3卷，第81页。
④傅斯年：《与顾颉刚论古史书》，载《傅斯年全集》第4册，台湾联经出版事业公司，1970，第457页。

因而就其历史观念的本身，就有了许多可议之处。

对于历史学，对于历史学家，首要的一个问题应当是：什么是"历史"？虽然我们不可能对其做出一个完整的回答，但至少有一点则是不可移易的，即"历史"是人的观念中的一种客观"存在"，而不是人的观念的本身，不是人的主观意志、主观想象和主观愿望的本身。它不是直接的现实，不是在人的直接观察、了解、感受和体验中形成的现实世界，因而也不具有直接的客观性。它是在人的观念中构成的，但在人的观念中，它却是作为一种外在于自我而存在着的客观对象。这种"存在"甚至并不以人对它了解的详尽程度为转移，有时它可以以"无"的形式而存在，但这个"无"也就是"有"。正像一个人没有见过自己的爷爷，对爷爷的情况也一无所知，但他却从来不会怀疑自己有一个爷爷。历史也是这样，我们对我们民族远古的历史所知其少，但我们并不怀疑我们民族远古历史的存在。

在我们现在的人的观念中"历史"好像是由历史人物及其事实（史实）构成的，好像是依照从古向今的时间顺序逐渐积累起来的一些"史实"，但对于人类，其中也包括对一个民族或一个民族的人，"历史"首先是从人的时间意识中生成的，是从人对现实世界的感受和了解开始的。人不是首先知道了自己有一个曾祖父，然后才知道了自己有一个祖父；首先知道了自己有一个祖父，然后才知道了自己有一个父亲。而是相反：他是先知道了自己的父亲，然后才知道了自己的父亲也有一个父亲，这就是他的祖父；他是先知道了自己的祖父，然后才知道自己的祖父也有一个父亲，那就是他的曾祖父。也就是说，时间意识是从感受和了解现实存在的事物出发的、是从"现在"开始的。从"现在"出发，向前的追溯有了"过去"，有了"历史"；向后的展望有了"未来"，有了"幻想"或"理想"，并且构成了一个由"过去"到"现在"再到"未来"的完整的时间链条。这个"过去"，这个"历史"，首先是在时间意识中形成的一种观念性的存在，而后才由历史上真实存在的一些人和事——"史实"——逐渐构建起来。而有意识地通过已知的历史事实（"史料"）将这个历史尽量准确、尽量完备地逐渐构建起来的人就是历史学家。

鲁迅与顾颉刚（一）

我认为，只要我们关注的是中国上古历史的本身，只要我们知道"历史"是从人的时间意识中产生的，我们就会知道，顾颉刚所说的"时代愈后，传说的古史期愈长"并不是中国古史不可靠的根据，而恰恰是中国古史形成的基本形式之一。这里的原因并不是多么难以理解的：在一个相当漫长的历史时期，中华民族还是没有文字的，因而也没有文字记载的历史。但是，没有文字，没有文字记载的历史，却不等于中华民族就没有历史，也不等于中华民族当时就没有历史的意识，就没有历史的想象和历史的记忆。中华民族的历史的意识，关于远祖的意识，关于人、关于世界起源的意识，理应是在文字发明之前很早很早就发生了，只是它没有、也不可能著之竹帛而已。在这里，口头语言的产生及其发展同样也是中华民族历史发展过程中的重要的关节点。实际上，在文字产生之前很久很久，中华民族就有了口头的语言，口头语言的不断丰富化及其表现力的不断加强，则是这个历史时期的显著的特征之一。口头的语言是直接联系着人与人之间的现实联系的，但在这现实的联系中也逐渐形成了关于中华民族对过去历史的想象或记忆，这些对于过去历史的想象和记忆在文字产生之后不是一次性地全部进入文字记载的范围的。文字的产生和运用，越是在开始的时候，越是集中在极少的人的极少的目的和用途上，有意地用于对过往历史事实或传说的记述，实际是很晚很晚的事情。所以，中华民族文字产生之前的历史不是按照后来的人们了解历史的需要而出现在文字记载之中的，而是依照书写者当时的现实需要而在有意或无意之间出现在文字记载之中的，即使那时被称为"史"的"记言"或"记事"，也只不过是一种现实的需要，与我们现在所说的"历史"实际是大相径庭的。它们加强了中华民族关于自己历史的记忆，但却不是为了记述当时的历史。这到了先秦诸子，虽然都有了较为明确的历史意识和较为丰富的历史知识，但其历史意识和历史知识，仍然不是着眼于历史，而是为了表达他们自己的思想。所以，与他们的现实认识有直接关联的历史人物和历史事实，在通常的情况下是首先出现在他们的著作和思想之中的，但这并不说明在当时的历史上，流传着的只有他们所关心的这些历史人物和历史事实，更远时期的历史传说和历史想象很可能是在此后陆续出现在文字资料之中的，所以，顾颉刚所说的

"时代愈后，传说的古史期愈长"，更是中国文字记载中的古史的形成过程的特征，而不能作为这个历史并不存在的根据。实际上，这个古史的长度不是由这些具体的历史事实所决定的，而更是由中华民族对自己过往历史的追溯所决定的，由中华民族对于自己的远祖、对人和世界的起源的追溯决定的。在这个历史上，当时流传的大量的历史人物和历史事实，在文字书写中是以另外一种形式、另外一种先后顺序出现在我们现在还保留着的书面的文字资料之中的，它与其产生的过程和在历史上的实际顺序都有不同：在历史上最早出现的，在文字记载中可能出现很晚；在历史上出现较晚的，在文字记载中可能出现得更早。

在这里，还有一个历史的记忆和历史的想象之间的关系的问题。在我们现在的历史观念中，常常将历史的记忆与历史的想象绝对割裂开来，认为只有真实的历史记忆才是真实的人类的历史，历史的想象则是背离历史真实的，是应当从人类历史的记忆中剔除的一些杂质。但是，只要回到人类的远古、上古历史的思考和研究之中去，我们就会看到，历史的记忆与历史的想象永远是不可分离的：任何历史的记忆都不可能不伴随着历史的想象，而任何历史的想象中也都不可能不沉淀着历史的记忆。人类，包括中华民族远古、上古的历史都是这样构成的，它也是那个时代的历史的存在形式之一，而不是这个历史的真实性的问题。历史，是在人类观念中的一种客观存在。它不同于人直接观察、了解、感受和体验中的现实的世界，它没有直接的客观性，人是通过想象而将历史人物和历史事实呈现在自己的面前的，即使我们对像孙中山这样一些近现代历史人物及其历史活动的了解，也不是亲眼看到、亲耳听到的，而是根据前人的记述通过自我的想象而具体呈现出来的，只不过我们的想象可以借助更多的历史资料而使其得到进一步的修正和丰富，因而也可以获得更为确切、更加可信的性质而已。所以，在文字产生之初出现在文字记载中的古代人物或历史事实，开始通常是在一个特定角度被记载下来的，其性质是极其单纯的，其情节是极其简单的，但它自然出现在文字的记载中，也就像在中华民族的历史荒原上有了一个历史的标记，各种不同的历史记忆和历史想象开始以它为基础集聚起来而形成一个像历史的驿站一样的更加丰富的历史的意象。这个历史人物越处于历史的中心

鲁迅与顾颉刚（一）

地位，与之相联系的人物和事件越多，能够赋予他的历史的想象越丰富。在这里，可能有各种不同的情况：其一是当一个人物或事实出现在文字记载中，同时也引发了其他人将自己所知道的有关这个人物的情况也用文字的形式记载下来，这就将这个人物的作用放大了；其二是当一个人物或事实出现在文字记载中，其他人也在其基础上展开了自己的合理的想象，从而丰富了对它的叙述，强化了他在历史上的作用；其三是像神农尝百草、仓颉造字等传说一样，人们将在历史上已经产生的所有有关的事物都集中到一个真实的或想象的人物身上，这个真实的或想象中的人物的重要性也就放大了。所以，顾颉刚所说的"历史愈后，传说中的中心人物愈放愈大"也是上古历史形成的基本形式之一，而不能将其作为这个历史不存在或不真实的证明。也就是说，历史的真实离不开历史人物和历史事实本身的真实性，因而历史研究也离不开历史考证方法的运用，但历史的真实性却不等同于历史人物和历史事实本身的真实性，因而历史考证的方法是历史研究的重要方法之一，但却不是历史研究的唯一合理的方法。

在人类文明的初期发展阶段，关于历史的想象无非这样两种主要形式：其一是神的人化，其二是人的神化。所谓"神"，是在人类或一个民族的想象中形成的超人间的、大自然力量的象征性的意象，但所有的神灵都是人化了的大自然的力量。不论是开天辟地的盘古，还是造人补天的女娲，都有人的意志、意愿和生命力量。这些神话不但体现了中华民族对自己远祖所处自然环境的想象和认识，而且也折射出他们对人类历史发展原动力的朦胧的感受和体认，同样是具有真实的历史内容的，并不是完全虚幻的。人的神化更是对人及其行为表现的想象性的描写，他们把具有超越于平常人的智慧和力量、在历史上有突出表现的人提高到神的高度加以感受和理解，也正是他们感受和理解这些人物及其行为的基本形式，其中含包的则是真实的历史内容。总之，这些神话和传说实际就是人类或一个民族早期历史的一种基本存在形式。离开了这些神话和传说，也就没有了人类或一个民族的早期的历史。顾颉刚认为它们只可以使我们知道其"在传说中的最早的状况"，而不能使我们知道"某一件事的真确的状况"，即它们不具有真确的历史的内容，只是这些神话和传说自身存在和演变状况的证明。这种说法并不是完全确实的。

必须指出，历史学、历史研究，对于已有的历史叙述，是可以怀疑的，是可以否定的，甚至可以在整体上完全颠覆已有的历史叙述框架而代之以自己全新的历史叙述框架，但是，所有这一切，又都必须是为了建构历史的叙述，而不是为了取消历史的叙述。顾颉刚说"中国的古史全是一篇糊涂账"，作为一个历史学家，他理应用一篇"明晰账"或者相对的"明晰账"，代替这篇"糊涂账"，而不能仅仅用"糊涂账"将中国这二千余年的历史像从黑板上擦掉已经写上的一些字一样全部擦掉。人类，包括一个民族的历史也像是门捷列夫的元素周期表一样，我们只能用相对确实的代替相对虚幻的，用相对具体的代替相对抽象的，用相对正确的代替相对错误的，用相对丰富的代替相对单薄的，但却不能将其中某些时段变成连合理的历史想象都无法容纳的绝对的空白。这也决定了历史与历史资料的关系。历史是用历史的资料充实起来的，历史的资料占有了历史叙述中的特定的时空位置，同时也负载了这个时空位置的特定的历史内容。在这个意义上，任何的历史资料都不是孤独地出现在原有的历史叙述之中的，它除了是自己之外，同时还是它负载着的大量可见与不可见的历史的内容。历史学家要从历史资料中发现历史，而不能用"怀疑"历史资料可靠性的方式抹杀它所负载的历史内容。所以，在历史学和历史研究中，"怀疑"只能是研究的开始，不能是研究的结果，历史研究的结果永远应该是用新的历史叙述代替旧的历史叙述，而不是继续维持这种怀疑的态度。否则，我们只能"存疑"，而"存疑"就是不以这种怀疑改变原来的历史叙述的本身。实际上，单纯的"怀疑"对历史的认识和历史的叙述也是不会发生实质性的影响的。例如，像黄帝、尧、舜、禹这样一些上古历史人物存在的真实性，我们很可能将永远无法得到确凿无疑的历史实证，但只要我们找不到更加真实可信的历史人物代替他们在中国历史上的位置和作用，相信他们作为历史人物存在的真实性就比怀疑他们作为历史人物存在的真实性更有必要，因为他们的重要性不仅仅因为他们是"历史名人"，更因为他们是他们那个历史时代存在的标志。

历史，是人们观念中的一种客观存在，其历史的记忆与历史的想象永远是混杂在一起的，所以历史需要实证性的研究，但不能仅仅依靠实证性的研究。在这里，也就提出了另外一个问题，即不能将"历史的想象"等同于历史的"造假"。"假"与"真"是以绝对对立的形式联系在一起的。"造假"之人的心目中一定有一个"真"，一个真实的状况，但他为了某种主观目的性而不能不将这种真实的状况用"假"、用一种不真实的描述将其遮蔽起来，而起到掩人耳目的作用，用"假"取代了"真"。"历史的想象"与"历史的真实"则是以相关性的形式联系在一起的。人，即使一个专门的历史学家也无法直接目击历史的真相，他只能通过已知的事实在自己的头脑中构筑起一种更接近"历史的真相"的情景。所以"造假"之人是为了掩盖真相，"历史的想象"则是为了更接近历史的真相，即使有错误也是可以理解的。对于历史学家的历史叙述，这几乎是两种完全相反的才能：富有丰富的历史想象力是一个杰出的历史学家的主要标志之一，而"造假"对于一个历史学家则是一种极不道德的行为。顾颉刚将中国上古两千余年的历史都说成是"假造"的，就是因为他将"历史的想象"全部当成了"历史的造假"，而这对于中国古代那些严肃的历史学家则是有失公允的。

实际上，顾颉刚古史研究中的所有这些可议之处，均在于他的历史研究首先重视的还不是"历史"，还不是"历史"的本身，而更是"历史的资料"；而在对"历史的资料"的关注中，他首先重视的也不是"历史的资料"与"历史"本身的关系，而更是历史学家与"历史的资料"的关系。在这个狭小的范围中，由于当时历史资料，特别是文字资料的严重匮乏，顾颉刚极难找到这些原始历史资料的更早的来源和出处，也就极容易将这些伴随着明显历史想象成分的历史资料视为当时作者的杜撰和编造，从而也将中国上古的历史全部视为后人的"造假"，并用"造假的历史"将其全部抹杀。但是，只要首先关注当时的"历史"，只要从时间意识的角度首先承认这个"历史"时期的客观存在，历史学家的任务就是努力在已有的历史资料中发现能够体现当时历史特征的历史资料，而不是首先寻找这些历史资料本身的出处和根据。而只要这些资料是最能呈现当时历史特征的资料，它们的真实性就已经得到了部分的证实，除非有了更加真实可信的历史资料，历史学家是不会轻易摒弃这些历史资料的。即使有"疑"，也会"存疑"，因为他首先重视的是这个时期的"历史"，而不是这些"资料"的本身："资料"是为了说明"历史"的，而不是"历史"是为了说明"资料"的。在学术研究中，"疑"只能成为研究的开端，而不能成为研究的结果。

在历史学和历史研究中，尊古主义不是一种完全合理的思想理念，疑古主义也不是一种完全合理的思想理念。

三

在中国的学术界，对胡适学术传统，其中也包括对顾颉刚史学传统的批评常常被引导到否定五四新文化、新文学革命的道路上去，但这分明是不符合历史事实的，因为在当时对胡适"整理国故"主张和对顾颉刚古史研究的最直接、最尖锐的批评还不是来自当时反对或旁观五四新文化、新文学运动的知识分子，而恰恰来自五四新文化、新文学阵营的内部，来自五四新文化、新文学运动倡导者之一的鲁迅。在这里，我们遇到的实际已经不是拥护还是反对五四新文化、新文学运动的问题，而是如何建设和发展中国新文化、新文学的问题，而是一个如何建设中国现代学院学术的问题。

在中国的学术界，有一种根据鲁迅的《青年必读书》而判定鲁迅是一个"西化派"、一个"全盘西化论者"，而根据胡适的"整理国故"的主张将胡适说成好像不是一个"西化派"，不是一个"全盘西化论者"的倾向，这到了他们对顾颉刚古史研究的不同态度中就会发现，这种判断把两个人的思想全看"拧"了。在这里，实际有两个文化层面的问题。其一是作为一个整体的中国文化革新的问题，即五四新文化、新文学革命的问题；其二则是中国历史和中国文化的学术研究的问题。鲁迅的《青年必读书》与胡适的"整理国故"的"新国故学"的分歧主要发生在第一个文化层面上。在这个文化层面上，鲁迅强调的是刚刚从自我封闭的文化系统中探出头来的中国青年学子必须继续走文化开放的道路，必须拥有更加丰富具体的西方文化的"学识"的问题。在学术研究中，这是一个研究主体的问题，一个研究主体自身知识结构和文化心理结构的

鲁迅与顾颉刚（一）

建构与完善的问题，是更加重视与现实社会人生的紧密联系，更加注重与现实社会人生的生存和发展有直接联系的学术研究活动的问题。在这个层面上，他不认为胡适在"整理国故"的旗帜下将新的一代青年学子继续拴在中国的"故书堆"中"整理国故"是一种明智之举。但是，这到了顾颉刚古史研究这种具体的中国古代历史和中国古代文化的学术研究中，就只剩下了一个学术思想和学术规范的问题，就只剩下了为什么"整理国故"以及怎样"整理国故"的问题，因为即使在鲁迅的观念里，"整理国故"也不是一件杀人放火一类的绝对不可为的事情，不是一件没有其本身的社会文化价值和意义的事情。在这里，鲁迅所坚持的就不是中国新文化、新文学的文化革命和思想革命的立场，而是一个具体的学术思想和学术研究的立场了。在这里，也只有在这里，我们才能看到，鲁迅在关于中国历史和中国文化的研究中，始终坚守的实际是较之那些文化复古主义者、文化爱国主义者都有过之而无不及的更加执着、乃至更加"执拗"的"中国文化本体论"的立场。他反对文化尊古主义倾向和在文化尊古主义倾向基础上发展起来的文化排外主义倾向，但对钱玄同、顾颉刚的疑古主义史学倾向和在"西化主义"基础上发展起来的"全盘西化论"的倾向也表现出了本能的反感和坚决的抵制。

何谓"中国文化本体论"的立场？"中国文化本体论"的立场就是要将中国文化放在中华民族自身生存和发展的需要中来思考、来研究、来评判，而不能仅仅以它种文化的标准来思考、来研究、来评判，这到了对中国古代文化的研究中就具体表现为要将中国古代文化放在中华民族生存和发展的古代历史上来思考、来研究、来评判，而不能仅仅以当代知识分子自己的思想标准来思考、来研究、来评判。此两者实际是紧密联系在一起的，因为只有将中国古代文化放在中华民族生存和发展的古代历史上来思考、来研究、来评判，我们才不会仅仅用外来文化的标准要求我们自身的社会选择和文化选择，而只要我们不用外来文化的标准要求我们自身的社会选择和文化选择，我们也就不能用我们自己的标准要求中国古代人的社会选择和文化选择。这都是个体如何对待另外一些个体的问题，而不仅仅是如何贯彻和实现自己的自由意志的问题。例如，中国现代青年男女的自由恋爱归根到底是因为中国现代青年男女需要、也能够争取到自由恋爱的权利,而不能认为中国现代青年男女就应该向西方的青年男女学习,就应该坚持西方文化的自由恋爱的原则。这不仅仅是一个"说法"的问题,还是一个主体在我与在人的问题;再如,中国现代诗人是写现代自由体的白话诗的,但这并不意味着中国古代诗人也应该写现代自由体的白话诗,并不意味着中国古代诗人的格律诗就是一些不够完美、不够先进的诗。在这里,也就有了一个学术思想和学术研究的规范的问题。"学术"不是写诗,不能一味地自由表现,而必须建立在研究主体对研究对象的最充分的感受、体验、同情、了解和理解的基础上;它是对对象的认识,不能仅仅是对对象的主观判断,任何的判断都必须是在认识基础上的判断。对对象自身的状况没有一个起码的正确的认识,不论根据多么伟大、多么先进的思想标准做出的判断都不可能是正确的判断,因而也是毫无价值的。说句到底的话,在人类或一个民族的历史的面前,任何一个历史学家都只是一个像徐霞客那样的游览者或者考察者,而不应仅仅是一个批评家。历史学家不能像一个道德家或者哲学家那样面对历史,他不是一个至善至美或全知全能的人,他没有仅仅根据个人的好恶裁判历史人物和历史事件的权利。如上所述,历史存在于历史学家的主体意识中,但在其主体意识中又是一个客观的存在。决定这个存在的是一系列历史上的他者,而不是历史学家本人。

毫无疑义,鲁迅对顾颉刚、傅斯年、罗家伦这些"新潮社"的新进青年学子原来是抱有好感的,是像胡适一样将五四新文化、新文学发展的希望寄托在他们身上的,并且对"新潮社"的成长和发展也曾有过实际的帮助和支持。但是,顾颉刚还是触怒了鲁迅,因为顾颉刚的古史研究触到了鲁迅最敏感的学术神经。在鲁迅的立场上,钱玄同、顾颉刚在中国古代历史和中国古代文化研究中的疑古主义立场是根本无法接受的。

在这里,就有了一个中国学术传统自身的发展和演变的问题。为了更直接地触摸到这个问题对于五四新文化、新文学运动之后中国学术发展和流变状况的影响,我们可以先从中国近代学术与五四新文化、新文学倡导者在学术传统上的关系说起。只要我们暂时摆脱西方文化对五四新文化、新文学传统的影响而直接考察五四新文化、新文学倡导者与近代学人的关系,我们就会看到,在学术上,鲁迅更是章太炎思想文化传统的传人，而胡适则更是梁启超思想文化传统的传人。

四

我们说鲁迅与章太炎的思想文化传统有着直接的传承关系，并非说鲁迅的思想完全等同于章太炎的思想，而是说鲁迅和章太炎都不主要是在制度、理论、体式这些有形的文化层面上而更是在无形的文化精神的层面上建构自己的文化思想的，因而他们也更加重视中华民族自身精神的养成和发展，而在学术上，他们也都与古文学派的学术风格有着内在的传承关系，显现着缜密精严、底气充足的特征。他们都不将自己的学术直接建立在一个现成的思想学说或研究方法的基础上，而更重视对研究对象自身的考察和研究。古文学派"我注六经"的传统虽然是在经学研究的基础上形成并发展起来的，但它重视的是对研究对象自身的了解、认识、阐释和分析，是指向"研究对象"的，是以"研究对象"为"本体"的。"研究主体"必须接受"研究对象"的制约，使其认识完全符合"研究对象"的实际，不以自己的主观目的随意驱遣研究对象，使"研究对象"仅仅成为诠释自己思想主张的一种根据或材料。这到了晚清学术，特别是到了章太炎的学术研究中，则早已冲破了单纯的经学研究的范围，而成了对中国固有文化经典的带有整体性质的系统考察和研究，从而将其提高到了"国学"的高度，为现当代中国古代文化的研究奠定下了最初的基础。我们完全可以说，鲁迅是带着章太炎的思想文化传统进入五四新文化、新文学阵营的。他不再像章太炎一样仅仅将自己的文化视野、思想视野和学术视野局限在中国古代文化传统的内部，但在其思维方式和治学路径上却仍然保留着章太炎的许多主要特征。在文化上，鲁迅追求变化，追求发展，但又不以"今"为绝对之"是"，以"古"为绝对之"非"，而同时又以"古"（在鲁迅这里可以理解为"原创性"）为本、以"今"（在鲁迅这里可以理解为一种文化在传承过程中的流变与蔓延）为末，主张"取今复古"（将新的发展放到原创性的基础上），不断重建仅仅属于中华民族自己的新的传统。"此所谓明哲之士，必洞达世界之大势，权衡较量，去其偏颇，得其神明，施之国中，翕合无间。外之既不后于世界之思潮，内之仍弗失固有之血脉，取今复古，别立新宗，人生意义，致之深邃，则国人之自觉至，个性张，沙聚之邦，由是转为人国。人国既建，乃始雄厉无前，屹然独见于天下，更何有于肤浅凡庸之事物哉？"①可以说，重在从"根本"上看整体，不重在"枝叶"之间分优劣，是章太炎与鲁迅在治学方法上的共同特点。

在《名人和名言》一文中，鲁迅将当时中国的学者分为两种类型，一类是"专门家"，一类是"博识家"。他说这两类学者都有自己的缺陷："博识家的话多浅，专门家的话多悖。"②在该文中，"专门家"的具体所指就是章太炎。但他又说，"专门家"的话多悖，"未必悖在讲述他们的专门，是悖在倚专家之名，来论他专门以外的事。社会上崇敬名人，于是以为名人的话就是名言，却忘记了他之所以得名是那一种学问或事业。名人被崇奉所诱惑，也忘记了自己之所以得名是那一种学问或事业，渐以为一切无不胜人，无所不谈，于是乎就悖起来了。"③也就是说，鲁迅对章太炎反对白话文革新的言论，是持批评态度的，但这并不意味着对他在中国革命史和学术史上的地位也是否定的。在这个范围中，章太炎是"革命的先觉，小学的大师"④，不论将来的历史怎样发展、社会怎样前进、思想怎样革新、研究方法怎样变迁，但章太炎作为一个历史人物的价值和意义则是不会发生根本的动摇的。至少在鲁迅的观念中，章太炎作为一个历史人物是理应得到后代中国人，特别是后代知识分子的尊敬和爱戴的。他做了他那个时代的中国知识分子应做也能做的事情。

在《名人和名言》一文中，"博识家"的例子举的是江亢虎，但我认为，胡适也是鲁迅心目中的这类"博识家"。作为中国文化转型期的一个知识分子，胡适在国内接受的中国传统文化的教育和在美国接受的西方文化的教育，使其"学识"的广博可谓达到了前无古人的程度。他的学术兴趣也是极其广泛的，几乎到了无所不至的程度，在文化传统上的东

---

① 鲁迅：《坟·文化偏至论》，载《鲁迅全集》第1卷，第56页。
② 鲁迅：《且介亭杂文二集·名人和名言》，载《鲁迅全集》第6卷，第362页。
③ 同上书，第362页。
④ 同上书，第362页。

鲁迅与顾颉刚（一）

方文化和西方文化，在学术类别上的哲学、社会科学和自然科学，在社会文化领域中的政治、学术与文学，几乎没有他未曾染指过的领域，但这也使他的学术流于"浅"，在任何领域都缺乏堪称精深的开掘。他好像对任何研究对象都仅仅满足于外部的观察，而不愿深入其内部去做更精细的考察。他只围绕着研究对象转，就是不想钻到对象的里面去（最典型的例子是他的中国古代小说研究，他将这些小说作品的周边世界考证得清清楚楚，但对这些小说作品的本身却没有做过堪称精到的分析）。他的"学识"太博了，他的学术兴趣太广了，他好像急于巡视一遍自己的"学识"领地，致使他在任何研究对象身上都来不及做较长时间的驻留。他在学术上是一个没有自己的"根据地"的人，他的贡献是多方面的，但除了他的白话文改革的主张之外，他却没有人们常说的"看家的本领"。在所有这些方面，他都与章太炎不同，而与梁启超有着更加接近的性质。

　　梁启超师从康有为而又有自己更远大的开展。如果说在晚清维新派的学术文化中，康有为是先秦儒家中的孔子，居于"圣人"的位置，那么梁启超就是先秦儒家中的孟子和荀子的合体，居于"亚圣"的位置，而其思想又不完全包容在康有为思想的内部。但是，所有这一切，又都根源于康有为所传承的今文学派的学术传统。在晚清文化界，古文学派在学术研究上通过对佛学、老子、庄子、墨子、韩非子、文学、历史学、语言文字学、音韵学等这些并非属于或并非完全属于儒家经典的研究突破了传统儒家学术的藩篱，而将其上升到了整体的中国古代文化（"国学"）研究的高度，但在思想观念上却发展出了晚清特有的建立在排外主义思想基础上的复古主义思想。在思想观念上首先冲破儒家道统的束缚而走向政治革新道路的则是属于今文学派的康有为。今文学派之所以能够直接走向政治改革的道路，正是因为它的"六经注我"的方法论上的特点。它在学术上不是指向研究对象的，不是指向"六经"本身的，不是为了更精确、更深刻地理解"六经"的思想内涵及其社会价值和意义，而是以"六经"的思想为根据说明和阐释研究者本人的思想主张的。如果说晚清古文学派追求的主要是让别人说自己"有学问"，晚清今文学派追求的就是让别人认为自己"有思想"了——像孔子那样"有思想"。

仅仅从方法论的意义上，如果说古文学派"我注六经"的方式更接近现代学院学术中的"研究"，今文学派"六经注我"的方式则更接近现代社会文化、政治文化中的"宣传"。"宣传"，就是将自己认为正确的、好的思想尽量广泛地传播开来，让别人也接受乃至信从这种思想，但仅从学术上来说，这种"宣传"是有严重的理论上和逻辑上的缺口的。在康有为的思想中，孔子虽然处在被膜拜的地位上，但康有为的目的却不是为了让读者更深刻、更精确地感受和理解孔子的思想，而是以孔子的改制为铺垫，将自己的改革主张宣传出去。实际上，即使康有为所说的孔子改制符合历史的事实，也不能证明康有为所要提倡的君主立宪制的政治制度在当时的中国就是合法的、合理的和可行的，所以孔子的改制并不能成为康有为政治改革的根据。与此同时，康有为提倡的君主立宪制并不是他自己的发明和创造，而是从英、日等发达资本主义国家的政治制度和政治思想中"拿来"的，是他的"学识"的一部分；他对这个制度本身采取的也不是研究的态度，也不是为了让读者更深刻、更精确地理解这种政治制度的本身，而是以此为模式（所谓"榜样"）而改革中国现实的政治制度。它的可行性与有效性是通过它在英、日等发达资本主义国家的政治实践得到某种程度的证实的，但这种证实并不是在中国政治实践中得到的，用现在的话来说，就是他所提倡的作为一种政治制度的君主立宪制是不是"符合中国的国情"，即使对于康有为自己也没有得到最终的证明。这样，他抓住的就不是对这两个思想对象的认识，而是分属于中国和外国的两种思想的权威性。在当时的中国，这两种思想的权威性只集中于康有为自己的一身，实际是将康有为提高到当代中国"圣人"地位、"国师"地位的两种思想。也就是说，康有为是通过"圣化"自我而集聚自己的文化力量和政治力量的。他的目的不是为了完善自己和自己的读者对这两种思想的认识，而是为了通过这两种具有权威性的思想证明自己思想的正确性和神圣性。他谋求的是社会公众对自我的崇拜和信从。

在维新派知识分子之中，康有为是一个思想权威，一个当代中国的"圣人"，梁启超则是康有为思想的首席宣传家。康有为的思想是由中国和外国两种具有权威性的思想构成的，但是，在当时的中国，孔子思想

鲁迅与顾颉刚（一）

的权威性是固有的，是不需要大力宣传的，而围绕着君立主宪制的政治制度而展开的西方的文化、西方的政治和政治思想，则是当时的中国知识分子所陌生的，是需要大力宣传和提倡的。这就使梁启超成了中国第一个卓有成效的西方思想的接受者和传播者，从而成就了他较之康有为更加显赫的启蒙思想家的地位。当维新运动失败，君主立宪制的政治改良理想化为泡影，康有为就仅仅成了一个孔子思想道统的维护者，而梁启超则因其对西方文化的了解、重视和崇拜而与辛亥革命后的民主思想家结成同盟，并成为封建帝制的政治上的敌人。但是，他的思想归根到底仍然来源于今文学派的"六经注我"的治学传统，权威崇拜，并通过认同、学习和宣传一种或几种已经具有权威性的思想以建立自己思想的权威地位，仍然是梁启超思想的特点。归根到底，梁启超作为一个启蒙思想家不是因为他构筑了一种仅仅属于自己的思想，而是他重视和崇拜当时西方的文化和西方的政治制度、政治思想，同时也将他重视和崇拜的西方的思想当成了自己的思想。也正是因为如此，当第一次世界大战之后像柏格森这样的西方思想家提出对西方思想的整体质疑的时候，他就放弃了对西方文化的重视和崇拜，转而提倡中国固有的文化传统。但是，不论他崇拜的是西方文化，还是中国古代文化，梁启超对它们的态度都主要停留在宣传、评论和推崇的阶段，严格说来，还不是将其作为一种客观的历史现象进行的考察和研究，求其"知"而不是求"知"其"不知"；"学"（学习）而不"究"（研究），"传"（宣传、传播）而不"构"（构建仅仅属于自己的思想）。总之，晚清古文学派（那些真诚的书院学者）是通过对固有知识和思想文化现象的认知而实现自我知识和思想的逐渐成长和变化的，是通过"学识"的不断积累而实现自我知识和思想的逐渐丰富化和精确化的，因而对固有的知识和思想也采取"研究"的态度，但他们的排外主义极大地限制了他们的文化视野和思想视野，使他们根本无法实现自我知识和思想由传统向现代的飞跃，而今文学派则是在权威崇拜心理的支配下将已有的知识和思想作为自己的文化思想的，他们的文化视野是广阔的，但却没有将任何一个领域的知识和思想真正提高到研究的高度，没有将对象仅仅作为对象来思考、来考察、来研究，从而建立起仅仅属于自己的知识和思想的体系。其变化是跳跃式的，在任何一个特定的时段，都有一个异常明确的理想的思想目标，这个理想的思想目标同时也是其评判事物的标准。不论一个事物自身存在的根据何在，只要是符合这个标准的，就是好的，就是正确的；而不符合这个标准的，就是不好的，就是不正确的。当自己是崇拜西方文化的，西方文化就是绝对正确的；当自己已经失望于西方文化，西方文化就是绝对错误的。但是，严格说来，不论是西方文化，还是中国古代文化，凡是已有的知识和思想，对于一个人充其量都只是一种"学识"，是可以通过学习而直接接受和掌握的。它起到的是丰富自己的"学识"、扩大自己知识和思想视野的作用，并不完全等同于自己的思想。思想需要在自己成长和发展的过程中逐渐建立起来。它并不等同于通过学习而直接获得的任何知识和思想的本身；它既不会完全等同于中国古代的一种思想，也不会完全等同于外国的一种思想；它不是一种"学识"，而是仅仅属于自我的另外一种知识和思想的系统。——自己的思想就是自己的思想，而不可能是任何一个别人的思想。

胡适的学术风格为什么更像梁启超而不像章太炎？因为除了他的白话文革新的主张之外，他在政治、文化和学术上的思想，都与他对美国文化的观察、了解以及崇拜的心理有关。他是以美国当代已有的文化，特别是杜威的实用主义哲学为标准感受、理解和评判包括中国古代和当代在内的一切文化现象的，这使他给中国文化研究带来了一番新的景象，但这个"新"却多多少少带有一些浮面的性质，像是给中国文化穿上了一套新定做的衣裳（世界名牌），而对中国文化的躯体本身（以上所说的"中国文化的本体"）却没有本质性的影响。这里的问题仍然和康有为、梁启超在今文学派的治学路径上所遇到的一样，即他的思想在理论上和在逻辑上都有一些严重的缺口：不论是对于美国文化，还是对于中国文化，他都没有将其作为一种纯粹客观的存在，都没有从其自身存在的根据上看待其存在的价值和意义，而是以自己所重视和崇拜的一种文化的标准作为衡量一切其他事物的标准。实际上，世界上没有任何一个人是为别人预先制定的一套标准而活的，也没有任何一种社会文化现象是为别人预先制定的一套标准而存在、而发展的。不论这个标准看起来多么正确，多么先进，多么伟大，它都不可能套住整个人类和整个人类社会，

鲁迅与顾颉刚（一）

其中也包括中国和中国社会。

但是，在胡适这里，与章太炎思想文化传统的差异和矛盾还没有公开化和尖锐化，而到了顾颉刚这里，二者的差异和矛盾就公开化和尖锐化了。

五

为什么到了顾颉刚这里，胡适的思想文化传统与章太炎的思想文化传统的差异和矛盾就公开化、尖锐化了呢？

实际上，这与顾颉刚这代学院知识分子心目中的"权威"的转换是有直接关系的。在从人类到一个人的成长和发展的过程中，权威崇拜的作用和意义向来是不容忽视的。一个人在通常的情况下都是通过权威崇拜而建立起自我最初的存在价值和意义的感觉的。在这时，他在自觉与不自觉中就是以自我心目中的一个或一些权威人物的标准而塑造自己的，且并以此开始了自己的社会人生追求。这赋予了他成长和发展的动力，也赋予了他成长和发展的自觉性。他开始有了自己评价事物的标准，开始有了自己感受和理解事物的价值观念。但是，所有这一切，还都是自我成长和发展的最初的动力，而并非自我成长和发展的过程，更不是自我成长和发展的结果。在自我成长和发展的过程中，一个人遇到的将不仅仅是奖掖和鼓励，还将遇到更大量的矛盾和差异，而从这矛盾和差异中一个人感到的将是阻力、压力和困难，并且越是往前走，自己遇到的阻力、压力和困难就将越大。一个人要想在自己的人生道路上走得更坚实些，就必须有效地面对和承担而不是虚幻地面对或逃避这些阻力、压力和困难。在这个过程中，需要自己忍耐的力量和意志的力量，但最需要的还是更多、更深入地感受、了解和理解与自己不同的人、不同的事物和不同的社会人生追求，并与这些不同的人、不同的事物和不同的社会人生追求构成特定的关系。在这种关系中，一方面不因其他人的自以为是的追求妨碍或阻塞了自己的有益的追求，一方面也不因自己的自以为是的追求而妨碍或阻塞了他人的有益的追求。因为在任何的历史时代，都不会仅仅有自己心目中的一个或一些权威人物的一种社会人生追求，而必然是由各种不同的人的各种不同的社会人生追求共同构成的。社会是多元化的随时变化着的一个结构，时代也是多元化的随时变化着的一个结构，不论多么伟大的人物的多么伟大的追求，都不可能成为一个社会的一个历史时代的唯一的追求。正是在一个人更多、更深入地感受、了解和理解与自己不同的人、不同的事物和不同的社会人生追求的过程中，他也逐渐从自己心目中的权威人物的阴影下解放出来，从自己最初的权威崇拜的心理阴影下解放出来，逐渐走向独立，逐渐能够用自己的眼光独立地面对现实世界，逐渐能够用自己的力量独立地承担自己的社会人生和社会人生追求。在这时，他不再仅仅用自己心目中的一个或一些权威人物的标准感受、了解和理解所有的事物，不再像装集装箱那样将大量的人和事物装在一起加以集体性地对待和处理，而开始在不同人和不同事物自身存在根据的基础上感受、了解和理解这些不同的人和不同的事物（其中也包括自我），开始将其视为不受、也不应受自己主观愿望支配的客观对象而感受、了解和理解。正是在这里，一个人才有了"研究"的需要，才不再用一个固定的标准直接判定所有的人和所有的事物。

一个人的成长和发展是这样，一个学院知识分子的成长和发展也是这样。

顾颉刚在《古今伪书考序》中说："我在二十岁以前，所受的学术上的洪大的震荡只有两次。第一次是读了一部监本《书经》，又读了一篇《先正事略》中的《阎若璩传》。第二次就是这一回，翻看了一部《汉魏丛书》，又读了一本《古今伪书考》。我深信这两次给予我的刺激深深地注定了我的毕生的治学的命运，我再也离不开他们的道路了。"[1]也就是说，顾颉刚在其学术上，一开始就是继承着疑古证伪的学术传统的。这对于一个青年学者学术倾向的形成过程，是没有任何可以挑剔的地方的，因为一个青年学者总是在接受一种特定的学术传统的基础上开始走上学术道路的，他不可能从踏上自己的学术道路的那一刻起，就是一个学术上的"通人"，就会包容现有各种学术传统的全部合理性而避免它们的全

---

[1] 顾颉刚：《古今伪书考序》，载《顾颉刚全集》第7卷，中华书局，2010，第6页。

鲁迅与顾颉刚（一）

部局限性。正是沿着这种疑古证伪的学术传统，在晚清学术中，顾颉刚对晚清今文学派夏曾佑《中国历史教科书》和康有为《新学伪经考》《孔子改制考》情有独钟，而对以章太炎为代表的晚清古文学派的学术传统深感不满。仅仅停留在晚清今文学派和晚清古文学派这两种学术传统的学术分野中，顾颉刚这种学术倾向的演进与发展也是无可厚非的，因为任何一个学者都是有自己特定的学术倾向的，都是在自己特定学术倾向中从事自己有特定意义的研究活动，并在这个特定倾向上推进着学术事业的发展。但当顾颉刚接受了胡适学术思想的影响而以新文化、新史学的代表人物在中国文坛"闪亮登场"的时候，其意义就有了不同。在这时，他就将自己原本属于传统今文学派的学术倾向推到了不适当的高度，从而严重遮蔽了中国古代古文学派在中国学术史上的贡献，使自己的史学陷入疑古主义（实际是虚无主义）的深渊。

顾颉刚在其《古史辨自序》中曾具体叙述过他的疑古主义史学思想与胡适思想影响的关系："哲学系中讲"中国哲学史"一课的，第一年是陈伯弢先生汉章，他是一个极博洽学者，供给我们无数材料，使得我们的眼光日益开拓，知道研究一种学问应该参考的书是多至不可计的。他从伏羲讲起，讲了一年，只到得商朝的'洪范'。我虽是早受了《孔子改制考》的暗示，知道这些材料大都是靠不住的，但到底尊敬他的渊博，不忍有所非议。第二年，邀请胡适之先生来教。'他是一个美国新回来的留学生，如何能到北京大学里来讲中国的东西？'许多同学都这样怀疑，我也未能免俗。他来了，他不管以前的课业，重编讲义，辟头一章是'中国哲学结胎的时代'，用《诗经》作时代的说明，丢开唐、虞、夏、商，径从周宣王以后讲起。这一改把我们一班人充满着三皇五帝的脑筋骤然做一个重大的打击，骇得一堂中舌挢而不能下。许多同学都不以为然；只因班中没有激烈分子，还没有闹风潮。我听了几堂，听出了一个道理来了，对同学说：'他虽没有伯弢先生读书多，但在裁断上是足以自立的。'那时候傅孟真先生斯年正和我同住在一间屋内，他是最敢放言高论的，从他的言论中常常增加我批评的勇气，我对他说：'胡先生讲得的确不差，他有眼光，有胆量，有断制，确是一个有能力的历史学家。他的议论处处合于我的理性，都是我想说而不知道怎样说才好的。你虽不是哲学系，何妨去听一听呢？'他去旁听了，也是满意。从此以后，我们对于适之先生非常信服；我的上古史靠不住的观念在读了《改制考》之后又经过这样地一温。但如何可以推翻靠不住的上古史，这个问题在当时绝对没有想到。"[1]

不难看出，顾颉刚对胡适的接受更是对胡适这个新的学术权威人物的接受，他感到了胡适中国哲学史观的创造性及其合理性，也从这种创造性中获得了精神上的鼓舞和思想上的启发，但是，这种建立在对对方肯定乃至崇拜心理基础上的学术蝉联关系，却并不一定是对对方文化思想和学术传统的真正意义上的继承和发扬，而有可能只是两种不同学术观念的错位性的对接和想象中的联合。胡适将中国古代哲学史的"结胎"时代放在周宣王之后，完全是从中国古代哲学史的实际出发的，因为只有到了那个时代，中国才有了较为完整、较有系统的哲学思想，这些思想是由老子、孔子这些中国古代知识分子（"士"）创建起来的，这与顾颉刚在中国古代历史的意义上完全否认中国上古史存在的可靠性并没有必然的联系。但是，顾颉刚到底是从胡适这个五四新文化运动的旗手这里受到鼓舞的，到底是在胡适"整理国故"的学术旗帜下杀上文坛的，所以不论是在周围学人的眼里，还是在顾颉刚自己的意识里，都是把他和他的"古史辨"派嫁接到以胡适为代表的新文化、新学术的传统之上的，都是嫁接到胡适所提倡的"科学方法论"之上的（在中外文化史上，这种错位性的对接和想象中的联合的现象并不罕见，我们这些在20世纪五六十年代成长起来的知识分子，在当时是将自己的一些自以为是的想法和看法直接嫁接到马克思主义、毛泽东思想的传统之上的，而在实际上，二者很可能是风马牛而不相及的）。

当顾颉刚将自己从传统今文学派的学术传统中建立起来的中国历史观嫁接到新文化、新学术的传统上，嫁接到"科学方法论"的传统上之后，他的学术就与以章太炎为代表的晚清古文学派的学术传统立足于直接对立的地位上了。

---

[1] 顾颉刚：《古史辨自序》（上），第52—53页。

六

在这里，我们需要从另外一个角度更贴近地感受和理解在中国古代文化历史上影响深远的古文学派与今文学派的矛盾和分歧。这两个学派是在中国古代儒家文化传统内部产生的，是在具体发掘、整理和阐释先秦儒家文化经典的过程中分化出的两个经学派别。它们之间的矛盾和分歧是相对的，而不是绝对的，但由于儒家文化传统在中国古代文化史上影响的深远性和广泛性，所以这两个学派的矛盾和分歧在中国古代文化史上又具有整体的意义，是无法被忽略也不应被忽略的。如果我们忽略掉一些学术细节和二者可以相互过渡的特征，而仅从二者的差别着眼，我们就会看到，今文学派从在汉代形成之日开始，就是由像董仲舒这样一些能够与当时最高政治统治者（皇帝）直接对话的顶尖级知识分子构成的，是他们立于"国师"的地位向当时的最高政治统治者（皇帝）提供的经世治国的思想方略和政治方针，并在这种思想方略和政治方针的指导下完成了国家政治制度的整体设计。"罢黜百家，独尊儒术"就是董仲舒这个今文学大家首先提出来的，它之所以能够被汉武帝所采纳并成为此后历代封建政治王朝的基本文化方针，与其说是这些封建政治王朝在更大程度上适应了孔子、孟子等知识分子的社会理想和人生理想，不如说是孔子、孟子的思想在更大程度上适应了这些王朝巩固和加强自己的政治统治的需要。它的基本意义就是将产生于先秦的儒家思想与现实的国家政治统治直接结合起来而成为整个国家政治制度的思想基础，成为现实社会伦理关系、礼仪制度、法权关系的思想基础，从而实现了儒家思想从知识分子个人的思想学说向国家意识形态的正式转变。它是直接为当时的中央集权制的国家政治统治服务的，是以这样一个国家政治统治的实际需要为基本依据的。这些今文学派的儒家知识分子与孔子、孟子等先秦儒家知识分子有一个根本的区别，即先秦孔子、孟子等儒家知识分子的根本意图是为了借助政治的力量实现他们自己的思想理想和社会理想，而汉代这些今文学派的知识分子之所以将儒家思想上升到独尊的地位，是因为儒家思想在更高的程度上适应了现实国家政治统治的需要。如果说孔子、孟子的思想学说在本质上更属于社会的学说，而今文学派知识分子的思想学说在本质上就属于政治的学说、国家的学说，这也决定了他们的基本的方式和治学态度。

我们完全可以说，在中国的历史上，今文学派在汉代生成和发展的历史时期是中国知识分子与现实国家政治统治度过的唯一一个短暂但却宝贵的蜜月期。在这样一个蜜月期里，以董仲舒为代表的今文学派的知识分子得到了当时中央集权制国家政权的最高统治者——皇帝的几乎是毫无保留的高度信任，而这些知识分子也以几乎是不容置疑的高度忠诚为当时中央集权制的国家政权基本完成了意识形态和政治制度的整体设计。这个设计不是以这些知识分子本人的地位和荣誉为杠杆的，不是以他们个人的利益为指归的，而是以当时中央集权制国家政权的最高政治统治者——皇帝个人的至高无上的权威地位为杠杆的，是以当时中央集权制国家政权的最高利益为指归的，从而也使这个国家政权的政治功能能够得到更充分的发挥。但是，必须意识到，国家政治对知识分子及其文化总是有所需求的，但这种需求又总是极其有限的。一旦知识分子为当时的国家政权完成了意识形态和政治制度的整体设计，一旦这种整体设计已经以规范和要求的形式通过各种不同的制度相对固定下来，国家对知识分子及其文化的需求就会迅速低落下来，国家政权的最高政治统治者——皇帝对知识分子及其文化的个人的热情也会迅速冷却下来。因为在这时政治统治者已经完全可以仅仅依靠自己的力量，依靠自己手中的权力保证现实正常政治秩序的建立和现实正常政治制度的落实，在这时，知识分子的过多的议论反而会干扰乃至破坏他们为现实的国家政治统治设计的正常秩序的建立和正常制度的落实。与此同时，当现实国家政治统治充满对知识分子及其文化饥渴的时候，这些知识分子之间的联合趋势总是大于分裂的趋势，因为他们之间的联合是他们能够争取到中央集权制国家最高政治统治者——皇帝的信赖和重用的前提条件，也有利于知识分子自身力量的壮大和发展，而一旦国家政治统治对知识分子及其文化的需求低落下来，这些知识分子之间的联合趋势立即便会被分裂的趋势所代替，因为只有将自己从知识分子群体中分裂出来，他们才有可能得到皇帝的特殊的礼遇，而那些已经获得显赫的政治地位和文化

鲁迅与顾颉刚（一）

地位的知识分子，则不希望有更多的知识分子也获得这样的"殊荣"，因为正是这些知识分子，才是他们政治地位和文化地位的直接挑战者，严重威胁着他们自身的地位和安全。——当知识分子只能通过中央集权制国家政权的力量才能间接地发挥自己的社会作用的时候，知识分子由联合趋势向分裂趋势的转变实际是无法避免的，这与他们所信奉思想学说的自身性质并没有太大的关系（皇帝喜欢胖女人，胖女人之间的竞争就会加剧；皇帝喜欢瘦女人，瘦女人之间的竞争就会加剧）。

实际上，汉代古文学派就是在汉王朝对知识分子及其文化的需求相对低落下来，汉王朝最高政治统治者——皇帝对知识分子及其文化的热情也相对冷却下来之后诞生的，所以在汉代的文化历史上并不主要表现为它对今文学派的反叛和反抗，而更表现为今文学派对它的冷落和排斥。在开始阶段，古文学派并不否定今文经典的真实性和权威性，而是今文学派否定古文经典的真实性和合法性。"迄孝武世，书缺简脱，礼坏乐崩，圣上喟然而称曰：'朕甚闵焉！'于是建藏书之策，置写书之官，下及诸子传说，皆充秘府（班固：《汉书·艺文志》）"。这标志着在秦始皇"焚书坑儒"之后中国知识分子文化的再一次腾飞，不过这次腾飞依靠的已经不是中国知识分子自身的力量，而是汉王朝整个中央集权制国家政治的力量，因而它也是为汉王朝中央集权制国家政权服务的。在这时，开始发展起来的是今文学派的学术，它们依据的是用今文（汉代的文字）抄写的文本，有自己相对明确的师承关系，其治学主要集中于对经典文本背后的"微言大义"的阐发，实际是更重视能够为现实国家政权经世安邦的文化理念和政治理念的建构。在今文学派发展的历史上，曾召开过两次当朝皇帝亲临参加的国家级的"学术研讨会"（"石渠阁会议"和"白虎观会议"），先后增列四十二个五经博士，有十四种五经传本（鲁、齐、韩三家《诗》，欧阳氏和大、小夏侯氏三家《书》，大、小戴氏二家《礼》，施氏、孟氏、梁丘氏、京氏四家《易》，公羊、谷梁二家《春秋》）被确立为今文经典传本。"武帝末，鲁共王坏孔子宅，欲以广其宫，而得古文《尚书》及《礼记》《论语》《孝经》凡数十篇，皆古字也。共王往入其宅，闻鼓琴瑟钟磬之音，于是惧，乃止不坏。孔安国者，孔子后也，悉得其书，以考二十九篇，得多十六篇。安国献之，遭巫蛊事，未列于学宫。"（班固：《汉书·艺文志》）显而易见，如果此前没有今文经学的繁荣和发展，没有今文学派知识分子被列为五经博士而为皇帝所重用，这些从孔子宅中发掘出来的古文文本，在充满文化饥渴的汉武帝那里，自然会得到高度重视的。但在今文学派的学术已经得到长足发展的时候，这么多古文传本的经书的发现，对那些已经拥有权威地位的今文学派的今文经典就是一个极其严重的挑战了，以各种可能的理由将其排斥在官学之外就成了很难避免的事情。这里所说的"古文"，就是先秦六国文字的抄本，不是汉代文字的抄本。这些未被列于学宫的古文抄本，遂被今文学派的知识分子说成是孔安国伪造的，"疑古证伪"也就成了今文学派治学传统中的一种传统。

在汉代，从孔子宅中发掘出来的这些古文传本未被列于学宫，发掘、整理、注释、阐释这些古文经的知识分子自然也不会像大多数今文学派的知识分子那样直接得到皇帝的信任和重用，不会因此而被增列为五经博士。但是，通过皇帝的提倡，对文化典籍的重视到底已经成为当时知识分子的一种风习，对文化典籍的发掘、整理、注解和阐释也已经成为当时知识分子表现自己智慧和才能的方式之一，受到越来越多的人的重视。所以，此后出土的古文经典文本虽然不能列于学宫，但仍然不乏知识分子对其进行整理和研究，这就成为此后古文学派逐渐成长和壮大的原因。他们已经不像今文学派的知识分子那样受到中央集权制国家政权的重视，越到后来，越是在民间（现在所说的"社会"）通过个人著述和授徒讲学的形式得到传播和传承的，所以像马融、郑玄这样一些古文大家都主要活动在民间，没有显赫的政治地位，郑玄还曾被牵连进党锢之祸，他们虽然仍然传承着今文学派的基本思想理念和政治理念，但较之今文学派的学术，其重心却发生了转移。如果说今文学派的学术风格主要是"经世致用"的，其目的在于"托古改制"，其基本性质是现实的、政治的，核心在一个"用"字，那么古文学派的学术风格则主要是"修学好古，实事求是"的，其目的在于对文本本身意义的考定和证实，其基本性质是历史的、学术的，核心在一个"是"字；今文学派喜欢发挥己意，随意引申，影射现实，议论政治，古文学派则重视训诂考据，崇实尚朴，而像许慎的《说文解字》，即使用我们现在的标准进行衡量，也更属于一部纯学术的著作。它在中国文字学史上的地位，等同于司马迁的《史记》在中国史学史上的地位。《汉书》的作者班固也是一个古文学大家。《汉书·艺文志》就是删取古文经学的创立者刘歆的《七略》而成。在汉代，他第一个批评了今文经学"信口说而背传记，是未师而非往古"（刘歆：《移书让太常博士》）的弊病。

严正先生在《郑玄经学思想述评》中对郑玄的经学做了这样的一个概括的介绍："郑玄是东汉后期著名的经学大师，他师承古文经学大师马融，是汉代古文经学的集大成者；同时他又兼通今文经学和谶纬，是汉代经学的总结者。郑玄遍注群经，学问渊博，识断精审，弟子众多，著述百余万言。自郑学流行后，两汉时期的今古文经学分立的局面被郑学所取代，经学出现了一个短暂的统一时期。在魏晋南北朝时期，郑玄所注的《周易》《尚书》《毛诗》《周礼》《论语》《孝经》等皆先后被立为官学，学术界在这个时期所争论的主要是郑玄和王肃之学等，而不再局限于汉代的今、古文家法，一直到唐代孔颖达作《五经正义》，其中的《三礼》和《诗经》所采用的依旧是郑玄的注解。两汉经学家们的著作绝大多数都已佚失，然而郑玄的《三礼注》和《毛诗笺》却完整地流传下来，成为我们今天了解汉学的基本经典。郑玄在《三礼注》和《毛诗笺》中所展现的文字训诂和章句疏解，成为汉学经典诠释的杰作，它们与《说文解字》和《尔雅》一道成为中国语言文字发展和经典诠释不可或缺的最重要的著述。顾炎武曾有诗赞曰：'大哉郑康成，探赜靡不举。六艺既该通，百家亦兼取。至今三礼存，其学非小补。'"[①]

从汉代开始，中国的儒家文化就是在义理之学、训诂之学、文章之学三个传统的流变分合中繁衍发展起来的，义理之学主要指儒家的思想传统，文章之学主要指儒家的文学传统，训诂之学则主要指儒家的学术传统。义理之学是面对现实的，是面对政治的，是贯彻儒家修身、齐家、治国、平天下的人生理想、政治理想和社会理想的；文章之学是面对个人的，是面对个人的思想和情感的，是用儒家的审美观念感受和评论文

[①] 严正：《郑玄经学思想述评》，转引自姜广辉主编《中国经学思想史》第2卷，中国社会科学出版社，2003，第469页。

学作品的价值和意义的；训诂之学则是面对儒家的经典文本的，是用语言文字等各类知识诠释这些经典文本的意义和内涵的。儒家的学术传统，在很大程度上就是由汉代古文学派的训诂之学奠其基的。

七

如果我们带着汉代古文学派和今文学派这种既相联系、又相区别的意识回到清代知识分子的文化传统中来，我们就会感到，清代学术之从宋明理学的义理之学的传统中相对疏离出来而主要转向了古文学派的训诂之学，是有一种在政治关系中相对疏离政治的潜在倾向的。清王朝是以异族入侵的方式建立起自己的政治统治的，当清初汉族知识分子的反清斗争被镇压下去，清王朝的政治统治已经成为现实的唯一合法的、有效的国家政权之后，儒家知识分子便大量涌入到清王朝政治统治体系的内部，成为清王朝的政治官僚。这一方面是清王朝政治统治者自觉推行汉化政策的结果，同时也是中国传统儒家教育自身本质的体现。儒家的教育在其本质上就不具有民族教育的特征，而是在现实国家政治体系的内部生成的，是为稳固和加强这个现实的国家政治统治政权服务的，是为这个现实的国家政治统治政权"维稳"的。所以，作为一种国家教育，它并不具有完整性。严格说来，它不是完整的社会文化教育，而只是单一的国家政治教育，而在国家政治教育中，它也既不是真正意义上的帝王教育，也不是真正意义上的平民教育；它既不传授作为一个政治帝王运用自己手中的权力治理国家的权术、治术（这种权术和治术在中国古代文化中是由法家知识分子创立并传承的），也不传授作为一个平民在其平民的地位上求取自身生存和发展的知识和技能（这些知识和技能更是以家庭教育和职业性质的师傅带徒弟的方式进行传授的），儒家教育仅仅是一种官僚教育，是培养政治官僚的。所以，在中国传统儒家教育中，读书和做官是直接联系在一起的：读书是为了做官，做官则必须读书，而辅佐帝王，治理民众，维护现实国家政权的稳定和安全，保证帝王之帝业的"长治久安"，则是这些官僚知识分子的神圣使命。帝业从来不是官僚知识分子自己的，所以只要一个帝王（不论他是谁，用什么手段）

鲁迅与顾颉刚（一）

牢固地建立起了一个国家的政权，儒家知识分子就不能不到这个政权中来做官，来发挥自己作为一个儒家知识分子的智慧和才能，否则，儒家知识分子就没有自己的用武之地了。但是，清王朝的政治统治到底是一个过于特殊的统治，它和元王朝一样是通过异族军事入侵的方式建立起自己的统治地位的，这些入侵者的异族血统和汉族知识分子在明末清初进行的惨烈的反清斗争、发表过的激越的反清言论，使这些汉族知识分子无论如何也无法摆脱自己"亡国之臣"的感觉，无论如何也无法摆脱他们对这个封建王朝的异己的感觉。实际上，他们对训诂之学的重视和迷恋就曲折地反映了他们内心的这种感觉。今文学派以及由今文学派首先建构起来的义理之学是"经世致用"的，是为现实政治统治服务的，是为维护清王朝这个现实的异族统治政权服务的，是在汉族知识分子与异族政治统治之间的关系中建立起来的，在这种关系中汉族知识分子永远不具有自己的主体性地位，而古文学派的训诂之学则只是一种做学问的方法，是"求是"的，而不是"致用"的。这个"是"就在汉族知识分子所创造出来的中国古代文化经典以及由这些文化经典所负载着的关于中国古代社会、中国古代文化的大量信息的本身，与现实的清王朝的政治统治没有直接的必然的联系。这就使清代的汉族知识分子有了一种反客为主的感觉——他们在训诂之学的"学问"中感觉到了自己的主体性的地位，从而摆脱了或相对摆脱了（尽管是虚幻地）罩在自己头上的那个异族政治统治的阴影。在政治上，异族统治者是中国社会的主人，汉族知识分子只是他们的奴隶，而在文化上，他们这些汉族知识分子才是真正的主人，异族政治统治者只不过是被汉族文化"同化"了的他者。不难看出，这也是绵延至今的中国知识分子的文化爱国主义思想的最早的表现形式（这种文化爱国主义将热爱未经异域文化"污染"过的中国古代文化作为爱国主义的根本标志，而将接受、肯定、赞扬和崇拜异域文化的言行一律视为"数典忘祖"的不爱国乃至卖国的言行）。

　　古文学派是"求是"的，但却不是"致用"的，是对现实社会的改善和发展无补的，至少在当时人们的意识中是如此。但是，现实社会永远是这个社会的人所无法摆脱的梦魇，社会的改善和发展也永远是这个社会的人所无法摆脱的最内在、最真实的意愿，因为只有通过社会的改善和发展，才能从根本上摆脱那些困扰着当时的人们的实际的灾难或困难。所以，尽管那些古文学派的知识分子对自己的训诂之学乐此不疲，对自己的学术成就也不无沾沾自喜之意，但从今文学派的知识分子看来，这些古文学派的知识分子同当时绝大多数儒家知识分子一样，仍然难脱"避席畏闻文字狱，著书都为稻粱谋"（龚自珍）的嫌疑，是逃避现实社会责任的表现。当清王朝度过了自己的极盛时期，特别是到了鸦片战争之后，民族的危机、社会的危机、政治的危机日趋严重，今文学派知识分子的现实社会意识日益加强，要求改革现实、改革政治、改革社会的愿望也日趋强烈，因而他们对弥漫于整个有清一代文坛的古文学派的学风也深感不满。但在这时，今文学派和古文学派的关系却与汉代今文学派和古文学派的关系处于迥然不同的情势之中：在汉代，古文学派是在今文学派的生成和发展的趋势中自然延伸出来的，今文学派享有现实国家政权的最高统治者——皇帝的高度信任和直接支持，居于主流地位，在社会上拥有自己的话语统治权，因而也能直接地贯彻自己的意志；而在清代，在很大的程度上，今文学派只是在古文学派生成和发展的趋势中自然延伸出来的，它并未得到现实国家政权的信任和支持，并不居于主流的地位，在社会上也不拥有自己的话语统治权。不难看出，"疑古证伪"在更早一些的时候，只是掺杂在古文学派考据学传统中的一种特定的倾向，不论是阎若璩的《尚书古文疏证》，还是姚际恒的《古今伪书考》，贯穿的都还是有清一代古文学派的考据精神，因而也并不意味着对古文经的全盘否定，甚至在有清一代今文学派的早、中期的代表人物如庄存与、刘逢禄、龚自珍、魏源等学者那里，"疑古证伪"还不是他们学术思想的第一块跳板。只是到了晚清今文学派知识分子廖平、康有为等人的手中，"疑古证伪"的重要性才空前地加强起来，而这，显而易见，则意味着今文学派知识分子向古文学派知识分子实行文化反夺权的开始。廖平公开宣布，汉代古文经都是刘歆伪造的，这就整个地否定了从汉到清整个古文经学存在的合法性和合理性，将自己的今文经学的地位提高到唯一合理并合法的位置上。但是，正像黄开国在其《廖平的"经学六变"及其意义》一文中所说的一样，"廖平关于古文经学起于刘歆作伪的观点，缺乏严格的历史文献的考据，多为臆说推论，实际上是站不住脚的。"①从汉代开始，今文学派就是以不承认古文经的存在、将古文经一律视为伪书的方式而将古文学派排斥在主流经学之外的，晚清今文学派之所以重新祭起"疑古证伪"的大旗，其真实的目的并不在于中国古代文化史、中国古代思想史的研究和探讨，甚至也并不在于辨别古文经的真伪本身，而是为了将当时更广大的知识分子的视线从古文学派所关注的历史研究上引开，而将其主要集中到"孔孟之道"的"核心价值观"上来，集中到孔子一生文化活动的意义和价值上来，并通过他们对"孔孟之道"的"核心价值观"的重新阐释和解读而集中到对现实社会、现实政治和现实社会文化的改革之中来，其基本意义和价值仍如汉代今文学派一样，实现的是"托古改制"的现实社会目标，而在政治上，则是以争取当时国家政权的最高统治者——皇帝的信任和支持的方式，以利用皇帝手中的权力实现自己所意欲实现的社会改革和政治改革。在所有这两个重点上，晚清今文学派都与汉代今文学派完全相同。也就是说，晚清今文学派"疑古证伪"的真正意义并不是学术的、历史的，而是政治的、现实的；它追求的是现实的社会的效果和政治的效果，而不是问题本身的结论，而不是或主要不是古文经是不是真经这个具体的学术问题。康有为有三部著作：《新学伪经考》《孔子改制考》《大同书》，它们异常清晰地画出了康有为这个中国最后一个今文学大师的学术脉络和"疑古证伪"在他的整个思想体系中的地位和作用。《新学伪经考》起的是清除古文学派的学术影响，为重新塑造作为圣人的孔子的革新家的形象扫除障碍；《孔子改制考》则以孔子的改制暗示了现实政治改革的合理性和神圣性；而《大同书》则以自己的社会理想重新建构了中国传统儒家知识分子的大同理想。

实际上，晚清今文学派（他们在政治上属于维新派）不论在其政治实践中，还是在其学术研究中，都是极其脆弱的，这是因为他们所实际关心的问题不但早已超越了儒家文化传统的范围，甚至也超越了中国固有文化传统的范围；中国当时的社会改革和政治改革，已经不可能仅仅

---

①黄开国：《廖平的"经学六变"及其意义》，转引自姜广辉主编《中国经学思想史》第4卷，中国社会科学出版社，2003，第754页。

依靠中国儒家文化传统内部的力量，甚至也不可能仅仅依靠中国固有文化传统内部的力量。但是，晚清今文学派知识分子却仍然是在中国传统儒家文化的内部矛盾中提出问题和解决问题的：在学术上，他们是在儒家今文学派与古文学派的分歧中提出问题的，"疑古证伪"就成了他们主要的学术武器；在政治上，他们作为在野儒家知识分子是在自己与清王朝政治体制内的广大守旧派官僚知识分子的矛盾中提出问题的，"公车上书"就成了他们进入清王朝政治体制内部并超越守旧派官僚的阻挠和反对的主要政治手段。而所有这些，都是没有实际力量的。他们之所以在晚清文坛上仍然产生了巨大的影响，仍然激起了一个不小的历史的波澜，既不是因为他们政治策略上的正确，也不是因为他们学术上的有力，而是因为他们更多地倚重了儒家"文章之学"的力量。不论是梁启超的"诗界革命"（他与黄遵宪同是"诗界革命"的倡导者）、"小说界革命"，还是他的"笔锋常带感情"的"新文体"，都是文学性的，并且在传统儒家文学观念（"文以载道"、为现实政治服务的文学观）的基础上将文学的视野扩大到了前所未有的广度，成了中国古代文学与五四新文学的一个接榫处，这是与他们改革社会、改革政治的主观热情的真诚性联系在一起的（报纸、杂志这种从西方输入的现代传媒形式在他们思想的传播过程中也起了关键的作用）。

在中国传统的儒学中，义理之学、文章之学、训诂之学是融为一体的，但各自又都有其独立性。义理之学是儒家思想的基本原则，是儒家思想的"核心价值观念"，它是在孔子、孟子等儒家文化创始人的思想的基础上被后儒总结出来的，并成为历代儒家知识分子共同信奉的一些基本原则和信条。董仲舒为汉帝国提供的"罢黜百家、独尊儒术"的国家文化战略首先将儒学提高到独尊的地位，使其成为与国家政治专制体制相呼应的文化专制体制，同时也赋予了儒家的义理之学以具体的形式和内容。儒家文化的专制主义的性质主要是通过它的"义理之学"而得到具体贯彻的，它在吸收了先秦诸子百家思想学说中那些有利于自己的因素之后而将其排斥在国家意识形态之外，束缚和禁锢着它们独立成长和发展的自由性，更抑制着各种新的思想生成和发展的可能性。宋明理学家在佛学得到长足发展的历史条件下重新整理和阐释了儒家的义理之学，

鲁迅与顾颉刚（一）

并将儒学的"治世"之术同"治心"之术更紧密地结合起来，使儒学的文化专制主义性质得到了进一步的巩固和加强，并通过控制全国的学校教育而严重地禁锢了中国社会、中国政治、中国文化的进一步发展；儒家的文章之学并不是孔子、孟子等儒家文化的创始人自己创造出来的，而是他们在其成长和发展的过程中所接受的前人的文学传统。《诗经》作为儒家文化的经典之一，只是因为孔子以自己的方式肯定了它们的价值和意义，而在其实质上，它是可以被任何一个思想学说所接受、所采纳的，所以儒家文化对中国社会和中国文学的束缚与禁锢并不在于它所接受并采纳了的文学作家和文学作品，而是儒家的义理之学以及由此所规定的文学的标准。文学（意指的是那些成功的、真正的文学作品）是个人的、具有主观情感、情绪色彩的语言表现形式，它从来就不会完全等同于一种理性的结论和概括性的标准，当一种标准不但具有理性判断的性质，同时还具有一种国家的政治的法律效能的时候，它就具有了扼杀文学作家的文学创作的作用。所以，能够束缚和禁锢文学发展的是儒家的义理之学及其法定的性质，而不是被儒家文化所接受和采纳了的那些文学作品。训诂之学是儒家知识分子对儒家经典的解读，其中主要在于文字的训诂和章句的疏解，其中牵连着文字学、音韵学、训诂学、校勘学、考订学等各项知识和技能，更牵连着中国古代历史上的历史人物、历史事实、典章文物、礼仪制度、风土人情、博物知识和诸子百家思想学说中的大量知识，这些知识有一些是儒家文化经典产生过程中的背景知识，有一些则是儒家文化创始人的发明和创造，但不论是哪一类的知识，都是一种物质的、社会的、文化的或精神性的"有"或"存在"，可以成为一个人的"学识"并起到丰富人的学识基础的作用。儒家训诂之学的局限性是它的泥古主义（在特定的情况下表现为"复古主义"）倾向，它以"古"为本位，以"古"为标准，反对变化，反对革新，今文学派在儒家文化内部是讲"与时俱进"的，而古文学派即使在儒家文化内部也属于保守派。但是，古文学派的这种保守性并不是它的训诂之学本身的性质，而是由儒家义理之学的文化专制主义与中央集权制国家政治专制主义相结合的产物。儒家文化是以孔子、孟子为"至圣先师"的，是以"孔孟之道"为万古不变的思想信条的，儒家古文学派也将其从儒家文化经典的考释中所获得的思想和知识相对凝固起来，使其具有了保守性，但这不是儒家训诂之学作为一种方法论的本身的性质，更不是通过儒家训诂之学所发掘出来的大量有关中国古代社会、中国古代文化的历史知识本身的性质。只有在这个意义上看待五四新文化运动的价值和意义，我们才会看到，五四新文化运动的"反传统"，五四新文化运动的"批儒反孔"，并没有，也不可能是对中国传统文化的"斩尽杀绝"，即使对于中国传统的儒家文化，也不具有"全盘否定"的性质。恰恰相反，它不但是五四知识分子自己的一个思想解放运动，不但是中国现代文化的一个改革开放运动，同时也是对于中国传统文化的一个解放运动（任何一个真正的思想解放运动都必然是对人类固有文化传统的解放运动，它是通过解放人类固有的文化传统而解放人类社会和人类自己的）。五四新文化颠覆的不是中国传统文化中的任何一个具体的、实际的文化成果，而颠覆的是儒家的义理之学与中央集权制国家政治专制体制的连襟关系，从而也颠覆了儒家义理之学的文化专制主义性质。这不但解放了各种被儒家文化传统视为异端学说的不同的文化传统，使其具有了与儒家文化传统平等的地位，同时也解放了儒家文化传统自己，使其不再是中央集权制国家政治专制体制的附庸和帮凶，使其成为中国思想史上的一个独立的文化传统。得到解放的还有在儒家义理之学的束缚和禁锢中的文章之学和训诂之学。在"五四"之后，儒家的文章之学更多地汇入到了中国文学发展的历史长河之中。儒家的训诂之学则更多地汇入到了中国学术发展的历史长河之中，并与从西方输入的文化相结合，共同成为中国现代文化发展的学识基础。

当我们站在五四新文化（中国现代文化）的此岸反观晚清今文学派的文化时，我们就会看到，真正启发和影响了五四新文化知识分子的是他们那种改革社会、改革政治的强烈的主观愿望和他们那些充满真诚的改革热情、富有文学想象力的政论文章，是他们对新文化、新思想、新文学的热切期待和瞩望，亦即他们的文章之学；而他们在学术上所坚持使用的"疑古证伪"的治学方式，充其量只能视为古文学派考据学方法中的一种特例，而并不具有独立的方法论的意义，更不具有普遍的历史观的性质。而有清一代古文学派的训诂之学，在脱离

鲁迅与顾颉刚（一）

了儒家义理之学的束缚和禁锢之后，则成为中国现代学术发展的基础之一，是五四新学术所不能不吸收的学术成果之一种。如果说梁启超是带着中国古代的文学传统进入到"五四"以前的中国文化史、学术史的一个大师级人物（在学术上那时他已放弃今文学派的立场，转而从整体上介绍和研究有清一代的学术传统和学术成就），而章太炎则是带着中国古代的学术传统进入到"五四"以后的中国文化史、学术史的一个大师级的人物，并且在"五四"以后的中国文化史、学术史上仍然发挥着自己独立的作用和影响。

顾颉刚阴差阳错地将早已不具有实质意义的今文学派的"疑古证伪"的学术方法接受过来并将其提高到了一个不适当的高度，从而也将自己与清代古文学派的学术传统直接对立起来。这就与鲁迅的中国古代历史观、中国古代文化史观有了本质的差别。

原载《华夏文化论坛》第13辑

鲁迅与顾颉刚（二）

八

鲁迅不是一个专治中国古代历史、中国古代文化史的学者，他没有系统的中国古代历史、中国古代文化史的著作，但尽管如此，我们还是能够通过一些中国古代历史、中国古代文化史的关节看得出他与顾颉刚中国古代历史观、中国古代文化史观的差别和对立。

鲁迅和顾颉刚的矛盾和对立，并不像顾颉刚和许多后来人所叙述的那样，是在后来的私人恩怨中产生的。恰恰相反，他们二人在学术思想上的矛盾和对立，是从顾颉刚在学术上出道之伊始就已经充分表现出来。

这首先就表现在他们对章太炎文化传统、学术传统的不同态度上。

20世纪20年代的中国学人都不可能感觉不到，顾颉刚的古史观，在学术上是有一个假想敌的，那就是以章太炎及其后学所代表的晚清古文学派的学术传统。在《古史辨自序》中，顾颉刚对章太炎做了这样一个总体的评价：

> 又过了数年，我对太炎先生的爱敬之心更低落了。他薄致用而重求是，这个主义我始终信守，但他自己却不胜正统观念的压迫而屡屡动摇了这个基本信念。他在经学上，是一个纯粹的古文家，所

鲁迅与顾颉刚（二）

以有许多在现在已经站不住的汉代古文家之说，也还要代他们弥缝。他在历史上，宁可相信《世本》的《居》篇、《作》篇，却鄙薄彝器钱物诸谱为琐屑短书，更一笔抹杀殷墟甲骨文字，说全是刘鹗假造的。

他说汉、唐的衣服车驾的制度都无可考了，不知道这些东西在图画与明器中还保存得不少。在文学上，他虽是标明"修辞立诚"，但一定要把魏、晋文作为文体的正宗。在小学上，他虽是看言语重于文字，但声音却要把《唐韵》为主。在许多地方，都可证明他的信古之情比较求是的信念强烈得多，所以他看家派重于真理，看书本重于实物。他只是一个从经师改装的学者。①

对于这个评价，在我们这些旁观者看来，似乎是没有值得大惊小怪的地方的，但只要进入到鲁迅当时的亲身感受和体验之中去，我们就会发现，对于这个评价，鲁迅是绝对无法接受的：在鲁迅的心目中，章太炎尽管也有自己不可讳言的弱点和不足，但在整体上却是一个在中国革命史和中国学术史上具有不可忽视的重要地位和历史作用的人物，是理应受到后代中国知识分子尊敬和爱戴的，而在顾颉刚的眼里，章太炎则只是一个无足轻重的过了时的陈旧学者，是一个一旦被超越就永远被超越了的历史人物。

作为五四新文化运动的倡导者，鲁迅实际也是在晚清维新派思想的影响下走上自己作为一个中国现代知识分子的思想道路的。鲁迅在南京求学期间，就通过梁启超等主办的《时务报》等书刊接触到晚清的新思潮，接触到他们翻译和介绍的西方学术名著，从而开始了他自己的思想之旅。鲁迅终其一生都是一个中国文化的革新家，一个密切关注着中国社会及其文化的现实发展、关注着中国社会及其文化的"改革、开放"的知识分子，"致用"是他的文化思想的"核心价值观"之一。在这个意义上，他始终是晚清维新派思想传统的一个继承者和发扬者，而不是一个保守主义者、复古主义者。但是，他之接受晚清维新派的影响，几乎

---

① 顾颉刚：《古史辨自序》（上），第43页。

完全是在思想上的，特别是在对外国文化的积极容受态度上的，而晚清维新派作为今文学派的"疑古证伪"的治学方法，几乎就没有进入到他的关注视野之内。他已经不在儒家文化传统内部的矛盾关系中思考问题和解决问题，因而今文学派与古文学派在学术上的矛盾和对立对于他也已经没有任何实质的意义。在学术上，他虽然不是晚清古文学派训诂之学的传人，虽然也像晚清今文学派知识分子那样不遗余力地反对晚清古文学派知识分子的泥古主义、复古主义的文化倾向，但对晚清古文学派在自己的研究活动中所取得的实际的研究成果和他们在自己的研究活动中所表现出来的一丝不苟的实事求是的学术作风却是怀有好感的。而所有这一切，几乎又都是通过章太炎对他的思想影响而具体表现出来的。

　　鲁迅师从章太炎，听他讲解《说文解字》还是在他受到维新派维新思想的影响、已经走上新的思想道路之后的留日时期。在那时，章太炎早已是闻名遐迩的反满革命家。鲁迅前去听讲，也主要不是因为他是一个晚清古文学派的学术大师，而是因为他是一个"有学问"的革命家。但是，章太炎所讲解的却是在从汉代到清代儒家古文学派训诂之学范围内生成和发展起来并被章太炎进一步丰富和完善起来的一个知识体系，一门"学问"，一种"学识"。在这时，在鲁迅的眼里，章太炎实际有三种不同的文化形象，其一是一个历经磨难而革命之志不稍退减的实践的反满革命家，其二是一个以其充沛的革命热情、革命意志与革命精神与各种反对革命的思想言论进行激烈的思想论战的革命政论家，其三则是一个学识丰富、治学严谨、富有独创精神的中国文字学家，一个"小学的大师"。不难看出，在这时的章太炎这里，在从汉代到清代儒家古文学派训诂之学范围内生成并发展起来的中国文字学——"小学"，在其基本的意义上，已经不具有泥古主义、复古主义的思想性质，因为它是与一个"革命家"的章太炎联系在一起的，而在这样一个革命家这里，它已经不属于儒家的文化传统，已经不是依附于任何一个中央集权制的国家政权并为这个政权"维稳"的。在这时，我们只能说，它是一门"学问"，一个独立的知识体系，一些可以成为任何一个人的"学识"构成成分的知识元素。

　　迄今为止，在人类包括一个民族的历史上积累起来的所有的"知识"

鲁迅与顾颉刚（二）

"学问""学识"，都是在一个特定的时代，在一个特定的人的特定的思想意识、文化理念的基础上生成的，但一种"知识"，一种"学问"，一种"学识"，一旦生成，就有了超越"时代"，超越特定人的特定的思想意识、文化理念而在社会和历史上独立流转和传承的可能了，就有了与其他不同的知识元素进行重新的组合并构成一种新的知识系统、新的思想系统的可能了。在这时，决定它的性质和意义的是它在当下条件下所具有的性质和所发挥的具体作用，是它在当下的条件下所体现的思想意识和文化理念，而不再是它生成时候的性质和作用了。章太炎的"《说文》学"，章太炎的中国文字学，也是这样。鲁迅没有继续沿着章太炎做学问的路子成为一个中国的文字学家，一个小学家，但他也没有将从章太炎那里接受的关于中国文字学的知识视为陈旧落后的东西而抛到九霄云外。在我写作这篇关于鲁迅与顾颉刚的关系的文章的过程中，周江平恰好有一篇文章，题为《甲骨文、〈说文〉与鲁迅若干文学作品的内部关系研究》[1]，论述了鲁迅的中国古文字学的知识与他的现代文学作品创作的关系，这也说明鲁迅是始终重视他当初从章太炎那里接受过来的关于中国古文字学的知识的，并在此基础上将自己的兴趣扩大到甲骨文、金文的范围（在晚清，它是主要由罗振玉、王国维传承着的学术传统）。实际上，他在相当长的一段时间内，一直想写一部《中国字体变迁史》，这也是一部纯学术的中国古代文字学的著作，不是今文学派那种应时的、"经世致用"的思想学说，而是古文学派那种历史的、"求是"学问。虽然最终没有完成，但他对这种知识的重视却是显而易见的。

胡奇光先生在其《中国小学史》上以"小学因古文经学以立"概括了中国小学与中国汉代古文经学的关系，他说："这古文经的发现，促使人们去研究训诂，探究古文经里古字的奥秘。要攻读古文经，就得先弄懂古字。"[2]许慎就是在古文经学的基础上完成了他的划时代的中国文字学著作《说文解字》的，他为中国文字学建立了以"六书"为中心的文字学理论，并在字形、字音、字义三者的关系中构成了中国文字学不同

---

[1] 载《青海社会科学》2013年第5期，第171—177页。
[2] 胡奇光：《中国小学史》，上海人民出版社，1987，第50、52页。

于西方拼音文字的独立的文字学系统。清代古文学派的学术（汉学、朴学）的根底就建立在以《说文》研究为中心的文字学上，根据胡奇光先生在其《中国小学史》上的介绍，在清代从事过《说文》研究的有两百多人，在《说文》研究上有过贡献的也有五十人左右，在此基础上又有"《说文》四大家"（段玉裁、桂馥、朱骏声、王筠）名世。说《说文》研究集中了有清三百年学术研究的精华恐怕也不为过。所以，鲁迅在留日时期就学于章太炎，听他讲解《说文解字》，在鲁迅一生的治学道路上绝对不是毫无意义的。这使他对有清三百年的学术成就有了一个集中而又切近的认识和了解。这虽非他后来自己治学的方向和重心，但却也绝对不是他"学识"储备中的一个空白之域。

在中国小学史上，处在中国古代小学史殿军位置的章太炎，不但有自己的独立贡献，同时也是中国古代小学史的集大成者，是将中国古代小学的学术传统直接带入中国现代学术史的跨时代的学术泰斗式的人物。清代小学对汉代小学的一个重大贡献就是古音学（通过汉字形体求出上古的实际读音）的发明，而在介绍清代小学这一突出贡献的时候，胡奇光先生在其《中国小学史》中所拟的标题就是"古音学的发明：从顾炎武到章太炎"，说明章太炎在这个研究领域的学术发展中是有其独立的地位和作用的，绝对不只是一个固有传统的接受者，不是一个传声筒式的学者。胡奇光先生说："戴（震）、孔（广森）之说到清末民国初，为章太炎所发展。……章以'对转''旁转''次对转''次旁转'之类术语，构拟成一个庞大的古韵旁转的理论体系。这理论体系先见于《国故论衡·小学集说》，接着在《文始》里进一步完善。"①

古音的发明，集中体现了音韵学研究的最高水平，而词源的探索则集中体现了训诂学研究的最高水平。"词源的研究，不能停留在作平面的声义相通的说明，更要进一步作纵面上的声义递衍的探求。到辛亥革命的前夕，学贯中西的章太炎揭出'语根'说，才开创了全面研究汉语同源字的新阶段。——自此以后，用语音演变的观点考察声义递衍的历史轨迹，成了词源研究的基本课题。章太炎语根说的最大贡献就在这

---

① 胡奇光：《中国小学史》，第246页。

鲁迅与顾颉刚（二）

里。"①（由于本人对中国小学及其历史知识的无知，以上内容几乎全部转述于胡奇光先生的《中国小学史》，在此谨向胡奇光先生致谢。如有不当，也请胡奇光先生和广大读者批评指正。）

同整个中国文化一样，汉语语言学研究在近现代历史上也发生了急剧的变化。一个方面，自马建忠的《马氏文通》之后，经由吕叔湘、王力、高名凯、朱德熙等著名学者的努力，在充分吸收西方现代语言学成果的基础上，逐渐建构起以中国现代语法为基础的语言学体系，成为中国现当代语言学发展的主流。记得笔者在读高级小学时读的第一本中国语法的书就是朱德熙先生的《中国语法修辞讲话》，而在大学使用的普通语言学教材就是高名凯先生、石安石先生的《语言学概论》，说明这个语言学体系已经普及到整个中国社会，对中国社会的语言学观念的发展变化已经发生了普遍的影响；另一方面，随着现代科学技术的进步和考古发掘工作规模的进一步扩大，继罗振玉、王国维之后，中国的甲骨文、金文的研究又有了飞速的发展，涌现出了像董作宾、郭沫若、于省吾、唐兰等一大批成绩卓著的甲骨文、金文学者，它甚至可以说已经成为中国现当代学术中的一门显学，在中国现当代学院学术中享有崇高的威望。但是，与此同时，章（太炎）、黄（侃）学派的语言文字学作为一个独立的语言学传统也在中国现当代学术中传承并发展起来，我所任教的北京师范大学中文系的陆宗达教授、王宁教授和他们的弟子们，我的大学母校山东大学中文系的殷孟伦教授都是章黄学派在中国当代学院学术中的传人。章黄学派在中国现当代学术中的继续存在和发展，充分说明章太炎作为一个学者绝对不像顾颉刚所说的那样只是一个"由经师改装的学者"，而是有其独立存在的价值和意义的，而是有其学术生命的活力的。对于中国的语言文字学，笔者完全是一个外行，但仅从我这个外行的表面观察而言，章黄学派作为从汉代到清代古文学派文字学研究成果的传承者和集大成者，虽然中经五四白话文革新运动的剧烈动荡和冲击，但中国现代白话文的书面文字符号却仍然是汉语的方块字，而不是西方的拼音文字，而这种以汉语方块字为其符号的文字语言，仍然主要是从先

---

①胡奇光：《中国小学史》，第256—257页。

秦书面文化发展起来之后才通过"变易"和"孳乳"两种渠道而更加迅速地演变发展而来的("变易者，姓异而声、义俱通；孳乳者，声通而形、义小变。"参见黄侃：《声韵通例》。）甲骨文、金文是这种文字语言的原始形态，而在当代社会生活中产生的新的词汇和大量外来语词也仍然是通过转换为汉语方块语言而进入现代汉语系统的。总之，这种由方块文字构成的汉语系统，与外国以拼音文字构成的各种不同的民族语言，仍然有着明显的区别，它同时也决定着中国人的思维方式、表达方式和感受、理解、诠释语言文化作品的方式的不同。如果说拼音语言更多地依赖语言本身的语法关系而表情达意，因而其意蕴也有更高程度的确定性，而汉语方块字语言对语言本身的语法关系就没有那么大的依赖度，词语本身的多义性，大量同义词、近义词、反义词的存在，文字本身的音、形、义的工程及其相互之间的联系和区别等等，则在语言的构成上起着更加显著的作用。"仁者爱人"（孔子），表达的"仁"与"爱"的相通点，但"仁"与"爱"显然又是不同的，因为"仁"与"爱"在汉语中是两个字，而不是一个字，不论从形的构成和音的形态上，都是有显著差别的，这同时也决定了它们在"义（意蕴）"上的差别，而"仁"与"爱"到底有哪些不同以及如何理解"仁者爱人"即"仁"与"爱"的相通点，那就要依靠每个人自己的感受和理解了。（在主要依靠语法关系构成语句的西方拼音文字语言中，像这样的句式几乎是无法构成的。这里"仁者爱人"中的"人"如果是复数，那就是"人类"；若是单数，指某个具体的人，就有了"性"的差别，或者是"阴性"，指某个女人，或者是"阳性"，指某个男人，而不可能是中性的。"仁者"一定是一个单数的具体的人，但作为"爱人"和"仁"，所"爱"的一定是复数的人，即"人类"。"仁者爱人"若解读为"爱人类的人爱人类"，是同义反复，没有意义；若解读为"爱人类的人爱一个特定的男人或一个特定的女人"，也不是说话人所要表达的意思。总之，"仁者爱人"只要在更多依靠方块字形、音、义之间的细微差别和联系而并不依靠严格的语法关系构成的语句中，才有实质的意义。但它也更多地依靠语言的接受者自身的感受和理解，而不必拘泥于语句本身的意义。）总之，汉语方块字语言与外国拼音语言的差异和联系，要依靠比较语言学的发展而得到说明，而不可能仅仅依靠建立与西方语法体系相近或相同的汉语语法体系而解决。只要考虑到这一点，章黄学派的语言学作为一种独立形态的汉语语言学继续存在于中国现当代学术研究的殿堂上，也就没有什么不可理解的地方了。

九

章太炎对鲁迅的影响，绝对不仅仅是知识论意义上的，而更是整体的文化倾向和精神倾向上的。这决定了鲁迅在留日时期与洋务派、维新派文化思想的分野，也决定了在五四新文化运动之后与以胡适为首的英美派知识分子的思想分野，也决定了在20世纪30年代中国左翼文艺运动中与郭沫若、成仿吾、周扬等人的思想分野。

鲁迅受教于章太炎的留日后期，正是鲁迅思想走上成熟、其"立人"思想正式形成的历史时期。在这时，章太炎作为一个叱咤风云的历史人物，一个在留日知识分子中有着崇高威望的革命家和革命思想家而出现在鲁迅的面前，无疑是有重要意义的。在这里，我认为，对于我们更重要的是章太炎作为一个革命家和革命思想家的个人的特征：章太炎之成为鲁迅所敬仰的革命的先照，显而易见，主要不是因为他接受了哪种西方思想学说的影响，不是因为他已经有了一套什么样的具体的思想主张，而是因为他就是一个革命者，就是一个有学问的人，就是一个历经艰辛、革命志向仍未改变的有学问的革命家。康有为、梁启超之所以成为维新派知识分子，更是因为他们接受了西方文化的影响，更是因为他们相信英、日等国家的君主立宪制的政治制度优越于中国固有的中央集权制的封建专制制度，因而也相信英、日等国家的君主立宪制的政治制度能够救中国；孙中山之成为一个革命的知识分子，也更是因为他接受了西方文化的影响，更是因为他相信西方的民主制度较之中国固有的中央集权制的封建专制制度更加先进，相信西方的民主制度能够救中国，而章太炎却并非如此。他之成为革命者，几乎是没有西方文化的背景的，他简直就像是从中国古代社会、中国古代文化的"石头缝里蹦出来的"。大概也正是因为这样，直至现在，中外学者对章太炎在中国社会发展史和中国文化发展史上的评价并不是那么高的，似乎康有为、梁启超等维新派知识分子和孙中山以及追随孙中山的三民主义的信徒都有无可讳言的先进性，而章太炎除了曾经是一个革命者之外，在中国思想发展史上充其量只是一个狭隘的民族主义者，是乏善可陈的。但在这里，我们恰恰忽略了，康有为、梁启超等维新派知识分子发动的维新运动并没有取得成功，英、日等国家的君主立宪制度并没有成为改善中国社会现实的实际力量，孙中山领导的辛亥革命虽然推翻了清王朝的政治统治但也并没有按照他的理想建立起一个行之有效的民主政治体制，他们留给我们的仍然主要是改革现实、改革中国的强烈的主观愿望和对于中国社会、中国社会文化的主动承担精神和献身精神，而在这个意义上，章太炎是不亚于任何一个优秀的中国近代知识分子的。与此同时，我们还必须意识到，不论是鸦片战争前的中国文化，还是我们现当代知识分子注重师法的文艺复兴之后的西方近现代文化，都主要不是通过向另外一个更先进的民族学习而谋求自身的发展的，都是从自身内部汲取力量、不断冲破自身传统的束缚和禁锢而实现自身的更新和进步的。也就是说，一个民族在处于落后状态的时候能够主动、积极地向其他民族学习固然是十分重要的，但一个民族能够不断从自身汲取力量以保证自身的不断进化与发展则更加重要，因为这是一个民族不论在任何条件下都不至于走上腐败、堕落之路而能永远保持自己旺盛的生命活力的基本保障。不难看出，在中国先进的近代知识分子之中，章太炎就是这样一个从自身汲取力量而走向革命道路的先进知识分子。

在这里，注意考察章太炎之走上革命道路的自身的心理原因是十分重要的。作为古文学派学术大师俞樾的高足，沿着古文学派知识分子做学问的道路以期成为像俞樾、甚至比俞樾成就更大的一个学术大师，以作为自己在当时中国社会的"安身立命"之道，即使从我们当代知识分子的角度看来，也不失为一条值得羡慕的人生道路。但是，一个知识分子，特别是一个有良知的知识分子，是不可能没有自己的人生价值观念的，而这种人生价值观念，又是脱离不开他对他所从事的文化活动本身的感受和了解的。如前所述，有清一代的汉族儒家知识分子，原本就不像汉、唐儒家知识分子，是在为自己的民族、自己的国家建功立业的雄心壮志的鼓舞下走进社会、走入政坛的,甚至也不像宋明理学家那样,是作为本民族的精英知识分子、本民族固有文化传统的维护者和国家、社会的栋梁之材而立足于社会,立足于政界的,他们都不可能没有一个真实的文化记忆,即他们不是心甘情愿地到清朝政府中来做官的,他们是在异族强权侵略和强权压迫之下才不得不到这个异族政权中来做官的。在这里,有清一代的汉族知识分子不能感受不到从两个方面来的思想的压抑,其一是来自异族政治权力的外部政治压抑,其二是来自儒家伦理道德观念的内部精神压抑,因为正是儒家的"忠君、爱国"的伦理道德观念,使他们不能不屈服于这个以军事强权建立起来的异族统治政权。这两种力量的联合力量,不但以强力压抑着他们的民族意识,同时也压抑着他们整个的"自我",他们的"本我",使他们在自己的文化活动中感到的不是真正的自由,使他们的自由意志无法通过自己的文化活动得到真正的施展,这在精神的层面上表现为人格力量的弱化,在文化层面上表现为文化气魄的狭小。有清一代汉族知识分子在历朝历代的知识分子中大概是"学问最大"的,但在文化气魄上大概又是最小的。他们不仅丧失了先秦知识分子的那种独创精神,甚至也丧失了汉、唐知识分子的那种阔大的气魄、凌厉的精神。不难看到,当章太炎拍案而起、毅然走上反叛道路的时候,在他身上爆发出来的不仅仅是我们常常称之为"狭隘民族主义"的情绪,而更是他整个的自我,整个自我的自由意志。——他在反叛中找到了"自我";他在反叛中感觉到了自我的自由意志;他在反叛中"觉醒"了。

对这种反叛的"自我",这种觉醒的"个人",我们不妨通过西方尼采等存在主义者的思想描述他们的特征。不论是西方的尼采,还是中国的章太炎,都不是从已有思想学说中找到了一条更好的思想道路之后才迈出了自己的思想的脚步的,而是在自我内部的精神运动中、在自我内部文化心理的变化中撞入了一个新的精神境界。他像从一个与周围的人一样的平常人突然变成了一只猛虎,并在别人的惊呼、围追堵截中冲出了人群,狂奔到了一个人迹不至的精神的荒野。他不知道前方的路通向哪里,不知道前方等待他的是什么,但他必须奔跑,必须离开他曾经住居过的村庄,因为在这时,他才发现那里只是一个牢笼,只是一个圈养家畜、家禽的地方。他加入维新派，后又离开维新派投入反满的革命，几乎只是他的奔跑过程。在这个过程中，与其说他感到的是革命终将取得胜利的信念，不如说更是自我自由意志得到伸展的畅快。他不再是现实社会的奴隶，而成了自己的主人。在这条道路上，他是义无反顾的，三入牢狱，其志不减，实际是他的自由意志支撑着他的傲岸的人格，支撑着他的正直的品行，甚至在辛亥革命已经取得了"胜利"、别人认为他已经"功成名就"的时候，他还是停不下自己的脚步，还是要跑，还是不愿停留在"社会"的包围之中。但在这时，他已经跑出了革命的阵营，又重新跑回到自己的书斋中来。他以为自己还在跑着，但他已经跑到了自己文化视野的地平线，他的眼前已经没有道路，他又开始向回跑了。但是，尽管如此，我们仍然无法用我们常用的观念衡量他，仍然并不表现为我们常说的那种"局限性"。事实上，他虽然没有像孙中山那样将自己的革命继续下去，但他也没有像很多曾经革命但在革命之后又重新成为新军阀、新官僚、新的社会的压迫者的人那样，很快成为连清廷官僚也不如的一些社会的蛀虫。他更像那些在革命胜利之前已经牺牲了的革命烈士一样，只为革命奋斗过，只为革命付出过艰辛和牺牲，而没有在革命胜利之后去"享受"革命胜利的成果。在中国，革命，对于一些人，也像放高利贷一样，拿出了本钱，是为了收回更多的利息。章太炎不是这样的人。他追求革命，是为了追求一种精神，一种人格。他可以离开由别人主导着的"革命"，但却绝不会放弃这种精神，这种人格。——他将自己"正直的人格"保持了终生。

当我们这样叙述着章太炎的时候，不也像叙述着鲁迅吗？

十

章太炎的文化地平线就在中国传统知识分子文化所能够照耀到的地方，这无疑限制了章太炎的文化视野，而鲁迅即使在留日时期怀着崇敬的心情听讲于章太炎的时候，也已经不将自己的文化视野仅仅停留在中国固有文化传统的内部，而是在更广袤的世界文化的范围中寻找自己文化的"知音"、寻找自己的思想道路了。但是，这种区别并不妨碍我们做

鲁迅与顾颉刚（二）

出这样一个整体的文化判断，即在"五四"之后的整个新文化阵营中，鲁迅的文化传统是与章太炎的文化传统有着最密切的传承关系的一个文化传统——鲁迅在更高的历史层面和文化层面上传承了章太炎的文化传统。这两种文化传统是通过它们对个体精神人格的重视，对个人自由意志的肯定与张扬而有机地联系在一起的。这为中国新文化的发展开辟了一条隐性的但也是不可或缺的思想道路。它几乎是连接中华民族过去、现在和未来的唯一文化命脉。

毛泽东在《论人民民主专政》中曾经说过一段著名的话，他说："自从1840年鸦片战争失败那时起，先进的中国人，经过千辛万苦，向西方国家寻找真理。洪秀全、康有为、严复和孙中山，代表了在中国共产党出世以前向西方寻找真理的一派人物。那时，求进步的中国人，只要是西方的新道理，什么书也看。向日本、英国、美国、法国、德国派遣留学生之多，达到了惊人的程度。国内废科举，兴学校，好像雨后春笋，努力学习西方。我自己在青年时期，学的也是这些东西。这些是西方资产阶级民主主义的文化，即所谓新学，包括那时的社会学说和自然科学，和中国封建主义文化即所谓旧学是对立的。学了这些新学的人们，在很长的时期内产生了一种信心，认为这些很可以救中国，除了旧学派，新学派自己表示怀疑的很少。要救国，必须维新，要维新，只有学外国。"[1]接着，毛泽东还指出："帝国主义的侵略打破了中国人学西方的迷梦。很奇怪，为什么先生老是侵略学生呢？中国人向西方学得很不少，但是行不通，理想总是不能实现。多次奋斗，包括辛亥革命那样全国规模的运动，都失败了。国家的情况一天一天坏，环境迫使人们活不下去。怀疑产生了，增长了，发展了。……"[2]很显然，在当时这些"学外国"的人当中，鲁迅几乎是一个"特例"。因为他似乎从来也没有相信过西方的哪种思想学说，哪种政治制度，哪种社会模式，哪种治学的方法等等能够"救中国"。他没有产生过这样的"信心"，因而也没有完全地怀疑

---

[1] 毛泽东：《论人民民主专政》，载《毛泽东选集》第4卷，人民出版社，1991，第1469—1470页。

[2] 同上书，第1470页。

过、动摇过,因为他所注重的从来就不仅仅是那些具体的"真理",那些在西方受到普遍重视、因而中国知识分子也认为不需要自己再思考的东西,而是那些曾经为西方文化的发展做出过实际贡献的"人",以及这样一些"人"所具有的内在的精神素质和特征。正是在这样一个意义上,鲁迅的"立人"思想虽然是从西方文化中受到启发的,但却将自己思想的根牢牢地扎在了中华民族的内部,使其成了必须由中国现代知识分子自己亲自感受、体验、选择并做出实际回答的问题,成了中国现代知识分子自己必须承担的历史使命。

如果我们首先重视的是鲁迅"立人"思想的渊源关系,那么,鲁迅"立人"思想与康有为、梁启超、孙中山、严复、胡适乃至更在此前的林则徐、魏源、曾国藩、李鸿章等中国近代先进知识分子都是相同的,他们都是毛泽东所说的"向西方国家寻找真理"的"求进步的中国人",但如果我们首先重视的不是鲁迅"立人"思想的表面的来源,而是鲁迅"立人"思想所具体描述的那种"人"的特征,那么,它与前述那些人则是有更明显的差别,而与章太炎则是有其更加接近的性质的。前述那些人的一个主要的特征就是他们在中国社会上都是一些"智者",或一些努力表现为"智者"的人,他们是以自己从西方文化中所获得的一些新的知识和方法号召群众,并在群众的拥护和支持下实现自己改革中国社会的目的。在这样一个基础上,他们首先重视的是西方社会、西方文化中那些可见的、外部的、物质的或社会的特征,是那些能够唤起社会公众的向往和追求热情的美好的愿望和理想,而章太炎则不是这样的一个"智者",而是一个像"傻子"或"疯子"那样的一个人。在当时的社会公众中,甚至在革命阵营中,他都是一个孤傲不群的"个人",人们并不真正理解他的想法和做法,他是完全按照自己内心的呼唤而说或做的,他不再甘愿做异族统治政权的奴隶,也不再甘愿做传统习俗的奴隶。前述那些人重视的首先是"物质",是"众数",是那些能够唤起多数人向往的东西,而章太炎重视的则是"精神",是"个人",是只有他个人才能够更清楚地感觉到的东西,而这恰恰也是鲁迅在《文化偏至论》中所标榜的那种人的特征。鲁迅指出,人类文化、文明,在不同的历史发展阶段,也不无"偏至",而在当下的世界和当下的中国,则首当"掊物质

鲁迅与顾颉刚（二）

而张灵明，任个人而排众数"。在外部物质与内部精神之间的关系中，应当首先重视主观内面之精神，"于客观之习惯，无所盲从，或不置重，而以自有之主观世界为至高之标准"。在个人与群众的关系中，要"张大个人之人格"，"刚毅不挠，虽遇外物而弗为移"①。这些思想，鲁迅是从西方存在主义哲学中吸收过来的，但在中国，则无疑更符合章太炎这类人的特征。直到鲁迅五四时期创作的第一篇白话小说《狂人日记》，在我看来，其原型是章太炎的可能性也最大（章太炎当时有一个外号就叫"章疯子"）。《狂人日记》中的"狂人"，不是在首先接受了西方文化的影响之后才走向文化反叛的道路的，而是在儒家家族制度、礼教制度的习俗中感觉到了内心的恐惧而悚然憬悟的。也就是说，在鲁迅看来，中国现代知识分子觉醒的根据并不首先建立在西方文化的影响上，而是首先建立在中国知识分子、中国人对自己的社会人生、对自己的生存状态的内在精神感受中。在这个意义上，作为一个历史人物的章太炎，更具有典型性。

鲁迅和章太炎重视的更是一种"精神"，一种"人格"，所以在对中国古代文化史的具体感受和认识上，也有更多相同或相近的地方。作为五四新文化旗手之一的鲁迅，公开打出的是"反传统"的旗帜，这使他成为一个中国固有文化传统的"彻底的""不妥协的"（用毛泽东的话来说）批判者，鲁迅的作品也成为对中国固有文化传统"负能量"的一次大扫除，而章太炎则始终停留在中国固有文化传统的内部，是从发掘中国固有文化传统中的"正能量"出发而对中国固有文化传统进行整理和研究的，但这并不妨碍他们在对中国固有文化传统的"正能量"与"负能量"的认识上有着更多相同或相近的观点。在这方面，我们还没有做过更加深入、具体的分析和研究，但它同时是鲁迅对章太炎总体感受和理解的一部分，则是毫无疑义的。

我们不妨将鲁迅对章太炎的总体评价再一次引用在这里（我曾在《学识 史识 胆识（其三）：胡适与"胡适派"》一文中引用过一次，见

---

①以上引文均见鲁迅《坟·文化偏至论》，载《鲁迅全集》第1卷，人民文学出版社，1981，第46、53、54、55页。

《社会科学战线》，2014年第11期）：

> 我以为先生的业绩，留在革命史上，实在比学术史上还要大。……我的知道中国有太炎先生，并非因为他的经学和小学，是为了他驳斥康有为和作邹容的《革命军》序，竟被监禁于上海的西牢。
>
> 我爱看这《民报》，但并非为了先生的文笔古奥，索解为难，或说佛法，谈"俱分进化"，是为了他和主张保皇的梁启超斗争，和"××"的×××斗争，和"以《红楼梦》为成佛之要道"的×××斗争，真是所向披靡，令人神往。前去听讲也在这时候，但又并非因为他是学者，却为了他是有学问的革命家，所以直到现在，先生的音容笑貌，还在目前，而所讲的《说文解字》，却一句也不记得了。
>
> 考其生平，以大勋章作扇坠，临总统府之门，大诟袁世凯的包藏祸心者，并非无第二人；七被追捕，三入牢狱，而革命之志，终不屈挠者，并非亦无第二人，这才是先哲的精神，后生的楷范。近有文侩，勾结小报，竟也作文奚落先生以自鸣得意，真可谓"小人不欲成人之美"，而且"蚍蜉撼大树，可笑不自量"了！[①]

只要我们将鲁迅对章太炎的评价同顾颉刚的加以比较，就会看到，鲁迅尽管对章太炎在五四新文化、新文学运动之后在文化上的保守主义倾向也是持批判态度的，但对他在中国革命史和中国学术史上的贡献还是给以了最充分的肯定的。也就是说，鲁迅并没有仅仅用自己的思想标准判定章太炎的存在价值和意义，而同时更是将其放在中国历史和中国文化史的客观历史进程中看待其作为一个历史人物的价值和意义的。在这里，就有一种"研究"的态度，就有一种"历史主义"的原则，而不仅仅是自我的主观判断，不仅仅是"主观主义"的。顾颉刚则不同，他是以自己的学术好尚为标准判断章太炎的是非功过的，因而他也将章太炎挡在

[①] 鲁迅：《且介亭杂文末编·关于太炎先生二三事》，载《鲁迅全集》第6卷，人民文学出版社，1981，第545—547页。

了自己的身后，让人看到的并不是一个完整的章太炎，并不是一个革命的先觉、学术的大师的章太炎，而是一个在学术上漏洞百出的"从经师改装的学者"，是一个不值得后人爱敬的中国知识分子。

十一

一个当代的历史学家，当然应当有自己不同于历史上所有人物的独立的社会追求和独立的思想主张，当然应当有自己信仰的"主义"。但是，历史学家既然是研究历史的，那就须用自己的"主义"照亮历史，让人更清晰地看到历史的面貌，而不应当用自己的"主义"遮蔽起历史，让人只能看到自己和自己的"主义"，而不能看清历史。

这到了对于中国古代历史的具体叙述中，就有了历史观的意义。在这里，"禹"这个传说中的中国上古时代的历史人物，则成了鲁迅的中国古代历史观与顾颉刚疑古主义中国古代历史观相互纠结的另外一个焦点。顾颉刚为了证明中国上古的历史都是后人假造的，首先是从否定作为一个历史人物的禹的存在开始的。他在《与钱玄同先生论古史书》中说"禹是上帝派下来的神，不是人"①，还说"至于禹从何来？禹与桀何以发生关系？我以为都是从九鼎上来的。禹，说文云，'虫也，从内，象形'。内，说文云，'兽足蹂地也'。以虫有足蹂地，大约是蜥蜴之类。我以为禹或是九鼎上铸的一种动物，当时铸鼎象物，奇怪的形状一定很多，禹是鼎上动物的最有力者或者有敷土的样子，所以就算他是开天辟地的人。……流传到后来，就成了真的人王了"。②顾颉刚的《与钱玄同先生论古史书》在《读书杂志》第9期（1923年）发表之后，就有一些学者提出了质疑，但是，显而易见，鲁迅并不是从考证学的意义上认定这个"历史事实"的真与假的，而更是从整体的历史观的高度感受顾颉刚这种疑古主义倾向的意义和价值的。在这里，也只有在这里，我们才能感到禹在鲁迅的中国古代历史观中的不可或缺的重要地位和他对顾颉刚将其

---

① 顾颉刚：《与钱玄同先生论古史书》，载《古史辨》第1册，第77页。
② 同上书，第78页。

说成不是一个人，而是一条虫的观点的不可忍受。

　　试想，在四千余年有具体历史记载的中国政治的历史上，在充满争城掠地、相互残杀的争夺国家政权的战争中，在充满争权夺利、尔虞我诈的政治官僚之间的权力争夺中，在以征敛的形式维持着一个越来越庞大的骄奢淫逸的政治官僚集团的政治现实中，像鲁迅这样一个现代人道主义者还能不能感觉到国家政治和以政治为职业的政治家的正面的价值和意义（我们现在所说的"正能量"）呢？显然不能了。但是，事实是，鲁迅却始终没有成为一个彻头彻尾的无政府主义者，始终没有走向对国家、对国家政治、对以政治为职业的政治家的全面否定，为什么？因为他还是能够意识到国家和国家政治的必要性，还是能够意识到政治家在整个人类社会生活中的不可或缺的社会作用的。那么，他又是从哪里意识到国家和国家政治的"正能量"的？是从哪里意识到那些以国家政治为职业的政治家在整个人类社会生活中的不可或缺的社会作用的？在这里，就有了一个前提，即人类在自己存在和发展的过程中，能不能仅仅依靠分散的个体的力量或者各个小家庭的力量克服自己生存和发展道路上的所有困难，以维持自己正常的生存和发展呢？显然是不能的。为什么？因为人类在自己生存和发展的道路上，会遇到一些集体性的灾难，在这些集体性的灾难面前，各个个体的人，各个小的家庭，甚至一个狭小的地区，是无能为力的。它必须依靠一个更大的集体的力量，有组织的力量，才能够有效地和有限地战胜这些灾难、克服这些困难，以保障人类不会在这些集体性的灾难面前走向根本的毁灭。这个有组织的更大的集体就是国家。它是通过国家政治组织起来的，而以国家政治为职业的人就是政治家。所以，在其根本的意义上，国家和国家的政治就不仅仅是为了执掌国家政权的，就不仅仅是为了统治人民的，而以国家政治为职业的政治家也不仅仅是为了做官的，不仅仅是人的一种身份，一种地位，一种个人存在价值的标志，而更是为了以有组织的力量战胜人类面对的那些集体性的灾难或困难，以保证人类正常的生存和发展的。在这个意义上，政治家就是从事那些与国民的生存和发展有直接关系的集体性的事业的人，是以国家集体的力量战胜国民仅仅依靠自己的力量无法战胜的灾难、无法克服的困难的人。他不能仅仅是一个发号施令的人，

鲁迅与顾颉刚（二）

一个位高权重的人，一个锦衣玉食的人，而应该是一个实干家，一个有实干精神的人，一个能吃苦耐劳的人，一个事业心压倒了个人享乐欲望的人。他也要求知，但他的知识不是为了炫耀于人的，不是让人顶礼膜拜的，而是为了做好自己应该做好的事情的。这种知识不是粉饰现实的，不是掩盖矛盾的，而是正视现实的，揭示矛盾的；他也要有思想，但他的思想主要不是对个人前途和命运的思考和筹划，不是对帝王一人或一家、不是对政治官僚集团自身前途和命运的思考和筹划，而更是对自己所从事的与全体国民的前途和命运都有关系的各项社会事业本身的思考和研究，是为了改革现状、改良社会的，而不是为了维持现状、屈从现实的；是需要身体力行的，而不是始于言也终于言的空洞的说辞……我们看到，所有这一切，在中国古代的历史上，几乎只有在对禹这个人物的传说中才体现得更加集中和突出。他在鲁迅的观念中，较之无为而治的尧、以德教民的舜和后来那些反过来、正过去都离不开争权、弄权、用权的政治人物，不更是一个理想的政治家的形象吗？中国古代几千年的政治历史，不正是因为有了像禹这类政治家的政治精神才没有完全陷入权力斗争的酱缸而保留下了自己获得新生的能力的吗？鲁迅说："我们从古以来，就有埋头苦干的人，有拼命硬干的人，有为民请命的人，有舍身求法的人，……虽是等于为帝王将相作家谱的所谓'正史'，也往往掩不住他们的光耀，这就是中国的脊梁。"①鲁迅显然是将禹这类的政治家作为中国政治的脊梁人物来尊重、来崇仰的，因而不论人们在禹这个人物身上罩上了多少幻想的、神话的色彩，它都是在一个现实的政治人物的基础上被塑造出来的，都是有其现实的历史根据的。与此同时，河流泛滥，洪水成灾，直至鲁迅那时，直至我们生活的这个时代，仍然是时时威胁着我们生命和财产安全的自然灾害，而禹用"导"的方式取代了他的父亲鲧的"堵"的方式，也是人类在实际的治水过程中积累起来的基本经验，所有这些，都是无法用"禹"是一条虫、是一个根据一条虫的形象想象出来的一个神灵来抹杀的。在我20世纪80年代初第一次到绍兴的时候，那里的大禹陵使我突然感到了禹在鲁迅心目中的特殊重要

---

①鲁迅：《且介亭杂文·中国人失掉自信力了吗》，载《鲁迅全集》第6卷，第118页。

的位置。显而易见，禹的形象是从幼年起便镌刻在鲁迅心灵之中的，此后的历史事变、人生经历，包括他对西方文化的接受，动摇了孔子在他心目中的至圣先师的形象，动摇了秦皇、汉武、唐宗、宋祖这些封建帝王在他心目中的至尊至贵的形象，但却没有、也不可能从根本上动摇禹这个历史人物在他心目中的杰出政治家的形象。他在《〈越铎〉出世辞》中就曾说，他的故乡的人民"复存大禹卓苦勤劳之风"①，这说明在鲁迅的心灵中，禹的形象早已成为中华民族的精神的象征，是无法从中华民族的历史上抹去的。他既不是一个虚无缥缈的"神"，更不是一条没有人的思想感情、没有人的追求意志和理性精神的"虫"，而是一个有着极其明确的现实根据的实践的政治家的形象。

十二

"史家之绝唱，无韵之《离骚》。"②我是从中学读书时就读到并记住了鲁迅这个对司马迁《史记》的评语的，但对其中的"绝唱"一词所表达的意思却一直有些迷惑不解。我那时本能上就是有点文化进化论的倾向的，就是相信一个有了现代科学、哲学、社会学等等知识的中国现代历史学家自然就会是更先进、更优秀的历史学家，而像司马迁这样的中国古代历史学家理所当然地是有更严重的"历史局限性"的，理所当然地是不能与中国现当代那些杰出的历史学家并肩比美的。鲁迅称司马迁的《史记》为史家之"绝唱"，就是说后来的历史著作再也没有达到司马迁《史记》的历史学的高度。我在当时认为这只是鲁迅对司马迁《史记》的"溢美"之辞，是不能当真的。但是，时经近三十年，各类中国现当代的历史著作也读了一些，到了"文化大革命"结束之后，方突然悟到鲁迅对司马迁《史记》的这个评语绝非空穴来风，而是有其独到性和深刻性的，也是有其远见性的。实际上，直至现在，作为一部历史著作，

---

① 鲁迅：《集外集拾遗补编·〈越铎〉出世辞》，载《鲁迅全集》第8卷，人民文学出版社，2005，第41页。

② 鲁迅：《汉文学史纲要》，载《鲁迅全集》第9卷，第426页。

鲁迅与顾颉刚（二）

司马迁的《史记》仍然是有为此前或此后的历史著作所不可企及之处的。仅就我能意识到的，至少就有下列几点：

其一，也是最关键的，就是司马迁的《史记》是一部真正历史家的历史著作，是为世人揭示和呈现到那时为止的整个中国社会的历史的演化和变迁的，是以揭示和呈现这样一个历史为其终极目的和最高诉求的，而不是专门为治理民众的政治家而撰写的一部"资治通鉴"，也不是站在特定的道德家、哲学家、经济家、革命家的立场上并为其特定的思想目的服务的。我认为，仅此一点，它就是为此前和此后的所有历史著作所无法企及的。这里的原因是不言自明的，因为任何一个民族的任何一个时代的社会的历史，都不是完全由一个或一类人物的活动所决定的，而是由所有那些以自己的活动影响到这个时代社会状况的演化和变迁的自然的和人的活动所决定的。只有一个真正的历史学家，只有一个将揭示和呈现这个历史时代的历史为终极目的和最高诉求的历史学家，才会揭示和呈现所有这些自然的和人的活动，才不会有意与无意地为彰显其中的一些历史事实而遮蔽或掩盖另外一些历史事实。在这个意义上，我们能够感到司马迁为我们描述的中华民族的那个历史时代的历史是通体透明的：从时间的关系上，它没有像那些复古主义者一样完全以"古"遮蔽起"今"，好像"今"的存在完全是一个"错误"，也没有像那些历史进化论者一样完全以"今"遮蔽起"古"，好像"古"的存在完全是一个"愚昧"。在他描述的中华民族的这个历史时代的历史上，从"古"可以一步步演化至"今"。从"今"也可以一步步回溯至"古"，没有能够将历史完全遮断的历史的障壁；从空间的意义上，它没有用上层帝王将相的存在完全遮蔽或掩盖像陈胜、吴广和那些侠客义士等底层反叛者的存在，好像他们都是一些不该存在的存在，它也没有用陈胜、吴广这一些底层反叛者的存在完全遮蔽或掩盖那些帝王将相的存在，好像他们的存在对于社会发展没有任何的积极意义。在他描述的中华民族的这个历史时代的历史上，中国社会是一个浑然的整体，社会上层的变动联系着社会底层的变动，社会底层的变动也联系着社会上层的变动；秦始皇帝业的存在联系着陈胜、吴广的存在，陈胜、吴广的存在也联系着秦始皇帝业的存在，其中没有一个将其完全隔断的社会的挡板。——实际上，只有司马迁的《史记》，才堪称中国历史上的第一部百科全书。

其二，与上述第一点相联系，作为一个历史家的司马迁的思想与他揭示和呈现的中华民族那个时代的历史是相互发明的，他的思维的方式和治史的方法也是与他揭示和呈现的那个时代的历史相辅相成的。他所谓的"成一家之言"成的既不是老子、孔子、墨子、韩非子那样的哲学家、道德家、思想家、政治家或者其他什么家之言，也不是从老子的、孔子的、墨子的、庄子的、韩非子或者其他什么人的思想中照搬过来的思想，而是一个独立的历史家之言，一个独立的历史家的思想。不难看出，仅就这一点，也是在他之前和之后的绝大多数历史学家所难以企及的。作为一个历史学家的司马迁，是清醒地意识到自己的思想是不等同于历史的本身的，所以他将自己的看法和判断用"异史氏曰"的形式纳入他的整体的历史叙述中。所谓"异史氏曰"就是不同于历史本身的历史家本人的一些看法和判断，它不同于历史事件、历史人物、历史事实、历史过程的本身，但又是历史家对所叙述的历史事件、历史人物、历史事实和历史过程本身的看法和判断，是从外在于自我的客观的历史事件、历史人物、历史事实和历史过程中概括和总结出来的。在司马迁这里，历史家的思想是能够消融在他所揭示和呈现的历史中的思想，他所揭示和呈现的历史也是可以负载历史家的思想的历史，既不是将客观历史强行纳入一个不属于它的思想的框架，也不是将一种思想强行塞入一个不属于它的客观的历史。用王国维的话来说，就是："不隔！"

"思想"是这样，"方法"也是这样。在这里，我们需要特别指出的是，历史的方法不是胡适、顾颉刚从杜威实用主义哲学中接受过来的"大胆假设、小心求证"的方法。"大胆假设、小心求证"的方法是由已知求未知的方法，也是从现实探索未来的方法，它体现了当代西方文化、特别是美国文化中科学探索精神的发展，在其根本的意义上就是一种科学的方法论而不是历史的方法论。"历史"本身就是一种"存在"，而不是"尚未存在"；是"过去时"的，而不是"未来时"的，历史的方法更是将分散的历史的事实依照其自身的联系将其联系起来以揭示和呈现已经完成的一种整体的社会状态及其演化、变迁的过程的方法，对于这个已经存在过的整体的社会状态及其演化、变迁的过程，不需要"大胆的假设",也不需要"小心的求证",需要的更是事实的搜集和整理,是顾颉刚所轻视的司马迁的"整齐故事"的方法,是在社会的联系和历史的演化、变迁的过程中判断个别的历史事实的存在的真实性的方法。与此同时,历史的"存在"与科学上的"真理"并不是同样一个概念,西方人的"上帝"的观念,中国人的"神""鬼"的观念在西方和中国历史的发展中的作用都是不容忽视的。对于历史家,这不是一个求证其真伪的问题,而是一个必须正视这些观念在特定历史阶段所产生的实际影响的问题。在方法论上,司马迁的《史记》较之其他的历史著作还有一个不可替代的优点,即它给人造成的历史的印象不是只有一个主流的历史,而是一个纵横交错、变化万千的历史,是一个充满偶然性、并且只有在这些偶然性中才能模糊地感觉到其中的必然性的历史。这种历史能够使读者看到不同的人在历史上发挥的不同的作用,但也能使人看到他们都意欲挣脱自己身上的桎梏而不能的历史的宿命。它不是乐观主义的,也不是悲观主义的,而是"历史主义"的。它就是"历史":历史说的是"怎么样",而不是"应该怎么样"。

其三,作为历史学家的司马迁在其历史写作中所获得的自由性也是此后所有历史学家所不再可能获得的最大的自由性。在司马迁那个历史时代,历史的写作并不是多么受人重视的物事。当时除了司马迁和他的父亲司马谈之外,似乎并没有人关心司马迁写作《史记》这件事情。既没有人因此而羡慕乃至逢迎他,也没有人因此而惧怕乃至憎恨他,但这恰恰为司马迁《史记》的写作提供了最大也是最宝贵的自由的空间。一方面,作为历史家的司马迁不必在其历史著作中故意丑化谁和贬低谁,也不必故意美化谁和吹捧谁,因为所有这一切都是没有必要的。他必须忠于由他自己的辛勤劳作而在自己头脑中形成的那个真实的历史,因为忠于这个历史就是忠于他自己;另一方面,没有谁为了让司马迁将自己和自己的亲人写得更体面些而诌媚乃至收买司马迁,也没有人因为唯恐司马迁将自己和自己的亲人写得不够体面而胁迫乃至迫害司马迁。对于我们,这看起来都是一些不必在意的生活细节,但对于一个历史家和他的历史的著作,却是具有至关重要的乃至致命的影响的。对于一个历史家,任何一点外界的诱惑或威胁,都有可能使他违心地书写一个与他心目中那个真实的历史不同的历史，从而从根本上破坏掉自己和自己的读者对他笔下的历史的无条件的信任。实际上，在一个历史家的笔下，无意犯下的错误总是难免的，但这并不会影响他笔下的历史的整体的可信性，而有意犯下的错误则是致命的，因为它会从根本上破坏掉自己笔下的整个历史书写的可信性，正像我们听到一个人无意之间说的一句错话，不会怀疑这个人的真诚性，而听到一个人有意说的一句假话，就会怀疑这个人所说的所有的话的真诚性。司马迁之后，历史书写越来越受到人们的重视，并且越是那些意识到自己可能被历史家所书写的历史人物，越是无法平心静气地接受历史家对自己的自由的书写，而越是那些意识到自己的书写对社会、对历史的影响作用的历史家，也越是无法平心静气地、自由地书写自己心目中已经形成的真实的历史。司马迁《史记》的历史性的高度，就这样永久性地丧失了，因而它也成了一部"史家之绝唱"。

我们当代知识分子心目中的真实的历史，已经不是在任何一部像《史记》这样的独立的历史著作中获得的，而是在相互参差、相互矛盾的不同历史记载中由自己重新整理出来的。我们当代知识分子心目中都有各不相同的仅仅属于自己的并且并不准备书写出来的历史。在我们的历史时代，书写出来的历史都不是完全可信的，完全可信的历史只是在自己心目中并不准备书写出来的历史。——在当代文化史上，历史的书写已经没有在司马迁那里曾经有过的神圣性。

我认为，仅就以上三点，我们就不能不认为，鲁迅说司马迁的《史记》是"史家之绝唱"，绝对不是毫无根据的。顾颉刚对司马迁的《史记》也有肯定性的评价，但他的疑古主义历史观却影响了他对历史人物和历史文化现象的独立价值和意义的判断，因而也不可能意识到司马迁《史记》在中国史学史乃至世界史学史上的这种无可替代的历史地位。在顾颉刚的笔下，司马迁既是一个"辨伪者"，也是一个"造伪者"：在"战国、秦、汉人的辨伪"中，"司马迁应为功首"，但在"两汉的儒生和经师因整理材料而造伪"中，"司马迁固非罪魁，但也应当担负一部分的责任"①。也就是说，在顾颉刚的眼里，司马迁尽管不是一个"造伪者"的元凶，但也是"造伪者"的同党。作为一个历史学家，大概也只能算是一个不及格的学生。

这里的问题在于，在历史学的意义上，"造伪"这个概念就根本不能用于中国上古时代的神话与传说，也根本不能用于司马迁的《史记》。中华民族的历史的意识，同世界各民族的历史意识一样，是萌芽于早期的神话与传说的，是从早期神话与传说的朦胧意识中独立出来的。没有早期的神话与传说，就没有后来的历史意识的产生，就没有后来的历史理性、历史思想乃至历史哲学的发展，它是孕育历史理性的母亲，而不是谋害历史理性的杀手；是中华民族历史意识的最初的表现形式，而不能说明中华民族从生下来就是一个造假的高手，就是嘴里没有一句真话的骗子。司马迁的《史记》则标志着中华民族历史意识的走向成熟，标志着中华民族的历史思想正式从先秦诸子百家的社会思想中独立出来并具有了自己完全独立的表现形态。总之，从上古时代的神话传说到司马迁《史记》的出现，是中华民族历史意识得到长足发展的历史时期，也是中华民族史学史上的最辉煌的年代。中国史学史上的造伪现象是在儒家文化"为贤者讳"的思想传统的基础上发展起来的，它随着儒家文化成为国家的意识形态并逐渐控制了正史的写作而成为历史写作的一个不变的原则，从而也为历史的造伪提供了借口。所以，至少在鲁迅看来，顾颉刚的疑古主义将对中国史学史的反思和批判整个地颠倒了过来：历史意识的生成和发展过程被曲解为造伪的历史，而造伪的历史却没有受到应有的质疑和揭露。

十三

综上所述，鲁迅和顾颉刚的差异和矛盾，绝对不仅仅只是一点私人的恩怨，而是在两种根本不同的历史观念的基础上产生的，这决定了他们在对待一系列历史问题上的矛盾和对立，也间接影响到他们对新文化、

---

① 顾颉刚：《古史辨自序》（上），第166页。

新学术的感受和理解。

在这里，我们需要重新回到中国近代学术发展中的今文学派与古文学派的差异和矛盾中去。显而易见，在中国古代学术向中国现代学术的这个转变时期，今文学派是发挥了至关重要的关键作用的。这里的原因是很容易理解的，即古文学派是以研究对象为本体的，是以使研究主体的思想最大程度地符合研究对象的要求为目标的，说白了，这就是从孔子思想中一直传承下来的"学"的意识，"学习"的意识。"学者"，在我们现当代学术中已经有了与"研究者"同等的意义，但在那时，"学者"实际就是有了更多"学问"的人，而在思想上则要求完全符合儒家思想的传统，所以当时的"学者"的任务更在于"传承"知识和思想，而不在于"发现"和"创造"新的思想文化传统。古文学派的学者构成的是当时尊古主义、复古主义、保守主义思想的阵营，而在当时首先举起"维新求变"大旗的则是传承了今文学派传统的康有为。今文学派是以自我为主体的，是以自我的感受和理解阐释和评价研究对象的，是将研究对象变得更能够适应于自己的要求、为我所用的，所以时代的变化、现实的需要首先通过今文学派的知识分子表现在学术中。虽然他们仍然以"孔孟之道"为自己的思想旗帜，但是他们更是以自己的需要阐释和评价"孔孟之道"，而不是以"孔孟之道"改造、修正自己的思想的，是"孔孟之道"为他们所用，而不是他们为"孔孟之道"所用的。在这个意义上，中国近现代社会的所有改革，在学术上传承的实际都是今文学派的学术传统，都是以自我为主体的，是具有主观主义、理想主义的性质的，是将已有的知识和思想作为实现自我现实社会追求目标的工具来使用的。这不但将从汉代开始的并不具有普遍社会思想意义的今古文之争提高到了具有普遍社会思想意义的文化传统的高度，同时也决定了此后整个中国现当代文化发展和演变的主要特征和基本形式。

晚清今文学派与古文学派所揭橥的思想旗帜尽管都是"古"的，都是儒家的思想道统，但实际贯彻的却是"古今之争"，是以"今"为本位还是以"古"为本位的问题，是"率由旧章"还是"变法维新"的问题。但在鸦片战争之后的新的历史条件下，晚清的"古今之争"又是与"中西之争"纠缠在一起的，或者干脆就是以"古今之争"的形式进行的

鲁迅与顾颉刚（二）

"中西之争"。这到了梁启超的文化思想中就表现得愈加明确和具体，他是以输入西方文化、特别是西方政治思想和政体观念的方式谋求对中国专制文化、专制政体形式的改造的。也就是说，晚清今文学派与古文学派的差异和矛盾，不仅关系着中国文化由"古"向"今"的演变，也关系着西方文化由外向内的渗透。古文学派虽然是以研究对象为主体的，是以使研究主体的思想最大程度地符合研究对象为目标的，但古文学派是在"学""学习"意识的基础上从事学术活动的，其研究的对象就是"学习"的对象，当时的西方文化是被古文学派排斥在"学习"的对象之外的，所以也被排斥在研究的对象之外，首先将西方文化作为"学习"对象的也是今文学派的康有为、梁启超等维新派知识分子，因而他们也决定了中国近现代知识分子接受西方文化影响的主要特征。必须指出，今文学派虽然是将西方文化作为学习对象的，但他们对西方文化的态度也像对"孔孟之道"的态度一样，是以自我为主体的，而不是以西方文化为主体的；是以自我的现实需要阐释和评判西方文化的，而不是以西方文化自身存在的根据及其价值和意义阐释和评判西方文化的；是将西方文化变得更适应于自己的要求、为我所用的，而不是用西方文化改变或修正自己的思想观念和思维形式，使自己获得一种新的世界观念和人生观念的。严格说来，今文学派这种对待文化的态度，不论是对待中国固有文化传统的态度，还是对待西方文化的态度，其本身并不是真正"学习"的态度、更不是真正"研究"的态度。所谓"学习"、所谓"研究"，首先是要以承认对象存在的独立性为前提的，这个"存在"是外在于自我的，是有自己独立存在的根据、也有自身存在的独立价值和意义的。"学习"就是首先通过已有的知识和思想了解对象的这一切，"研究"则是对那些无法得到直接了解的成分由自己通过独立的思考过程或实验过程寻求了解，从而使自己对对象有更丰富、更全面、更深入也更贴近的了解和理解。对事物的主观判断，对事物的直感的感觉和直观的印象，是在特定的时空条件下、为了特定的目的即时即地地做出的，也只有在其特定的时空条件下才有实际的意义和价值，并且其可靠性的程度也是直接受到这个人对特定对象原有认识水平的限制和制约的。——知识分子是以寻求对事物的更加丰富、更加全面、更加深刻的认识和理解为其目的的，也是以向社会提供对事物的更加丰富、更加全面、更加深刻的认识和理解为其使命的，而不应该满足于自己对事物的最初的主观判断和对事物的直感感觉和直观印象。

晚清今文学派的伟大贡献就在于他们首先走上了改革中国文化的道路，他们是以自我为主体的，是具有主观主义、理想主义的性质的，但他们这种具有主观主义、理想主义性质的改革愿望和要求却是在他们真实的现实感受中产生的，是他们真实的主观愿望和要求，同时也是埋藏在当时绝大多数中国知识分子内心的愿望和要求。他们感受到了中国现实政治的涣散无力和国家的贫弱，感受到了西方现实政治的生命活力和国家的富强，他们希望以西方的君主立宪的政体形式代替中国传统的君主专制的政体形式，所有这些，都决定了他们在当时的政治环境中是有现实的意义和价值的，也表现为一种政治上的"胆识"，但这种政治上的"胆识"却不是"学术"意义上的。在"学术"上，它们都直接表现为一种"学识"，是分别从中国古代文化和西方文化中"继承"过来的，只不过"继承"之后是用于政治上的改革，而不再仅仅是一种"学识"。他们的学术视野是广大的，但在这广大的学术视野上的思想认识却带有虚浮空泛的性质，亦即鲁迅所说的博识家的"浅"；古文学派的学术视野是狭窄的，但在自己研究范围内的思想认识却有沉实老辣的特征，正像梁启超"笔锋常带感情"的新文体远不如桐城古文的厚重坚实一样，这是因为他们对自己使用着的这些知识和思想的本身，并没有做过更加深入细致的独立考察和研究，在总体上还停留在直接的主观判断的层面上，还停留在直感感觉和直观印象的层面上。不论是对他们要改造的君主专制的政体形式，还是对他们要实行的君主立宪的政体形式，他们都还缺少在其本体意义上的认识和了解，所以他们提出的"改革路线图"也没有实践意义上的可操作性。时至今日，中国学院知识分子已经能够知道，像晚清维新派知识分子那种在真善美与假恶丑的对立关系中对事物做出的主观判断，还远远不是对事物的理性认识，还远远不是一个中国现代知识分子、特别是学院知识分子的思想特征。一个动物学家对老鼠的认识，绝对不像我们这些仅仅知道老鼠是个害虫并决心铲除之的人这么简单，他有对老鼠作为一个外在于自我的客观存在的动物的更加丰富、更

鲁迅与顾颉刚（二）

加具体、更加全面也更加深入的考察和研究。我们对于专制政体的认识，也应该是这样。

从显在的意义上，五四新文化、新文学运动作为一次文化的革新运动，仍然继承着晚清今文学派的思想传统，仍然带有主观主义、理想主义的性质，仍然是以自己的思想和愿望、以自己的主观意志面对中国固有的文化传统的，是以"今"为本位，以"新"为本位的，但是，这种主观主义、理想主义的思想倾向仅仅是五四新文化、新文学运动的先驱者在冲破中国固有文化传统的束缚与禁锢、牟取中国社会和中国社会文化的自由和解放的过程中表现出来的，亦即是在新文化与旧文化、新文学与旧文学的历史性的蜕变过程中表现出来的，其实质的意义是其个性的解放，是其主体性的建立，它所体现的是他们与没有自我、没有个性、仅仅将"孔孟之道"作为自己顶礼膜拜的思想对象的传统儒家知识分子的区别，而并不体现他们与其所面对的现实世界和现实社会文化的关系，也不体现他们与其特定的认识对象的关系（既不体现他们与特定的中国古代文化现象的关系，也不体现他们与特定的西方文化现象的关系）。在这种主体与其客体的"认识"关系中，在这种研究者与其研究对象的"学术"关系中，他们并不是主观主义、理想主义的，也没有将古今之争简单地等同于中西之争。我们经常这样批评五四新文化、新文学的革新运动，但这并不是五四新文化、新文学革新运动的本质特征。必须看到，不论是"五四"的思想革命，还是"五四"的白话文运动，其根据都已经不像晚清维新派知识分子提倡的君主立宪制和晚清革命知识分子主张的共和民主制那样，仅仅是西方的一种现成的政治体制，其标准也只是西方的这种现成的政治体制的现成的标准，而且是建立在他们对中国固有文化传统和西方文化传统的"客观"认识的基础之上的。他们信守的既不是中国固有的文化传统，也不是西方的某种现成的"主义"，而是建立在他们对中国现实社会、现实社会文化感受和认识基础之上的现实的社会追求和文化追求。用我们现在这个论题的意义来说，就是：这是他们的"胆识"，而不仅仅是他们从前人或前人的著作中接受过来的"学识"，是在他们对现实社会、现实社会文化的亲身感受和体验中产生的现实的真实的愿望和要求，因而这种愿望和要求也需要在他们现实地真实地认识现实社会、现实地真实地认识现实社会文化的基础上、通过现实的真实的途径逐渐得到现实的真实的解决，而不会仅仅停留在主观主义、理想主义的思想层面上。不论是五四思想革命，还是五四白话文运动，都是如此。——在这个意义上，五四新文化、新文学运动的性质是现实主义、理性主义的。

在中国，五四新文化、新文学运动实现了一个根本的转变，即将异域文化、特别是西方文化同时纳入中国知识分子的文化视野之内，成为中国知识分子需要也能够接受的文化传统，成为中国现代知识分子拥有也能够拥有的"学识"基础，而正式结束了在文化上那段闭关锁国的历史，特别是对于新文化、新文学阵营内的知识分子，就更是如此。但是，也正是因为有了这样一个根本的转变，晚清今文学派和古文学派的治学方式和学术路向也有了不同的意义和价值。古文学派原本是在尊古主义、排外主义倾向之下建立起来的一种学术传统，但他们在具体的学术研究活动中是将对象作为一种客观的对象进行考察和研究的，是承认对象存在的独立性及其价值和意义的，是努力使自己的认识更符合对象自身存在的形式及其价值和意义的。虽然他们的尊古主义倾向和排外主义倾向至今仍然限制着他们自身的发展及其发展程度，但当他们不得不、不能不将异域文化、特别是西方文化也作为与中国古代文化平等的认识对象之后，他们的治学态度和学术路向则使他们迅速具有了中国现代学院学术的特征和意义，因为中国现代学院学术充其量也只是认识世界、认识社会、认识人和人类文化的一种方式和途径，它是以承认研究对象存在的独立性及其价值和意义为前提的，是不以自己的主观好恶而曲解对象为前提的。而在这时，今文学派的治学方式和学术路向则表现出了更严重的局限性。在晚清，今文学派的主要贡献就是反叛了古文学派的排外主义文化倾向，将异域文化、特别是西方文化纳入自己的文化视野之中，但当古文学派的尊古主义、排外主义败下阵来，"学习"西方文化通过新一代青年知识分子的加入迅速成了中国社会的一种文化热潮、一种文化时尚，今文学派那种主观主义、理想主义的文化态度，那种仅仅以"自我"为本位、以"新"为本位，不承认对象自身存在的独立性，不承认对象有其独立存在的价值和意义，仅仅以自己的主观好恶判断对象的倾向,就成了严重背离现代学院学术要求的倾向。如上所说,严格说来,晚清今文学派、特别是梁启超的文化战略,实际更属于文化宣传,而并非真正的文化研究。"宣传"是将自认为好的知识和思想利用传媒的力量尽量广泛地宣传出去;"研究"则是从已有的事物中发现新的知识和思想,是从已知中发现未知。中国现代学院学术不仅仅是传承知识和思想的,同时还是为了丰富和发展知识和思想的。这就是为什么在中国政治史和思想史上,我们更重视晚清的康有为、梁启超,特别是梁启超,而在中国学术史上,我们更重视晚清的章太炎、王国维和严复的原因。康有为、梁启超是将中国古代的孔孟之道和西方的文化思想作为自己改革中国政治、中国文化的手段而使用的,而章太炎、王国维、严复则是将此作为研究对象而进行考察和研究的。前者告诉我们的是什么是好的、正确的,什么是不好的、不正确的,后者告诉我们的才是对象是什么样的,是做什么用的,不是什么样的,不是做什么用的。

"廖氏(廖平)谓今文重师承,古文重训诂。惟重师承,故不能自为歧说;推重训诂,故可以由己衍解。"[①]晚清今文学派与古文学派的差别,归根到底是从"重师承"与"重训诂"而来的。"重师承"就是重视前人文化中那些已经具有更大影响力因而也已经具有权威性的人的思想学说,自己是以师承这样的人的这样的思想自居的。作为圣人的孔子(康有为、梁启超直接将其解读为一个政治体制的改革者),英、日等发达资本主义国家的君主立宪制,就是晚清今文学派维新知识分子直接师承的对象。对这些师承的对象,他们是不主张"由己衍解"的,是不将其作为外在于自我的客观的思想文化现象加以研究和考察的,他们的任务只是将其作为社会理想和思想理想实现于中国的现实社会。所谓"研究",就要"由己衍解",有自己的见解,自己的发现,而古文学派的"推重训诂"就有了"研究"的性质,当它不再仅仅用于中国传统儒家文化经典的内部,即不再受儒家伦理道德学说("孔孟之道")的束缚和禁锢,连对

[①]章太炎:《今古文辨义》,载《中国现代学术经典·章太炎卷》,陈平原编校,第477页。

西方历史上出现的各种思想学说和文化现象都拥有了"由己衍解"的愿望和能力，也就具有了中国现代学院学术的性质和意义。不难看出，到了五四新文化、新文学运动之后，晚清今文学派"重师承"的传统，首先是通过像胡适这样的英美留学生在自觉与不自觉之间继续传承下来的。胡适在五四新文化、新文学运动初期的思想并不是从他的师承关系之中继承过来的，他的白话文革新的主张从更宽泛的意义上来说，就是"由己衍解"的结果，而当他通过五四新文化、新文学运动像旋风一般地成了蜚声中外的文化名人，不论是他自己，还是他的崇拜者，都把他当成了当代美国文化在中国的传人。在他这里，美国的科学、美国的民主、美国的自由不是作为外在于自我的客观文化现象而存在的，而是直接作为他的文化理想而受到他的信奉和崇拜的，这也使他在学术上有了与晚清今文学派、特别是梁启超更加接近的学术风格和学术品貌：他们都带有主观主义和理想主义的性质，是将学习主体直接等同于学习对象的方式。实际上，学习主体是永远不可能完全等同于学习对象的，研究主体更不可能完全等同于研究对象。颜渊不等同于孔子，颜渊的思想不等同于孔子的思想；胡适也不等同于杜威，胡适的思想也不会完全等同于杜威的思想。这不是一个"青出于蓝"能不能"胜于蓝"的问题，而是一个个体永远不会等同于另外一个个体的问题。——在两个民族文化之间的文化传承关系中更是如此。

与胡适不同的是，鲁迅在学术上是没有一个确定无疑的师承对象的，他曾在私塾学校中接受儒家思想传统的教育，但他后来成了儒家文化传统的激烈的批判者；他曾师承于章太炎，但他走上了五四新文化、新文学的道路，与反对五四白话文改革的章太炎分道扬镳；他从来不把自己仅仅当成是章太炎学术传统的传人，更不以此标榜自己；他将最深刻的情感和最高的敬意是赋予藤野先生的，但这分明不是学识意义上的，而是师生情感、人与人的情感意义上的，不论在世界上，还是在日本国内，藤野先生都不是什么学术上的名人，都没有耀眼的思想光环，并且鲁迅后来的弃医从文，并没有成为藤野先生医学学术的继承者；在日本，他曾重点介绍过欧洲的个人主义思潮，对尼采的超人学说更有些情

鲁迅与顾颉刚（二）

有独钟，但他当时就曾指出"尼（采）欲自强，而并颂强者"，[1]说明他并没有将尼采的超人学说作为自己的思想信仰，也不以中国的尼采自居；相对于"欲自强，而并颂强者"的尼采，他更推崇"欲自强，而力抗强者"的拜伦等欧洲的浪漫主义诗人，但到创办《新生》杂志失败之后，他又说"这经验使我反省，看见自己了，就是我决不是一个振臂一呼应者云集的英雄"。[2]他在中国走的并不是拜伦等欧洲浪漫主义诗人的思想的和文艺的道路；直至晚年，在那个世界的红色的30年代，他用更多的精力翻译和介绍了西方的马克思主义文艺理论著作，但他始终是将西方的马克思主义文艺思潮作为西方的一种文艺思潮进行翻译和介绍的，而不是作为唯一正确的文艺圣经进行崇奉和膜拜的，他也从未曾以中国的马克思主义者而自居。在中国，鲁迅不是一个尊古主义者、排外主义者，但在世界的范围内，他也绝不仅仅是一个基督教文化、西方文化的传人，因为他就不是主要从师承关系中确立自己的思想道路和文化道路的。在这里，我认为，我们是可以看到鲁迅与梁启超、胡适在学术风格和学术路向上的差异的，是可以看到他与章太炎、王国维、严复在学术风格和学术路向上的一些内在联系的。在知识和思想上，他重视的不是人与人之间的传承关系，而是对事物、对对象的认识和理解；不是前人直接告诉给自己的那个结论，而是"由己衍解"的那个结果。——直至现在，这仍然是中国学院学术中的两种不同的治学风格和学术路向。

胡适并不是晚清今文学派学术的自觉传人，他与梁启超在学术风格、学术路向上的接近是因为他在美国的实际留学经历和美国文化在当时世界上的领先地位，他重视与美国文化的这种师承关系因而在学术风格和学术路向上也与同样重视师承关系的晚清今文学派的梁启超有了更加相近的特征。他们都是将师承的对象的思想就当作自己的思想，就作为自己的思想的旗帜的，都是以传承自己师承对象的思想为己任的。与此同时，胡适和梁启超的思想都与中国社会文化的革新运动直接联系在一起，因而也都有反对文化排外主义思想的实际意义，也都有输入西方的政治

---

[1] 鲁迅：《坟·摩罗诗力说》，载《鲁迅全集》第1卷，第78页。
[2] 鲁迅：《〈呐喊〉自序》，载《鲁迅全集》第1卷，第417—418页。

理念、思想理念和文化理念的现实作用。顾颉刚则不同。顾颉刚自觉接受的就是晚清今文学派的学术传统，就是以对中国古代历史文献进行"证伪"作为自己的学术使命的，但他同时又是离开了康有为、梁启超等晚清今文学派知识分子的政治革新、文化革新的整体社会目标而将自己的目标仅仅局限于中国古代历史学研究的内部的，因而他的疑古主义史学又是不具有输入西方政治理念和文化理念，冲决文化排外主义藩篱、革新中国政治和中国文化的实际意义和作用的；他对胡适"科学方法论"的师承，师承的也不是科学方法论的本身，而只是一个对中国古代历史文献实行"证伪"的标准和尺度，这一方面因为中国古代历史学家并没有像西方学者那样建立起明确、具体的科学方法论体系，另外一方面也因为历史学的研究方法不可能完全等同于美国实用主义哲学的那种"大胆假设、小心求证"的科学方法，所以在顾颉刚与晚清今文学派和胡适的师承关系中建立起来的疑古主义史学观念实际导向了对中国古代历史本身的虚无主义态度，导致了对中国古代历史本身的颠覆性破坏和颠倒性解读，从而也与鲁迅的中国历史观形成了尖锐的矛盾和对立。

鲁迅不是一个历史虚无主义者，他从来也没有从根本上否定过中华民族历史存在的真实性，也没从根本上否定过中华民族有支撑着自己存在和发展的历史的脊梁。

十四

在这里，我们还需要意识到文化和文化对人的异化的问题。

在中国学术界，曾经一度否认在学术研究中使用"异化"这个概念的必要性和合理性。实际上，只要有文化，就有文化对人的异化。文化研究在更根本的意义上就是克服文化对人的异化而使文化始终沿着有益于人类的方向发展的途径和方式。"异化"这个概念在文化研究中是不能被排除的，也是无法被排除的。

文化为什么能够导致对人的异化？因为文化是人的创造物，而不是世界、人类社会和人的本体性的存在。人是通过语言或类似于语言的符号系统实现对文化的创造的，而语言或类似于语言的符号也是人的创造

鲁迅与顾颉刚（二）

物，它是可以离开世界、人类社会和人的本体性存在而独立地存在、独立地演化和发展的，也是可以离开世界、人类社会和人的本体性存在而在人与人之间得到传播和传承的。当一种文化被它的创造者按照他的需要创造出来的时候，创造者的主体（意识）、他意识中的外部世界（对象）和这种文化产品本身（语言、符号系统）是三位一体的，是作为一个类似于老子所说的"道"那样的浑融整体而存在的。在这时，世界是人意识中的世界，意识是意识到世界的存在的意识，语言、符号是体现了人的意识和他意识中的对象世界的语言、符号，人、世界、语言是不分的，人的本质、世界的本质、语言的本质是交融为一体的，因而它也体现了人的本质，人的需要，人的意志和愿望。在这个意义上，也只有在这个意义上，文化就是人，人是文化的动物，人类文化的发展就体现了人类的发展，人类文化的进步就体现了人类的进步。但当文化被人创造了出来，它就有了自己的独立性，就有了脱离创造了它的人、人的意识以及人意识中的确定的物质内容而独立存在、独立流转乃至独立演化和变迁的可能。在这个过程中，它有可能重新被创造，有可能参与另外一个新的创造过程，而使自己以新的姿态与新的人的新的意识和他意识中的对象融为一体，从而将其提高到一个新的文化的高度，新的文化的境界，并取得更加丰富和更加深刻的文化内涵，但也有可能仅仅作为一个语言和类似于语言的符号系统的空壳，仅仅作为一种文化模式或语言形式，与人的意识、人意识中的外部世界，建立不起任何必然的联系，人、世界、语言就成了各自分离的，文化也不再体现人的本质，而成为对人的异化，成为扭曲人的本性和现实世界的本质的异化的力量。在这时，语言就像一些漫天飞舞的鸡毛，既和人的成长和发展建立不起必然的联系，也和现实世界的存在和发展建立不起必然的联系，但它又能淆乱人的视线，遮蔽现实世界的本质，成为一种破坏性的力量。

文化之所以能够导致对人的异化，还因为文化的创造就是价值的创造，文化本身就是一种价值，就是一种价值表现形式。这种价值表现形式与特定的价值观念和价值标准联系在一起，构成一个价值系统，并使文化一旦被创造者创造出来，这个价值体系也就可以独立地发挥作用，也就可以被人所接受并构成人的人生观念和世界观念，构成他与世界、人和各种文化现象建立相互联系的无形的纽带。文化是作为一种价值而被接受者所接受的，文化又是因为被接受而进入文化的传承与传播的过程的。文化的传承与传播为文化的传承与传播提供了可能性，但也为文化自身的异化和文化对人、对现实世界的异化提供了可能性。文化在其创造者那里，还处在从无到有的创造过程，正像一幅还没有完成的画作，其整体的功能还没有显现出来，因而它并不直接表现为一种价值。文化作为一种价值，是在创造者的创造活动结束之后，是这个文化产品的整体的功能。这种整体功能与其说是首先在它的创造者那里受到关注和重视的，不如说首先是在它的接受者那里受到关注和重视的。创造者首先重视的是文化的创造过程，享受的是他的文化创造过程中的创造的乐趣，而接受者则是首先在自我与文化产品的整体关系中感受和认知文化产品的，是通过对文化产品价值和意义的感受和认知而接受这个文化产品的。在这时，文化作为一种价值，作为一种价值表现形式，作为一个由价值观念和价值标准构成的价值体系，与其创造者的创造过程是可以相互分离的，与创造者的主体性，与他的主体意志和意愿是可以相互分离的；与创造者所面对的对象世界也是可以相互分离的。文化的价值被从创造者的主体意志和意愿、被从创造者所面对的对象世界以及他的全部创造活动中抽离出来，有了独立存在、独立流转乃至独立演化和变迁的可能性，因而也为文化自身的异化和文化对人、对现实世界的异化提供了可能性。实际上，文化的传承和传播，总是首先以一种语言、符号系统的传承和传播，以一种价值和价值体系的传承和传播的方式进行的。人们首先接受的不是那些文化创造者的主体意志和意愿，不是文化创造者通过文化的创造所实现的对世界、社会和人的存在状态的认识、改进和改善，而首先是它的语言和符号，是这些语言和符号所体现的一整套价值观念和价值标准，这为接受者在自己的创造欲望的推动下进行新的文化创造活动奠定下了更宽广和更坚实的基础，但也为文化对他的异化提供了可能性。也就是说，语言原本是可以作为人的主体性的一种表达和现实世界的一种概括和说明而存在的，原本是有其真实的价值的，但这时已经与人的主体性和现实世界的本质失去了必然的联系，已经成了一些空话、大话和假话，但人们还是将其作为一些有价值的东西述说着、接

鲁迅与顾颉刚（二）

受着、传播着，从而构成了对人和对现实世界的遮蔽和歪曲，构成了对人和现实世界的异化。

接受者对文化价值的感受和认知，是同时在两种形式下发生的：其一是对文化价值本身的感受和认知，其二是对创造了这种文化的人的价值的感受和认知。这在一种文化进入传承和传播过程的最初阶段，总是相互结合在一起的：当孔子的弟子们感受和认识到孔子思想的价值和意义，同时也意味着感受和认识到孔子其个人的价值和意义；当孔子的弟子们感受和认识到孔子其个人的价值和意义，同时也意味着感受和认识到孔子思想的价值和意义。这就将一种文化的价值同拥有这种文化的人（个人）的价值紧密结合起来，同时也将接受这种文化同接受者个人的存在价值和意义的感觉结合起来：当孔子的弟子们接受了孔子的思想学说之后，同时也感到自己成了像孔子那样的超凡脱俗的人。但是，这种将文化的期待同对个人存在价值的期待直接结合起来的情况，也就孕育了文化对人的异化的最初可能性，因为文化的传承过程总是首先通过语言和符号系统的传承而实现的，而在这时，这种语言或符号系统在接受者这里还不是从自我主体性的感受、体验和认知活动的基础上建立起来的，严格说来，它还不是接受者自己的语言或符号系统，它也还没有与现实的世界建立起直接的联系，还没有在认识和改善现实世界中发挥实际的作用，亦即这些语言或符号系统还是空洞的，没有实际意义的（所以，那些在私塾中背过了四书五经的人，未必是像孔子那样的"仁者"；那些通过教科书掌握了马克思主义的话语系统的人，也未必是一个马克思主义者），而只有接受者在自己主观愿望和要求的基础上实际地进入到认知和改善现实世界的具体话语实践中，这种语言或符号系统才具有了自身的意义和价值。与此同时，一种语言或符号系统，在其原创者那里，是与个人的存在价值的感觉没有直接的联系的，它的表达有其表达的直接目的，追求的是一种外在于自我的效果，他能体验到的只是表达的乐趣，创造的乐趣，而不是对自我存在价值的评价。这种将一种语言或符号系统同自我存在价值的感觉直接联系在一起的情况，在知识分子之中、特别是文科知识分子之中造成了一种特别强烈而又隐秘多变的个人的"面子"观念。因为文科知识分子直接操控的是一套话语系统，这套话语系统的社会价值和意义带有更高程度的模糊性和不确定性,它更多地表现在周围人的反应和评价中。这就使文科知识分子常常将别人的反应和评价当成是别人对自我存在价值的评价:将别人对自己学术观点的肯定和赞扬当成了对自己作为一个人的肯定乃至崇拜,将别人对自己学术观点的批评和反对当成了对自己作为一个人的贬低乃至诬蔑。这就把学术同人情关系混淆在了一起,而在日常的人与人的关系中,就表现为一种"面子"的观念。对于一个知识分子,特别是青年知识分子,爱"面子"原本不是一个多么严重的缺点,在更多的情况下它还会表现为一种动力,但这不能离开学术的轨道,一旦离开学术的轨道,这种面子"观念"就直接表现为文化对人的异化。

这种"面子"对知识分子、对知识分子文化心理的异化现象,早在庄子的《齐物论》中就曾描述过。他说,在知识分子中,自以为学问大的人,总是一副漠然无所关心的样子;自以为学问小的人,总表现出一种斤斤计较的样子。自以为思想深刻的人,总是侃侃而谈、气焰极盛;自以为思想浅薄的人,总是小心谨慎、畏首畏尾。因为每个人脑子中都充斥着各种各样从别人那里接受过来的知识和道理,自己又理不出一个头绪,所以一到了梦中,这些东西就都掺和在了一起,乱梦如云,而一当醒来,它们又各个分离,联系不在一起了。由于每个人的心思都不相同,而每个人又都不希望别人小看了自己,所以彼此就要"斗心眼"了。在这时,有的人巧于心计,有的人暗设陷阱,有的人深藏不露,彼此都怀有戒心。小的恐惧令人惴惴不安,大的恐惧令人惶恐万状,攻击别人的时候,其语言像从弓弩上发出的箭,尖酸刻薄,恶言伤人,人世间的是是非非就这样开始了。为了压倒别人,对于自己说过的话,就像向人发过毒誓一般,明知错了,也不改口……("大知闲闲,小知间间;大言炎炎,小言詹詹。其寐也魂交,其觉也形开。与接为构,日以心斗。缦者,窖者,密者,小恐惴惴,大恐缦缦。其发若机栝,其司是非之谓也;其留如诅盟,其守胜之谓也……"参见庄子:《齐物论》)

我认为,顾颉刚就是一个"面子"心极重的人,这使他在处理因学术观点不同而产生的人与人之间的差异和矛盾的时候,常常离开正常的学术争鸣的轨道,从而给自己也给别人造成一些不必要的麻烦。

十五

　　实际上，鲁迅不满于胡适的"整理国故"运动，与傅斯年、罗家伦、顾颉刚这些胡适的学生是没有多么直接的关系的。在鲁迅看来，他们都还处于青年时期"找路走"的人生阶段，只要自己认定了一条人生的道路，而这条人生道路又是有其本身的价值和意义的，他们就应放胆地走去，即使有若干的失误，也没有值得大惊小怪的地方，随时发现，随时修正，仍然不失为一条有价值的人生之路。但是，对于当时的胡适，情况就有所不同了。那时的胡适，已经是一个五四新文化、新文学运动的旗手，他的选择，不仅直接关系到五四新文化、新文学运动的前途和命运，同时也关系到在他影响下的一大批有理想、有抱负的新进青年知识分子的社会选择和文化选择。鲁迅不是五四新文化、新文学运动的首倡者，直至20世纪30年代，他仍然是将胡适和陈独秀等人视为五四新文化、新文学运动的前驱者和"将令"，而将自己放在为他们呐喊助威的"听将令"者的位置之上的（这无疑是符合当时的历史实际的）。尽管如此，只要我们读过鲁迅《坟》《热风》中的杂文和《呐喊》中的小说，我们就会知道，鲁迅仍然是将其作为自己一生的社会事业、一生的文化追求而全身心地投入的。可是，就在五四新文化、新文学刚刚开了一个头儿的时候，陈独秀、胡适这两个"主将"就先后退出了五四新文化、新文学的前沿阵地，特别是胡适，还带着一批刚刚从"旧文化"中醒觉过来的青年知识分子，重新返回到"旧文化"的"故纸堆"中"整理国故"。"整理国故"，虽然也并不为非，但在当时的中国，乐于"整理国故"也能够"整理国故"的新老知识分子应该并不在少数，而由初志在输入外来文化、改革中国文化的五四新文化、新文学运动主将之一的胡适，在五四新文化、新文学尚处在春寒料峭、乍暖还寒的初春季节的时候，便竖起了这杆"整理国故"的大旗，至少从鲁迅的角度看来，是有一种鸣金收兵的意思的。他对胡适的不满，既有自我在新文化运动落潮时的失落感，也有对五四新文化、新文学前途和命运的担忧。

　　鲁迅对胡适的不满，是在两个五四新文化、新文学运动倡导者之间的关系中发生的,二者的分歧发生在五四新文化、新文学运动过后文化方向转换的途程中,但又始终由他们此前共同倡导的五四新文化、新文学运动将其联系在一起。他们都未曾也未曾想割断二者的这根联系的脐带。二人的关系是"藕断丝连"的关系,而不是"一刀两断"的关系,并且二人都将这种关系一直保持到了生命的终结。但是,胡适的文化选择还是在中国新文化、新文学的历史上造成了一个戏剧性的变化:在五四时期,鲁迅和胡适是站在同一条文化战线上的"战友",他们有一个共同的奋斗目标——提倡新文化、新道德,也有一个共同的对立面——"旧文化""旧道德",但到胡适揭出了"整理国故"的旗帜之后,在胡适麾下逐渐发展壮大起来的"现代评论派"在不知不觉间已经不把"旧文化""旧道德"当作自己的主要对立面,而是阴差阳错地开始将矛头转向了鲁迅。很显然,在这时,中国现代文化的格局已经发生了根本性的变化,不论后来的人为"现代评论派"对鲁迅的围攻能够找出多少种理由,但这已经不是"新文化""新文学"对"旧文化""旧文学"的斗争则是显而易见的,因为鲁迅反对胡适发动的"整理国故"运动、反对杨荫榆、章士钊、段祺瑞执政府对学生运动的镇压,但并不反对"新文化""新文学"。二者的分歧应当从"整理国故"运动、女师大事件、"三·一八"惨案这些历史事件本身的分歧中来判定,而不能从胡适本人的文化身份(例如将胡适视为英美自由民主思想的代表)来判定。正是在"现代评论派"与鲁迅的矛盾纠结的关系中,发生了陈源(陈西滢)"揭露"鲁迅的《中国小说史略》"抄袭"盐谷温《支那文学概论讲话》的事件。现在知道,这个"事实"是顾颉刚提供给陈源的。

  迄今为止,站在顾颉刚的立场上,为鲁迅的《中国小说史略》"剽袭"盐谷温的《支那文学概论讲话》说提供了最详尽的举证材料的是张京华先生的《顾颉刚如是说:鲁迅〈中国小说史略〉蓝本事件》一文。[①]该文考证细密,举证确凿,且不囿于俗见,其治学的态度无疑是值得称道的。但我认为,它仍然忽略了几个关键性的环节,所以其结论仍然有

[①] 张京华:《顾颉刚如是说:鲁迅〈中国小说史略〉蓝本事件》,《中华读书报》2013年3月13日。

鲁迅与顾颉刚（二）

值得商榷之处。首先，也是最关键的，就是这类以举证事实为主的文章，在得出最后结论的时候，一定要落实到"法理"上，并且要对其"法理"有极其充分的理解和把握。"法理"不是由事实本身决定的，而是由"法理"之所以得以成立的原因所决定的。这正像在法庭上，原告律师必须举出充分的证据，但在法官根据这些材料做出判决的时候，则必须落实到"法理"上，并且要对其"法理"有极其充分的理解和把握。否则，事实清楚了，判刑却未必得当。张京华先生该文所涉及的"法理"是"学术抄袭""学术剽窃"。那么，"学术抄袭""学术剽窃"为什么会被我们确认为是一种学术上的不道德的行为，甚至迹近犯罪呢？显而易见，这是因为我们是将一个学术成果作为一种独创性劳动成果来看待的。不论是谁，要完成一项特定的有研究价值和意义的研究任务，都要付出一定量的必要且有效的劳动，一个人没有付出一定量的必要且有效的劳动，也取得了表面上的成功，说明它是用别人的劳动获取了自己的成功，这正像窃取了别人的财务满足了个人的占有欲一样，是一种不道德的行为，严重者，还可以构成犯罪。与此同时，学术研究还是一种独创性的劳动，这种独创性劳动必须建立在研究者在相关领域具有较之常人更丰富、更切实的学识储备的基础上，并且还要在这一领域具有较之常人更高的感受、欣赏、识别、分析、判断事物真假、是非、美丑的能力，即具有我们常说的思想的眼光和学术的眼光。如果研究者根本不具有这种能力，而又要使自己的作品让人看起来拥有较高的思想水平和学术水平，他就只有通过抄袭别人的文字以将别人的思想见解当成自己的，这也类同于偷窃行为而被认为是不道德的、迹近犯罪的行为。总之，"学术抄袭""学术剽窃"是一种不正当的学术行为，是严重影响到一个民族学术事业正常、健康地得到发展的行为，只有及时、有效地揭露、打击这类行为，才能保障这个民族的学术事业正常、健康地得到发展。但在这里，也就有了一个"度"的问题。凡法必有"度"，是为"法度"。自然揭露、打击"学术抄袭""学术剽窃"是为了保证一个民族学术事业得到正常、健康发展的需要，是为了制止那些没有付出一定量的必要且有效的劳动、没有较为充分的学术训练和学术储备的人同样获得正常的经济报酬或学术声誉的非法占有行为，那么，我们就绝对不能将那些付出了一定量的必要且有效的劳动、已经具有了较充分的学术训练和学术储备的人的学术成果也阴差阳错地被当成"学术抄袭""学术剽窃"而受到不必要的制裁和打击。如若如此，人们就没有从事学术研究活动的积极性了，这个民族的学术事业就更无法得到正常和健康的发展了。这是一个"度"，在从事实向结论过渡的过程中，精确地把握这个"度"是十分重要的。"过犹不及"，"过"和"不及"都会导致结论的错误。我认为，只要我们首先从这样一个对"法理"本身的理解和把握出发，我们就会看到，鲁迅的《中国小说史略》作为一部学术著作，是付出了足够量的必要且有效的个人劳动的。鲁迅之有意识地搜集、整理中国古代小说的历史资料，是从留日归国的1909年就已经开始了。在那时，由于中国小说古来无史，连作为一种独立的文学文体的概念也是到了近代才正式形成的，所以他做的几乎都是筚路蓝缕、披荆斩棘的最艰苦、最基础的工作，是从大量志书、类书中挑选并亲手抄录、编辑整理的工作。从那时起到《中国小说史略》全书正式出版的1924年的十几年间，鲁迅就一直没有停止过这项工作，后来出版的《古小说钩沉》《唐宋传奇集》《小说旧闻钞》都是他为这部学术著作付出过艰苦劳动的明证。此外，从1920年开始，鲁迅先后在北京大学、北京高等师范学校、北京女子师范大学等几所高校开设中国小说史课程，编印讲义，并且数易其稿，其实也是后来正式出版的这部学术著作的准备工作的一部分。这个过程，鲍国华先生在其《鲁迅中国小说史研究系年》[①]中记载甚详，它足以说明鲁迅是为《中国小说史略》的写作付出了足量的、甚至是巨量的个人劳动的。与此同时，鲁迅之喜爱（阅读并欣赏）小说，是从幼年就开始的，直到留日时期，他不但开始广泛阅读外国小说，而且还与周作人一起翻译并出版了中国第一部忠实于西方小说原著的结构形式的短篇小说选集《域外小说集》，标志着西方小说作为一种独立的文学文体正式被介绍到中国。在留日时期，鲁迅已开始写作小说，1903年的《斯巴达之魂》，可视为鲁迅小说创作的开端。1913年，在当时的《小说月报》上发表文言短篇小说《怀旧》，

---

① 鲍国华：《鲁迅中国小说史研究系年》，载《鲁迅小说史学研究》，天津社会科学出版社，2008。

鲁迅与顾颉刚（二）

1918年发表第一篇现代白话小说《狂人日记》，成为中国现代小说的奠基者，直至1924年《中国小说史略》出版发行的时候，甚至连陈源、顾颉刚也不能不承认，鲁迅是当时中国最杰出的现代小说作家。也就是说，作为一个中国小说史家的鲁迅，在感受、欣赏、理解、分析、评价小说的才力和经验上，不仅是合格的，简直可以说是超群的。总之，只要我们首先从法理上思考问题，就不会感觉不到，这么一个杰出的小说家倾十几年之力而完成的这部小说史著，被判定为一部抄袭之作、剽窃之作，是有点不近情理的。

再者，事实之所以必须落实到"法理"上，并且对其"法理"要有相当充分的理解和把握，其原因就在于，事实的地位和作用，事实的性质和意义，从来都不是由事实本身决定的，而是由其与整体、与其他相关事实的联系所决定的。学术抄袭、学术剽窃的对象一定是对于自己的著作具有关键性影响的内容，或者是自己所不掌握的至关重要的史料，或者是自己无法独立做出的关键性的分析和判断，这正像一个入室行窃的小偷偷的一定是他所宝贵的金钱财物，而不会只拿一个连他自己也不稀罕的扫帚、拖把一样。如果一个人到了这个人的家里，只拿了一把扫帚、一个拖把，房主人回来也没有报案，说明这个人很可能并不是入室盗窃的小偷，而只是邻人在主人允许的情况下拿走了他现在用得着的一个物件、一个工具。鲁迅的《中国小说史略》作为一个整体是一部史著，而不是一部论著。史著是以梳理、叙述在历史上先后存在的相关事实（史实）为指归的，史实是一些客观的存在，是不以史家的主观意志为转移的，所以史著首先重视的是它所叙事实本身的翔实与否和它所叙历史脉络的清晰与否，而不重它与此前的著作所叙事实有无相同之处以及相同的程度如何。一部史著的存在价值和意义在于它与此前史著的相异之处，或有新的历史资料，或有新的历史的眼光，或二者兼备，而不在其有无相同之处：应同则同，不必处处"标新立异"。这与论著不同，论著是以陈述作者对某些事物或现象的感受、理解、分析和判断为指归的，所以它必须是自己的思想和看法，不能将别人的思想和看法直接当作自己的思想和看法，不能用别人的陈述完全代替个人的陈述，在需要运用别人的思想充实和加强自己的思想和看法的时候，必须做出明确的说明，并且不能将这些从别人那里接受过来的思想当作自己论说的主旨,当作自己思考的结果。史著呈现历史,论著呈现思想。二者是不同的文体,相同的事实在这两种不同的文体中可能具有不同的地位和作用,因而也可能具有不同的性质和意义。显而易见,张京华先生并没有对鲁迅在《不是信》一文中为自己申辩时所突出的这个"理据"予以应有的重视[①],并没有注意到自己所举证的事实在鲁迅《中国小说史略》这部小说史著的整体中的地位和作用,因而对其性质和意义的判断也是错误的。实际上,张京华先生综其全文所讲的只是鲁迅《中国小说史略》中的《贾氏谱》和盐谷温《支那文学概论讲话》中的《贾家的系谱》的关系,根据他的举证,我们只能得出鲁迅《中国小说史略》中的《贾氏谱》是以盐谷温《支那文学概论讲话》中的《贾家的系谱》为"蓝本"的,而根本不能直接概括为鲁迅的《中国小说史略》是以盐谷温的《支那文学概论讲话》为"蓝本"的。这是两个完全不同的结论,因为不论是在盐谷温的《支那文学概论讲话》中,还是在鲁迅的《中国小说史略》中,这个"系谱"都只是一个"可有可无"的附录性质的东西,而并不具有整体性的价值和意义。它既不关系史著本身所叙历史内容的完备程度,也不关系史著本身所叙历史内容的思想高度和精度,而只是为读者阅读其中的一部小说作品《红楼梦》(尽管它是中国小说史上的一部极其重要的作品,但仍然是中国小说史上大量小说作品中的一部)提供的一个方便条件。(现在的中国小说史著,甚至是《红楼梦》研究专著,都未必附有这样一个系谱,就是它"可有可无"的一个明证)。与此同时,当张京华先生说鲁迅的《中国小说史略》是以盐谷温的《支那文学概论讲话》为"蓝本"的,分明是有鲁迅的《中国小说史略》"剿袭""抄袭"乃至"剽窃"了盐谷温的《支那文学概论讲话》的意思的,但当我们说鲁迅的《中国小说史略》中的《贾氏谱》是以盐谷温的《支那文学概论讲话》中的《贾家的系谱》为"蓝本"的,严格说来,就与"剿袭""抄袭"乃至"剽窃"毫无关系了。要说"剿袭""抄袭""剽窃",那也是他们共同"剿袭""抄袭""剽窃"了《红楼梦》,因为其中所有人物及其关系都早已存在于

---

① 鲁迅:《华盖集续编·不是信》,载《鲁迅全集》第3卷,第221—241页。

《红楼梦》的文本中了，只是盐谷温首先将其整理、编制出来。而他之首先将其整理、编制出来，也既非为了显示自己学问的渊博，也非为了证实自己眼光的独特（因为它根本不具有这样的职能），而只是为了读者阅读时的方便。鲁迅之所以以盐谷温的《贾家的系谱》为"蓝本"，重新编制了自己的《贾氏谱》，也既非为了显示自己学问的渊博，也非为了证实自己眼光的独特，其唯一的作用也是能为自己的读者提供一点方便。也就是说，它实际是没有"剿袭""抄袭""剽窃"的必要的。盐谷温的《贾家的系谱》自然只是为了读者的方便，也就不会拒绝鲁迅以其为"蓝本"而编制自己的系谱，张京华先生说鲁迅的改动之处都只是一些细枝末节的改动，都不具有关键的意义，岂不知像这样一个系谱，关键部位是不会出错的，任何一个关键部位的错误，都说明整个系谱都是粗制滥造的。所能改动的，必然只是一些细枝末节。张京华先生似乎认为，鲁迅的改动没有什么必要性。在这里，鲁迅认为有其必要性，张京华先生认为没有必要性，当然还要尊重作为作者的鲁迅本人的意见。但无论如何，仅仅根据这样一个"系谱"的异同便判定鲁迅的《中国小说史略》"剿袭""抄袭"了盐谷温的《支那文学概论讲话》是过于牵强的。

　　第三，在从举证的事实向最后结论过渡的过程中，不但要极为充分地理解和把握相关的"法理"，不但要对本人为自己所做申辩的理由有一个充分的理解，同时也要对举证者与举证事实的关系有一个比较准确的把握，因为举证者的举证动机对其举证的事实是会产生这样或那样的直接影响的，即使举证的都是事实，它也有可能有意与无意地突出对自己有利的证据而有意与无意地掩盖或淡化了于自己不利的证据，从而对举证的事实做出仅仅有利于自己的阐释和说明。只要考虑到这一点，我们就会知道，顾颉刚当时对鲁迅《中国小说史略》"剿袭"盐谷温《支那文学概论讲话》"事实"的"揭露"，根本不是从维护学术道德、严肃学术规范的正当学术目的出发的，因为如若如此，他首先应当作的就是由自己公开揭露事实的真相，并对其根据做出尽量详尽地揭发，因为这不但是让读者了解事实的真相并由自己做出独立判断的唯一途径，也是给被揭发者提供一个为自己辩护的机会的唯一方式。但是，顾颉刚并没有这样做，而是在公众和被揭发者都不知情的情况下在私下传播，这只是破坏个人名声的手段，而不是维护社会公益的方式。当陈源在其与鲁迅因女师大事件而展开的论战中用上了顾颉刚提供的材料，不论顾颉刚当时有没有预料到，但在事实上却都等于为陈源提供了一个攻击鲁迅的炮弹（陈源以此所做的之所以是个人的人身攻击，因为它与引发了二人矛盾的女师大事件并没有直接的关联，并不属于正常争论的范围之内）。显而易见，陈源在使用顾颉刚所提供的材料时，又做了与顾颉刚原意不尽相符的任意发挥。①在这时，顾颉刚是有出面更正并将自己所掌握的事实公之于世的责任的。他没有这样做，说明他认可了陈源对鲁迅所做的个人的攻击。事实上，在鲁迅生前，顾颉刚就从来没有公开过他作为举证人的身份，也没有将自己的行为同陈源对鲁迅的人身攻击划清界限，因而对他所举证的事实是不能不保留更多的警惕性的，是不能不加以更精细的审查的。否则，就无异于自己也参与了陈源、顾颉刚对鲁迅的人身攻击，而丧失了维护学术道德、严肃学术规范的意义。

第四，从20世纪20年代顾颉刚、陈源"揭露"鲁迅的《中国小说史略》"剿袭""抄袭"乃至"剽窃"盐谷温的《支那文学概论讲话》开始，直至张京华先生本文的发表，审理的实际都是一桩没有"失主"的"窃案"。如果说陈源、顾颉刚在20世纪20年代没有考虑到盐谷温本人的存在还是情有可原的话，到了21世纪张京华先生重新"审理"这个案件的时候，仍然没有考虑到盐谷温本人的存在，就是极不应该的了。反对学术抄袭，严格学术规范，维护学术道德，在很大程度上都是为了保护著作者本人的合法权利，使其劳动成果不致受到他人的侵害和剥夺，并在尽其可能的条件下为著作者本人追回损失。所以，盐谷温作为著作权的拥有者对鲁迅及其《中国小说史略》的态度，理应是具有至关重要的意义的，是不应该被忽略的。关于盐谷温对鲁迅及其《中国小说史略》的态度，鲍国华先生在其《现代中国小说史学之建立》中曾有一个概括的介绍，然后，他说："从鲁迅与盐谷温的学术交往不难看出，两人在小说史研究上始终互相支持，互相推重。如果真有所谓'抄袭'，鲁迅恐怕不

---

① 陈源：《闲话》，《现代评论》第50期。署名"西滢"。

鲁迅与顾颉刚（二）

会如此坦然地面对盐谷温，而盐谷温不断向鲁迅寄赠书籍资料，亦难免不辨是非之讥，无异于'开门揖盗'了。"[1]这从另外一个角度说，就是张京华先生现在审理的实际是一个没有失主的"窃案"，因而也不具有维护著作者的合法权利的意义。

总之，我认为，张京华先生对以上四个重要的环节都没有给以应有的注意，所以其结论也是值得商榷的。

原载《华夏文化论坛》第14辑

---

[1] 鲍国华：《现代中国小说史学之建立》，台湾花木兰文化出版社，2014，第51页。

鲁迅与革命
——丸山昇《鲁迅·革命·历史》读后（上）

一

当前，在学术刊物上发表的文章，前面都要有个"内容提要"，还要写上几个"关键词"。我想，假如我们将中国20世纪文化也作为一篇文章，它的第一个关键词应该是什么呢？我认为，大概非"革命"莫属吧！

中国20世纪一开始，就有一个"辛亥革命"；在之后的几十年里还出现过很多的"革命"。虽然人们对这些"革命"的观感不同、评价不同，但它们打出的旗帜却是相同的："革命"。在20世纪末，李泽厚、刘再复曾经提出"告别革命"的口号，但似乎没有多少人表示赞同。这也不足怪。否定了"革命"，中国的20世纪还能剩下什么呢？难道让我们戴上红顶子、从在大清皇帝面前称臣开始而重新选择中华民族的历史道路么？任何人要生存、要发展，都得从20世纪给我们造成的现实开始：未来的路由现在的人选择、过去的路则是过去的人们已经为我们选择过了的。只要中国知识分子还不能不正视中国20世纪的历史，还不能不正视中国20世纪的历史给我们造成的这个现实，就不能不正视中国20世纪文化的这个关键词："革命"。

如果说"革命"作为中国20世纪文化的关键词是一个历史的事实，

那么，这个事实的含义到底是什么呢？我认为，它的含义首先就是：正是中国20世纪的历史与现实，在中国历史上，第一次赋予了"革命"这个词以合理性与合法性，使它作为一个褒义词进入到中国文化的词典里，从而导致了中国文化词汇系统内部关系的混乱而又因这混乱而引起了中国文化的根本性质的变化。

"革命"是怎样成为中国20世纪文化的一个关键词的呢？从形式看来，辛亥革命的胜利是使"革命"这个概念作为一个合法、合理、褒义的并且极为主动、活跃、积极的概念进入中国文化历史的重要原因，但是，辛亥革命又是怎样发生的、怎样取得胜利的呢？为什么中国古代农民起义的胜利并没有将"起义"作为一个合法、合理、褒义的概念带入中国文化而辛亥革命则能够将"革命"这个概念带入中国文化呢？在这里，我们首先看到的是中华民族在国际关系中的弱势地位。这个弱势地位决定了这个革命的发生，也决定了"革命"这个概念的真实意义，决定了它的内涵和外延。显而易见，正是鸦片战争之后中华民族被侮辱与被损害的国际地位，激励着中国知识分子在经历了改良的失败之后而发动了推翻清王朝的政治革命。但是，这个革命与传统农民起义却有一个根本不同的特点，那就是传统的农民起义当夺取了全国政权之后就实现了最终的胜利，"农民起义"这种形式随着这个政权的建立也成了这个政权必须毁掉的武器。但辛亥革命却不同，这个革命是以反对清王朝丧权辱国的行径起而革命的，推翻清王朝并没有最终实现中华民族在国际关系中的独立和自主，并没有最终实现革命者事先对中国社会所做出的全部许诺。而要忠于自己事先的许诺，革命者就不能不在夺取政权之后继续承认革命的必要性。李敖在香港卫视的"李敖有话说"中曾经讽刺孙中山"革命尚未成功，同志仍须努力"这句话讲不通，实际上，这是一个如何理解"革命"这个词的含义的问题。在中国现代文化史上，"革命"早已不仅仅被理解为夺取政权的行动，而更被理解为一个根本社会目标的实现。对于孙中山而言，在三民主义的政治目标没有最终实现之前，是没有理由谈论革命的最终胜利的。这样，在孙中山这样一些真正的革命者的观念里，"革命"这个概念就既包括了夺取政权之前的夺权行动，也包括了夺取政权之后的政治、经济、文化的发展。这是一个历史的过程，而这个历史的过程，也就是革命的过程。这个过程是复杂的，不但包括夺权的行动，也包括社会各个领域的发展和变化，那么，对于像孙中山这样的革命者而言，是什么能够将所有这些不同领域的不同形式的目标联系在一起，以保障这些历史目标的最终实现呢？"革命思想"！至少在像孙中山这样的真诚的革命者那里，"革命思想"是被提高到所有实际革命行动之上而被理解和运用的，是作为实现革命的最终目标而不可或缺的内在动力而被理解和运用的。什么是真正的革命者？真正的革命者是拥有革命思想的人，是以革命思想看待中国社会、中国历史并根据这种思想选择自己的人生道路和文化道路的人。不难看到，在中国近、现代文化史上，"革命"不但意味着一系列的社会行动，同时也意味着一种世界观念和人生观念，意味着一种文化。这种文化是在中国近、现代历史的需要中产生的，它标志着中国社会和中国历史已经进入到一个不同于中国古代社会和中国古代历史的新的发展阶段，但它作为一种文化，又不仅仅是外部社会行动的自身，而是一种内在的精神诉求，而由这精神诉求辐射到外部的社会行动之中去，并有一种统领各种外部社会进步性变化的作用。

"革命"，作为一种世界观和人生观，作为一种文化，是有其自身的特征的。首先，"革命"是社会性的，"革命"观念也是一种社会观念，是在社会关系中产生的，是建立在人的一种社会目标之上的。所有仅仅关系个人命运的变化而与社会整体的进步无关的言论和行动并不包括在"革命"的范畴之内，也无法赋予"革命"的价值；其次，"革命"是在弱势群体的立场上产生的，但它不是弱势群体本身，而是弱势群体不满于现状、企图用自己的力量改变现状、取得自己合法地位的一种社会行动，"革命"的观念也是弱势群体在依靠自身的力量改变现状、取得自己应有的合法权利的愿望和要求中产生的；第三、"革命"不是一种交际方式，它与被革除的对象（不一定是人）之间已经处在直接对立的关系中，因而对革命的对象也不再有所留恋，更不再有所期待。也就是说，弱势群体已经不将改变自己命运的希望寄托在强势群体的同情和怜悯上，它必须依靠自己的努力改善自己的命运。这同时也意味着，革命者的反抗是不必取得对方的同意和承认的，是不受对方的价值观念和价值标准约束的，它的价值观念和价值标准是独立于主流的价值观念和价值标准之外的。在这个意义上，革命与革命对象之间只有胜利和失败之分，而没有正确与错误之分。胜利，就意味着这个革命以及与这个革命相伴随的价值观念和价值标准已经取得了合理性与合法性；失败，则意味着它仍然受强势群体的压迫和窒息，而不具备社会公认的合法性与合理性；第四、"革命"虽然追求的不是全部的变化，但却一定是根本的变化，是从一种形态向另外一种形态的变化。……"革命"的这些特征，在一般的历史条件下，都是极难得到承认和理解的，但只要纳入中国近现代社会的历史条件下，并且作为一个弱势民族的社会成员，它就有了得到理解和同情的情势和条件。不难看到，正是中华民族追求独立和自主的愿望，促使中国文化在进入近现代历史之后，不断向着"革命"的方向发生转化，"革命"也成了中国近现代文化的一个"关键词"。

"革命"作为一种文化价值是在中华民族与西方列强的关系中产生的，但文化又是可以脱离产生它的具体对象而独立存在的，是可以成为人感受和理解整个世界和社会人生的一种较为稳定的方式的。我们看到，直至当代社会，世界上仍然存在着三种具有颠覆性和革命性的力量：在国际关系中，弱势民族反对各种形式的殖民主义压迫、争取民族独立自主的斗争；在同一社会的内部，底层社会群众反抗上层统治集团的歧视和压迫、争取自身合法权利的斗争；在两性关系中，女性反抗男性的歧视和压迫、争取两性平等权利的斗争。所有这三种斗争，都是相互联系在一起的，都是弱势群体反抗强势集团的歧视和压迫的斗争，作为一种文化，也是有着大致相同的倾向与特征的。它们都是使整个世界无法停留在一个现有的历史平面上而必须调动自身的力量才能保障自身的安全和幸福的主要社会动力因素，其意义不仅限于自身，同时也在于对整个社会及其文化的影响：它使整个社会都不能依靠向下的剥夺而必须通过对压制和束缚的反抗（包括外部世界和固有文化传统对人类的压制和束缚）而谋求新的发展。我们看到，构成中国近现代文化主要特征的也正是这样三种社会力量的生成与发展：中华民族在国际关系中的弱势地位唤醒了中国知识分子的独立意识和反抗意识，而这种独立意识和反抗意识也是推动他们主动关注底层社会群众和女性合法权利的精神基础。

只要我们在这样一个意义上理解中国近现代文化中的"革命"这个概念，我们就会看到，鲁迅，实际就是这样一种世界观念和人生观念的最早的建构者。

二

任何一个人的思想都是在这个人的具体人生道路上极其偶然地生成和发展起来的，在其生成和发展的过程中，甚至这个人自身也无法意识到自己思想的全部价值和意义，但这并不影响我们对这种思想进行整体的观照和历史的评价。对于鲁迅及其思想，也是这样。在留日时期，鲁迅还是一个乳臭未干的小青年，其思想当然是不成熟的，他本人也不会多么重视自己当时的一些感想式的想法。但是，当我们重新审视鲁迅当时的思想的时候，却分明能够看到，他实际已经不自觉地落到了建构中国现代革命文化的思想基点上。在当时的改良派与革命派的文化论战中，大概正是由于他的特殊的家庭背景（作为长子，在父亲病故后，他必须首先担负起全家的经济重担，不情愿在政治革命中牺牲自己的生命），使他既偏离了当时改良派的文化立场，也偏离了当时革命派的文化立场，而找到了仅仅属于自己的思想基点："立人"。到了现在，我们已经非常清楚地看到，正是这个"立人"的基点，使他不但容纳了所谓"革命派"的革命性，同时也容纳了所谓"改良派"的革命性。当时的"革命"和"改良"，是在社会行动的意义上被命名的，但在"改良派"那里，中国文化早已开始发生了诸多根本性的变化，"民主""科学""新民"这些体现着中国现当代文化新的发展目标的文化概念早已出现，它所缺失的只是对政治革命的合法性与合理性的承认和肯定，而当时"革命派"所倡导的"革命"，则主要是政治意义上的，是推翻现实政权的"暴烈的行动"。鲁迅的"立人"，则将外部政治、经济、文化的全部内容都包括在人的内部精神的革命中，并为所有这些外部社会的追求找到了一种内在的精神尺度。不难看到，正是这个内在的精神尺度，在"革命"已经作为一个褒义词被广泛地运用于中国社会文化中之后，仍然能够使其具有相对精确的含义。它完成的是一个为"革命"正名的工作。也就是说，

鲁迅与革命

在现代汉语的意义上，"革命"这个词绝对不是也可以这样用，也可以那样用的；不是可以这样理解，也可以那样理解的。它必须纳入它的精神特征上来感受、来判断。什么是政治革命？什么是争权夺利？什么是经济革命，什么是金钱统治？什么是文化革命？什么是文化专制？什么是革命的思想？什么是革命的教条？……所有这一切，只有从其内在的精神特征上才能够得到相对精确的区分。《文化偏至论》《摩罗诗力说》在相隔一个世纪之后仍然以其深刻性呈现在我们面前，就是因为它们实际为中国近现代的"革命"画出了一幅精神的肖像，使我们能够根据这样一幅肖像辨认出哪些言行具有真正革命的性质，而哪些言行只是打着革命旗号的平庸思想。

只要摆脱开我们对"革命"这个概念的固有理解，我认为，鲁迅"立人"思想的革命性质是极易得到理解的：首先，鲁迅的"立人"思想是在鲁迅最初的民族意识的基础上产生的。《斯巴达之魂》《中国地质略论》《自题小像》诗等鲁迅早期的作品，都显示了民族意识的觉醒是鲁迅思想生成的基础，是鲁迅思想萌芽期的形态。"灵台无计逃神矢，风雨如磐暗故园。寄意寒星荃不察，我以我血荐轩辕。"（鲁迅：《集外集拾遗·自题小像》）这说明，鲁迅当时就意识到，对民族命运的关切是他那一代中国知识分子的宿命，也是他自己的宿命，是在他所生存的时代及其生活环境中自然而然就会发生的，无法回避的。虽然他的"我以我血荐轩辕"的表态还未脱传统诗歌的笼统言志倾向，但也给鲁迅思想的进一步发展留下了无限广大的空间；二、中国近现代知识分子的民族意识是与中国近现代的民族革命思想紧密联系在一起的，而鲁迅的"立人"思想在其本来的意义上就是一种民族革命的思想。"国人之自觉至，个性张，沙聚之邦，由是转为人国。人国既建，乃始雄厉无前，屹然独见于天下……"（鲁迅：《坟·文化偏至论》）至少在留日时期，鲁迅是把自己的"立人"之路作为中华民族的"自强"之路来看待的。在《摩罗诗力说》中，鲁迅指出，"自强"有两种。一种是尼采式的："欲自强，而并颂强者"；一种是拜伦式的："欲自强，而力抗强者"。（鲁迅：《坟·摩罗诗力说》）正是中华民族当时的弱势地位以及作为一个中国知识分子的尊严感，使鲁迅自然地趋向于拜伦式的自强模式。不难看到，这种"欲自强，而力抗强者"

的模式，实际就是革命的模式；三、鲁迅对自己当时"立人"思想的革命性质是有明确的意识的。"其实，那时BYRON之所以比较的为中国人所知，还有别一原因，就是他的助希腊独立。时当清的末年，在一部分中国青年的心中，革命思潮正盛，凡有叫喊复仇和反抗的便容易惹起感应。"（鲁迅：《坟·杂忆》）这实际也是鲁迅的夫子自道，他之喜欢拜伦等摩罗诗人的作品，他之提倡摩罗精神，都是他当时革命情绪的表现；四、鲁迅当时提出的"立意在反抗，指归在动作"（鲁迅：《坟·摩罗诗力说》），实际是对"革命"这个概念的准确说明和高度概括。革命，就是弱者对强者、弱势群体对强势群体的反抗，它是与强者对弱者、强势群体对弱势群体的压迫取着对立方向的两种社会力量。消极顺从强者或强势群体的压迫，自然不是革命；受到强者或强势群体的压迫转而压迫比自己更弱小的对象，也不是革命。弱者或弱势群体若在强者或强势群体的压迫下采取消极顺从或转嫁危机的方式，将永远不会达到自强的目的，至少在鲁迅看来，这样的人生是没有价值和意义的。革命一定是一种反抗。真正的革命，真正的革命者，其基本的人生态度就是建立在反抗强者或强势群体的压迫之上的。它是一种人生观念、人生态度，一种人的自我意识形态和人生价值观念，而不是古代农民起义那一类的盲目的反抗。只有通过这种反抗意识和反抗行动，弱者或弱势群体才会逐渐成长起来，达到自强的目的。与此同时，革命情绪、革命意识、革命思想、革命意志、革命精神，所有这些具有革命性质的内在精神因素，都绝非想想说说就算完的事情，都不仅仅是一种感受方式或思维方式，而是与具体的社会行动相连接的。这样，鲁迅也就将真正意义上的社会革命、政治革命纳入自己整体的"革命"观念之中。鲁迅终其一生都坚持着精神革命的方向，同时又在自己的革命观念的基础上努力寻找接近现实政治革命运动的途径。

革命，在20世纪的中国绝对不是多么难以理解的思想，而是作为弱势民族成员的中国人思想观念的一种自然发展趋向，这也是它能够在20世纪的中国得到迅速传播并成为中国20世纪文化的一个"关键词"的根本原因，但像鲁迅这样从青年时期就抓住了它的基本特征并在此基础上不断积累着自己的人生经验、社会常识、文化知识的中国知识分子，并

鲁迅与革命

不多见。

在当前的鲁迅研究中，人们越来越重视对从留日归国到五四新文化运动这个历史阶段鲁迅思想的研究，但我们却往往忽略了这样一个事实，即：假若仅仅从世俗观念出发，这个历史阶段恰恰是鲁迅青云直上、鸿运高照的时期：他和周作人的先后归国谋职，从根本上改善了家庭的经济状况；由两级师范学堂的教员到教育部的官员，在仕途上也不能说不是飞黄腾达的，即使婚姻的不幸，如果按照旧式官僚或辜鸿铭一类传统知识分子的方式，也是不难得到补偿的。那么，他的苦闷又是从何而来的呢？不正是因为所有这些都无法满足他的社会价值观念和人生价值观念的诉求吗？不是因为他渴望着社会和人生的一种根本变革吗？不是因为他在自己的现实生活中感受不到自己对这个根本变革的实际作用和意义吗？只要意识到这一点，我们就会发现，即使在这个历史阶段，鲁迅的世界观念和人生观念仍然是革命性的，而像"木瓜之役"这类事件，实际是在鲁迅生活范围内的"革命斗争"。（大概我们至今还无法充分感受这类事件的真正价值和意义。实际上，任何一个全国性的革命运动，假若没有发生在全国各地、各个领域、各个单位的大大小小的这类事件的共同参与，这个革命运动一定只是一个空架子，一个迟早都要坍塌的空架子。）这使他更充分地体验到中国社会发展的艰难性和复杂性。到这时，他实际已经以自己的革命观念体察了一个完整的政治革命过程。他没有实际地参加到这个政治革命的运动之中去，但在精神的意义上，却较之30年代那些左翼文学家都远为亲近地感受了这个革命，体验了这个革命，并思考了这个革命。章太炎、徐锡麟、秋瑾、陶成章、陈仪、王金发这些革命领袖人物，对于鲁迅不是一般意义上的"革命先驱"，一些需要"仰视"的伟大人物，而更是他实际生活经历中的人物，是走进了他的情感世界和思想世界的人物。实际上，他与这个革命的成败是休戚与共的，他与这些革命先驱的喜怒哀乐是息息相通的。这可以从他后来的文学创作具体地体察出来：鲁迅从来不是以局外人的身份看待中国的政治革命的，也从来不是以一个革命的同路人的身份看待中国的政治革命的（虽然连冯雪峰也常常这样认为），他始终是与革命共同着生命的。

三

只要我们不把中国现代历史上的"革命"仅仅理解为单纯的夺权行动，并且也不把所有的夺权行动都视为中国现代历史上的"革命"（例如"文化大革命"中发生在全国各地的夺权行动），我们就会看到，五四新文化运动本质上就是一个革命运动，一个文化的革命运动；五四新文学运动本质上也是一个革命运动，一个文学的革命运动。它的"革命性"的最突出的表现就是它对中国固有文化传统的批判。直至现在，很多中国知识分子仍然将五四新文化对中国固有文化传统的批判视为过激的行动，有人甚至将中国现当代所有社会的、文化的、人生的灾难都归结到这个文化运动之中去。实际上，这是依照一种什么样的人生观念、社会观念和文化观念看待这个文化运动的问题。如上所述，革命，向来是弱者或弱势群体反抗强者或强势群体的压迫的社会行动，在文化上，则是弱势文化反抗强势文化的束缚、禁锢和压抑的文化变革。强势文化不是从任何角度都是谬误的文化（这样的文化在一个民族中是不可能取得统治地位的），而是在当时的社会上已经取得了合法性、合理性地位的文化，是得到当时政治权力、经济权力和社会舆论的强有力的支持的文化，而这恰恰是导致这种文化走向自己的反面（"异化"）的根本原因，是在这种文化形式中包容了大量与这种文化不同的非人性、反人性因素的根本原因，与此同时，它也遮蔽、束缚、禁锢和压抑着新鲜的、有生命力的、真正人性的东西的成长和发展。在当时，中国固有的文化传统遭受的就是这样的一种命运。正是在中国固有文化传统这面文化大旗的掩盖下，现实社会上演着各种各样的惨烈的人生悲剧，"以凶人的愚妄的欢呼，将悲惨的弱者的呼号遮掩，更不消说女人和小儿。"（鲁迅：《坟·灯下漫笔》）只有从这种文化革命的观念看待五四新文化运动和五四新文学运动，我们才能感到它的真正的价值和意义。它是中国文化、中国文学的一个根本的变革，这个变革的意义不在于消灭了中国固有的传统文化和传统文学，而在于它催生了新的文化和新的文学的产生，而这种新的文化和新的文学则是在反抗中国固有文化传统的束缚、禁锢和压抑的过程

鲁迅与革命

中成长起来的，正像西方的文艺复兴是在反抗西方中世纪宗教神学的束缚和禁锢的过程中发展起来的一样。"科学""民主""自由""个性解放""男女平等""文学革命"，都是一些只有经过多代人的长期努力才能得到相对完满实现的整体的、根本的社会目标，是必须经过一个长期的历史过程的，而这个过程就是一个革命的过程。

在1928年的革命文学论争中，成仿吾有一篇著名的文章，叫《从文学革命到革命文学》。他把五四时期称为"文学革命"的时期，但不将那时的文学视为"革命文学"；他将自己提倡的文学称为"革命文学"，但却认为这种文学的产生不是"文学革命"。显而易见，这种将"文学革命"同"革命文学"生生扯裂开的命名方式，是没有多少道理的，也根本无法运用于文学研究。这里的问题不只是如何理解"文学"的问题，同时也是如何理解"革命"的问题。"革命"，就是在当时社会上的弱者或弱势群体为了自己的合法权利对强者或强势群体的禁锢和压迫的反抗。在这个意义上，我们可以看到，鲁迅五四时期的文学创作实际已经是"革命文学"。（鲁迅也曾委婉地指出，"我的作品在《新青年》上，步调是和大家大概一致的，所以我想，这些确可以算作那时的'革命文学'。"引自《南腔北调集·〈自选集〉自序》）它们所贯注的已经不是多数中国古代文学作品那种通过回避现实社会的矛盾和斗争而求得消极适应、求得自我暂时愉悦和安定的情绪，而是正视现实社会的矛盾和斗争、通过反抗黑暗而争取光明的革命精神。时至今日，我们已经能够统观中国现代文化和中国现代文学，试想：在中国现代文学史上，难道还有较之鲁迅的《狂人日记》《阿Q正传》《铸剑》《记念刘和珍君》《灯下漫笔》《春末闲谈》《论"费厄泼赖"应该缓行》《这样的战士》等等作品更加革命的文学作品吗？假如这样一些文学作品还不能算作革命文学作品，在中国现代文学史上还有哪部作品能够称得上是革命文学作品呢？五四新文化运动的落潮不是因为五四新文学不是革命文学，而是因为在五四新文化运动之后，像胡适这样的知识分子已经不以弱者的身份意识自己、意识中国新生的知识分子阶层，其文化活动也渐渐失去了为中国新生的知识分子阶层争取合法的思想权利、社会权利的意义，更失去了为底层社会群众争取合法生存权利、政治权利的意义。在五四新文化运动取得了表面上的胜利之后，在胡适的周围逐渐聚集了越来越多的像陈西滢一样自身并非绅士、却以绅士的眼光审视中国社会，审视知识分子同类的知识分子。他们在极其自然的情况下就以崇敬的目光仰视那些已经获得了更高权势的官僚知识分子，而在极其自然的情况下就蔑视那些因反抗权势而落入困境的人们。这是一些在政治专制主义和文化专制主义环境中通过对同类的蔑视而寻找自己暂时的精神满足的知识分子，他们之接受新文化也只是新文化已经成为社会公认的文化，而在新文化的形式下所表演的却仍然是传统等级秩序下反复上演过的人生戏剧。鲁迅与现代评论派的矛盾不是支持还是反对某个政党的矛盾，而是以何种姿态对待社会、对待人生、对待文化的问题。但也正是在这样一种矛盾中，鲁迅及其思想的革命性得到了更加充分的体现：鲁迅从来不是由政治家指定靶心、自己射箭的那类"革命"知识分子，而是在反抗自我所实际感受到的压迫的过程中为一个根本的社会目标而努力的真正意义上的革命知识分子。我认为，这也是讨论鲁迅与"革命"的关系时所必须注意的。

  在这里，应当给以特别注意的是鲁迅的历史小说《铸剑》。我认为，正是这篇小说，标志着在经历过辛亥革命、五四新文化运动、女师大风潮、三·一八惨案之后，鲁迅的革命观已经上升到了真正哲学的高度。至少在我所接触过的中外哲学中，在对"革命"的哲理思考上，还没有人能够超越或达到这一高度。这是一个围绕"权力"（"剑"）而展开的"革命"（"复仇"）故事（传说）。在我们的观念中，甚至在西方近代哲学中，"权力"是一种极为单纯的事物（这大概也是我们常常将政治简单化而又常常因此而受到严重惩罚的主观原因罢），但在鲁迅的意识里，在漫长的人类社会上一直存在的"权力"是一种相当神秘的存在物。它几乎包含着各种复杂的因素。《铸剑》中的"剑"是由王妃生下的一块铁铸成的，说明"权力"中包含着性欲的成分，美的成分，女性的特征，而使王妃受孕的则是"铁柱"，是外部世界中最为坚硬、正直的物体，说明"权力"又有坚硬、正直的特征，有男性的强横；但最后将其"铸"（创造）成"剑"的则是眉间尺的父亲，一个民间工匠，而铸造它的目的则是"大王"（政治统治者）用它保国、杀敌、防身。所有这一切，都与国家有关，也都与国家产生后社会的分裂有关。"权力"是发源于国家的。

有了国家，就有了"权力"，但"权力"又是民众的智慧和力量创造出来的。由民众的智慧和力量创造的"权力"必须交给统治者使用，而统治者为了自己的统治地位又必然用这"权力"剥夺民众的"权力"，使民众处于无权的地位。这是民众的宿命，但民众却不甘于这种剥夺，民众总是用欺瞒统治者的方式为自己保留下一份"权力"，一份更加强有力的"权力"，所以眉间尺的父亲铸成了两把剑，只将"雌剑"交给了统治者（"大王"），而将"雄剑"留在了民间，留给了自己的后代。它暂时被埋藏在地下，等待着复仇者、反抗者的成长。眉间尺是一个复仇者，革命者，这是他的历史的宿命，不完全是他自己主动做出的人生选择。父亲给了他生命，母亲给了他爱，统治者杀害了他的父亲，他不能不为父亲报仇。他的父亲的复仇愿望在他的肉体中得到复活；这个历史的使命是先天带来的，是他无法拒绝的。不为父亲报仇，他的生命就没有价值和意义，他就没有做人的尊严。直至现在，中国知识分子往往将穷人的反抗当作可以蔑视的事情。实际上，当一个人继承的只是前辈的贫穷、无权而又屈辱的地位时，他的生命的唯一价值就表现为对现实社会的反抗。中国知识分子永远不能忘记他们的存在，忘记了他们的存在，就忘记了现实社会一个较之知识分子远为强大的、用人体炸弹构成的、随时可以爆炸的社会力量，我们所有的思想学说、社会理论不论设计得多么周全和严密，到了一定的时候就会被这些人体炸弹的突然爆炸所轰毁（想一想中国现代学院派知识分子的那些所谓哲学、社会学的理论吧）。眉间尺为复仇而生，为复仇而死，但仅有这样一些复仇者，还是无法实现他们的复仇愿望的。他在母亲的呵护下长大，在母亲的爱中成长，性情是温柔犹疑的，没有任何一个人是天然的革命者。他需要一种文化，一种世界观和人生观，一种在对整个现实世界和社会人生的感受和思考中生发出来的精神和意志。眉间尺有复仇的愿望和决心，却没有复仇的精神和意志。他无法穿越由大量对现实世界采取旁观态度的庸众而走到"大王"身边，给他以致命的一击。这种复仇的精神和意志来源于一种世界观，一种对现实社会人生的感受和体验，来源于那些绝望于现实人生、绝望于这个无爱的人间的心灵。宴之敖者就是这种复仇精神和意志的象征，是眉间尺的父亲在被专制主义压迫夺取生命的那一刹那所实现的对整个现实世界和社会人生的感悟，对人的生命及其存在价值和意义的感悟。这种精神和意志必须借助眉间尺的愿望和决心，借助眉间尺的生命；眉间尺的愿望和决心也必须借助宴之敖者的精神和意志。眉间尺将自己的首级交给了宴之敖者，宴之敖者借助眉间尺的首级割下了大王的首级，而后自刎。复仇的结果则是三者的同时灭亡。我认为，恰恰是这个同时灭亡的结局，显示了鲁迅革命观念的独特性和深刻性：殖民地人民以自己的生命为代价依靠民族意识和民族精神推翻殖民统治，殖民统治灭亡了，殖民地不存在了，民族意识和民族精神也失去了继续存在的价值和意义；被压迫阶级以自己的生命为代价依靠阶级意识和阶级斗争的精神推翻统治阶级的压迫，统治阶级灭亡了，被压迫阶级也不再是一个阶级，阶级意识和阶级斗争的精神也不再有其现实的意义和价值；被压迫的女性以自己的痛苦和牺牲为代价依靠女性意识和女权主义思想颠覆了男性霸权主义，男性霸权主义消亡之后，女性不再受压迫，女性意识和女权主义思想也将消亡。在20世纪的中国，中国知识分子曾经一次次充满了革命胜利的幻想，也曾经一次次宣布过革命的胜利。但是，革命的胜利到底意味着什么呢？除了鲁迅之外，恐怕没有一个中国知识分子想到过。革命的真正胜利，不就意味着革命、专制、革命文化的同时灭亡吗？不就意味着一个新的历史阶段在一种新的矛盾关系中的开始吗？我们看到的胜利实际都不是胜利。

　　《铸剑》向我们表明，真正的革命者只有两种人，这两种人都有一个共同的特点：甘愿牺牲。眉间尺直接受到统治者的压迫，为报父仇而甘愿牺牲自己的生命；宴之敖者是绝望于这个专制统治的世界，在这样一个世界上感觉不到人生的价值和意义，为了毁灭这个世界也甘愿牺牲自己的生命。也就是说，真正的革命者是为了弥补自己内心的某种缺失，并为此而付出自己的牺牲，而绝非为了追求一种外在的荣耀或物质的利益，但在辛亥革命之后，"革命"已经成了一个光荣的标记，也成了一条改变个人命运的途径。这就使中国现代史上的政治革命运动带上了极为复杂的特征。就中华民族在世界上的屈辱地位和中国社会自身的专制黑暗，中国现代任何一次政治革命运动都是值得同情和理解的，其中也一定有坚实的革命者，但因参加政治革命的人的复杂性，又使这些政治革

鲁迅与革命

命的实际效果是没有保证的。仅就鲁迅本人的意愿，中国应该首先有一个较为切实的思想革命，但中国社会各种矛盾的尖锐性和复杂性又总是无法满足鲁迅个人的主观意愿。显而易见，这就是鲁迅作为一个革命者在始终坚持着精神革命的方向的同时又与现实的政治革命运动保持着一定物理距离的原因。在这个距离上，他能够在整体上更清晰地观察和感受现实的政治革命，同时也为自己留下了行动自由和思想自由的空间。在1928年革命文学论争之前，鲁迅同前期创造社的成员们共同经历了国共两党共同策划的政治革命（在我们的历史书上称之为"第一次国内革命战争"），但鲁迅是以不同的姿态对待这次革命的。在这里，我认为有一点是值得我们密切注意的，即鲁迅在同情地关注着这个革命的同时，也清醒地意识到了这个革命的危机。在这里，除了辛亥革命的历史经验之外，现代评论派的南下"革命策源地"广州也是他对这个革命始终保持着警惕之心的重要原因之一。如前所言，在鲁迅看来，革命，是感受到社会压迫的人的一种反抗行为；一个人在其存在和发展的人生道路上，在何种意义上感受到压迫和禁锢，就在何种意义上反抗这种压迫和禁锢，并通过这种反抗获得自己的成长和发展，直至取得自己合法的社会权利。这就是革命。如果没有实际地感受到社会的压迫，一个人不靠近革命是正常的，而靠近革命则是不正常的。在北洋军阀政府的治下，现代评论派并没有受到实际的压迫，而在女师大风潮和三·一八惨案发生之后，现代评论派在整体上采取的是国家主义立场，与受到实际排挤和压制的鲁迅截然不同。所以，在鲁迅看来，这些知识分子在本质上就不属于革命知识分子，他们的南下孕育着"革命"本身的危机，而不说明革命力量的强大。"奉旨革命"也是鲁迅通过对这个革命的观察所获得的印象。"止看见工会参加游行，但这是政府允许的，不是因压迫而反抗的，也不过是奉旨革命。"（鲁迅：《而已集·革命时代的文学》）"政治革命"是对现实国家政权的反抗，但它自身也是一种政治权力，在"革命政权"形式下民众与政治权力的关系，则直接表明这个革命自身的性质和状态。鲁迅对"奉旨革命"现象的敏感，说明他的革命观是超越于政治革命运动本身的。"奉旨革命"是对强权的顺从，不是对强权的反抗，因而不具有真正革命的性质。"奉旨革命"埋伏着政治革命的危机。

四

"革命文学论争"发生在鲁迅经历了两次全国范围的政治革命运动、一次全国性的文化、文学革命运动和无数次女师大风潮、三·一八惨案这类局部的具有反抗强权性质的革命事件之后。在这个过程中,鲁迅始终是以从根本上改变中国社会、中国人的现实状况而创造一个"第三样的时代"的角度,即"革命"的角度,积累自己的人生经验和社会经验的,是在反抗强权、争取自由的意义上理解"革命"这个概念的。也就是说,他当时的思想实际已经是一个"革命"的神经系统。虽然它不是在领导中国政治革命的过程中建构起来的,但中国的政治革命同样是他整个"革命观"的一个有机组成部分,而却绝对不能反过来说:他的"革命观"只是中国现代某种政治革命观的一个有机组成部分。我认为,只有认识到这一点,我们才能更清醒地感受和认识他与创造社、太阳社进行的"革命文学论争"的真正价值和意义。

任何思想论争都有其前提,考察论争的具体内容是重要的,但考察其前提则更加重要。在这里,我们必须首先看到,虽然在我们的观念中现代评论派都是一些较之创造社、太阳社成员更令人尊敬的正人君子,但在鲁迅的观念中,与现实政治权力已经达成了妥协的现代评论派已经基本丧失了自己的革命性,而创造社、太阳社成员则不但在现实生存状况上属于弱势群体,而且也以弱势群体意识自我,其基本倾向是反抗的、挑战的。这是鲁迅曾经希望与创造社联合而后来又与创造社、太阳社成员共同组成左翼作家联盟的根本原因。只要注意到这个前提,我们才会看到,我们通过理论分析揭示出来的鲁迅与创造社、太阳社成员之间的所有根本分歧,在当时都构不成双方的根本对立,都是可以通过平等对话逐步化解的。但是,作为一个中国现代文学史的研究者,我们又必须对当时的论争做出深入的理论分析,因为此后的发展已经证明,这些分歧绝对不仅仅属于人际关系的性质,而是具有极其重要的历史价值的,是决定着中国当代文化根本走向和中国当代知识分子根本命运的问题。我认为,抛开当时争论的所有细节问题,鲁迅与创造社、太阳社成员之

鲁迅与革命

间的根本分歧实际是围绕文学与革命的关系问题展开的。在创造社、太阳社那些青年文学家看来,革命文学就是为现实政治革命服务的文学,甚至可以成为留声机的文学。而鲁迅则有更复杂的考虑。如前所说,政治革命同时也是一种政治权力,在推翻旧的国家政权之前,它属于弱势群体,具有反压迫、反专制的革命意义;文学家也是一个弱势群体,其真正优秀的作品也是具有革命的性质和意义的,面对共同的国家政权的压迫,文学与政治革命是彼此呼应的,有时也是能够联合的。但是,文学本身不是一种权力,对于政治革命,文学是没有多大作用的:"一首诗吓不走孙传芳,一炮就把孙传芳轰走了。"(鲁迅:《而已集·革命时代的文学》)革命家要的是权力,文学家要的是自由。但当推翻旧的国家政权之后,革命权力就成为新的国家权力,而文学,则永远不会拥有国家权力。在新的国家政权建立后,文学家仍然属于弱势群体,仍然不满于现状,仍然具有革命性,文学与新的国家政权构成的仍然是矛盾对立的关系。在这里,鲁迅实际区分了"革命""政治革命""政治"这三个不同的概念。一般意义上的"革命"是人类和人类社会进步的动力;"政治革命"意义上的"革命"是有组织地反抗国家政治统治、夺取政权、建立新的政权的社会革命行动;"政治"则是国家政权的社会治理。文学与"革命"是相通的,这样的文学就是"革命文学";"革命文学"与"政治革命"有相互呼应的关系,但"革命文学"对于"政治革命"没有多大实际的帮助;"文学"与"现实政治"构成的则是矛盾对立的关系:政治喜欢秩序,文学喜欢自由;政治需要稳定,文学需要变动。只要理解了鲁迅的这种关于文学与革命、文学与政治的关系的理论,我们也就能够理解,鲁迅为什么反复告诫当时的革命文学家,不要幻想革命成功后,劳动者大众会捧着牛油面包让他们吃。

  鲁迅与马克思主义的关系,也是鲁迅与革命关系的一个重要侧面。在这里,关键的问题仍然在于:鲁迅在接触马克思主义之前有没有自己独立的革命观?有没有自己独立的思想?如果有,我们回答的就是鲁迅思想与马克思主义在哪些方面发生了交叉,而马克思主义又在哪些方面触发了他的新的思考?如果没有,那么,他的革命思想就是在接触了马克思主义之后刚刚形成的,在基本结构形式上就是马克思主义的。但不论怎样，都不存在一个根本转变的问题。在这里，我们不可能对鲁迅思想与马克思主义的关系做全面的比较研究，我们只要抓住其中根本的一点就足以说明全部问题了，即，二者都是建立在对弱势群体真诚关怀的基础之上的，都是从弱势群体的根本利益出发对现实社会的批判性考察，都是在反抗强权统治的基础上建构起自己的思想的，因而也都具有鲜明的革命性。二者之间的自然分野也是异常明显的：一、一个是东方的，一个是西方的。这不但表现在文体形式本身，同时也表现在情感形式和思维方式上。我们常常说，鲁迅的思想是"不成体系"的。但在我们现当代的中国，哪一个"成体系"的思想比鲁迅思想更加深刻、更加震撼人心呢？二、一个是弱小民族的，一个是发达资本主义国家的。这决定了二者在具体内容上的差异；三、一个是学术的，一个是文学的。学术的更表现为对社会、历史"客观规律"的揭示，文学的更表现为对世界、人生的主体感受。前者在客观分析中体现自己的主体追求；后者在主体感受中展现外部世界。总之，我们平常经常说的"马克思主义是我们的指导思想"不能用在鲁迅身上。我们只能说：指导鲁迅思想的是鲁迅思想。

那么，作为左翼作家鲁迅的意义到底应该怎样概括呢？我认为，作为"左翼作家"的鲁迅实际是对当时的现实社会压迫取着公开反抗态度的作家。反抗什么？反抗在政治专制和文化专制条件下社会的不自由和思想的不自由。在这里，包括两个方面的内容：其一是作为"左翼作家"的鲁迅与中国共产党领导的政治革命斗争的关系；其二是作为"左翼作家"的鲁迅与当时国民党统治政权的关系。"我是在二七年被血吓得目瞪口呆，离开广东的"（鲁迅：《三闲集·序言》），"我恐怖了。而且这种恐怖，我觉得从来没有经验过"（鲁迅：《而已集·答有恒先生》）。我认为，1927年的那场"血的游戏"，是理解鲁迅上海十年全部思想与活动的杠杆。在这场"血的游戏"中，国民党政权扮演的是杀戮者、压迫者、摧残者的角色，这个政权是在屠杀同盟者的血泊中上台的。这极大地超越了鲁迅作为一个社会公民的容忍度。（我们经常谈论中国现代知识分子的"宽容"还是不"宽容"的问题，我们到底要求中国现代知识分子"宽容"什么呢？我们经常谈论中国现代知识分子有没有绅士风度的问题，

鲁迅与革命

我们到底要求中国现代知识分子在什么情况下保持自己的绅士风度呢?)从而将他推到了公开与这个政权宣战的政治批判的舞台上。但在这里,也有与我们平时的理解不相吻合的一点,即:鲁迅仍然不将这个"血的游戏"仅仅看作一个政治问题,它同时也是一个中国国民性的问题:

> 我至今为止,时时有一种乐观,以为压迫,杀戮青年的,大概是老人。这种老人渐渐死去,中国总可比较地有生气。现在我知道不然了,杀戮青年的,似乎倒大概是青年,而且对于别个的不能再造的生命和青春,更无顾惜。如果对于动物,也要算"暴殄天物"。我尤其怕看的是胜利者的得意之笔:"用斧劈死"呀,……"乱枪刺死"呀……我其实并不是急进的改革论者,我没有反对过死刑。但对于凌迟和灭族,我曾表示过十分的憎恶和悲痛,我以为20世纪的人群中是不应该有的。斧劈枪刺,自然不说是凌迟,但我们不能用一粒子弹打在他后脑上么?结果是一样的,对方的死亡。但事实是事实,血的游戏已经开头,而角色又是青年,并且有得意之色。我现在已经看不见这出戏的收场。
>
> (鲁迅:《而已集·答有恒先生》)

这同时也决定了鲁迅对中国共产党领导的政治革命的态度。"人被压迫了,为什么不斗争?"(鲁迅:《三闲集·文艺与革命》)这虽然是一句极简单的话,但却包含着中国现代文化与中国传统文化的一个根本的差别:在中国古代社会,法律是皇帝制定的,是为了维护皇帝的统治政权的,所以反对现实的国家政权,就是违背法律,就是犯罪,而在中国现代社会,法律原则上是应由全体公民共同制定的,是维护全体公民的合法权利的,当国家政治统治者非法剥夺了部分公民的合法权利,违法的不是这些公民,而是国家政权。在这种情况下,这部分公民联合起来反抗国家政权的统治和压迫,在法律的观念上是合法的,在道义的观念上是合理的。革命,带来社会的动荡和破坏,但所有这些,都是专制统治者非法剥夺公民的合法权利的结果,应当由这个专制政权承担其责任,而不能因此否定革命本身。也就是说,鲁迅当时对中国共产党领导的政治斗争的关心和支持，是鲁迅革命精神的具体体现，也是他的思想的深刻性的具体体现，否认鲁迅当时的这种思想选择和人生选择，是毫无道理的。但是，在这里，也有与我们平时的理解不相吻合的一点，即：鲁迅是在维护中国共产党和广大进步青年的基本人权的意义上支持中国共产党领导的政治革命斗争的，而不像我们平时所说：他将拯救中国的希望寄托在中国共产党领导的中国革命身上（对于那时的鲁迅，是无法预计这个革命未来的命运的）。

在这里，我们还应当看到鲁迅革命观念的这样一个突出特征：革命观念与人权观念的高度统一。在中国，讲革命的不讲人权；讲人权的不讲革命。大概只有鲁迅，是从来未将二者割裂开来的一个思想者。我认为，这也是他的思想具有极高敏锐度的主要原因。当时左翼作家的批评，大都机械地使用所谓马克思主义的阶级斗争理论，用给人的思想划阶级成分的方法进行文艺界的思想斗争。这种战法之所以毫无力量，是因为中国知识分子就其本来的意义就是一个弱势群体，是没有实际的政治权力和经济权力的，是没有基本的人身自由和思想自由的。中国知识分子之间的差异不是阶级差异，胡适不是资本家，鲁迅也不是产业工人；梁实秋不是国民党官僚，郭沫若也不是红军将领。他们之间的差异，是思想选择和文化选择的差异：在有目共睹的强权压迫面前，是屈服，是逃避，还是反抗？屈服、逃避就意味着默认了专制主义压迫，默认了政府对持不同政见者的血腥屠杀，只有反抗才会对专制主义强权压迫构成威胁，从而逐步达到使政治统治者承认全体公民应当享有的合法的自由权利的目的。这，同时也是一个中国社会从专制到民主的转变过程，一个社会的革命过程。在人权观念的基础上讲革命、讲反抗，就成了鲁迅揭露中国知识分子形形色色奴性理论的主要思想形式。1927年的"血的游戏"则成了烛照各类知识分子文化面目的一面镜子，而对备受摧残和压迫的左翼作家的态度也曲折地反射出他们的内心世界。在鲁迅的笔下，所谓"民族主义文学"，是"帝国主义所宰割的民族中顺民"（鲁迅：《二心集·"民族主义文学"的任务和运命》）所树起的文学旗帜，是企图通过向专制主义强权献媚、排挤左翼文学而在文坛分得一杯羹的知识分子的一种拙劣手段，是其奴才本性的自我暴露；新月派知识分子在政治专制和文化专制制度下同样是没有真正的人身自由和思想自由的，但他们以英美绅士自居，以维护现行秩序自任，虽对现实政治统治者有所腹诽，但却绝对不会做出决绝的反抗。对底层民众的苦难缺乏真诚的人道主义同情，对左翼作家的反抗表现出贵族式的傲慢、冷漠和嘲弄，在对西方学院派理论顶礼膜拜的同时又对马克思主义思想学说采取绝对的排斥态度。所有这一切，都是新月派知识分子与专制主义压迫达成体面妥协的方式；"自由人"与"第三种人"爱惜自己的羽毛胜过对同类生命的关切，将自己的失意推卸在压迫者和被压迫者的双方，在存在着专制主义压迫的现实社会上，他们的软弱和自私都使他们易于投靠强权势力，助纣为虐，暗中做出损害知识分子同类的勾当。……我认为，只要我们在1927年那场血迹未干的"血的游戏"的背景上思考问题，我们就会感到，鲁迅对这三类知识分子的批判都是鞭辟入里的，他之规劝自己的朋友林语堂不要提倡"幽默"，也是因为不要"将屠户的凶残，使大家化为一笑，收场大吉"（鲁迅：《南腔北调集·"论语一年"——借此又谈肖伯纳》）。——现实秩序总是按照强者或强势群体的意愿安排的、依靠强者或强势群体的意志维持的，弱者或弱势群体只有通过对强者或强势群体的反抗，才能自强、自立，争取到自己应有的合法地位。一个弱势民族是这样，一个弱势阶级是这样，一个弱势阶层也是这样。

五

我们之所以要考察鲁迅革命观的特殊性，就是因为，我们平时所理解的"革命"，与鲁迅所说的"革命"其实是大相径庭的，而要更加清醒地认识中国现当代文化暨中国现当代文学史上的思想斗争，就必须了解鲁迅革命观的特殊性。在中国近现代历史上，至少有三种影响深远的革命观：以孙中山的"三民主义"为主体内容的革命观；以毛泽东的"共产主义理想"为主体内容的革命观；以鲁迅的"立人思想"为主体内容的革命观。前两种革命观实际都是政治革命观，是通过政治革命夺取政权并以国家的整体努力而实现革命目标。只有鲁迅的革命观，不是以夺取政权为前提、不是以国家政权的力量为主体的，而是建立在个体人的精神感受和人生选择的基础之上的。如前所述，以政治革命为主体内容的革命观，也不仅仅以夺取政权为目的的，在夺取政权之后，还有一整套建国纲领。但在这时，国家政权就成了实现建国纲领的主体力量。其建国纲领是通过国家政治权力的运作予以具体推行和实现的。这就有了一个从形式到内容的转换问题：在夺取政权之前，面对现实的国家政权，政治革命集团属于一个弱势群体，它是通过反抗强势群体的压迫和束缚而成长和壮大的，而当夺取政权之后，它自身掌握了国家政权，拥有了以政治权力实现自己具体追求目标的强大力量，成了一个强势群体，而社会上却仍然存在着各种不同的弱者或弱势群体，他们是不可能主要通过政治权力的运作而实现自己的追求目标的，也是不可能仅仅通过顺从权力、放弃自我、放弃自我的独立性而实现自己的自强自立的。也就是说，在这时，弱者或弱势群体仍然必须通过反抗强者或强势群体的压迫和束缚而实现自强自立的目的，仍然必须具有革命性。由此可以看出，仅仅根据政治革命的需要形成的革命观是有严重的局限性的。它的局限性集中到一点就是它的单纯性：它总是围绕着国家政权展开的。在夺取政权之前，它的革命性首先表现为要以武装力量推翻国家政权、建立新政权，也要求全体民众不做国家政权的"顺民"、反对国家政权的一切强制性措施，而当自己的政权建立之后，在其实质性的革命目标尚未实现的时候，它与国家政权的关系已经发生了根本的变化，它对全国民众的希望和要求也从反抗国家政权变为拥护国家政权。显而易见，这样一种革命观念对于广大中下层社会民众而言，是一种过于简单和粗糙的革命观念，是没有内在的连续性和统一性的。其实，这也是极为正常的现象：政治革命是一种社会行动，仅就其社会行动本身，是无法摆脱其随机性的，是无法实现自我的超越的，要实现这种超越，必须离开具体行动的层次，首先从精神和思想的层面提出问题和解决问题。我认为，只要意识到这一点，我们就会知道，鲁迅的革命观在中国现当代的历史上，是有不可取代的历史价值的。

鲁迅的革命观与在政治革命的基础上形成的革命观有什么根本的差别呢？只要我们认识到鲁迅早期的"立人"思想就是鲁迅革命观的基础和核心，我们就会知道，鲁迅的革命观是以反抗强权压迫为核心的，但

鲁迅与革命

却并非以推翻现实国家政权为其基本前提（当然也不是以拥护一个国家政权为基本前提）。他的革命观主要是一种人的解放的观念，这种观念仅仅在极为特殊的历史条件下才同时表现为政治革命的观念，但在更普遍、更经常的情况下只是人的一种自我意识和在这种意识基础上形成的人生态度。"我们目下的当务之急，是：一要生存，二要温饱，三要发展。苟有阻碍这前途者，无论是古是今，是人是鬼，是《三坟》《五典》，百宋千元，天球河图，金人玉佛，祖传丸散，秘制膏丹，全都踏倒它。"（鲁迅：《华盖集·忽然想到（六）》）"我之所谓生存，并不是苟活；所谓温饱，并不是奢侈；所谓发展，也不是放纵。"（鲁迅：《华盖集·北京通讯》）显而易见，鲁迅的政治革命观也是建立在他这种根本的人生态度之上的，政治专制、文化专制直接阻碍了国民求生存、求温饱、求发展的愿望和要求，所以国民有反对它的必要。但即使在这里，他的革命观也与一般的政治革命观有所不同：一般的政治革命观是建立在推翻国家政权之后由自己亲自掌握国家政权、然后通过政权的力量实现自己的整体追求目标的，而鲁迅的革命观并非如此。它之反对政治专制和文化专制可能仅仅是自己求生存、求温饱、求发展的生存方式，而不以自己亲自执掌国家政治权力为目的。

实际上，在30年代，鲁迅与绝大多数左翼作家、特别是共产党员作家在革命观上就是存在差异的。这种差异不是革命与反革命的差异，而是鲁迅的革命观与当时左翼作家政治革命观的差异。将这种差异扩大到政治立场的分歧上去，是没有任何历史的根据的，但这并不否认这种差异的存在。这种差异的存在，是很容易理解的：几乎只有鲁迅，早在辛亥革命之前，就有了自己独立的革命观念，这种革命观念是在各种不同的革命形式和各个不同历史发展阶段的不同政治革命运动的过程中逐渐丰富起来的，而绝大多数左翼作家的革命观念则是在中国共产党领导的政治革命运动过程中刚刚建立起来的，他们将这个革命的需要当作革命本身的需要是顺理成章的，甚至鲁迅在通常的情况下也不能不以这个特定革命的需要作为思想的标准而与左翼作家进行思想的交流。这同时也是当时的左翼作家感受鲁迅、理解鲁迅、接受鲁迅的标准。显而易见，假如鲁迅对这个革命采取的不是这样一种态度，而是另外一种态度，包括瞿秋白、冯雪峰在内的绝大多数左翼作家是不会如此重视和敬仰鲁迅的。（这与马克思、恩格斯对莎士比亚、巴尔扎克，列宁对列夫·托尔斯泰、契诃夫的态度是有所不同的）不论是冯雪峰的《革命与知识阶级》，还是瞿秋白的《〈鲁迅杂感选集〉序言》，始终是以当下的这场政治革命的需要为基本的价值尺度的，鲁迅革命观念的独立性以及它对当前这场政治革命的价值和意义始终不是他们急需体会和了解的。这在共同反抗国民党当局的政治专制、文化专制的现实斗争中，并不会有多么明显的表现，但一当进入到"左联"内部的关系之中，这种差异就具有了根本的性质。这突出表现在左翼内部的两个口号的论争中。

时至今日，当我们讨论这场影响了中国文学半个多世纪、并且造成了多起人生悲剧的论争时，纠缠的仍然是谁正确地贯彻了党中央的抗日民族统一战线的政策，而谁违背了或错误地理解了这个政策。实际上，这是以这个特定的政治革命的需要为价值尺度的，是将当时的左翼作家联盟直接视为在中国共产党的统一领导之下、作为当时政治革命有机组成部分之一的政治组织来看待的。但是，假如我们不以这种政治革命观、而以鲁迅的革命观来看待同样一个问题，事情的另外一个侧面就呈现出来了：左翼作家联盟首先是在当时政治专制、文化专制的历史条件下为了自己的生存和发展、为了自己的思想自由和创作自由而联合起来的一些文学作家的组织。中国共产党在这个过程中起到了举足轻重的关键作用，共产党员作家在这个作家组织中也占了相当大的比重，但即使他们，也是因为仅仅依靠一己的力量极难在当时的中国社会找到生存和发展的空间。他们是当时社会的弱者、漂流者、无助者，只有在相互的联合中，才能构成一个统一的力量，才能有效地抵御国民党当局政治专制、文化专制的压迫，也才能有自己生存和发展的空间。联合，是弱者和弱势群体生存和发展的基本形式。"全世界无产者联合起来"是马克思主义的基本口号，因为在世界范围内，每个无产者都是一个弱者，只有依靠联合才能形成一个独立的力量，从而为自己在这个世界上的合法地位而做出有效的努力；中国共产党本身也是一种联合形式，是那些相信只有社会主义、共产主义才能救中国的政治革命者的联合形式。作为任何一个共产党员，在当时社会上都是没有合法存在权利的，是弱者、被压迫者、

鲁迅与革命

被杀戮者，他们的力量是通过彼此的联合才获得的。左翼作家联盟也是一种联合形式，是那些没有思想自由、创作自由而联合起来争取自己的自由权利的作家的组织。所有这些联合体存在的根据都在这些联合体的内部，而不在这些联合体的外部或者上面。恰恰是当时绝大多数左翼作家的政治革命观念，在无形中将左翼作家联盟存在的根据从其内部转移到了它的外部，而将中国共产党的党组织的意志凌驾在了这个联合体之上。对于鲁迅，左翼作家联盟自身的存在和发展就是其联合的目的，在反对国民党政治专制、文化专制的斗争中，这个组织的存在和发展与中国共产党领导的政治革命的存在和发展是有其一致性的，但这必须建立在左翼作家联盟自身存在和发展的基础之上，而对于当时绝大多数的左翼作家，左翼作家联盟自身的存在和发展并不是主要的目的，而服务于中国共产党领导的政治革命的需要才是其最主要的目的。这样，左翼作家联盟的独立性就被淡化或消解了，左翼作家联盟如何通过自身的努力以争取自身的更大发展，成了一个非首要的问题，而中国共产党的党组织对其有什么具体的要求则成了决定一切的首要问题。不难看到，两个口号的论争就是在这样两种革命观念的差异中发生的。

如上所述，瞿秋白、冯雪峰当时的革命观念同样是中国共产党领导下的政治革命的观念，他们当时的全部文化活动、包括对鲁迅的研究和评价都是站在这个政治革命的立场上做出的。他们之所以始终与鲁迅保持着相对良好的关系，从其理论的层面而言，实际是因为他们始终在自己革命观念与鲁迅革命观念的交叉点上将彼此紧密联系在一起的，始终是在意识到二者都处在国民党政治专制、文化专制的压迫之下并且都有反抗它的愿望和要求的前提下进行沟通的。瞿秋白、冯雪峰始终将鲁迅作为中国共产党统一战线政策在文学艺术界的主要统战对象，而并不将鲁迅视为在中国共产党直接领导下的革命政党的组成成员，他们在努力争取鲁迅支持中国共产党领导的政治革命斗争的同时也自觉地容忍了鲁迅与自己某些具体观点上的差异（例如鲁迅对中国社会和中国人的更为"悲观"的看法等等），这同时也为他们逐步了解鲁迅及其思想提供了更大的可能性。而对于鲁迅，则始终知道瞿秋白、冯雪峰不是作为纯粹的个人而出现在他的面前的，他通过瞿秋白、冯雪峰等人了解的不仅仅是他们本人的文化立场，同时更是一个革命政党有可能做出的思想选择和文化选择。他既不会将自己的主观意志强加于这个政党，也不会放弃自己独立的立场而完全听命于这个政党的指挥。也正是在这样一种关系中，鲁迅有了逐步了解当下这场政治革命运动的自由心境和充裕时间。左翼作家联盟是文化上的弱势群体，中国共产党是政治上的弱势群体，它们都需要在反抗国民党政治专制和文化专制的斗争中获得自己生存和发展的空间。从鲁迅的角度，中国共产党的政治革命为左翼作家联盟的存在和发展提供了社会的基础和政治的援助，而从瞿秋白、冯雪峰的角度，左翼作家联盟的存在和发展为中国共产党领导的政治革命扩大了社会的影响、提供了精神的支援。也就是说，即使在30年代，瞿秋白、冯雪峰的革命观念与鲁迅的革命观念也是不同的，但二者始终在彼此的交叉中实现了彼此的联合，也在这种联合中扩大了彼此交叉的面积。这种联合，落实到左翼作家联盟本身，就使左翼作家联盟成为一个具有明确政治倾向的文学家的联盟。

六

仅就其革命观念，周扬与瞿秋白、冯雪峰实际上并没有根本的差异，在其整体的形态上，鲁迅与周扬的关系也并没有超出鲁迅的革命观念同当时政治革命观念相交而不相同的总体范围。周扬从来没有背叛过中国共产党领导的政治革命，也从来没有在理论上反对过马克思主义的思想学说，"文化大革命"中对他的所有政治上的批判，正像在批判"胡风反革命集团"中对胡风的政治批判、在反右派斗争中对冯雪峰的政治批判一样，都是似是而非的。鲁迅和周扬不是政治上的敌人，二者之间的关系集中反映的实际是当时两种革命观念的相异的一面。如上所述，当时绝大多数左翼作家就其革命观念本身，实际都是在当下中国共产党领导下的政治革命运动的基础上形成的，创造社、太阳社和此后参加左翼作家联盟的很多青年作家都是抱着对中国共产党领导的政治革命的期望而参加左翼作家联盟的，这就使直接领导上海文艺界的党组织成了左翼作家联盟的实际领导核心。他们的革命观念则是他们对待左翼作家联盟具

鲁迅与革命

体态度的基础，得到了更为充分的表现。他们的革命观念就是政治革命的观念，就是服务于推翻当下的国家政权的观念，在他们这种革命观念的视野中，左翼作家联盟只不过是为了实现这一总体目标而存在的一个文学作家的组织，必须接受中国共产党中央的统一领导，他们则是以贯彻执行中国共产党中央的路线和方针为己任的。在所谓左倾机会主义路线统治时期，他们组织左翼作家搞飞行集会，开除拒绝参加这种飞行集会的文学作家；在与中国共产党失去联系的情况下，他们是将中国共产党的党组织直接作为左翼作家联盟的领导机关的。在他们的观念中，作为党外作家的鲁迅在左翼作家联盟中的地位，是不能与中国共产党的党组织"平起平坐"的。实际上，鲁迅的意见也常常不被他们所理解。（在反右斗争中，冯雪峰到上海首先找到"不是共产党员"的鲁迅而没有首先找到作为党组织成员的周扬等人，是作为冯雪峰的一大罪状被提出的，可见在他们的观念中，他们才是左翼作家联盟的真正的领导者，鲁迅尚在其次）。这样，周扬等人的政治革命观就更多地离开了与鲁迅革命观的交叉点。鲁迅也是从革命的意义上感受和理解左翼作家联盟的，也是关心这个作家组织的整体发展的，但他关心的是这个联盟的自身存在与发展，他将这个联盟自身的存在和发展作为它发挥革命作用的方式，而这是不必等待中国共产党中央的命令的，也是不必亦步亦趋地按照中国共产党中央的决议行事的。揭露国民党政治统治的黑暗，反抗国民党文化专制主义的禁锢和压迫，培养青年作家，翻译国外马克思主义文艺著作和文学作品，反驳从各个方面来的对左翼文学阵营的攻击，始终是鲁迅关注的重点，而所有这些，都是从左翼文学发展的角度独立做出的抉择。（在过去，我们常常指责周扬等人对鲁迅不够"尊重"，但这种指责是没有道理的。"尊重"都是相互的。我们可以指责周扬等人对鲁迅不够"尊重"，别人也可以指责鲁迅对周扬等中国共产党组织的领导人不够"尊重"。）双方都在"革命"；但对"革命"却有着根本不同的理解；双方都重视左翼作家联盟的革命作用，但它的革命作用何在，双方却有根本不同的期待。我认为，这才是两个口号论争发生的内在根源。

那么，周扬这种政治革命观与鲁迅的革命观的根本差异何在呢？鲁迅的革命观是从自我的亲身感受和体验中产生出来的，是在反抗自我实际感受到的压迫和禁锢中生发出来的,"革命"就在他的心中,所以他在任何时候都知道他反抗的是什么,以及怎样进行反抗,而周扬的这种政治革命观念却常常将他引离自己的亲身感受和体验,引离自己的心灵,他是从一个更庞大的政治革命体系、从这个政治革命体系的整体要求出发设计自己的革命道路的,即使在他必须独立做出自己的抉择的时候,他注视的也不是自己身边这个可以直接感受和体验的世界,而是一个遥远的、模糊的政治革命的整体。他是依靠对这个模糊整体的猜测而感受和认识身边的事物的,这就在自己和身边的事物之间挡上了一堵有色玻璃。他看不清鲁迅,看不清冯雪峰,看不清胡风,看不清茅盾,看不清郭沫若,看不清徐懋庸,看不清他身边的所有的人,甚至也看不清自己。实际上,当时所有对"国防文学"口号的支持,支持的实际不是这个口号本身,甚至支持的也不是周扬本人,而是支持的中国共产党和领导左翼作家联盟的党的组织。如果他首先提出的不是"国防文学"这个口号,而是"民族的革命战争的大众文学",原来支持他的还会支持他,原来不支持他的鲁迅、胡风也会支持他。但他被他的支持者悬在了权力的半空,上不着天(他并不确实地知道,中国共产党中央如何看待他以及他提出的"国防文学"的口号),下不着地(他并不能够确实地感受到"国防文学"这个口号的妥恰性,并不能够确实地感受到它较之别的口号有什么特殊的优点和不可代替的性质),再也不能放弃这个口号。如若没有这些支持者,他原本是没有硬撑住这个口号不放的决心和信心的。(直至现在,除了"国防文学"这个口号的无法掩饰的国家主义色彩之外,我们仍然无法感到它到底有什么不可代替的独立价值和意义。后来人们在这个口号中续补进去的绝大多数内容与这个口号本身并没有什么必然的联系。)使他能够将这个口号支撑到底的是什么呢?是他在中国共产党内的领导地位,是在一个弱势民族的弱势群体的弱势群体中的一点权力(中华民族在整个世界上是一个弱势民族,中国共产党在当时的中国社会是一个弱势的政治群体,左翼知识分子在中国共产党领导下的整个政治革命体系中也是一个弱势的文化群体)。正是这点权力,正是从左翼知识分子内部的权力关系出发给予他的支持,使他不但能够将"国防文学"这个口号支撑到底,而且还能够使他断然否定鲁迅、胡风提出的口号有与

鲁迅与革命

"国防文学"这个口号并存的权利（即使你承认我的存在权利，并且承认我的优先权，我也不能承认你的存在权利，这是一种典型的霸权语言）。不难看到，正是在当时绝大多数左翼作家的这种政治革命观的基础上，将政治权力关系引入到左翼作家内部的关系中。这种政治权力关系正是导致左翼作家内部分裂的重要原因。

关于"左联"的解散，人们说了各种各样的理由，但在实际上，是"左联"内部的分裂在先，"左联"的解散在后。这充分说明解散不是"左联"根据形势的需要主动做出的政治选择或文化选择，而是自身分裂的结果。只要从大多数左翼作家的革命观的角度，我们就会看到，鲁迅的存在恰恰是以周扬为代表的中国共产党组织无法对左翼作家联盟实施统一领导的主要原因。徐懋庸在致鲁迅的信中写道："在目前，我总觉得先生最近半年来的言行，是无意地助长着恶劣的倾向的。以胡风的性情之诈，以黄源的行为之谄，先生都没有细察，永远被他们据为私有，眩惑群众，若偶像然，于是从他们的野心出发的分离运动，遂一发而不可收拾矣。……对于他们的言行，打击本极易，但徒以有先生作着他们的盾牌，人谁不爱先生，所以在实际解决和文字斗争上都感到绝大的困难。"[1]这还不足以说明解散"左联"的原因吗？这个解散的决定不是左翼作家联盟全体领导成员讨论决定的，而是部分人决定之后通知鲁迅而又要求鲁迅表示同意的。（时至今日，恐怕连一个大学生都知道，这是不符合一个组织的民主程序的。并且多数人也没有权力要求少数人必须同意多数人的意见，并为多数人做出的决定所可能导致的结果担负责任。鲁迅始终没有表示同意，是他的权利，也是他的一个明智的选择。）"左联"在反对关门主义、成立文艺界更广泛的抗日民族统一战线的名义下解散了，但这个统一战线并没有真正建立起来。"中国文艺家协会"只是一个空洞的名称，当它宣布成立的时候也就是它已经消亡的时候。为什么呢？因为左翼作家联盟即使在中国知识分子之中，也是一个弱势群体。联合起来，才是一个力量；解散之后，就没有了力量。胡适、梁实秋会

---

[1] 徐懋庸：《致鲁迅信（1936年8月1日）》，载《鲁迅全集》第6卷，人民文学出版社，1981，第526页。

联合在周扬的"国防文学"的旗帜下吗？周作人、林语堂会联合在周扬的"国防文学"的旗帜下吗？张资平、叶灵凤会联合在周扬的"国防文学"的旗帜下吗？张恨水、周瘦鹃会联合在周扬的"国防文学"的旗帜下吗？鲁迅、胡风等人被留在了周扬成立的中国文艺家协会的门外，胡适、林语堂等人也没有进来。谈何反对关门主义！谈何文艺界更广泛的抗日民族统一战线！但是，所有这一切，却被当时多数左翼作家那种粗糙、单调的政治革命观念遮蔽了。

正像"革命文学"论争以创造社、太阳社的"胜利"而告终一样，"两个口号"的论争也以周扬的"胜利"而告终。但是，这个"胜利"并没有给周扬带来真正"胜利"的感觉，因为这是一个无根的"胜利"：他既无法在实践中向自己证实"国防文学"这个口号的真正的价值和意义，既没有真正建立起一个他曾经许诺过的包括所有爱国知识分子在内的更广泛的抗日民族统一战线，也没有得到中国共产党中央的直接肯定和嘉许。可以想象，在他当时的革命观念里，他多么希望得到这样的一点肯定和嘉许呵！因为他在主观上确确实实是站在中国共产党的立场上的，是坚持了中国共产党对左翼作家联盟的领导的，是提高了中国共产党在左翼作家中间的权力地位的。但他没有想到，从毛泽东和中国共产党中央的角度，在他和鲁迅之间，是不可能因为他而牺牲鲁迅的。这并非因为鲁迅与毛泽东及其中国共产党中央有着特殊的人事关系，而是鲁迅对于这样一个在艰难跋涉中的革命政党的价值和意义。这种价值和意义不是依靠对毛泽东及其中国共产党的忠诚建构起来的，而是依靠鲁迅一生的韧性的战斗建构起来的，而是依靠他的作品对这些人的思想的实际影响建构起来的。也就是说，文学本身也是一种力量，这种力量不是在特定的人事关系、更不是在上下等级的权力关系中建立起来的，而是在人与人之间的心灵沟通中建立起来的。在这时，冯雪峰作为中国共产党中央的特派员来到上海，但带来的不是对周扬的肯定和嘉许，而是对他的冷淡和批评。这无疑是对他的一个重大的打击，是使他在此后的漫长岁月中都无法忘怀的。这是周扬一生中经历的第一场人生的、文化的冒险，但他却根本无法说清他到底在这场冒险中获得了什么、丧失了什么。鲁迅逝世之后，毛泽东和中国共产党中央对鲁迅的高度评价更使他无法找到自己心理的平衡（刘白羽曾经说："这个问题现在不好谈，主席对鲁迅评价很高，周扬同志很为难。鲁迅是党外知识分子，知识分子有很多弱点，现在不好谈。"计红绪：《中国赫鲁晓夫是围攻鲁迅的罪魁祸首》，《光明日报》，1968年4月1日。这可以使我们了解周扬在"两个口号"论争和毛泽东对鲁迅评价之间的尴尬处境），这恐怕也是他再也不想建构自己独立的文艺思想而仅仅作为毛泽东文艺思想的阐释者的重要原因。他放弃了自我，放弃了自己对中国社会和中国文学的独立感受和思考，认为只有这样，才可以避免与这个革命的意志发生矛盾和冲突，才可以保证自己不犯"错误"，也可以不为自己的思想承担政治的责任。这与鲁迅的心理恐怕是大相径庭的。鲁迅的革命观使他从不关心拥有政治权力的人会怎样看待他的一举一动，甚至也不关心所谓多数人的议论和评价。他始终坚持的是他认为每一个人都应当具有的合法权利，并以这权利而反抗他能够感觉到的强权压迫。他相信这种反抗对人类、对民族，对社会，对社会上每一个人，特别是对被压迫、被侮辱的底层社会群众都是必要的，是人类社会进步的基本动力。过去需要、现在需要、将来也需要。事实证明，通过"两个口号"的论争，鲁迅思想的独立性和革命性，得到了更加鲜明突出的表现。他质问徐懋庸说：

> 什么是"实际解决"？是充军，还是杀头呢？在"统一战线"这大题目之下，是就可以这样锻炼人罪，戏弄权威的？
>
> （鲁迅：《且介亭杂文末编·答徐懋庸并关于抗日统一战线问题》）

七

30年代左翼作家在当时政治革命形势下发展起来的革命观念，在1949年中华人民共和国成立之后不但获得了合法的地位，同时也具有了权威的地位。从30年代一个青年学生拿着一本红色封面的书就会被抓进监牢到五星红旗在中国的上空高高飘扬，这是一个翻天覆地的变化。

但是，我认为，恰恰是在30年代左翼作家的革命观念在社会上获得了权威性地位之后，这种革命观念的"革命性"实际已经不存在了。"革命"是什么？如上所述，"革命"是从弱者或弱势群体的立场出发的，是弱者或弱势群体为了自身的合法权利对强者或强势群体的反抗。在现实斗争中是这样，在文化斗争中也是这样。所以，真正的"革命"是只有站在弱者或弱势群体的立场上才承认其合理性、合法性，而站在强者或强势群体立场上不会承认其合理性、合法性的思想言论或行动。与此同时，当一个概念在整个社会上具有了权威性，它就成了社会各个阶层的人竞相争夺的对象。不难想象，在这种争夺中，一定是强者或强势群体具有攫取它的更大力量。在这时，它的特定的内涵和意义是由强者或强势群体赋予的，并掌握着它的最终的阐释权，因而它也具有了霸权话语的性质。"革命"也是这样。当中国共产党受到国民党的残酷镇压而走上反抗国民党的国家政权的压迫的时候，中国共产党领导下的政治革命力量是一个弱势的政治力量，在这时，整个社会是不承认中国共产党领导下的政治革命的合理性与合法性的，它是在反抗国民党的政治压迫、文化围剿、军事镇压的过程中逐步壮大自己和扩大自己的影响的；当时的左翼作家拥护和支持中国共产党领导的政治革命这一政治态度本身就具有革命性，就具有反抗国民党政治专制、文化专制的意义。这也是左翼作家受到"民族主义文学""新月派""论语派""自由人"和"第三种人"的围攻的根本原因，对于他们，左翼文学不具有合理性与合法性，更不具有权威性。但是，也恰恰在这种不被理解、不被承认的境遇中，表现了左翼文学不是真正的强权文学，它必须通过阐释自己的合理性与合法性而发展自己、扩大自己的影响，这也是它的革命性的表现。1949年中华人民共和国的成立，标志着中国共产党已经掌握了国家的政权，在国内的社会关系中，成了一个具有权力地位的政治力量；左翼文学家也大都进入到国家的政治体制之中，30年代的左翼文学已经被视为当时文学的主流，上升到了权威文学的高度。如上所述，当时绝大多数的左翼文学家的革命观念都是在中国共产党领导下的政治革命的基础上形成的，都是围绕着对这个政治革命的态度和对当时国家政权的态度展开的。这种"革命"的观念，在中华人民共和国成立之后，可以有两种表现形式，但所有这两种表现形式都已经不具有真正革命的性质：一、当中国

鲁迅与革命

共产党领导的政治革命已经完成了夺取国家政权的任务,并且成了拥有国家最高权力的政治力量的时候,仅仅具有拥护、支持这个新政权的态度,已经不意味着对强权的反抗,已经不需要自身的担当,因而也不再具有真正意义上的革命性。试想:如果"革命"这个概念中已经不包含"对强权的反抗",不需要"自身的担当",这个概念又有什么实际的意义呢?不是连陈西滢、梁实秋这样的知识分子也可以称为革命知识分子了吗?二、革命,是弱者和弱势群体对强者或强势群体的反抗,但这种反抗必须是对强权压迫的反抗,并且是为了取得自身合法存在的权利。否则,这种反抗就不具有革命的性质。如果"革命"这个概念中已经不具有反抗压迫的性质,已经不是为了争取自身的合法权利,只是为了反抗而反抗,那么,世界上所有的犯罪行为就都可以称为"革命"了。左翼作家是在这个革命中获益最多的作家群体,其中的大部分人都在这个新的政权中获得了特定的政治地位,他们不但不会,而且也没有理由在这个政权刚刚建立起来的时候便转而反对这个政权、发动另外一次政治革命运动。但是,这是不是意味着"革命"就此中止了呢?是不是意味着"革命"这个概念在当代中国文化中就没有任何独立的意义和价值了呢?显然不是!即使仅从中国共产党领导的政治革命的角度,直至这时,除了有大量革命烈士的牺牲和由这牺牲换来的政治权力之外,还没有取得任何实质性的革命成果,用毛泽东的话来说,就是"只不过是像万里长征走完了第一步"[①]。这只能说明,30年代绝大多数左翼作家在当时中国共产党领导下的政治革命的基础上形成的革命观念,在中华人民共和国成立之后,已经不具有真正革命的性质。

鲁迅的革命观就变得愈加重要了起来。

在这里,我们首先应当注意的,就是"革命"与"国家"的关系问题。在政治革命的意义上,"国家政权"几乎可以称为"革命"的圆心;在夺取国家政权之前,政治革命的中心任务是夺取国家政权;在夺取国家政权之后,政治革命的中心任务是运用国家政权的力量实现自己的革

[①] 毛泽东:《论人民民主专政》,载《毛泽东选集》(合订一卷本),人民出版社,1964,第1485页。

命目标。它总是离不开"国家""政权""国家权力"的。在马克思主义发展的第一个阶段，马克思主义是围绕着资本与劳动、资本家阶级与工人阶级的关系、即广义上的阶级矛盾和阶级斗争问题展开的，而到了马克思主义发展的第二个阶段即列宁主义阶段，其核心问题就变成了国家与革命的关系问题，而列宁主义阶段实际就是政治革命的阶段。列宁将国家直接视为一个阶级压迫另外一个阶级的工具。作为一个杰出政治革命家的毛泽东，直接继承了列宁的国家学说，始终是将"革命"与"国家政权"的问题直接联系在一起的。但是，对于鸦片战争后的中国社会和中国文化，"革命"又有着另外一个更重要的意义，即要实现从传统社会向现代社会、从传统文化向现代文化的根本性的转变。这种转变是带有根本性质的转变，不再是中国古代那种改朝换代式的非本质性的变化，所以这是一个"革命"，而不是相对单纯的、局部的、零碎的"改良"或"改革"。在这个转变过程中，有可能发生不同形式的政治革命，但任何一个政治革命都不等同于这个"革命"的本身。在整体上看的话，这样一个"革命"，就不再是为了推翻哪个国家政权，而是包括国家政权性能变化在内的整个中国社会和中国文化的根本转变。鲁迅的革命观就是在这样一个"革命"基础上建构起来的。只要我们从这样一个角度看待鲁迅一生的业绩，我们就会发现，尽管他总是抨击社会的黑暗、反抗统治阶级的政治专制和文化专制，但他却从来没有对一个国家政权像我们一样做出完全静态的绝对性质的判断。直至他逝世前二日写的《因太炎先生而想起的二三事》中还写道："我的爱护中华民国，焦唇敝舌，恐其衰微……"（鲁迅：《且介亭杂文末编·因太炎先生而想起的二三事》）这恐怕是与我们最初的设想大相径庭的。实际上，他对政治黑暗的揭露和抨击，总是同政治改革的愿望紧密结合在一起的，也与同情、支持那些被非法剥夺了生存权利、政治权利的社会成员的反抗压迫的斗争没有矛盾。也就是说，鲁迅理解中的"革命"，包括政治革命，但却不只是政治革命，不只是那种全国规模的、以推翻一个国家政权为目的的、轰轰烈烈的、天翻地覆的政治革命："其实'革命'是并不稀奇的，唯其有了它，社会才会改革，人类才会进步，能从原虫到人类，从野蛮到文明，就因为一刻不在革命。"（鲁迅：《而已集·革命时代的文学》）显而易见，在中华人民共和国成立之后，至少对于30年代的左翼作家，实现从原来的政治革命观向鲁迅的这种革命观的转变不但是必要的，而且是当务之急。但是，中国的左翼作家却错误地接受了这个历史转变的暗示，程度不同地做了完全相反的选择。

八

毫无疑义，1949年中华人民共和国成立之后，最大程度地表现出了自己的反叛性、批判性和革命性的原左翼作家是胡风。但是，胡风的这种反叛性、批判性、革命性在很大程度上仍然不是鲁迅革命观的产物，而仍然主要是30年代左翼作家那种政治革命观的产物。在新的历史条件下，通过胡风，充分暴露了这种革命观的脆弱性。

在整个中国现代文化史上，鲁迅有一个区别于任何一个中国现代知识分子的独立特征，有的人称之为"悲观主义"，有的人称之为"虚无主义"，我则称之为"悲剧主义"。我所以称之为"悲剧主义"，是在这样一个意义上做出概括的：中国现代知识分子虽然最终完成的大都是"悲剧"，但主观选择的却是自己的"喜剧"，总是希望在一个有"大团圆"结局的"喜剧"里扮演一个角色；鲁迅则不同，他总是选择"悲剧"，总是希望在一个看不到"大团圆"结局的"悲剧"里扮演一个角色，哪怕是一个极次要的角色，但他最终完成的却是一个"喜剧"。我认为，他的这种"悲剧主义"，恰恰正是他的革命性的最集中的表现。"革命"，如上所述，是弱者或弱势群体反抗强者或强势群体的压迫、争取自身合法权利的斗争。所以，"革命"的需要永远不会成为整体的需要，永远是在整体中受压抑、受排斥的一种需要；"革命"意识、"革命"思想也永远不是整个现实社会的普遍意识、普遍思想，永远是在现实社会中受压抑、受排斥的意识，受压抑、受排斥的思想。马克思主义不会成为全人类的《圣经》，毛泽东思想不会成为联合国宪章的指导思想，鲁迅的原则也不会成为国家宪法的基本原则。"革命"不是一种荣誉，不是一种人类理想，它永远是被动的，是在受到实际的压迫之后产生的一种个体性的愿望和要求。这种愿望和要求与强者或强势群体的愿望和要求永远不具有平等的地位，这种平等地位是需要自己去争取的，并且一旦争取到，这个范围内的"革命"就结束了。所以，"革命"的结果不是压倒对方或者消灭对方，而是争取与对方平等存在的权利：殖民地人民反对殖民主义者的斗争，不是为了成为殖民者，不是为了消灭对方；无产阶级反对资产阶级的斗争，不是为了自己成为资产阶级，不是为了消灭资产阶级；女性解放不是为了压迫男性或消灭男性；新文化不是为了战胜旧文化或消灭旧文化……革命就是永远站在弱者或弱势群体的立场上，通过自己的挣扎与奋斗争取自己原本应当具有的合法权利。这个地位是一种永久性的悲剧地位。在五四新文化运动之初，鲁迅就通过《狂人日记》告诉人们：新文化只是一些"狂人"的文化，而他选择的就是这样一个"狂人"的人生。而在左翼作家联盟成立大会上，鲁迅则郑重告诫当时的左翼作家，不要"以为诗人或文学家，现在为劳动大众革命，将来革命成功，劳动阶级一定从丰报酬，特别优待，请他坐特等车，吃特等饭，或者劳动者捧着牛油面包来献他，说：'我们的诗人，请用吧！'"（鲁迅：《二心集·对于左翼作家联盟的意见》）因为"实际上决不会有这种事"（鲁迅：《二心集·对于左翼作家联盟的意见》）。既然在人类社会的历史上，真正的"革命"在整体中永远是被压抑、被排斥的倾向，永远不会上升到人类社会和人类文化整体原则的高度，那么，鲁迅为什么选择"革命"呢？我认为，在这里，不是鲁迅选择还是不选择"革命"的问题，而是鲁迅是不是处在悲剧处境中的问题。一个人如果实际上处在悲剧的境遇里而意识不到自己的悲剧、而不反抗自己的悲剧，那他的人生就是一个真正的悲剧，而他就是一个阿Q一样的人。鸦片战争后的中国社会和中国文化，就是一种处于悲剧境遇中的社会与文化；生活在这样一个时代的中国知识分子，就是处于悲剧情景中的知识分子。这是中国社会和中国文化在现代世界的宿命，也是中国知识分子在现代中国社会的宿命。"革命"就是对这个宿命的反抗，而反抗了它的"悲剧性"，才有自己真正的"喜剧性"。所以鲁迅自觉选择的也是自己的悲剧人生，是按照悲剧的要求在这幕悲剧中扮演一个角色的。他从不将自己当作一个喜剧人物，从来不按照喜剧人物的要求意识自己、选择自己的人生，从来不追求社会大多数人都争先恐后地争取的东西，从来不使用对于整个社会具有霸权性质的语言。他说的是从自己的角度不能不说的话；做的是从自己的角度不能不做的事；采用的是从自己的角度不能不采用的方式。他从不将自己抬到导师的位置上，也害怕别人将自己抬到导师的位置上；他不将任何一个人当作自己的导师，或者在这个导师的旗号下号召别人，或者在这个导师的保护下敷衍偷生，但又承认任何一个人都有自身存在的权利。如果让我用一句话概括鲁迅的"悲剧主义"，那就是：离开成功，离开胜利，离开上层，离开已经获得霸权地位的话语形式，重新回到作为一个"人"（"公民"）的自我，回到弱者或弱势群体的立场上去，找到仅仅属于自己的语言形式，准备走自己的路，走艰难曲折的路，通过自己的挣扎和努力，为自己也为自己的同类开辟新的生存和发展的空间。所以，鲁迅的革命性与他的悲剧主义只是一个事物的两个方面，彼此是无法分离的。

我们看到，胡风采取的却是另外一种战略。这种战略恰恰反映了30年代绝大多数左翼作家那种在当时中国共产党领导的政治革命基础上形成的革命观念。这种观念的总体特点是，不是从自我成长和发展的角度，不是从自我人生选择、文化选择的角度接受马克思主义及其文艺思想，而是从为整个中国提供一条唯一正确的政治革命道路和一条唯一正确的文学发展道路的角度接受马克思主义的。这使他在中华人民共和国成立之后从根本上忘却了自己的悲剧处境而对自己的悲剧做了一种喜剧性的处理，其结果则是遭遇了一个他原本可以避免或可以减轻的更加沉重的悲剧命运。如果他略微清醒一些，他原本应该意识到，中华人民共和国的成立，并不是他的文艺思想的胜利，而是他的文艺思想陷入更加孤立无援状态的开始。试想：在整个中国的人口中，知识分子占有多大的比重？在整个中国知识分子中，文学家占有多大的比重？在接触文学的知识分子中，关心新文学的占有多大的比重？在关心新文学的人中，理解左翼文学的占有多大的比重？在左翼文学阵营中，有几个人支持他的文艺思想？"两个口号"的论争，已经使他在革命文学阵营之中陷入了极端孤立的状态，而他在所谓"革命热情"的鼓动下，却高擎自己文艺思想的大旗，直奔政治，直奔上层，直奔权威话语，直奔中国文艺领导的山巅，这就使他变得毫无力量。只要读一读他的《关于解放以来的文艺实践情况的报告》（即"三十万言书"），我们就会感到，他根本不懂政治，更不懂中国政治，但却像一个无头苍蝇一样在权力世界中乱飞乱撞。这就孕育了他的惨重的人生悲剧和文化悲剧：强势话语只有对于强势者或强势群体才具有实际的价值和意义，弱者和弱势群体无法承担强势话语的重量———胡风的悲剧充分说明了这一点。

原载《鲁迅研究月刊》2007年第2期